商务部十三五规划教材

中国农业政策与法规

何忠伟　主　编

图书在版编目 (CIP) 数据

中国农业政策与法规 / 何忠伟主编 . -- 北京 : 中国商务出版社，2016.6
商务部十三五规划教材
ISBN 978-7-5103-1514-5

Ⅰ . ①中… Ⅱ . ①何… Ⅲ . ①农业政策 - 中国 - 高等学校 - 教材 ②农业法 - 中国 - 高等学校 - 教材 Ⅳ . ① F320 ② D922.4

中国版本图书馆 CIP 数据核字 (2016) 第 150214 号

商务部十三五规划教材

中国农业政策与法规

ZHONGGUO NONGYE ZHENGCE YU FAGUI

主　　编　何忠伟

副 主 编　曹　暕　黄　雷　郭爱云　陈　娆

出　　版：中国商务出版社
社　　址：北京市东城区安外东后巷 28 号　　**邮　　编：**100710
责任部门：经管与人文社科事业部（010–64255862　cctpress@163.com）
策划编辑：王筱萌
责任编辑：王筱萌
直销客服：010–64255862
传　　真：010–64255862
总 发 行：中国商务出版社发行部（010–64266193　64515150）
网购零售：中国商务出版社淘宝店（010–64286917）
网　　址：http://www.cctpress.com
网　　店：http://cctpress.taobao.com
邮　　箱：cctp@cctpress.com
排　　版：北京原创天下文化传播有限公司
印　　刷：北京墨阁印刷有限公司
开　　本：787 毫米 ×1092 毫米　1/16
印　　张：22　　**字　　数：**439 千字
版　　次：2016 年 8 月第 1 版　　**印　　次：**2016 年 8 月第 1 次印刷
书　　号：ISBN 978-7-5103-1514-5
定　　价：42.80 元

凡所购本版图书有印装质量问题，请与本社总编室联系（电话：010-64212247）

编 辑 委 员 会

主　编　何忠伟

副主编　曹　暕　黄　雷　郭爱云　陈　娆

前　言

农业政策与法规是国家为实现农业发展目标而制定的调整农业经济关系，指导、干预和管理农业的行动准则。许多国家都把农业政策视为治国安邦的重要政策，指导和管理农业的重要手段。从2004年以来，中央连续13年将一号文件的落脚点锁定于“三农”领域，也是新中国成立以来决策层对“三农”的最长关注周期，这表明我国农业政策进入了新的发展期，对解决我国“三农问题”具有举足轻重的作用。

“中国农业政策与法规”是高等农业院校农林经济管理专业的必修课之一，历来受到各方的关注。北京农学院“农业政策与法规”教学团队总结了本课程教学中的体会与经验，借鉴世界各国相关农业政策与法规的优秀成果，不断解放思想、实事求是、与时俱进，对我国农业政策与法规进行梳理，比较系统地阐述了我国农业政策与法规。本教材结合我国的农业发展现状，分别对农业的宏观政策、农业经营政策、农业土地政策、农业生产资料政策、农产品流通政策、农业自然资源与环境保护政策、农业科技与教育政策、农村金融财政、保险政策、农村社会保障政策和农民权益保护政策等进行了详细的分析。通过学习，可以全面系统地了解我国农业政策和法规的基本理论和分析方法，并对我国农业政策和法规的历史沿革与现状有所掌握。此外，本教材对从事农业经济的管理人员也有一定的参考价值。

本教材由何忠伟教授主编，具体分工为：何忠伟负责全书设计与统稿工作，撰写第一、第三、第十章；曹暕撰写第八、第九章；黄雷撰写第四、第六章；郭爱云撰写第五、第七章；陈娆撰写第二章。

本教材得到了“北京市属高等学校高层次人才引进与培养计划项目（CIT&TCD20140314）”和“教育部卓越农林人才培养计划”的资助。编写过程中，参阅了许多国内外相关的文献资料，在此对付出辛勤劳动的所有作者表达我们衷心的谢意！同时，还要感谢中国商务出版社给予的大力支持。由于我们水平所限，书中错误与不足之处在所难免，欢迎批评指正，以便今后修订，使之日臻完善。

编　者

2016年2月

目　录

第一章

导 言

学习目标

1. 掌握农业政策的概念、特点与作用；
2. 了解农业政策制定的过程；
3. 区分农业政策的实施与调整；
4. 理解我国农业政策的形成与发展；
5. 掌握农业法的基本原则；
6. 区分农业政策与农业法规。

本章提示

本章对农业政策和法规的相关理论问题进行阐述讲解。首先，讲解了农业政策的概念、特点与作用，介绍了农业政策的制定，分析了农业政策的实施与调整，梳理了我国农业政策的形成与发展；其次，介绍了农业法的概念、调整对象与范围、基本原则，以及我国法的发展历程；在此基础上，从联系、区别、辩证统一三方面分析了农业政策与农业法规的关系。

第一节　农业政策概述

案例导入

那些关注“三农”的中央一号文件

新世纪以来指导“三农”工作的第十一份中央一号文件1月19日由新华社受权发布。中央一号文件就是中共中央在新的一年发的第一个文件，该文件在国家全年工作中具有纲领性和指导性的地位。一号文件中提到的问题是中央全年需要重点解决，也是当前国家亟须解决的问题，更从一个侧面反映出解决这些问题的难度。每年的1月底2月初都是一号文件公布的时间点。到2015年，一号文件已连续第十二年聚焦“三农”……

（**资料来源**：人民论坛网，2015年7月18日）

案例思考

农业政策是如何出台的？它有何特点？

政策是指国家、政党凭借其权力，为了实现一定历史时期的路线和任务，完成一定的目标而对社会经济等多方面或环节采取的一系列措施和规定的行动准则。

一、农业政策的概念、特点与作用

（一）农业政策的概念

农业政策是根据党的路线和方针，为了实现一定的社会、经济及农业发展目标，在一定时期内对农业发展过程中的重要方面及环节所制定的具有激励或约束其经济活动的一系列措施和行动的总称。农业政策从属于一般的经济政策，是部门经济政策。

农业政策是党和国家指导农业和农村工作，推动农业发展和改革的基本手段和措施。目前，党在农村改革和发展的实践中，已逐步形成了一系列基本政策，主要包括：

（1）实行以家庭联产承包为主的责任制，建立统分结合的双层经营体制的政策；

（2）以公有制经济为主体，允许并鼓励其他经济成分适当发展的政策；

（3）以共同富裕为目标，允许和鼓励一部分地区和一部分人通过诚实劳动、合法经营先富起来的政策；

（4）在确保粮食增产的同时，积极发展多种经营，鼓励和引导乡镇企业健康发展的政策；

（5）实行科教兴农，鼓励科技人员深入农村，为农村发展服务的政策；推进农产品流通体制改革，逐步理顺农产品价格，实行多渠道、少环节流通的政策；

（6）扶持老少边穷地区脱贫致富的政策等。

这些基本政策符合我国的基本国情，适应我国现阶段农村生产力发展水平，深受广大农民群众的欢迎，必须长期保持稳定，并根据客观情况的不断变化加以完善和发展。

（二）农业政策的特点

农业政策从本身的性质出发，具有以下特点：

1. 内容上的纲领性

农业政策一般是从整个国家或地区农业发展的需要出发，纲领性地规定农业经济活动应遵循的共同原则，并不规定具体目标和政策实施的具体措施。

2. 工作范围的广泛性

农业政策的调整范围一般是整个国家或地区的农业生产经济活动和经济关系，因而具有普遍的指导意义。

3. 具体应用上的灵活性

由于政策一般规定得比较具有原则性，这就使对政策的理解和具体应用带有一定的灵活性。

4. 政策效力的有限性

政策效力是指保障政策有效实施的约束力，它通过政策纪律来体现。所谓政策纪律，是指人们在实施政策中必须严格遵守的若干准则。由于农业政策原则性较强，在多数情况下违反政策时难以做出适度的纪律处分规定。即使有纪律规定，由于行政程序缺乏法律程序的严密，更容易受到人为因素的干扰，从而使政策纪律的执行有一定的难度。

（三）农业政策的作用

农业政策的作用主要表现在以下几方面：

1. 指导作用

即通过确定农业发展的客观方向，为微观主体提供宏观指导。

2004年以来，每年的中央一号文件，为我国农业经济发展指明了清晰的方向。

（1）促进农民增收（2004年）

（2）提高农业综合生产能力（2005年）

（3）推进社会主义新农村建设（2006年）

（4）发展现代农业和切实加强农业基础建设（2007年）

（5）促进农业稳定发展（2008 年）

（6）农民持续增收（2009 年）

（7）加大统筹城乡发展力度（2010 年）

（8）加快水利改革发展等（2011 年）

（9）加快推进农业科技创新（2012 年）

（10）加快发展现代农业，进一步增强农村发展活力（2013 年）

（11）全面深化农村改革，加快推进农业现代化（2014 年）

（12）加大改革创新力度，加快农业现代化建设（2015 年）

（13）关于落实发展新理念加快农业现代化实现全面小康目标的若干意见（2016 年）

2. 协调作用

即协调农业发展过程中的各种利益关系和矛盾。

3. 激励作用

即通过政策调动，保护农民的积极性。

2002 年，党的十六大鲜明提出，中国要实行“工业反哺农业，城市支持农村”，向全世界宣告了中国已进入对农业实行保护的阶段。农村税费改革相继展开，即四取消（取消农业税、屠宰税、牧业税、农业特产税）、四补贴（实行种粮直接补贴、良种补贴、农机具购置补贴、农业生产资料综合补贴）。

农村税费改革建立了农民减负增收的长效机制。从改革试点起步，到全面取消农业税，通过配套推进乡镇机构、农村义务教育管理体制和县乡财政管理体制改革，从根本上消除农民负担反弹的隐患，不仅走出了“黄宗羲定律”的怪圈，而且使广大农民得到了越来越多的实惠。农业税费取消后，每年减轻农民负担 1300 多亿元，农民人均减负 140 元。为确保农民负担不反弹，2000 年至 2010 年的 10 年间，中央财政累计安排农村税费改革专项转移支付资金 5700 多亿元。地方各级政府也努力增加对基层改革的支持。在少取或不取的同时，国家不断加大对农民多予的力度，实行对种粮农民直接补贴、良种补贴、农机具购置补贴、农资综合补贴等强农惠农政策，改善农业生产条件，降低农业生产成本，促进农民增产增收。党的惠农富民政策，得到广大农民衷心拥护，广大农村呈现出和谐稳定的良好局面。

（**资料来源**：肖捷．农村税费改革：一场影响农村发展进程的改革．经济日报，2011 年 8 月 2 日）

4. 调控作用

即通过各种政策实现政府对农业发展的宏观调控。如产业政策、财政政策、信贷政策、价格政策、税收政策、投入政策等。

5. 约束作用

即政策对经营主体的行为所形成的某种限制。如环保政策、农田保护政策等。

二、农业政策的制定

农业政策是在党的民主集中制基础上产生的，并在社会主义经济建设实践中得以不断发展和完善，它是党长期领导社会主义农业实践的经验总结，是党的集体和人民群众智慧的结晶。

（一）调查研究是前提

要制定出有针对性的农业政策，首先必须明确政策问题存在的时空范围，然后根据时空范围来确定所制定政策的适用范围。我国各地自然、经济条件千差万别，对于当时存在的问题，制定什么样的政策，都应从我国国情和各地实际出发，认真进行深入、细致、全面的调查，提出多种设计方案，经过反复论证、筛选、修改和完善，才可得到确认。

（二）坚持群众路线是原则

在制定农业政策的过程中，要坚持广泛听取和征求群众的意见和建议，并要求广大党员能及时反映群众的意见和要求，这将对增强农业政策的现实性、科学性和预见性起到积极的作用。

（三）坚持民主集中制是基础

农业政策是在农业实践的基础上，通过党的民主集中制而产生的，是集中全党智慧、科学决策和正确领导的根本保证。新中国成立后，党结合我国实际情况及时制定了农业社会主义改造和农业合作化制度，促进了我国农业的发展。改革之初，源起于小岗村的先期实践，后形成于政策的家庭联产承包责任制，极大地改善了当时的生产关系，促进了生产力的发展。以 20 世纪 80 年代的“种田能手”和“大户”为雏形，21 世纪后在中国浙江、上海和吉林等地开始试点的家庭农场，在 2013 年的中央一号文件中作为新型农业生产经营主体正式提出。

三、农业政策的实施与调整

（一）农业政策实施的概念与特点

1. 农业政策实施的概念

农业政策的实施是指农业政策方案被批准并正式颁布之后，把农业政策所规定的内容转变为现实的过程。

其内涵包括两个方面：抽象来看，农业政策的实施是农业政策的执行者运用各种政策资源，通过建立各种组织机构，采取宣传、解释、执行等各种行动将农业政策观念形态的内容转化为现实生产力，从而使既定的农业政策目标得以实现的过程。具体来看，农业政策的实施是各级人民政府和农业主管部门以及其他有关部门，按照客观经济规律的要求，将农业政策付诸实际行动的行政活动。

2. 农业政策实施的特点

（1）统一性和多样性

在农业政策执行过程中，其目标不论是在时间上还是在空间上都具有统一性，这是农业政策执行的特点和要求。如果执行机构的领导者及其执行人员在主观上忽视了这种统一性，则会造成整个执行的紊乱，出现巨大的内耗，不利于农业政策目标的实现。农业政策目标的统一性并不意味着农业政策执行途径的单一性。相反，在坚持农业政策执行目标统一性的前提下，还必须坚持农业政策执行途径的多样性，因为在农业政策执行过程中客观上存在着多种多样的途径。

（2）阶段性和连续性

由于农业政策目标和方案本身就带有阶段性，因而它反映在农业政策的执行上也必然呈现出时间上的阶段性，即农业政策方案的实施和目标的实现都只能分阶段逐步进行。与农业政策执行的阶段性密切联系的是其连续性，即在整个农业政策执行过程的各个阶段之间存在着前后相继的内在联系。因此，农业政策的执行过程是阶段性和连续性的统一。执行者应充分注意各个执行阶段的衔接和统一，不能只顾上阶段目标而影响下阶段目标或其他阶段目标的实现，而应在实现上阶段目标的过程中积极为下阶段目标的实现创造条件。

（3）具体性和灵活性

一般说来，农业政策方案的制定是针对普遍的情形，以整体的面貌出现的，是比较抽象的概念体系。而执行部门要贯彻落实决策中心发布的农业政策指令，必须对整体目标加以分解，使其具体化，这样才能把农业政策指令通过层层分解，落实到各个具体实施部门，并最后落实到农业政策实施对象上，通过他们的经济利益受益或受损，使农业政策的实际效益体现出来。此外，由于农业政策方案无论设计得如何科学、合理，它都不可能与纷繁复杂的客观实际情况完全一致，因此随着时间的推移、执行活动的进展和环境条件的变化，农业政策的执行者必须因地制宜、因时制宜，适应各种现实情况的变化，灵活地使农业政策目标得以实现。

（4）综合性和多层次性

农业政策的执行是个复杂的活动过程，要采取很多必要的措施和行动，将人、财、物、时间、信息、管理技术、规章制度等各种因素加以系统综合，使其处在一种有序状态下，发挥最大整体效益。因此，执行者在农业政策执行过程中必须善于运筹各种政策要素，使整个农业政策执行过程成为一个要素得当、结构合理、功能优化的动态系统。

同时，从政策执行的层级结构来看，在执行上级政策的过程中，不但各级执行机构的领导者要结合本地区、本部门的特点制定切实可行的农业政策执行措施，而且各级执行机构的工作人员也要据此制定自己的具体行动计划，尤其是基层的农业政策执行人员则更应根据自己所处的特定条件，按照农业政策的要求进行具体的决策，以处理各种实际问题。

（二）农业政策实施的影响因素

1. 政策的制定

政策的制定是影响政策实施的一个主要因素。制定科学的政策，要求政策目标准确明白，政策规划清楚、具体，并有科学的理论作基础。

2. 政策的资源

政策实施所需要的资源，主要包括人力、经费、物力、信息、权威等。缺乏必要的资源，政策则难以实施，或达不到政策目标规定的要求。

3. 政策执行者

国家行政机关是政策执行机关。执行人员的素质如何，与政策实施关系密切。合格的执行人员应该具有较高的思想素质、合理的知识结构与能力结构，以及较高的管理水平等。

4. 社会环境

任何政策的实施，都要与各种社会因素发生相互作用，都要受到一定社会环境的影响。社会环境不仅包括政治文化、大众传播媒介、国内外政治气候以及经济环境在内的各种政治经济环境，同时还包括群众的生活习惯和心理承受能力等，它们都会影响和制约政策的实施。

（三）农业政策实施的方法

农业政策实施的方法一般有以下几种形式：

1. 行政方法

行政方法是指凭借行政机构的权威，运用命令、指示、指令或任务，按照行政层次和行政秩序来推行政策实施的方法。行政方法的主要特点是：直接性、单一性、强制性和无偿性。

2. 经济方法

经济方法是指在客观经济规律直接作用和经济组织自主活动的情况下，通过利用与价值有关的经济杠杆和经济手段来调节人们之间的物质利益关系，以实现政策目标的方法。常用的经济杠杆主要有：价格、税收、利率、工资、成本、利润、货币、信贷、财政等；常用的经济手段主要有：经济责任制、生产补贴、物质奖励、罚款等。经济方法的主要特点是：平等性、等价有偿性、非直接性和广泛性。

四川省调整完善农业三项补贴政策实施方案

从2015年起，在全省范围开展农业补贴制度改革，将农作物良种补贴、种粮农民直接补贴和农资综合补贴（以下简称农业“三项补贴”）合并为“农业支持保护补贴”，政策目标调整为支持耕地地力保护和粮食适度规模经营。耕地地力保护补贴与耕地面积挂钩，资金来源为农资综合补贴的80%、种粮农民直接补贴和清算后的农作物良种补贴，补贴标准由园区管委会根据补贴资金总额和补贴面积统筹确定。粮食适度规模经营补贴的补贴对象为主要粮食作物（包括小麦、水稻、玉米、大豆）的适度规模生产经营者，重点向种粮大户、家庭农场、农民合作社、农业社会化服务组织、龙头企业等新型经营主体倾斜。资金来源为原农资综合补贴的20%。补贴方式为：重点支持建立完善农业信贷担保体系。通过农业信贷担保的方式为粮食适度规模经营主体贷款提供信用担保和风险补偿。也可以采取贷款贴息、现金直补、重大技术推广与服务补助等多种补贴方式。

（**资料来源**：广安市人民政府网，2015年6月15日）

3. 法律方法

法律方法是指行政机关应用国家法律和根据宪法、法律制定各种有效措施推行农业政策实施的方法。法律方法的特点是：权威性、规范性、强制性和稳定性。法律方法能否有效地发挥对政策的实施作用，取决于法律、法规是否适应经济基础和规律的要求，同时法只是整个上层建筑的一部分，其调整范围有限。因而，强调“依法治农”并不排除和否定其他农业政策实施方法的有效性。

4. 思想教育方法

思想教育方法就是通过加强思想政治工作，提高行政人员和农民的思想政治觉悟和对政策的理解水平，增强推行政策实施的主观能动性和自觉性。

（四）农业政策的调整与延续

1. 农业政策调整

农业政策调整是指，农业政策在实施的过程中，由于政策本身存在某些问题或出现新情况，进而需要对政策进行修正和补充，以适应新的认识和发展变化的情况。任何一项农业政策的出台，可以说都是对以前该项农业政策的某种调整，或者充实，或者完善，或者局部调整，或者全部调整。不断调整农业政策是有其必要性的。

2. 农业政策延续

农业政策的延续包括三层含义：一是党的基本农业政策长期稳定不变；二是党的农业政策实施的连续性，不因政府部门主要领导人的变更而中断或被扭曲；三是保持新旧政策的衔接，避免出现政策真空。

3. 农业政策调整与农业政策延续的关系

首先，农业政策调整和农业政策延续既相互联系又相互依存。一方面，农业政策调整是延续的基础，没有政策的调整，政策也就难以延续。因为政策不可能总是保持与经济基础相适应，不适应经济基础的政策，即使强行保持其延续，不但不能发挥政策对农业经济活动的正确指导作用，反而会阻碍农业的发展，最终会被抛弃。另一方面，农业政策的调整不等于不要保持农业政策的稳定和延续。没有农业政策，特别是基本农业政策的指导作用，甚至会导致对经济基础的破坏作用，阻碍农业生产力的发展。从这个意义上讲，政策的稳定是基本的，政策局部的调整也是必要的。

其次，政策的稳定和延续是相对的、暂时的，而政策的调整是绝对的、经常的。任何农业政策的稳定和延续都是相对于一定历史时期而言的。在不同的历史时期，由于社会政治经济形势、阶级关系和实际情况的变化，农业政策也必须随之做出相应的调整，以适应新的历史时期国家政治经济任务的需要。

四、我国农业政策的形成与发展

（一）土地改革阶段（1949—1952 年）

消灭封建土地所有制，实现农民土地所有制是新民主主义革命的主要内容，也是解决农业问题的关键所在。这项工作在新中国成立前的解放区内已开展了小规模的土地改革，也制定了一系列的政策和措施。新中国成立后，1950 年 6 月中央人民政府颁布了《中华人民共和国土地改革法》，在全国范围内开展了大规模的土地改革运动。到 1952 年底，除中国台湾和一些少数民族地区外，全国土地改革任务基本完成。土地改革使 3 亿多无地或少地的农民分得了 7 亿亩土地，摆脱了每年向地主缴纳 350 亿公斤粮食的地租负担。土地改革彻底消灭了封建剥削制度，解放了农业生产力，使农业生产得到了较快的恢复和发展。

（二）农业合作化阶段（1953—1957 年）

土地改革以后，中国农业朝小农经济发展。为了使小农经济走上社会主义道路，使农业适应国民经济有计划、按比例发展的需要，根据马克思主义关于农业合作的基本原理，结合中国农业的实际情况，在中国共产党的领导下，开展了大规模的农业合作化运动。从 1953 年初开始到 1956 年底，用了不到 4 年的时间（实际上主要是 1956 年），完成了农业合作化的进程。到 1956 年底，全国 96% 的农户已加入农业生产合作社，其中 88% 的农户参加了高级农业合作社。农业合作化促进了农业生产的进一步发展，它在方向和原则上是正确的，但在合作的出发点、内容、速度、规模等方面却存在着一定的缺陷，进而导致了农业合作社的进一步升级。

（三）人民公社化阶段（1958—1978年）

受“一大二公”的极“左”思想的影响，1958年高级农业生产合作社合并成为人民公社，这种“政社合一”的政治经济体制，严重挫伤了农民的生产积极性，极大地破坏了农村社会生产力。农业政策经过多次调整，逐步形成了“三级所有，队为基础”的体制，相对明确了各级所有权，但仍然没有从根本上解决管理过分集中、经营方式过于单一和分配上的平均主义的弊病。再加上“文化大革命”的冲击，造成了我国农业长期徘徊不前的状况。实践证明，人民公社远远超越了我国社会生产力发展的水平，给我国社会经济的发展造成了不可挽回的损失。但这一阶段的大规模农业基本建设（如平田整地、兴修水利等）的成就是前所未有的，它为我国农业进入20世纪80年代后的大发展奠定了一定的物质基础。

（四）家庭联产承包责任制阶段（1979—1991年）

这一阶段是中国农业经济大发展的时期。在相对落后的生产力水平之下，农民自发地开始搞起了“包产到户”和“包干到户”，承包给农业生产和农民生活带来了生机和希望。党和政府顺乎民意，尊重群众的创造精神，在全国普遍推行了家庭联产承包责任制，并且制定了《关于加快农业发展的决定》，提出了农村改革和发展的新政策，调整了工农关系，增加了农业投资，提高了农产品的收购价格。这一系列有利于农村经济发展的措施极大地调动了农民的生产积极性，推动了农业生产和农村经济的全面发展。1984年粮食总产量达到4073亿公斤，比1977年的2827亿公斤增长了44%。农业总产值以每年6%的速度持续增长。

家庭联产承包责任制的实质是把生产资料的所有权和使用权适当分离，土地等主要生产资料的所有权不变，仍然是社会主义集体所有制，但通过承包，实行统分结合，把经营管理权和土地的所有权相对分离。这种形式一方面发挥了集体经济统一经营的优越性，另一方面发挥了农民家庭分散经营的积极性。国内外实践证明，农业生产适宜于家庭经营，即使在发达国家，家庭经营仍然是现代化农业的重要经营形式，社会化服务则是不可缺少的前提条件。因此，家庭联产承包责任制是适合中国农业实际情况的、大大促进农业生产发展的、具有中国特色的社会主义农业经营体制。1986年以来，我国农业又出现了徘徊不前的情况，特别是粮食生产还有所下降，这实际上并不是家庭联产承包责任制本身的原因造成的，而是我国农业政策（特别是农业投资减少，农用生产资料涨价等）的失误和家庭联产承包责任制的不完善引起的。

（五）社会主义市场经济建立和完善阶段（1992年至今）

从1992年开始，建立社会主义市场经济被写入中国的宪法，这标志着传统的计划经济体制的结束，新的具有中国特色的市场经济体制开始登上历史舞台。在新的经济体制下，农业经济进入一个新的发展时期。政府基本上放开了各种农产品市场，由市场来配置土地、劳动力、资金市场和信息等各种生产要素，农业的生产与销售也主要由市场信号来决定。

建立市场经济是一项艰巨的系统工程，它主要包括三方面：一是明晰产权关系。市场经济首先要有明确的市场主体，市场主体是市场经济的微观基础。二是建立有效的市场经济体系。市场经济依靠市场机制和市场价格信号使资源得到最佳的配置。因此，必须建立有效的市场经济体系，并逐步使我国市场体系现代化。三是国家的宏观经济干预。政府必须做好宏观调控，制定科学的政策目标，采取合理的政策手段，保证市场的合理竞争和高效运行。同时，政府必须对农业予以保护，保证国民经济各部门协调地发展。

动动脑

1. 农业政策有哪些本质特点？
2. 我国农业政策的形成与发展与我国农业发展之间的关系如何？

第二节 农业法规概述

案例导入

中华人民共和国农业部公告 第2294号

为加强兽用生物制品标准管理工作，确保产品安全、有效、质量可控，我部组织开展了兽用生物制品标准清理工作。经研究，对不符合当前国家动物防疫政策、存在较大生物安全隐患、已被新产品取代且至少5年无企业生产，以及检验项目不全、不能保证产品质量的81个兽用生物制品标准予以废止（见附件），自本公告发布之日起执行。现就有关事项公告如下。

一、自本公告发布之日起，停止受理、审批上述81个兽用生物制品的产品批准文号申请。

二、自2016年1月1日起，停止生产上述81个兽用生物制品，涉及相关企业的兽药产品批准文号同时撤销。2015年12月31日前生产的产品，可以在2016年12月31日前流通使用。

三、自2017年1月1日起，停止经营、使用上述81个兽用生物制品。

附件：废止兽用生物制品标准目录

（**资料来源**：农业部，2015年9月1日）

案例思考

农业法有何特点？我国的农业法规体系包括哪些部分？

法是国家意志的体现，完备的法律体系是治国安邦的重要依据。《中华人民共和国农业法》是我国农业的基本“大法”，是保障农业生产经营活动正常运转和发展的基本法律。然而，农业的立法工作还需要建立一套比较完善的法律体系。

一、农业法的概念、调整对象与范围

1. 农业法的概念

农业法，又称农业经济法，是调整人们在农业经济活动过程中所发生的特定农业经济关系的法律及其法规的总称。农业法是国家领导、组织和管理农业经济的重要手段，是实现党和国家农业经济政策的强有力工具，是人们从事农业生产、交换、分配、消费等各方面经济活动的行为准则。

2. 农业法规体系

农业法规体系是指由反映特定农业经济关系的各种农业法律、法规及农业规范性文件组成的整体。目前，我国农业法规体系主要由四个层次构成。

（1）农业基本法

我国农业基本法是农业领域中的基本法律，是农业法领域中最高层次的法，是其他一切农业立法的依据，其他一切农业法律、法规、规章、条例等，其内容均不得与农业基本法的内容相抵触。如《中华人民共和国农业法》。

（2）农业法律、法令

农业法律、法令是根据《中华人民共和国农业法》的基本原则和精神，为贯彻实施农业法中的基本问题而制定的各方面的具体规范。农业法律、法令也是由我国的立法机构制定的农业法律规范。如《中华人民共和国森林法》《中华人民共和国农业技术推广法》《中华人民共和国渔业法》等。

（3）农业法规、规章

农业法规、规章是国务院及其部委为贯彻、实施农业基本法、农业法律、法令而制定的具体实施细则和条例。它是在农业基本法、农业法律、法令的指导下而制定的，其效力低于农业基本法、农业法律、法令。由于其制定的规章在全国范围内或部门行业范围内具有普遍的约束力，因此，将其统称为法律性的规范文件，是指具有特定的调整对象、特定性质的法律规范构成的部门法。如《中华人民共和国土地管理法实施条例》《基本农田保护条例》《城乡集市贸易管理办法》等。

（4）地方性的农业方面的规定、办法

地方性的规定、办法是由地方人大或政府为贯彻实施国务院或部委所制定的农业法规、规章的规定而制定的，适合本地情况，并且是在本地区范围内有效的具体实施办法与措施。地方性的规定、办法的制定必须在农业基本法、农业法律、法令、农业法规、规章的指导下进行，其内容不得与之相抵触，否则无效。

3. 农业法的调整对象

农业法的调整对象是特定农业经济关系，主要包括两类（图 1–1）：

（1）农业经济管理关系

农业经济管理关系是农业法的主要调整对象。具体来说，包括国家对农业经济的管理关系、国家机关与农业生产经营组织或农业劳动者之间的农业经济管理关系、农业经济监督关系、农业生产经营组织内部的农业经济管理关系。

（2）与农业经济管理关系密切相关的农业经济关系

与农业经济管理关系密切相关的农业经济关系主要是在农业经济活动中所发生的经济流转和经济协作关系。它主要包括农业承包合同关系、土地租赁关系、农产品购销关系、农业环境保护关系、农业社会化服务关系、农业技术推广关系、联合开发农业自然资源合同关系等。

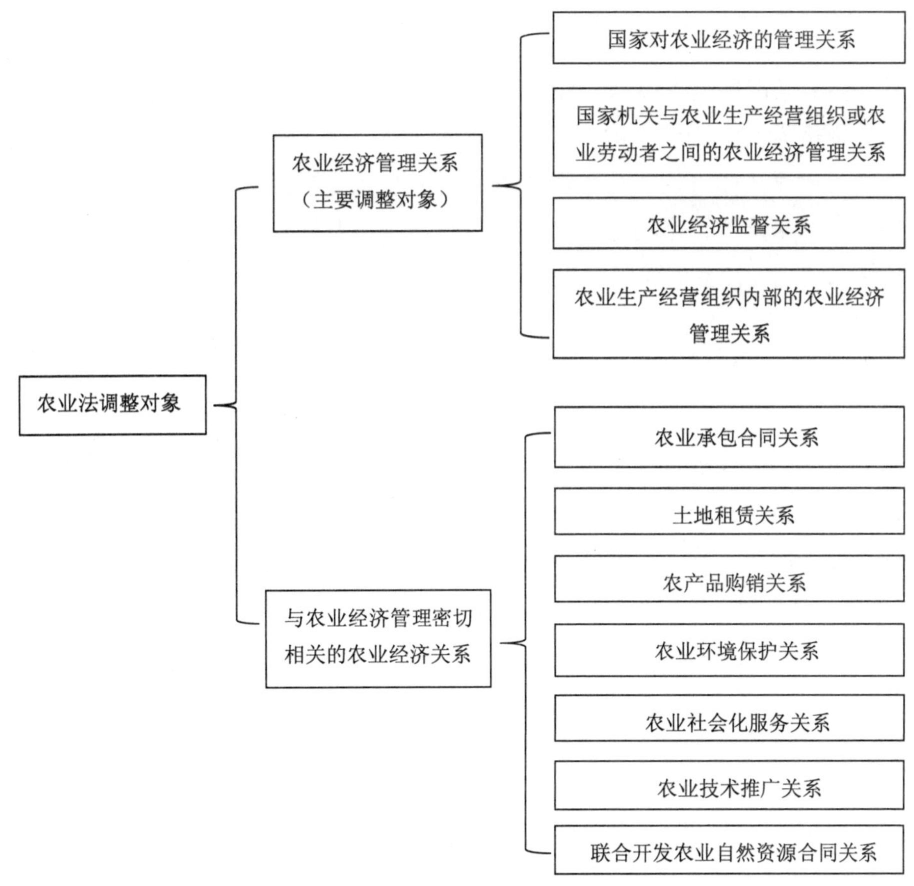

图 1–1　农业法的调整对象

4. 农业法的调整范围

农业法的调整范围既包括农业生产经营活动，即种植业、林业、畜牧业和渔业，又包括与农业生产经营直接相关的活动。总体而言，是指以农、林、牧、渔业为基础，并适用于为农、林、牧、渔业全面发展而在产前、产中和产后发生的各种关系或活动。

二、农业法的基本原则

农业法的基本原则主要体现在以下方面：

（一）确立农业的首要地位与对农业实行保护的原则

农业是整个国民经济发展的基础产业；是社会经济发展的母体产业。但是，农业的基础地位并不意味着其基础本身是天然牢固的。恰恰相反，农业的特点和性质决定了它是一个典型的风险型产业、天生的弱质产业。因此，对农业实行保护有必要依靠法律来实现。

（二）促进农村社会主义市场经济发展与保障持续、稳定、协调发展的原则

农村社会主义市场经济应是一种法制经济或法治经济，在农村社会主义市场经济中，市场主体的资格需要由法律来确立；市场主体的经济行为需要由法律规范来界定；市场运行的规则需要靠法律来构筑；市场竞争的公平开展需要由法律来保障；市场主体的财产权需要由法律来维护；市场主体之间的各种农业和农村经济纠纷和各种违法犯罪行为需要由法律来确定；社会保障体系也需要靠法律来建构。

（三）调动发展商品经济积极性与尊重生产经营自主权和保护合法权益的原则

农民的生产积极性来自经营自主权和物质利益两个方面，而农民的物质利益又是同生产经营自主权密切联系在一起的，即不尊重农民的自主权，也就是损害农民的物质利益；同样，不保护和承认农民的合法财产权，也就是削弱农民的自主权，其结果必然会挫伤和打击农民的生产积极性，影响农业生产的发展。

（四）遵守自然规律和经济规律与保护农业自然资源和生态环境的原则

农业生产的对象是动物、植物和微生物，是经济再生产过程同自然再生产过程相互交织在一起的，这是农业生产区别于工业和其他生产部门的根本特点，而农业生产的这一根本特点，在任何社会形态中都不会发生根本的改变。

（五）坚持从实际出发与因地制宜、因时制宜、分类指导发展农业的原则

我国农业，除具有一般的季节性、地域性、分散性、周期性、连续性和不稳定性等

特点外，还有我国自身的一切特点，诸如人多而耕地和林地少，农业资源分布不均匀且地域差异大，农业和农村经济发展不平衡等。这就要求在发展我国农业时，必须坚持因地制宜、因时制宜和分类指导发展农业的原则来制定农业法律、法规，来解决我国的农业和农村经济问题，注意防止一刀切，脱离实际，照搬照套。

（六）转变政府职能与对农业和农村经济实行宏观调控的原则

随着由计划经济体制向市场经济体制的转变，作为国民经济基础的农业也必须由自给、半自给经济向市场经济转变，由传统农业向现代农业转变。努力推进和尽早实现上述农业两个根本性转变，必须转变政府职能，对农业实行宏观调控，逐步实现对农业的科学化与现代化管理。

（七）调动社会各方面的力量支援农业和农村经济发展的原则

农业经济活动是一个生产、交换、分配、消费周而复始的社会再生产过程。同时，又是一个对投入、资源、环境和科技高度依赖的社会经济部门。随着农村改革的深入，农业的商品化、产业化、社会化、现代化程度不断提高，农业与国民经济其他部门和社会各方面的联系越来越密切，农业产前、产中、产后的某些环节，特别是化肥、农药等农业生产资料的供应，农产品的储运、加工、销售等成为影响和制约农业和农村经济发展的主要因素。

三、我国农业立法

（一）我国农业立法的现状

我国具有现代意义的农业立法开始于党的十一届三中全会以后，在此之前，我国虽然在新中国成立初期制定了一些有关农业经济的法律，如《中华人民共和国土地改革法》（1950年）、《政务院关于棉花实行计划收购的命令》（1954年）、《农村粮食统购统销暂行办法》（1955年）、《农业生产合作社示范章程》（1956年）等，但这些法律、法规主要担负的是完成民主革命和对农业进行社会主义改造的任务，以及满足国家工业化发展对农产品的需要，与现代意义的农业法相去甚远。后来在农村工作和农业问题上，由于“左”的错误指导思想长期占据支配地位，农村工作和农业发展长期靠政治运动推进。政策上的严重失误使农业经济遭受严重挫折，农业立法也基本处于停滞状态。党的十一届三中全会以后，经济体制改革首先从农村开展并取得了巨大成就。这期间，中共中央、国务院先后制定和颁布了一系列农业经济政策。1982—1985年间，中共中央连续5年发布了5个一号文件，这些政策性文件在当时起到了农业法的作用。在农业经济政策的先导作用下，农业经济迅速发展，农业立法随之提上了议事日程。随后制定的农业法律、法规如表1–1所示：

表 1-1　中国农业法律一览表

分　类	序号	通过时间（年份）	修订时间（年份）	名　称
农业基本法	1	1993	2002、2012	《中华人民共和国农业法》
农业自然资源与环境保护方面	2	1984	1998	《中华人民共和国森林法》
	3	1985	2002、2013	《中华人民共和国草原法》
	4	1986	2013	《中华人民共和国渔业法》
	5	1988	2004、2009	《中华人民共和国野生动物保护法》
	6	1988	2002	《中华人民共和国水法》
农业生产资料方面	7	1997		《中华人民共和国动物防疫法》
	8	1997		《中华人民共和国农药管理条例》
	9	2000	2013	《中华人民共和国种子法》
	10	2004	2013	《中华人民共和国农业机械化促进法》
	11	2005	2015	《中华人民共和国畜牧法》
	12	1989		《中华人民共和国种子管理条例》
农业科技与教育方面	13	1991		《中华人民共和国进出境动植物检疫法》
	14	1993	2012	《中华人民共和国农业技术推广法》
土地方面	15	2009		《中华人民共和国农村土地承包经营纠纷调解仲裁法》
	16	2004		《中华人民共和国土地管理法》
	17	1991	2010	《中华人民共和国水土保持法》
	18	2002		《中华人民共和国农村土地承包法》
农民权益保护方面	19	1996		《中华人民共和国乡镇企业法》
农产品流通方面	20	2006		《中华人民共和国农产品质量安全法》
新型农业经营主体方面	21	2006		《中华人民共和国农民专业合作社法》

资料来源：根据相关资料整理。

（二）我国农业立法的发展趋势

从农业法规的制定来看，我国农业立法有如下几个发展趋势：

1. 从单独个别立法向配套体系化发展

以 1993 年《中华人民共和国农业法》为标志，我国农业立法逐步从单独个别立法向配套化发展转变。该法以基本法的形式对我国农业的发展目标、发展农业的政策措施、农业生产经营体制、农业生产、农产品流通与加工、粮食安全、农业投入与支持保护、农业科技与农业教育、农业资源与农业环境保护、农民权益保护、农村经济发展、农业执法监督、农业法律责任等农业经济的重大问题做了规定，为建立和健全农业法律体系提供了基础和依据。

2. 从对农业经济活动的微观管理转向对农业经济的宏观调控

《中华人民共和国农业法》的制定，标志着农业经济立法已转向对农业经济的宏观调控，以完善政府对农业经济宏观调控的法律体系为重点，其中农业产业结构法、农业投资法、农业信贷法以及农产品价格稳定法等相继出台。

3. 从计划经济立法向市场经济立法转变

社会主义市场经济体制的确立，使我国农业经济立法必然由计划经济立法向市场经济立法转变，更多地确认农业市场经济主体的地位和权利，以维护农业市场经济秩序的稳定与发展。

动动脑

1. 农业法规体系之间的关系如何?
2. 农业法的基本原则是从哪些方面提出来的?

第三节 农业政策与农业法规的关系

案例导入

农业法

为了巩固和加强农业在国民经济中的基础地位，深化农村改革，发展农业生产力，推进农业现代化，维护农民和农业生产经营组织的合法权益，增加农民收入，提高农民科学文化素质，促进农业和农村经济的持续、稳定、健康发展，实现全面建设小康社会的目标，制定本法。1993年7月2日第八届全国人民代表大会常务委员会第二次会议通过，自公布之日起施行。

《中华人民共和国农业法》已由中华人民共和国第九届全国人民代表大会常务委员会第三十一次会议于2002年12月28日修订通过，现将修订后的《中华人民共和国农业法》公布，自2003年3月1日起施行。

《全国人民代表大会常务委员会关于修改〈中华人民共和国农业法〉的决定》已由中华人民共和国第十一届全国人民代表大会常务委员会第三十次会议于2012年12月28日通过，现予公布，自2013年1月1日起施行。

2015年农业政策解读

2015年中央一号文件确定加大改革创新力度，加快农业现代化建设。要求在经济发展新常态下，继续强化农业基础地位，切实防止出现忽视农业的倾向，并围绕建设现代农业部署了一系列强农政策举措。

亮点一：在提高粮食生产能力上挖掘新潜力

当前，关键是要稳产量、提产能。正是基于这样的考量，一号文件提出了要强化对粮食主产省和主产县的政策倾斜，保障产粮大县重农抓粮得实惠、有发展。同时，一号文件对耕地保护提出更高要求，提出全面开展永久基本农田划定工作，统筹实施全国高标准农田建设总体规划，实施耕地质量保护与提升行动等。并且更加关注农业基础设施、农田水利“最后一公里”等问题。要求不断改善水利条件，做好节水优先大文章。并提出要健全农业科技创新的激励机制，推动农业科技在关键领域取得突破。

亮点二：在优化农业结构上开辟新途径

首先要科学确定主要农产品自给水平，合理安排农业产业发展优先序。一号文件提出，要加快发展草牧业，支持青贮玉米和苜蓿等饲草料种植，开展粮改饲和种养结合模式试点，促进粮食、经济作物、饲草料三元种植结构协调发展。此外，还要大力培育特色农业，实施园艺产品提质增效工程，推进规模化、集约化、标准化畜禽养殖，增强畜牧业竞争力。同时完善动物疫病防控政策，推进水产健康养殖，加大标准池塘改造力度，继续支持远洋渔船更新改造，加强渔政渔港等渔业基础设施建设。鼓励发展农产品精深加工，继续实施农产品产地初加工补助政策，支持粮食主产区发展畜牧业和粮食加工业，延长农业产业链、提高农业附加值。此外还要更加注重提升农产品质量和食品安全水平，要严格农业投入品管理，大力推进农业标准化生产。

亮点三：在转变农业发展方式上寻求新突破

破解成本与价格“双重挤压”、资源与环境“双重约束”。转方式、强农业，要强化农业科技创新驱动作用。一号文件提出完善科研院所、高校科研人员与企业人才流动和兼职制度，推进科研成果使用、处置、收益，管理和科技人员股权激励改革试点。要加强对生物育种、智能农业、农机装备、生态环保等领域的科技攻关。并提出，既要完善全国农产品流通骨干网络，又要重视交易制度、交易规则等软环境建设。既要加强传统的产地市场、跨区域冷链物流体系建设，开展好公益性农产品批发市场建设试点，又要支持电商、物流、商贸、金融等企业共同参与涉农电子商务平台建设。此外还提出要实施农业环境突出问题治理总体规划和农业可持续发展规划，加强农业面源污染治理，实施新一轮退耕还林还草工程，扩大重金属污染耕地修复、地下水超采区综合治理、退耕还湿试点范围。

（**资料来源**：中国政府网乌兰察布市政府网站，2015年2月2日）

案例思考

农业法与农业政策的区别及联系有哪些?

发展农业，除了靠政策、科技和投入以外，还要靠法律作保障。中外农业发展的历史表明，适应农业生产力发展要求的政策和先进的科学技术对促进农业经济发展具有决定作用，而政策的实施和科学技术的有效利用，要运用法制手段和法律形式来保证农业经济政策的贯彻实施和农业科学技术的推广、应用，否则难以产生应有的效果。

一、农业政策与农业法规的联系

（一）农业政策与农业法规在本质上是一致的

我国农业政策与农业法规都是建立在社会主义市场经济基础之上，由社会主义的物质生活条件所决定，并共同为我国农业的持续、稳定、协同发展服务。

（二）农业政策是制定农业法规的依据

政策是党和国家为指导和影响经济活动所制定并付诸实施的准则和措施，具有号召性和指导性。国家在指导、组织、协调农业经济活动中，通常是由党中央先进行研究，提出方针政策，经过一段实践过程，在总结经验的基础上进行完善，在比较成熟的时候再制定有关农业法律、法规。如《中华人民共和国农业法》就是以《中共中央关于进一步加快农业和农村工作的决定》和党的十四大通过的有关文件为指导，以党的十一届三中全会以来的农村改革成果和基本政策为依据制定的。

（三）农业法规是农业政策的具体化、条文化和定型化

党的农业政策，主要是以原则的要求，依靠说服教育和党纪政纪的保证来引导调整人民的行为。经过实践检验是正确的符合经济规律的农业政策，则用法律的形式固定下来和表现出来，加以规范化、具体化和条文化，变成国家意志，具有普遍约束力。

二、农业政策与农业法规的主要区别

（一）制定的组织不同

党的农业政策是由党的领导机关和国家相关机构根据民主集中制原则制定的。农业法是以国家意志表现出来的，它只能由国家立法机关依照法定程序来制定或认可。

（二）表现的形式不同

农业政策通常是以决定、决议、纲领、宣言、通知、纪要等形式表现的，一般比较原则和概括，带有口号性和指导性，一般不明确、具体地规定权利和义务。农业法是以

农业法律、法规、规章等规范性文件形式表现的，且内容比较具体、明确和详尽。

（三）实施的方式不同

党的农业政策是通过党政纪律、思想工作、说服教育、模范作用和群众信赖来实现的。农业法规是由国家强制力保证实施的，具有普遍的约束力。相比较而言，农业政策的约束力不如农业法规，政策执行与否、执行好坏，通常很难有进行判断的量化指标和追求责任的标准。

（四）稳定性不同

农业政策往往是为完成一定任务提出的，它要随形势的变化不断做出调整，在制定和实施中具有较大的灵活性、较快的变动性。而农业法规具有较高的稳定性，法律的立正、废、改必须遵循严格的法定程序，法律的变动不可能像政策那样频繁，这是法律具有较高权威性的程序性保证。

三、农业政策与农业法规的辩证统一

（一）正确认识两者关系

两者都是国家调控和管理农业的主要手段，相辅相成。农业政策与农业法规的特点不同、作用不同，不能互相替代。既要反对把两者完全割裂开、对立起来，又要反对把两者简单等同起来。实际上，农业政策和农业法规应当相互配合、互相促进，相得益彰。一方面，要依靠政策指导法律、法规的正确制定和实施，另一方面，要依靠法律、法规保证政策的稳定和有效实施。

（二）正确处理两者的关系

1. 基本原则

在实践中正确处理农业政策与农业法规的关系，应遵循以下基本原则：

（1）有法律规定的，应依法办事和执行。

（2）无法律规定的，但有政策规定的，应依政策办事和执行。

（3）法律与政策本身有冲突的，应依法办事和执行。

2. 执行与调整

如果在实践中，法律、法规不符合当前的实际情况，原则上仍应按现行法律、法规办事和执行，但应尽快通过法定程序修改法律、法规，使之符合实际。

《农业法》第二次修订明确无偿农业技术服务

2013 年十一届全国人民代表大会常务委员会第三十次会议决定对《中华人民共和国农业法》作如下修改：

一、将第五十一条第一款修改为："国家设立的农业技术推广机构应当以农业技术试验示范基地为依托，承担公共所需的关键性技术的推广和示范等公益性职责，为农民和农业生产经营组织提供无偿农业技术服务。"

注：原第五十一条第一款内容为："国家设立的农业技术推广机构应当以农业技术试验示范基地为依托，承担公共所需的关键性技术的推广和示范工作，为农民和农业生产经营组织提供公益性农业技术服务。"

二、将第五十二条第一款修改为："农业科研单位、有关学校、农民专业合作社、涉农企业、群众性科技组织及有关科技人员，根据农民和农业生产经营组织的需要，可以提供无偿服务，也可以通过技术转让、技术服务、技术承包、技术咨询和技术入股等形式，提供有偿服务，取得合法收益。农业科研单位、有关学校、农民专业合作社、涉农企业、群众性科技组织及有关科技人员应当提高服务水平，保证服务质量。"

注：原第五十二条第一款内容为："农业科研单位、有关学校、农业技术推广机构以及科技人员，根据农民和农业生产经营组织的需要，可以提供无偿服务，也可以通过技术转让、技术服务、技术承包、技术入股等形式，提供有偿服务，取得合法收益。农业科研单位、有关学校、农业技术推广机构以及科技人员应当提高服务水平，保证服务质量。"

第三款修改为："国家鼓励和支持农民、供销合作社、其他企业事业单位等参与农业技术推广工作。"

注：原第三款内容为："国家鼓励农民、农民专业合作经济组织、供销合作社、企业事业单位等参与农业技术推广工作。"

动动脑

1. 如何正确认识农业政策与农业法规的关系？
2. 实际中当农业政策与农业法规有冲突时，应如何处理？

链接案例

农业法出台的前奏

农业政策是根据党的路线和方针，为了实现一定的社会、经济及农业发展目标，在一定时期内对农业发展过程中的重要方面及环节所制定的具有激励或约束其经济活动的一系列措施和行动的总称。农业法，又称农业经济法，是调整人们在农业经济活动过程中所发生的特定农业经济关系的法律及其法规的总称。

农业政策与农业法规的联系表现在农业政策与农业法规在本质上是一致的，农业政策是制定农业法规的依据，农业法规是农业政策的具体化、条文化和定型化。二者的区别主要是制定的组织不同，实施的方式不同，稳定性不同。以1993年我国出台的《中华人民共和国农业法》为例，它就是以《中共中央关于进一步加强农业和农村工作的决定》和党的十四大通过的有关文件为指导，在充分肯定农业农村改革的成功经验和基本政策的基础上制定的。《中华人民共和国农业法》总则和各章条文中充分体现了农业政策的内容，否则法律难以制定和实施。以科技及教育为例，在《中共中央关于进一步加强农业和农村工作的决定》中，提出了抓紧实施科技、教育兴农的发展战略，而《中华人民共和国农业法》就农业科技与农业教育的展开从多方面予以法律的规定。

《中共中央关于进一步加强农业和农村工作的决定》

四、抓紧实施科技、教育兴农的发展战略

（十三）振兴农村经济，最终取决于科学技术的进步和科技成果的广泛应用。要牢固树立科学技术是第一生产力的马克思主义观点，把农业发展转移到依靠科技进步和提高劳动者素质的轨道上来。省、地、县都应从实际出发，经过科学论证，制订具体规划，认真实施科技、教育兴农的发展战略，提高农村各业的技术水平，提高资源利用率、劳动生产率、投入产出率和经济效益。

（十四）把适用的先进技术送到乡村，普及到千家万户。要采取有效措施，进一步推动“星火”、“燎原”、“丰收”等计划的实施，使科技成果尽快转化为现实生产力。有关科技单位、大专院校，要在农村建立科学实验和示范基地，采取技术承包、有偿服务等多种形式，鼓励和选派科技人员到县乡工作，有条件的地方可以设科技副县长、副乡长。要尽快解决乡镇一级农业技术推广单位的编制和经费来源问题，落实国家计划内农、林、水等院校毕业生到这些单位工作的政策。乡镇技术推广单位，可实行技物结合，兴办经济实体，以增强服务能力和自我发展能力。对在农村从事技术推广工作的科技人员，有条件的地方可以实行基层岗位补贴。要重视推动民间各种专业技术协会、研究会和科技服务机构的发展，充分发挥其在推广适用技术和开辟新产业中的作用。要注意培养农民技术员和科技示范户，加强农业示范村、示范片建设。进一步完善县、乡（镇）、村、户科技推广网络。中央和地方农业建设资金中，要有一部分用于科技推广。

（十五）改革和发展农村教育，提高农民文化科技素质。加快农村教育改革步伐，努力普及义务教育，继续抓好扫盲工作，大力发展职业技术教育，办好农业广播电视及函授教育、农业中等专业学校和农业职业中学；农村普通中学要积极创造条件，增设农业劳动技术课程。农林等高等院校和中等专业学校要根据农业和农村现代化建设的需要，调整专业结构和内容。采取扩大定向招生等措施，改革招生和毕业生分配办法，并制定相应政策，使人才流向农村。省、地两级要建立农业技术培训基地，县、乡要举办各种技术培训班，办好农民文化技术学校，提高农村基层干部、广大农民的科学文化水平；对在乡的中学毕业生和退伍军人，要重点进行专业培训，使他们成为农村科技骨干力量。

（十六）加强科学研究，增加科技储备，提高农业整体科学技术水平。尽管与农业有关的各门现代科学发展很快，但我国农业科技储备不足的问题现在还很突出。有关部门要重视基础研究和应用研究，力求与开发研究、技术推广相结合，按照常规农业技术与现代生物技术结合发展的要求，统筹规划，组织重大项目的联合攻关，尽快推出一批突破性的科研成果。同时，积极参与国际农业科学技术合作与交流。要加强气象科学和各种灾害规律的研究，提高监测预报和防治水平，充分发挥它们在防灾减灾中的作用。中央和地方都要增加经费，改善农业科研装备和科技人员的工作条件、生活条件。对有重大贡献的农业科学研究和推广人员，要给予表彰和奖励，鼓励他们为我国农业发展做出新的贡献。

《中华人民共和国农业法》

第七章　农业科技与农业教育

第四十八条　国务院和省级人民政府应当制定农业科技、农业教育发展规划，发展农业科技、教育事业。

县级以上人民政府应当按照国家有关规定逐步增加农业科技经费和农业教育经费。

国家鼓励、吸引企业等社会力量增加农业科技投入，鼓励农民、农业生产经营组织、企业事业单位等依法举办农业科技、教育事业。

第四十九条　国家保护植物新品种、农产品地理标志等知识产权，鼓励和引导农业科研、教育单位加强农业科学技术的基础研究和应用研究，传播和普及农业科学技术知识，加速科技成果转化与产业化，促进农业科学技术进步。

国务院有关部门应当组织农业重大关键技术的科技攻关。国家采取措施促进国际农业科技、教育合作与交流，鼓励引进国外先进技术。

第五十条　国家扶持农业技术推广事业，建立政府扶持和市场引导相结合，有偿与无偿服务相结合，国家农业技术推广机构和社会力量相结合的农业技术推广体系，促使先进的农业技术尽快应用于农业生产。

第五十一条　国家设立的农业技术推广机构应当以农业技术试验示范基地为依托，承担公共所需的关键性技术的推广和示范等公益性职责，为农民和农业生产经营组织提供无偿农业技术服务。

县级以上人民政府应当根据农业生产发展需要，稳定和加强农业技术推广队伍，保障农业技术推广机构的工作经费。

各级人民政府应当采取措施，按照国家规定保障和改善从事农业技术推广工作的专业科技人员的工作条件、工资待遇和生活条件，鼓励他们为农业服务。

第五十二条　农业科研单位、有关学校、农民专业合作社、涉农企业、群众性科技组织及有关科技人员，根据农民和农业生产经营组织的需要，可以提供无偿服务，也可以通过技术转让、技术服务、技术承包、技术咨询和技术入股等形式，提供有偿服务，取得合法收益。农业科研单位、有关学校、农民专业合作社、涉农企业、群众性科技组织及有关科技人员应当提高服务水平，保证服务质量。

对农业科研单位、有关学校、农业技术推广机构举办的为农业服务的企业，国家在税收、信贷等方面给予优惠。

国家鼓励和支持农民、供销合作社、其他企业事业单位等参与农业技术推广工作。

第五十三条　国家建立农业专业技术人员继续教育制度。县级以上人民政府农业行政主管部门会同教育、人事等有关部门制定农业专业技术人员继续教育计划，并组织实施。

第五十四条　国家在农村依法实施义务教育，并保障义务教育经费。国家在农村举办的普通中小学校教职工工资由县级人民政府按照国家规定统一发放，校舍等教学设施的建设和维护经费由县级人民政府按照国家规定统一安排。

第五十五条　国家发展农业职业教育。国务院有关部门按照国家职业资格证书制度的统一规定，开展农业行业的职业分类、职业技能鉴定工作，管理农业行业的职业资格证书。

第五十六条　国家采取措施鼓励农民采用先进的农业技术，支持农民举办各种科技组织，开展农业实用技术培训、农民绿色证书培训和其他就业培训，提高农民的文化技术素质。

从《中共中央关于进一步加快农业和农村工作的决定》中的第四部分抓紧实施科技、教育兴农的发展战略，与《中华人民共和国农业法》的第七章农业科技与农业教育具体内容对比可以看出：农业政策与农业法规在本质上是一致的；农业政策是制定农业法规的依据；农业法规是农业政策的具体化、条文化和定型化。前者作为政策只对农业科技与农业教育发展的大方向做出了说明，后者则从经费、内容、形式等多方面对农业科技与农业教育予以法律规定。

复习思考题

1. 农业政策的概念、特点和作用分别是什么？

2. 农业政策制定的前提、原则和基础分别是什么？

3. 什么是农业政策的实施？其特点、影响因素和方法分别有哪些？

4. 什么是农业政策调整和农业政策延续？两者的关系如何？

5. 什么是农业法？农业法规体系包括哪些内容？

6. 农业法的调整对象和调整范围是什么？

7. 简述我国农业法的基本原则。

8. 简述农业政策与农业法规的关系。

第二章

农业生产经营体制政策与法规

学习目标

1. 了解农业中的经济形式的概念和主要类型；

2. 掌握农业生产的主要经营主体；

3. 理解农业双层经营体制的内涵。

本章提示

本章主要对农业生产经营体制的政策与规范进行阐述。首先，介绍了农业中的经济形式，其次，分析了农业中的双层经营体制，最后，对农业中的生产经营主体进行了深入剖析。通过本章的学习，要求掌握农业生产经营体制的主要内容和主要分析方法。

第一节　农业中的经济形式

案例导入

2015 农垦改革将推进混合所有制经济

2015 年中央一号文件首次将农垦改革单列条文。业内分析称，今年农垦改革将有实质性动作，推进农垦混合所有制等相关政策将会“落地”。

中央一号文件第 26 条提出，要加快研究出台推进农垦改革发展的政策措施，深化农场企业化、垦区集团化、股权多元化改革，建立符合农垦特点的国有资产监管体制。

记者通过梳理发现，过去一号文件中也曾提到农垦改革，但并未单独列条文对其强调。

中国社会科学院农村发展研究所研究员李国祥分析说，今年农垦改革指导性政策将会出台，农垦改革将有实质性动作。据了解，目前农垦改革方向将包含推进混合所有制。为了让农垦改革走得更稳，为了听取各方意见，不久前，农业部农垦局联合北京大学管理科学研究中心，启动了农垦改革发展重大战略问题课题研究。该项研究意在明确促进农垦加快转变发展方式、率先实现农业现代化的总体思路，并提出推进农垦混合所有制经济的整体制度框架和实现方式。

（**资料来源：**第一农经新闻，2015 年 3 月 10 日）

案例思考

2015 年中央一号文件为何大力促进农垦改革?

一、经济形式的概念

经济形式，又称经济组织形式，通常指所有制的形式，有时也称经济成分。它是生产资料归谁所有，由谁支配和由谁受益等生产关系的表现形式。经济形式决定了生产关系的本质。一般来说，任何一种社会制度的任何一种经济部门，其经济活动都是以一定的所有制的经济形式为基础的。所有制的形式应适应生产力的状况和生产力发展的要求。一定的所有制形式一经建立，又会反过来对生产力的发展产生强大的反作用。所有制的形式适应生产力的状况和生产力发展的要求，就能大大推动生产力的发展；反之，就会成为生产力发展的极大障碍。因此，根据生产力状况发展的要求，使所有制的形式与之

相适应，就成了社会主义农业得以顺利发展的必要保证。另外还应看到，由于任何社会的生产力状况都是多层次的，不但有比较先进的生产力，也有比较落后的生产力，因而任何社会所建立的所有制形式也都不是单一的，而是能与不同层次生产力相适应的多元化所有制形式，但在经济形式结构上，通常总是呈现出以某一种所有制形式为主和多种所有制形式并存的状况。

我国社会主义农业制度建立之后，在处理农业所有制形式的问题上，由于受“左”的思想干扰，偏离了正确的方向。农业合作化以来，我国农业中虽然建立过初级农业生产合作社、高级农业生产合作社和人民公社几种组织形式，但就组织范畴和经营方式而言，实际上只有一种模式，那就是按行政区域组建并实行统一经营的公有制模式。组织规模的扩大也和行政区域层次的上升相一致，并通过扩大规模提高生产资料公有化程度。这种模式不允许有跨地区、多层次的联合，而且任何的合作只限于农业生产过程，并把生产资料公有和按劳分配绝对化，要求合并全部生产资料，不允许社员家庭保留一定量的较大型的生产资料，不允许有部分股金分红等。长期以来，把这些框框作为划分社会主义或资本主义的标志，极大地限制了各种积极因素的发挥，因为它不利于各种生产要素的合理组合，不利于社会进一步分工，因而阻碍了农业生产力的发展。

二、农业中多种经济成分共同发展的必要性

《中华人民共和国农业法》第一章第五条明确规定：“在农村以社会主义公有制经济为主体，多种经济成分共同发展，振兴农村经济。”这一政策是从我国社会主义初级阶段农村经济发展的现实需要出发而提出来的正确政策，是具有中国特色的社会主义理论在农村生产关系问题上的具体化。

第一，它适合我国现阶段农村生产力发展的需要。我国幅员辽阔，农村生产力水平较低，且发展不平衡，存在较大的差异。在这种情况下，如果都套用单一的公有制经济模式，必然会束缚广大农民群众的手脚，阻碍农业生产力发展。这已经被历史事实所证明。改革开放以前，全国统一实行“一大二公”的人民公社体制，搞了二十多年，不少地方不仅集体经济还是“空壳子”，而且农民生活不得温饱。实行改革开放之后，由于允许不同地区、不同生产部门因地制宜地采用不同所有制形式和经营方式，极大地调动了农民群众的积极性，使农村经济得到迅速发展。这说明，坚持以公有制经济为主，多种经济成分共同发展是符合我国农村生产力发展需要的。

第二，它是合理开发利用我国农村社会经济资源的需要。我国农村人口众多，土地等自然资源相对贫乏。在过去实行单一公有制经济的条件下，资源利用很不合理，一方面，农业中劳动力大量剩余，就业不充分；另一方面，又有大量的荒地、荒山、荒滩、荒水长期闲置，白白浪费。虽然国家和集体经济也曾经组织过开发，但成效不显著。改革开放之后，实行多种经济共同发展，国有、集体、个人、私营、联合经济一起上，“几个轮子一起转”，大大加快了农村资源开发利用的步伐，也扩大了农业剩余劳动力就业的门路。

第三，它是建立我国农村社会主义市场经济体制的需要。市场经济是一种竞争型的经济，这种经济上的竞争需要有不同经济利益的经营主体。为此，就必须建立多元化的经济所有制结构，使多种经济成分共同发展，培养一大批不同经济类型的农业企业，并赋予它们经济法人地位，使之成为市场经营的主体。

总之，实行以社会主义公有制经济为主，多种经济成分共同发展，是我国现阶段农业和农村经济发展的必然选择，它将有力地促进我国农村生产力发展，推动我国社会主义市场经济建设。

三、现阶段我国农业中的主要经济形式

我国农村实行家庭联产承包制后，随着农村经济体制改革的深入，原来那种过于单一的集体经济形式一统天下的局面被打破了，出现了以多样化的合作经济为主体，多种经济形式、多种经营方式并存和竞相发展的局面。当前，农业中的经济形式主要有以下几种。

（一）集体所有制的合作经济

我国农业中的合作经济，是农业劳动者为了共同进行农业生产或有关的经济活动，实现共同目的，按自愿互利原则而组成的一种经济组织。目前我国农业合作经济组织形式，按其生产资料的归属及经营特点，主要分为以下类型：

1. 社区性合作经济组织

这是我国农业合作化的产物，是原来“三级所有，队为基础”人民公社集体经济经过体制改革后所形成的。由于家庭经营方式的普遍实行，许多地区原来的生产队因经济职能丧失而消亡，一般只有乡、村两级经济组织。村一级合作经济组织，是建立在家庭经营基础之上的，以从事农业生产为主的农民在一个村范围内的联合和合作组织；乡一级合作经济组织，则是以乡办企业为依托，综合发展农工商多种产业的一个乡范围内的联合和合作组织。乡、村合作经济组织具有鲜明的社区和综合性的特点。一方面，它们是在一定的社区范围内组织起来的，另一方面，它们又实行综合经营，其经营范围并不局限于某一产业。虽然这是两级合作经济组织，但它们只是区域范围大小不同的农民之间的联合和合作，它们之间不存在行政隶属关系。由于农业生产所具有的地域性特点，我国农民长期以村落为居住点所形成的聚居性的生活习惯、思想观念和邻里之间在生产、生活中的协作互助，以及农业合作化的积极影响，决定了社区性合作经济组织在一个社区内对农业生产和农村经济发展中所具有的地位和作用，不是其他合作经济组织形式所能替代的。

2. 专业性合作经济组织

这是农民在社区合作经济组织之外，自己进行经济联合或合作的组织，它的产生是因为实行家庭承包制后，农民在扩大经营规模或经营项目时，在劳力、资金、技术等生

产要素的投入上受一家一户的限制，为了突破这个限制，因而走上了相互合作和联合的道路。这些经济合作组织一般指专门从事某一生产或经营项目，因而具有专业性的特点。另外，这些专业性合作组织大多采取股份制联合的形式，它不改变农民的财产所有权，实行企业经营状况与参加者的收益直接联系，因而农民比较愿意参加联合，并十分关心企业的命运。无疑，这种合作经济组织是我国农村富有生命力和大有发展前景的经济组织形式。

（二）全民所有制的国有经济

全民所有制农业是我国农业中社会主义公有制的组成部门，它包括各类农业企业，其中国有农场、牧场占重要地位。国有农场、牧场是由国家投资，在国有土地上组建起来的农业生产经营单位，其生产资料、土地和产品都属于国家所有，国有农场、牧场物质技术装备比较先进，它作为全民所有制的农业企业，在社会主义经济建设中担负着极为重要的任务：

首先，国有农场、牧场必须根据自然经济特点，按照国家计划和市场需求，因地制宜地发展各项生产，分别把国有农场、牧场建设成现代化的商品粮基地、工业原料基地、农畜土特产品出口基地或副食品基地，这是国有农场、牧场的首要任务。

其次，国有农场、牧场应在实现农业现代化中起示范作用，用现代化大生产去引导农民为实现农业现代化而奋斗。农场在采用先进机器设备、推广科技新成果、引进国外先进技术方面，应先走一步，商品率和单产方面要赶超国内外先进水平，成为合作经济的模范；要大力培育和繁殖良种，并有计划地加以推广；要摸索管理现代化大农业的经验，不断改善经营管理，增加收入，提高盈利水平。同时，国有农场、牧场还必须逐步建立合理的农业生产结构，实现生产的专业化，并把农场办成农工商联合企业，为建立新的农业经济结构起示范作用。

（三）个体经济

我国农业中的个体经济主要是指生产资料属于家庭私有，以一家一户为生产单位，依靠家庭劳动力独立经营、自负盈亏的经济形式。其中既包括未参加合作经济组织的个体农民，也包括由合作经济中分离出来的少数农户。我国农村以合作经济为主，并不排斥一定范围的劳动者个体经济。在社会主义公有制经济占主导地位的条件下，个体和家庭经济应得到相应发展，以体现多种经济形式并存的格局。

个体经济虽然属于私有制经济，但大多数是以自身劳动为主的自营经济，经营者有一技之长，并且大多从事养殖、加工、运输、饮食、服务等经营活动，对于增加社会商品，繁荣市场起着重要的作用。因此，个体经济仍是社会主义经济体系不可分割的组成部分，在发展社会生产力中发挥着重要的作用。

我们在肯定个体经济积极方面的同时，也不能忽视或否认其局限性：

（1）由于是一家一户个体分散经营，受家庭劳动力数量和质量、资金、原料、生产场地等限制，个体经济经营分散，规模狭小；同时也由于其生产量小且分散，给收购、运输带来不便。

（2）个体经济的生产存在着一定的盲目性。

（3）个体经济抵御自然灾害和不幸事故的能力低。

（4）在价值规律的作用下，个体经济必然会分化，一部分农民会转化为私营企业主。因此，一方面在技术、资金、物资等方面要给予必要的支持，发挥他们的作用；另一方面也要加强引导，提供信息，使他们扩大经营规模，在条件成熟时引导他们走上联合的道路。

（四）私营经济

这里所说的私营经济，是指存在雇佣劳动关系的经济形式。个体经济中的少数经营者也有雇工，但雇工数量较少，其生产和经营活动主要依靠家庭劳动力，雇工只是处于辅助地位。而私营经济雇工数量则较多，雇主拥有或占有远远超过家庭劳动承受能力以外的生产资料。他们雇工是为自己多余的资本寻找劳动力并使其尽快增值。不仅雇工数量大，而且占有一定数量的被雇工人的剩余价值。私营经济的出现，是农业实行家庭经营后，在商品经济发展过程中所必然出现的现象。一些自营专业户在扩大再生产时遇到家庭劳力不足的矛盾，一条途径是实行联合和合作，另一条途径就是雇工经营。较之于合作经济，私营经济的经济关系简单，经营管理也容易一些，因而易于为人所采用。从生产力的角度看，私营经济的发展有利于生产力的发展。一方面有较多资金的人，可以找到劳动力，使自己得到更多的收入，有很高的经营积极性；另一方面劳动力多的家庭，又可以找到生产资料，使自身劳动力发挥作用并增加收入。从农村的实际情况来看，私营经济的发展，对解决农村劳动力就业、鼓励农民投资、发展农业生产有一定的积极作用。

私营经济虽有存在的条件，并能在一定的程度上促进生产的发展，但也要看到其消极的一面。主要是随着生产的发展，雇工的名义工资和实际获得的使用价值虽会不断提高，但雇工增加的财富多被雇主所占有，两者的贫富差距会拉大，所以政策上应该逐步建立和完善各种配套的管理制度、税收制度、法律制度，合理地调节社会分配关系，促进其健康发展。

（五）联营经济

联营经济是由不同所有制的经济形式联合经营而形成的一种复合经济。联营经济不仅打破了所有制的界限，而且不受行业和地区的限制，包容着不同深度和广度的联合，因而比单一的经济复杂。

联营经济的产生和发展，是适应生产力发展需要的。随着农业生产的发展，各种经济组织，不论是国有企业、合作企业，还是专业户，要想扩大经营规模，发展经济，必然会遇到资金、技术、劳力等方面的问题，而这些生产资源又常常不均衡地为不同所有者所占有。为了汇集各自的优势，使人力、物力、财力和技术能相互调节，集中使用，减少资源浪费和重复投资，只有联合起来才对各方都有利，因此，各方有联合经营的需求。在市场经济的条件下，由于联营经济实力较为雄厚，抵御市场风险的能力较强，因而也促进了联营经济的发展。

在联营经济中，农工商相结合的联营经济有着特别强的生命力，它具有现代农业的特征。在国外，一些农业方面规模巨大的跨国集团或总公司，无一不是实行农工商综合经营的。农工商综合经营所形成的经济优势十分明显，一是可以促进农产品的综合利用，提高初级产品的使用价值，增加企业的经济收益；二是可以疏通流通渠道，减少流通环节，节约贮运时间和费用，降低产品成本，增强产品在市场的竞争能力；三是有利于建立新的生产经营体制，克服生产、加工、销售相互脱节的弊端，实现产加销一体化，促进农业朝商品化方向发展。

联营经济作为一种趋势经济，在我国刚刚起步，它在畜牧业中发展较快。在我国一些经济发达地区和城市郊区，80 年代引进国外经验，建起了一批牧工商联合企业，对于促进当地畜牧业的发展起了重要的作用。比如，上海的大江联合有限公司，北京的华都牧工商联合公司，其规模和效益是同类企业难以比拟的。近些年来，一些地区在移植“公司 + 农户”的模式中，掀起了农业产业化的浪潮，对于促进地区农业经济的发展起了积极作用，这是有目共睹的。由于联营经济专业化、社会化程度高，根据国外发达国家的经验，它将是我国发展现代农业的一种趋势经济。

四、我国农业所有制结构的演变

从新中国成立到党的十一届三中全会前，我国所有制结构经历了由新民主主义的多种经济成分并存到社会主义单一公有制的历史性转变，这种变化是基于党对社会主义的认识，在建立社会主义基本制度和开展社会主义建设过程中发生和展开的。新中国成立以来，我国农业经济体制进行过多次调整，其演变概况如下：

（一）国民经济恢复时期

我国农村普遍地进行了土地改革，废除了地主阶级封建剥削的土地所有制，实行农民的土地所有制。1950 年 6 月，中央人民政府通过的《中华人民共和国土地改革法》规定：“废除地主阶级封建剥削的土地所有制，实行农民的土地所有制，借以解放农村生产力，为新中国的工业化开辟道路。”到 1952 年，除个别省外全国农村胜利地完成了土地改革的任务。这就从根本上改变了农村的经济关系，解放了农村生产力。农民的生产积极性空前高涨。

（二）第一个五年计划时期

根据党的过渡时期总路线的要求，对农业进行了社会主义改造，即实行合作化，把农民个体经济逐步引导到社会主义集体经济的道路。从 1953 年到 1955 年，党中央先后做出了关于农业生产互助合作等三个决议，规定了农业的社会主义改造必须经历从互助组到初级农业生产合作社，然后再到高级农业生产合作社的过渡步骤和过渡形式。到 1956 年底，全国绝大部分地区基本完成了对个体农业的社会主义改造，在我国农村建立了社会主义集体经济。与此同时，国家在农业以及合作经济内部，逐步建立了一些管理制度。例如对关系国计民生的重要农产品，粮食、棉花和油料，先后实行统购统销的制度。在合作经济内部，建立了某些责任制度，并规定了奖惩办法。此外，在实现合作化后，农村仍允许社员经营自留地和家庭副业，允许社员参加农村集市贸易。

（三）第二个五年计划和经济调整时期

我国农业体制经过了曲折、反复的历程。由于“左”倾错误，使经济工作的指导思想产生了偏差，在 1958 年总路线提出后就轻率地发动了“大跃进”和“人民公社化”运动，在农村经济工作中采取了许多脱离实际的做法：如在生产关系和生产经营规模上，片面强调向“大”和“公”过渡，几个月之内，把还没有站稳脚跟的农业生产合作社合并为规模更大、集体化程度更高的人民公社，并实行政社合一。同时还实行了一些超越实际的经济政策，如实行供给制、半供给制，取消自留地和农村集市，刮“一平二调”的“共产风”等，使平均主义泛滥，严重地挫伤了农民的生产积极性。在经济组织和管理方式上，由于政社合一，使集体经济组织附属于政权组织，用行政命令代替经济手段，出现了严重的“瞎指挥”。使合作化以来在农村涌现出的“双包”责任制，不仅未得到坚持和发展，反遭夭殇。上述“左”的做法脱离我国国情，违反客观规律；加上当时的自然灾害和苏联的逼债，使我国农业以至整个国民经济发生了严重困难。为了扭转困难局面，党中央于 1961 年 1 月决定对国民经济实行“调整、巩固、充实、提高”的方针。从此，中国经济进入调整时期。当时农业方面采取的主要调整措施是：第一，调整农业生产关系。1961 年 6 月中央制定了《农业六十条》，规定农村人民公社实行以生产队为基础的三级所有制，强调生产队是基本核算单位，实行独立核算，自负盈亏，直接组织生产，组织收益分配。并决定，这个制度至少三十年不变。在分配制度上，实行按劳分配原则，取消了公共食堂、供给制和工资制，采取评工记分的办法。对过去存在的“一平二调”问题，要求各地认真清理，彻底退赔。第二，强调实行“大集体、小自由”的方针。返还了自留地，鼓励和帮助社员经营各种家庭副业，恢复和扩大了农村集市贸易。为使农民得以休养生息，国家坚决纠正了由浮夸风导致的高征购，减少了粮食征购量；增加了农村社队所需的贷款和物资；大幅度地提高粮食、油料、生猪等农副产品的收购价格，增加农民的收益。

（四）第三和第四个五年计划时期

由于“文化大革命”的严重错误和林彪、江青两个反革命集团的蓄意破坏，打乱了原来的计划，使农业经济体制发生了违反客观规律的变动。在生产关系方面，推行了许多“左”的政策。比如，农村不少地方不顾客观条件，盲目扩大公社和生产队的规模，大搞“穷过渡”；在分配上，搞平均主义，“吃大锅饭”；在批判所谓“复辟资本主义”的口号下，许多地方把社员自留地、家庭副业以及农村集市贸易，统统当作“资本主义尾巴”割掉。在经济组织和经营管理方面，调整时期建立和健全起来的各种合理的规章制度，尤其是生产责任制度，都在批判所谓“走资派”搞“管、卡、压”的口号下被否定了，因而不少地方在管理上、生产上出现无章可循、无人负责的现象，形成社员出工“一窝蜂”、干活“大呼隆”的局面。这实际上是“大跃进”时期那些做法的重演，有的甚至走得更远。

（五）十一届三中全会以来

我国对农业经济体制主要从如下几方面进行了大胆的改革：一是恢复和扩大农村社队和社员的自主权，恢复和适当扩大社员自留地、家庭副业和集市贸易的经营范围；二是普遍实行多种形式的农业生产责任制；三是采取多样化的社会主义农业经济结构，允许国营、集体和个体多种经济形式长期同时并存；四是调整农业生产结构，改变农业长期单一经营的状况；五是在生产和流通方面，实行计划经济为主、市场调节为辅的原则，允许国营、集体和个体商业多种经营；六是对人民公社体制进行改革，实行政社分设。农业的这些改革，尽管还是初步的，但已极大地调动了亿万农民的积极性、创造性，使我国农业面貌很快发生了显著的变化，由原来的停滞不前变得欣欣向荣。

动动脑

1. 我国目前主要经济形式有哪些？
2. 十一届三中全会以来我国农业经济体制改革有哪些举措？

第二节　农业双层经营体制

案例导入

2015 年 8 月 4 日，《农民日报》5 版“农经周刊”刊发长篇通讯《农民在家“点单”合作社上门服务》，对襄州区双丰收农机专业合作社的经营模式进行了深度报道，充分肯定了农村双层经营体制“襄阳新模式”的实践意义。《农民日报》在报道中加配了“土地托管合作、照样规模经营”大字提要，在文头“编者按”中写道“在湖北、山东等地，一些合作社就通过土地托管等方式，实现了大面积连片耕作，既扩大了经营规模，也为农民增加收入拓展了空间”，并在文尾“专家观点”栏中，援引中央农村工作领导小组副组长、办公室主任陈锡文的观点，对这种创新规模经营方式给予充分肯定。

（**资料来源**：农民日报，2015 年 8 月 10 日）

案例思考

农业双层经营体制为什么被予以充分的肯定？

一、农业双层经营体制的内涵

农村双层经营体制是指家庭分散经营和集体统一经营相结合的一种经营模式。它是一种适合中国农村改革之需，推动中国农村经济大发展的经营体制。这种经营体制是在打破了原来的集体所有、集体集中统一经营的体制之后而建立的，是一种新型的经营体制。农村双层经营体制，是目前我国农业的生产方式，也是目前我国农村的生产关系。农村社会关系的和谐程度决定于农村双层经营体制的完善和稳定。

《中华人民共和国农业法》第一章第 6 条规定：“国家稳定农村以家庭联产承包为主的责任制，完善统分结合的双层经营体制，发展社会化服务体系，壮大集体经济实力，引导农民走共同富裕的道路。”这一规定，明确了我国现阶段农业实行以家庭联产承包为主的责任制和统分结合的双层经营体制。

所谓双层经营，就是以家庭联产承包责任制为基础，将农业合作经济组织分解为集体统一经营和家庭分散经营两个层次。作为基础层次的农户，是一个相对独立的经济实体，承包集体的土地和其他大型生产资料，自主地进行生产经营活动，其经营收入除了按合同规定上缴一小部分给集体作为提留和缴纳国家税金之外，其余全部归农户。集体作为发包方，除了进行必要的协调管理和经营某些工副业外，主要是为农户提供产前、产中、产后服务。

统一经营层次与农户分散经营层次，是社区型农业合作经济组织不可分割的两个方面。“分”是基础，其目的是为了充分发挥农户及劳动者的能动性和创造性，使生产经营活动具有更大的灵活性；“统”是建立在分散经营基础之上的，其目的是为了发挥集体协作的优势，解决一家一户分散经营无法解决的困难。两者相互结合，相辅相成，共同维护和促进农业合作经济发展。

二、农业双层经营体制的特点

“双层经营体制”是一个历史的概念。从其产生、发展到形成的历史过程及中央的有关论述来看，“双层经营体制”有其特定的内涵和基本特征。概括起来有以下几点：

（一）以土地集体所有制为基础

以家庭承包经营为基础的双层经营体制，其土地的所有制性质是劳动农民集体所有

制。这种土地所有关系，在农业社会主义改造运动中产生、发展，并在高级农业合作社和人民公社化运行中确立、形成。推行以家庭联产承包经营为基础的农村双层经营体制，完全保留了土地为劳动农民集体所有的性质，这表明它不仅没有脱离社会主义方向，而且使已经建立起来的农村社会主义经济制度得到了自我完善。

（二）以土地“两权”分离为前提

土地使用权从所有权中分离出来，这是产生家庭经营这一基础层次的前提。实践证明：在土地集体所有制的基础上实行家庭分散经营的两权分离，一般优于集体所有、集体统一经营的两权合一。因为两权分离后，既充分发挥了家庭个人经营的积极性，又克服了集体高度统一经营的弊端。

（三）以双层经营结构为基本特点

所谓双层经营结构，是指集体统一经营的主导层次和家庭分散经营的基础层次。这两个层次有机结合，形成双层经营的基本构架。从动态的角度看，集体统一经营和家庭分散经营的发展、完善并非齐头并进，在不同地区不同条件下，集体统一经营的层次和家庭分散经营的层次在双层经营结构中的比重并不完全相同。大体有三种情况：一是统分结合以统为主；二是统分结合以分为主；三是统分结合，集体统一经营与家庭分散经营的比重相当。

三、实行农业双层经营体制的重要意义

双层经营体制，是我国农业生产关系的重大调整，也是我国农民在中国共产党领导下的伟大创举。实践证明，这种经营体制符合我国现阶段的农业生产力水平，符合广大农民群众的意愿，符合农业生产的特点，对我国农业发展和农业市场化建设具有重要意义。

（一）有利于培育农村市场主体

在市场化农业中，农村市场的主体主要是农民。但在旧的集体统一经营体制下，经营决策权集中在集体，劳动者与经营者相分离，农民是单纯的劳动者。建立双层经营体制之后，在生产经营决策上实行统分结合，扩大了农户的生产经营自主权，农户不仅仅是劳动者，而且是经营者，它们除了完成承包合同规定的任务之外，可以自购生产资料，发展自营经济，从而真正成为农村市场的主体。

（二）有利于调动农民的积极性

在农业双层经营体制下，集体对农户实行“大包干”的分配方式，农户在完善承包合同、按规定上缴国家税收和集体提留之后，对其生产经营成果有充分的自主支配权。这种分配方式把农户的经营成果与其物质收益直接挂钩，使责、权、利紧密结合，有利

于激发农民群众的生产积极性。

（三）有利于提高农业劳动效率

双层经营体制一改过去集体经济高度集中的劳动管理制度，按照宜统则统、宜分则分的原则进行劳动分工与协作，适应农业生产自身的特点和要求，可以避免“大呼隆”式劳动管理的弊端，避免劳动力资源浪费，有效地提高农业劳动效率。

四、农业双层经营体制的现状及困境

在我国广大农村，以家庭为单位实行分散经营，适应了现阶段农业生产力水平较低的状况，有利于克服长期存在的管理过分集中、经营方式过分单一，以及吃“大锅饭”的弊端，有利于扩大农民的经营自主权，调动农民的积极性。但是，分散经营难以实现机械化耕作，抗御自然灾害能力较低，而集体经营能够完成一家一户难以承担的生产活动。分散经营与统一经营相结合的双层经营责任制，可以恰当地协调集体利益与个人利益，并使集体统一经营和劳动者自主经营两个积极性同时得到发挥，取得更大的经济效益。

党的十一届三中全会以来，我国农村经营体制发生了根本性变化，集中到一点就是由高度集中统一的集体单一经营转变为家庭和集体统分结合的双层经营，作为我国农村集体经济的一项基本制度已经确立起来。

稳定家庭承包经营，是社会主义初级阶段的必然选择。家庭联产承包责任制符合现阶段我国农村生产力水平和发展要求，显示了巨大的优越性和旺盛的生命力。正是这种经营形式的确立，使长期被压抑的生产力得以释放，促成了农村经济恢复性超高速增长，进而形成了发展商品生产的大潮。家庭经营既保持了它固有的优点，同时，又在商品经济发展过程中，与社会化服务组织日渐结合，开始出现专业化的萌芽，正摆脱落后技术、陈旧观念的束缚，展示了广阔的发展前景。

家庭经营在农村经济向商品化、现代化转变的大背景下，已经超越土地承包经营，超越原来的集体经济，超越行政界限。农民为了克服分散经营的局限，有效地抵御自然的和社会的双重风险，要求加强社会化服务。正是适应这种需要，超越地域性集体经济组织的专业性、综合性服务组织，多种形式的合作与联合，开始在农村涌现出来。这些新型服务组织，有流通领域的各国有公司、供销社和新组建的各专业公司与农户的联合，有国家设在农村的技术推广单位和农垦企业与农户的联合，有农村能人兴办的上联市场、下联农户的中间组织，有以农村专业户为主体的各种专业协会和专业公司等。这些组织与农户之间，大都以书面契约或口头协议规定相互的权、责、利关系，体现了户为基础，统分结合的双层经营特点。这些组织的出现，对于拓宽农村经济的开发领域，促进农工商衔接，提高商品生产的组织程度，显示了巨大的力量。

当前农业生产经营体制还存在着许多与现代农业发展不相适应的问题，面临着严峻的挑战。具体需要从农户家庭经营、村社集体经营、产业化龙头企业和农民专业合作社

等四个层次各自存在的问题与缺陷来深入分析。

（一）从农户家庭经营层次来看

既存在着必须长期稳定家庭经营在农业生产中主体地位的问题，又存在着如何尽快改变农业家庭经营副业化、规模细小化、劳力老龄化、经营粗放化和提高农业劳动生产率等问题。由于农村劳动力向第二、第三产业的大规模转移是以青壮年劳动力的离农为主要特征的，带有明显的自发性、盲动性和不彻底性，我国虽然已经转移出了 2 亿多的农民工，但没有完全市民化，导致土地流转率很低（全国仅 10% 左右），农地承包户至今还有 2 亿多。这种数量庞大、规模细小、年龄老化的家庭经营与现代农业发展的要求很不适应，在提高农业劳动生产率和农业经济效益方面难以有大作为，是农产品产销大起大落和价格频繁波动，以及农产品质量安全难以控制的基础性原因，这也导致在社会上出现家庭经营难以成为现代农业经营主体的观点，于是出现了有的地方政府鼓励工商企业、社会资本大规模圈地，搞公司化大农业的倾向，诱发了家庭经营的“主体”危机。

（二）从村社集体经营层次来看

既存在着村社集体统一经营功能弱化，远远不能满足农户家庭经营对农业社会化服务和产业化经营需求的问题，也存在着集体经济实力不强，功能不全，开放度不够，难以增强对现代农业的服务功能和难以提供农业产业化经营服务的严重缺陷。从总体上来看，浙江的村集体经济发展在全国还是比较好的，有一批像花园村这样的集体经济强村和社会主义新农村建设示范村，但不少地方特别是欠发展山区，由于长期以来，各地在农业双层经营体制上强调发挥家庭经营的积极性比较多，对加强村集体的农业统一服务和发展壮大集体经济重视不够，全国只有村民委员会组织法，没有村经济合作社法，统一经营层次的法律保障缺失，村社集体经济组织建设流于形式，或者干脆没有，这使得很多地方农业双层经营变成了单层经营，集体统一服务的功能不断退化，这也是农村小型农田水利建设工程失修的重要原因。再加上村社集体所有的土地资源没有平等的用益物权，使得原有的乡村集体企业都转为个体经济、民营企业，没有了集体的股份，集体经济的经营日趋萎缩，导致村社集体经济统一服务功能弱化和农业生产组织的松散化等严峻的问题。不少地方的村级集体统一服务已有名无实，有些地方的村集体组织或村委会的服务功能缺失，但一些地方少数村干部却以集体土地所有权的名义私下操纵土地的出让、征用和交易，损害了农民群众的利益，引发群体性事件。

（三）从农业产业化经营层次来看

现有的农业产业化经营大多数是以企业主导的农业龙头企业与基地农户建立产销协作关系的形式出现的，这些以工商资本为主的农业龙头企业既发挥着为分散的农户家庭经营提供产前、产中、产后服务，提高农产品加工、流通水平的重要作用，同时也存在着与农户的利益结合不紧密，与农户之间还是简单的农产品买卖关系，企业资本强势和生产农户弱势的突出问题。弱势的农户很难分享农产品加工流通的增值收益，农民生产农产品低效益的问题没有从根本上解决。当时设想的通过农业产业化解决小农户与大市场的连接问题和让农民共享农产品加工增值收益的目标没有完全实现。这表明，企业主导的产业化经营既有明显作用，也存在重大缺陷。发达国家农业产业化经营的龙头企业绝大多数都是由农民合作社投资兴办的，诸如美国、澳大利亚、新西兰等国的奶制品加工企业大多是由奶农组建的合作社投资兴办的，形成了生产、加工、营销的全产业链的产权共占、利益共享、风险共担的机制，从机制上确保了农业生产者能分享加工增值利润，也确保了农产品和食品的质量安全。可见，我国这种企业主导的产业化经营必须加以改进和完善。

（四）从农民专业合作服务层次来看

农民专业合作社既有直接代表农民利益，与农民利益结合紧密，加工流通增值全部归农民全体社员共享的众多优点，但也存在着经济实力弱小、服务能力不强、合作机制不够规范等缺陷。《农民专业合作社法》实施以来，农民专业合作社得到迅猛发展，表明它是适应农业生产力发展要求的，也是顺应了农民组织化发展趋势的，因而显示出强大的生命力。但由于还处于发展的初级阶段，组建合作社的农民生产规模小、专业化程度不高、资金投入能力有限，使得合作社的生产服务功能特别是加工营销和资金融通等合作功能比较弱，也有许多合作社从组织机制上看缺资金、缺人才、缺服务实力和服务手段，在农业服务上显得力不从心，还难以承担起引导和带领农民走向国内外大市场的重任。国家对合作社的扶持政策还有待加强，这表明合作社发展前景远大，但也必须进行改革和完善。

五、农业双层经营体制的完善

农业双层经营体制是我国特定历史条件的产物，它的普遍实施，调动了广大农民群众的积极性，促进了农业生产的发展。但是，随着改革的深入和农村市场经济的发展，双层经营体制运行中的矛盾日益显露出来，如土地承包期过短，不利于承包者对土地增加投入，提高地力；承包时实行土地平均分配、好坏搭配，不利于规模经营和实行专业化生产，制约了农业生产效率进一步提高；统一经营层次的社会化服务体系不健全，农户实际上变成了“单干”，生产经营遇到较多困难。因此，在稳定家庭联产承包责任制的同时，还必须完善和发展双层经营体制。其主要措施有：

（一）稳定农村土地承包关系，鼓励农民增加对土地的投入

我国农村土地第一轮承包的期限已经结束，正在进行延长承包期的工作。当前农村土地工作中出现了一些不容忽视的新情况，一些地方至今没有把第二轮承包落实到户；

部分干部随意收回农民的承包地，强迫农民搞土地流转；还有一些地方竟然要农民拿钱买断承包土地的“经营权”。这些行为严重侵犯了农民的合法权益，违背了中央的农村土地政策。应该重申：家庭承包制是我国农村经济体制的基础，是党的农村政策的基石，必须长期坚持，决不能有丝毫动摇。今后的任务是要加强土地管理，确保延长土地承包期 30 年不变。这是稳定党的农村政策的重要措施，有利于安定人心，鼓励农民增加对承包土地的投入。

（二）建立有效的土地流转机制，促进农用土地规模经营

土地是最基本的农业生产资料，只有建立起灵活有效的土地流转机制，才能实现其与劳动、资金、技术的优化组合。随着我国市场经济体制的建立和农村城市化步伐的加快，一部分农村劳动力将从农业中分离出来，向第二、第三产业转移。在这种情况下，建立农村土地流转机制，不仅必要，而且可能。根据我国国情，土地流转的核心是使用权的有偿转让，即利用地租地价等刺激土地流动和要素配置。为此，应在稳定家庭联产承包责任制的基础上，通过明确所有权、稳定承包权、搞活使用权，实现土地“三权”分离，促进土地使用权向种田能手转让，以优化农村资源配置，提高农业经营的规模效益。

（三）完善统一经营层次的职能，强化农业的社会化服务

要通过开展经济联合和兴办经济实体，增加积累，壮大集体经济实力；要充分利用集体统一经营的优势，健全社会化服务体系，为农民提供产前、产中、产后服务，解决农户分散经营过程中遇到的困难和问题。同时，要管好用好集体资产和生产设施，协调好承包农户之间的经济关系，充分发挥统一经营层次的作用。

动动脑

1. 什么是农业双层经营体制？
2. 如何完善农业双层经营体制？

第三节　农业生产经营主体

案例导入

苏州新区农民参与合作经济组织全覆盖

2015 年，镇湖裕民渔业专业合作社正式成立，至此，高新区沿太湖的 1000 多名渔民全部组织起来，进一步规范渔业发展，促进渔民增收。截至目前，高新区累计建立各

类农村新型合作经济组织182家，其中社区股份合作社72家、以镇（街道、开发区）为单位的合作联社（公司）3家、富民合作社2家、土地股份合作社34家、农民专业合作社35家、劳务合作社36家，实现了农民参与新型合作经济组织的区域全覆盖。近年来，高新区各类合作经济组织的发展，为全区农民持续增收发挥了重要作用。2014年，全区村级集体总资产、村均收入、农民人均纯收入同比增幅均超过10%，各类合作经济组织实现分红总额2.64亿元。

（**资料来源**：中国科技网，2015年9月30日）

案例思考

资料展示了哪种生产经营主体？除此之外你还知道哪些生产经营主体？

一、家庭经营

（一）农业家庭经营的概念

所谓农业家庭经营，就是指以农民家庭为相对独立的生产经营单位，以家庭劳动力为主所从事的农业生产经营活动，因此又称其为农户。

农业家庭经营是一种弹性很大的经营方式，可与不同的所有制、不同的物质技术条件相适应，可以与不同的生产力水平相适应。

（二）农业家庭经营的历史演变

作为社会经济单位的家庭，在漫长的历史时期中经历了许多变化，农业的家庭经营也在各个历史阶段中多次改变其发展条件和经营内容，表现出不同的特点。

在原始社会初期，生产力水平极其低下，采集和渔猎是人们谋取生活资料的主要方式。进入新石器时代以后，才开始有了原始的农业和畜牧业。与这种极其低下的生产力状况相适应的是以原始共同体、氏族公社为单位的公有制。因此，家庭本身就是原始共同体，就是当时社会的一个基本经济组织单位。在这种情况下，家庭经营以家庭占有生产资料和家庭成员共同劳动、共同消费为特征。由于原始手工业的重大发展，导致了手工业逐渐从农业中分离出来，成为独立的生产部门，实现了人类社会的第二次大分工，进一步提高了劳动生产率，人们的劳动产品除了维持自己的生存以外还有剩余，于是产品交换也就开始了，私有制就渐渐出现了。在这一时期，父权时代的一夫一妻制小家庭经营开始从属于氏族公社的公有制，以氏族公社经济为主，小家庭经济为辅。随着私有财产的增多，小家庭经营活动也逐渐增多。

在奴隶社会里，起初是家长奴隶制，家庭生产经营首先表现为作为奴隶主的家长支配着全部家产，支配着妻子、儿女和奴隶，家长自己也参加生产劳动。随后是社会范围

内的奴隶制，即奴隶主大规模地使用奴隶进行生产劳动成为一种普遍现象。由于社会生产力的提高和奴隶的反抗，奴隶制趋于瓦解，封建社会生产关系逐渐产生。

进入封建社会以后，以个体家庭为单位进行的生产有了巨大发展，成为社会范围内普遍的生产形式。较之奴隶社会来说，在封建社会里，劳动者家庭普遍有了自己的家庭经济和经营权力。但由于封建生产方式的统治，所谓劳动者自己的家庭经济和经营权，仍然是十分有限的。因为封建制度下的自耕农，是同封建的土地占有制度相联系的，尽管他们是生产资料的个体所有者，但仍然受到封建地主阶级和封建国家的剥削和压迫。此外，多数农民的家庭经营并不是完全占有生产资料，耕种的土地大部分不属于自己，产品也不能完全归自己支配。他们和地主之间除了单纯的租佃关系以外，还保持着宗法式的主仆关系。总的来说，这时的农业家庭经营是自给自足的，农民在土地上的收获除向地主纳租以外，余下来的主要是供家庭消费。

进入资本主义社会以后，农业家庭经营的更高级形式——家庭农场开始在欧美出现。家庭农场是以家庭为单位经营，是一种农民拥有生产资料的所有权或使用权，能自行决策，人身不依附于地主的独立经营的经济组织。它是独立自主的农民所经营的农场，农场主既是所有者、经营者，又是劳动者；主要依靠家庭劳动力，雇工一般不超过总劳动量的一半。虽然在英国等国出现了以雇工经营为主的资本主义大农场，但随着生产力的发展，实行雇工经营、工厂化劳动的资本主义大农场并没有像资本主义工商业那样得到发展。在第二次世界大战以后，实行雇工经营的农场不但没有增加，反而出现了一种逐渐减少的趋势。对这种情况，美国的爱斐逊在《农场原理》一书中指出："从 1900 年到 1950 年，美国多数的大规模、大型农场都成为比家庭农场更无效率的大规模组织，它已被家庭型经营所分割。"1982 年，《纽约时报》发表文章认为，由农场主及其家人，至多再加上一名工人经营的农场，是最具效率的生产单位。时至今日，家庭农场在发达国家的农场总数构成中大约占 90% 以上，占有绝对优势，并且是最具有竞争力的农场形式。

社会主义制度在苏联诞生以后，苏联首先在农村普遍建立了集体农庄，中国等其他社会主义国家也纷纷效仿，试图以农业的合作化、集体化、国有化来代替家庭经营、消灭家庭经营，结果经济效益普遍低下，农产品的供给长期难以满足日益增长的社会需要。各国不得不纷纷进行改革，以寻求农业发展的新出路。中国政府在 20 世纪 70 年代末开始在农村实行家庭联产承包责任制，其在土地集体所有的前提下，使农户获得土地的使用权，使土地的所有权与使用权相分离，采取集体统一经营与农民分散经营相结合的双层经营体制。由于农民有了经营自主权，农业家庭经营在中国农村有了长足的发展，农产品的产量、质量迅速提高，品种不断增多，就全国来说，中国已经告别了农产品的短缺时代，农产品从总体上来说已经从供给不足转变为供给有余。中国也成为所有经济转型国家中农业改革绩效最好的国家。历史和现实都说明，家庭经营在农业中具有巨大的潜力、广泛的适应性和旺盛的生命力。

家庭农场

家庭经营的最高形式是家庭农场。家庭农场是以家庭成员为主要劳动力，从事农业规模化、集约化、商品化生产经营，并以农业收入为家庭主要收入来源的新型农业经营主体。在中国，家庭农场的出现促进了农业经济的发展，推动了农业商品化的进程，有效地缩小了城乡贫富差距。家庭农场以追求效益最大化为目标，使农业由保障功能向盈利功能转变，克服了自给自足的小农经济弊端，商品化程度高，能为社会提供更多、更丰富的农产品。家庭农场比一般的农户更注重农产品质量安全，更易于政府监管。

1. 家庭农场可以充分发挥家庭成员的作用

农业生产具有季节性和地域性，收获的周期长，劳动成果大多数表现在最终成果上。如果采用工厂化的劳动组织形式，不仅难以准确计量分散的农业劳动中每一个生产环节上各个劳动者的劳动数量、强度和质量，也难以进行绩效衡量和工资发放。而家庭农场的劳动者主要是农场主本人及其家庭成员。这种以血缘关系为纽带构成的经济组织，其成员之间具有天然的亲和性。家庭成员的利益一致，内部动力高度一致，可以不计工时，无须付出额外的外部监督成本，可以有效克服“投机取巧、偷懒耍滑”等机会主义行为。同时，家庭成员在性别、年龄、体质和技能上的差别，有利于有效分工，因此这一模式特别适用于农业生产和提高农业效率。

2. 家庭农场可以享有规模经营的优势

我国的农地制度具有中国特色，首先是土地的国家和集体所有制度，其次是土地只能使用不能买卖，再次是耕者有其田的均分制度。这种土地制度对于我国农村的稳定和农民的生活保障具有重要的作用，但又存在一些弊端。专业大户和农民合作社在土地流转与规模经营过程中，日益面临土地流转费用高、稳定性差和盈利空间缩小等问题。家庭农场具有多种优势，可以避免专业大户和农民合作社面临的上述难题。家庭经营具有旺盛生命力，不仅可以包容不同生产力水平，也可以为不同所有制所接纳。无论是在传统农业阶段，还是在现代农业阶段，无论公有制下的家庭承包责任制，还是私有制下的资本主义，家庭农场都显示出家庭经营强大的生命力。

3. 家庭农场可以发挥专业性的优势

家庭农场以从事农业为主，在农闲时也参与少量的兼业行为。在家庭收入构成上，农业收入是主要的收入来源，辅之相应的兼业收入。以农业经营为主、以农业收入为主是家庭农场主区别于传统农户的显著标志。传统农户家庭成员具有明显的分工，家庭农场主长期从事农业生产，还有利于生产经验的积累和人力资本的提高。从长远看，有利于培养一批懂生产、会经营的职业农民。近年来，农业生产的规模化发展不断加速，有相当多的农业公司进入农业生产销售领域。但是，农户的家庭经营仍然显示出其生命力，家庭经营不仅在传统农业经营中是最基本的组织形式，而且在现代农业中也可以成为处于主导地位的组织形式。这是由农业的生产特点和农户家庭经营的优越性决定的。

（三）家庭经营是最基本的农业微观经济组织

家庭经营是最基本的农业微观经济组织，其原因主要表现在如下方面：

1. 农产品是不可间断的生命连续生长过程

在工业中，生产的产品是无生命的东西，从投料到出成品，可以按人的意志来设计，其程序可变更，其作业可交叉，可以多条流水线同时作业。其劳动工具和劳动对象可以集中在一起，可以在一个单位时间内集中很多劳动力和生产资料，生产出大量产品，并取得很高的效率。在农业生产中，各种作物的生长有各自的季节和周期，生长的各个阶段有比较严格的间隔和时限，只能由一个阶段到另一个阶段依次而不间断地进行。

2. 农业生产活动有严格的季节性和地域性

农业的生产时间和劳动时间不一致，复杂交错，因此农业劳动支出具有不均衡性。在农业劳动时间以外，动植物还要有一段时间来吸收养分和生长过程。因此劳动时间要比生产时间短得多。各种农产品都有它们最适宜的自然生长条件，这样可以更好地发挥自然的优势，生产出更多更好的农产品，提高土地生产率和劳动生产率。因此农产品生产必须因地制宜，不能随意改变生产地点。

3. 农业劳动效果的难以计量性

农业劳动采取什么样的组织形式，这是一个有争议的问题，如果不考虑内部激励和监督问题，雇佣劳动、集体劳动这些农业工厂化劳动可能也会有效率，因为他们比家庭劳动更容易实现规模效率，更容易采用先进技术，这是原社会主义国家发展集体农场或农业生产合作社的根本动因。但是如果把内部激励和监督问题考虑进来，情况就不一样了。要解决激励问题，首先要准确计量劳动者劳动的质与量，并与报酬联系起来。但农业生产，地域辽阔，自然条件千差万别，其劳动很少有中间产品，成果大多表现在最终产品上，劳动者在生产过程中各环节的劳动支出状况，只能在最终产品上表现出来。这就决定了在农业劳动中，各个劳动者在每时每地的劳动支出中，对最终产品的有效作用程度是难以计量的。农民的劳动成果，在很大程度上要靠各个农民对生产经营进行合理的安排，靠其对全过程细心地作业和管理，以及对市场的准确预测。这些特点决定了家庭经营是农业生产的一种较为合适的组织形式。

4. 家庭成员具有利益目标的认同感，使得农业家庭经营的管理成本最小

家庭既不是单纯的经济组织，也不是单纯的文化或政治组织，维系家庭存在的，决不限于经济利益这根纽带，而且还有血缘、感情、心理、伦理和文化等一系列超经济的纽带。这就使家庭成员可以从许多方面认同家庭的整体目标和利益，即把家庭其他成员

的要求、利益和价值取向，比较自愿地当成自己的要求、利益和价值取向。多半是这种互补机制的存在，使得家庭无须靠纯经济利益的激励，就能够保持对其自身的目标和利益的基本一致性。由于家庭的婚姻、血缘关系，使得家庭经营组织具有较持久的稳定性，上一代对下一代的多方面寄托所形成的继承机制，使得家庭经营一般具有较长的预期，并能为实现这种预期而长时间自愿地协作。这使得农业家庭经营表现出其他经济组织都不具有的激励规则。家庭成员努力工作，无须以家庭内部精密的劳动计量并同报酬挂钩来激发。因此，农业的家庭经营，一般无须监督，管理成本差不多是最小的。

5. 家庭成员在性别、年龄、体质、技能上的差别有利于社会分工和劳动力的充分利用

农业实行家庭经营，家庭劳动者及其家庭成员合理分工，在时间上和劳动力的充分利用上都达到了较好的水平。传统社会的“男耕女织”使家庭成为一个“小而全”的生产单位，在当代这种分工协作的功能仍然存在。在劳动安排上，平时一人为主，忙时全家齐上阵，必要时还可雇工，农闲时除照管人员以外，其余均可外出兼业。在劳动时间被分割得相当细碎的农业活动中，一些闲散和辅助劳动力也得到了充分利用。这在严格分工的企业组织中往往难以做到，而家庭的自然分工却能较好地满足这种要求。

种养大户

种养大户是指从事种植业和养殖业生产经营达到一定规模和条件的经营户（含农业户、城镇居民户），但不包括注册登记的农民合作社、公司等经营主体。

大户的土地规模、养殖规模数倍于一般农户，在土地、劳力、资金、种植结构之间存在优化配置的可能，即存在大户经营模式。大户经营模式指充分利用农机、劳力和有限资金的农作物结构，和充分利用农副产品、劳力资金的养殖业结构，即构建适合的种植业和合适的养殖业。适合的种植业是指耗劳少便于机械作业的农作物，主要是荞麦和胡麻；合适的养殖业指牛、猪、羊中的一种，成为相对专业、适度规模的养殖业。农业大户经营要优化种植业结构和养殖业结构，实现科学化、合理化。

由于农业收益较低，农业开发面临市场和自然双重风险。有的农业专业大户管理水平低，科技含量不高；有的项目选择不准，产业趋同、品种单一；有的盲目追求规模，管理粗放；有的缺乏经济实力和经营能力，发展产业有始无终。在抵御自然灾害方面，也显得能力有限。随着工业化、城镇化进程的加快，农业剩余劳动力长时间、大规模转移，农户兼业化、村庄空心化、人口老龄化现象日趋明显，迫切需要解决今后谁来种田、田怎么种的问题。近年来，在我市农村涌现的大批各种类型的专业大户，已成为推动农村经济发展新的重要力量。而要积极培育专业大户，就需要进一步强化政策保障促其成长发展。

二、农业产业化经营

（一）农业产业化经营的概念与特点

农业产业化经营是农业由传统的生产部门转变为现代产业的历史演进过程，是市场农业的基本经营方式，农业产业化经营是以市场为导向，以农户为基础，以龙头企业（包括公司企业、合作经济组织、专业化市场、产学研联合组织等）为依托，以经济效益为中心，以系列化服务为手段，通过实行供产销、农工商一体化经营，将农业再生产过程的产前、产中、产后诸环节联结为一个完善的产业系统。农业产业化经营有以下几个方面特点：

1. 生产专业化

生产专业化主要指工艺专业化、企业专业化、部门专业化和区域专业化。

2. 经营一体化

以市场需求为导向，围绕某一主导产业或主导产品，按产业链进行开发，把农业生产的产前、产中、产后诸环节有机地结合起来，实行商品贸易、农产品加工和农业生产的一体化经营。

3. 布局区域化

通过调整农产品生产结构，形成与资源特点相适应的布局。

4. 服务社会化

通过一体化组织或各种中介组织，利用有关科技机构，对共同体内各个组成部分提供产前、产中、产后的信息、技术、经营、管理、人才培训等全过程的全方位服务，实现资源贡献、优势互补、联动发展。

5. 企业规模化

农业生产专业化的效率是通过大生产的优越性表现出来的。

6. 管理企业化

管理企业化就是用管理工业、企业的办法经营和管理农业。

（二）农业产业化经营的组织类型

从功能和本职上看，农业产业化是引导分散的农户小生产转变为社会化大生产的组织形式，是市场农业自我积累、自我调节、自我发展的基本运转机制，是多元参与者主体自愿结成的经济利益共同体。农业产业化经营大致分为五种类型。

1. 公司企业带动型

以公司或集团企业为主导，以农产品加工、运销企业为龙头，重点围绕一种或几种产品的生产、加工、销售，与生产基地和农户实行有机的联合，进行一体化经营，形成“风险共担，利益共享”的经济共同体。这种形式在种植业、养殖业特别是外向型创汇农业中最为流行。

“公司＋基地＋农户”的组织形式，由公司强化农业资源开发，增加产出，并使其增值。统一组织运销，尤其适合在市场风险大、技术水平高、分工细、专业化程度高以及资金技术密集型生产领域中发展。因此，这种类型对公司各方面的要求较高。它应以充足的资金为基础，以先进技术和高新技术为先导，具有高效率的管理能力，从而达到产品的高技术含量、高产出率、高附加值，在国内外市场畅销。这种类型的主要特点是公司企业与农产品生产基地和农户结成紧密的贸工农一体化生产体系，其最主要和最普遍的联结方式是合同。公司企业与生产基地、村或农户签订产销合同，规定签约双方的责、权、利；企业对基地和农户具有明确的扶持政策，提供全过程服务，设立产品最低保证并保证优先收购；农户按合同规定，定时定量向企业交售优质产品，由公司企业加工，出售成品。

2. 市场带动型

专业市场＋农户。以专业市场或专业交易中心为依托，发挥市场龙头作用，拓宽商品流通渠道，对那些产出量大而本地加工能力较弱或无加工能力的农产品引导生产，形成产业优势，节省交易成本，提高运销效率和经济效益。目前，这种模式在“风险共担”和“利益共享”方面待发育或完善，故只能称为松散型或过渡型。这种模式在各地都有出现，兴建一个市场，带动一方产业，具有广阔的发展前景。

3. 主导产业带动型

主导产业＋农户。从利用当地资源、发展特色产业和产品入手，走专业化之路，发展一乡一业，一村一品，逐步扩大经营规模，提高产品档次，组织产业群、产业链，形成区域性主导产业和拳头产品。由于资金技术不足不易出现强有力的龙头企业，而依靠支柱产业启动，充分发挥当地资源优势，就可有效地发展产业化经营。

如我国的西部地区，各地拥有成片的荒废草地及其他可供开发的荒废地资源，如果从一开始就按产业化经营思路进行设计规划，经过若干年的开发建设，就能够形成新的主导产业和新的生产系列，从而达到致富的目的。

4. 中介组织协调型

“农产联”＋企业＋农户。以中介组织为依托，在某一产品的经济再生产全过程各个环节上，实行跨区域联合经营，逐步建成以占领国际市场为目标，企业竞争力强，经营规模大，生产要素大跨度优化组合，生产、加工、销售联结的一体化经营企业集团。目前，这种类型的中介组织主要是行业协会，其类型属松散型组织。

5. 合作经济组织带动型

专业合作社或专业协会＋农户（或者公司＋合作社＋农户）。近年来，各地出现了许多农民自办或在政府引导下办起的各种专业协会、合作专业协会、专业合作社等经济组织，它们都是农民面对社会大市场，为发展商品经济而自愿地或在政府引导下组织起来的，具有明显的群众性、专业性、互利性和自助性，都有正式的章程和会员证。专业协会一般是以协会为依托，创办各类农产品生产、加工、服务、运销企业，组织农民进入

大市场。专业生产合作社都是经营实体，在某种产品的生产上为入社农民提供生产资料、资金、信息以及产中环节各种服务，有的还建立起加工、运销企业，直接组织农民走向市场。合作专业协会带有过渡性，它把合作制引入专业协会，将逐步演变成为真正的专业合作社。

农民专业协会和专业合作社在市场交易中显示出合作经济的优势，正在成长为农村中一支重要力量，具有非常广阔的发展前景。可以预料，合作经济组织很可能成为我国农业产业化经营的重要模式。国际经验证明，没有发达的合作经济，就不会有全国规模的农业产业化经营，也就不会有发达的现代化市场经济。合作社或专业协会作为广大农民联合自助性组织，组织农民共同进入社会化大市场，将市场关系内部化，形成合作制机制，有效地调节和实现成员之间的合法权益，合理分享市场交易利益，比起其他组织更为直接，更为农民所信赖。所以，合作经济组织应当作为聚合性微观经营主体来对待，成为一种单独的组织模式。

除此之外，各地还涌现出其他的组织模式，如产学研、“开发集团＋农户”等。但不论哪种模式，它们都有共同的特点，即能够发挥有效的作用，引导和组织分散的小农户进入社会大市场，促进产业化的发展，提高农业的比较效益，增强市场农业自立发展的能力。它们在组成和发展上突破了多重界限和制约：一是突破所有制界限，将国有、集体、个体经营结合起来；二是突破了行政区的界限，将省内外、国内外企业衔接起来；三是突破地区行业隶属关系的界限，将农工商、产学研诸行业结合起来，从而促进了生产要素的优化组合和产业结构的合理调整，促进了城乡之间的优势互补，并实现系统内利益互补，具有旺盛的生命力。随着市场农业的发展，可以预料，一些新的农业产业化组织模式还会出现。

三、农民专业合作经济组织

（一）农民专业合作经济组织的概念

农民专业合作经济组织是指农民自愿参加的，以农户经营为基础，以某一产业或产品为纽带，以增加成员收入为目的，实行资金、技术、生产、购销、加工等互助合作的经济组织。从事专业化生产经营过程中产生的农民自助服务组织，主要围绕某一产品、某类产品、某一专业化生产经营领域及产前、产中、产后某些环节而展开服务。它坚持为成员服务的宗旨，按照加入自愿、退出自由、民主管理、盈余返还的原则，依法在其章程规定的范围内开展农业生产经营和服务活动，受《中华人民共和国农民专业合作社法》的调整。

作为一种农业经济组织，农民专业合作经济组织具有与农业经济组织一致的内涵和目标。农民专业合作经济组织是为了更好地利用农村各种资源，减少交易成本，增加农业收益，通过采取一定的利益联结机制，由农业生产经营主体自愿组成的利益共同体，其目标或价值取向是为了获取经济利益。

农民专业合作经济组织的主要成员是从事农业生产或经营的农民，而农民一直被认为是所有经济主体中的最弱势群体，由此也决定了农业经济组织在整个经济组织中所处地位的弱势性。农民专业经济合作组织作为一种农业经济组织，所从事的产业是第一产业——农业，而农业产业具有自然和市场双重风险，通过建立和运行农民专业合作经济组织能够化解一部分风险，但农业经济组织获取经济利益的能力不及其他经济组织。因此，通过扶持农民专业合作经济组织来支持农业生产和发展，实现政策目标，已成为各国政府采用的一种政策措施。

（二）农民专业合作经济组织的特点

农民专业合作经济组织的发展建立在家庭承包经营基础上，不改变现有生产关系，不触及农民财产关系，适应改革与发展，可以这样认为，农民专业合作经济组织是农村组织制度的一种创新。农民专业合作经济组织的名称在现阶段也是多样化的，有的叫农民合作社，有的叫专业协会等。

从现阶段看，农民专业合作经济组织的特点主要表现在以下几个方面：①农民专业合作经济组织不改变农民最敏感的土地承包关系，不改变农户自主经营权利，农民可以根据生产经营活动的需要参加各种各样的经济组织。②专业性强。它大多以专业化生产为基础，以某一类专业产品为龙头组织起来，如养猪协会、养牛协会、水果协会、蔬菜协会、食用菌协会等，都有明显的专业特征。③农民专业合作经济组织以服务为宗旨，很好地帮助农民解决了一家一户做不了、做不好的事情。它了解农民需要什么，需要多少，能有针对性地开展服务。④在组织管理上，实行自愿结合，入退自由，民主管理。⑤在经营方式上灵活多样，独立自主。⑥实行盈余返还，给农户带来实惠，与农民风险共担、利益共享。正是因为农民专业合作经济组织有这些特点，所以能够得到广大农民的欢迎。

（三）农民专业合作经济组织的分类

1. 根据专业合作经济组织的功能划分

目前的农民专业合作经济组织可分为生产型、采购型、销售型、加工型、(技术)服务型、综合型等六种基本类型，其中生产型极为少见。

2. 根据专业合作经济组织创办者与政府的关系划分

目前的农民专业合作经济组织可分为自办型、官办型以及官民结合型等三种基本类型。

3. 根据专业合作经济组织的创办者的身份划分

目前的农民专业合作组织可分为能人牵头型、龙头企业带动型、农服部门兴办型、政府发起型等类型。

4. 按照农民合作的紧密程度进行划分

主要分为专业合作社、股份合作社和专业协会三种基本类型。

（1）专业合作社。专业合作社是一种管理比较规范，与社员联系比较紧密的合作经济组织形式。专业合作社多数在工商管理部门登记为企业法人，约占专业合作经济组织总数的10%，目前主要分布在农产品加工企业多的东部地区。专业合作社的主要特点是与农产品加工企业相连接，作为企业的原料生产基地，形成“公司＋专业合作社＋农户”的农业产业化经营模式，实现了产、加、销一体化。社员一般交纳一定数量的股金，只吸纳身份股，年底按银行存款利率进行股金分红，并按照为社员销售的产品数量返还利润。

（2）股份合作社。股份合作社是股份制与合作制的结合。由企业、农技推广单位、基层供销社等出资作为股东，再吸收少量的社员股金组建成股份合作社。股份合作社多数有自己的企业，在工商管理部门登记为企业法人。股份合作社约占专业合作经济组织总数的5%。目前，大多数股份合作社按保护价收购农产品，按月结算，年底按股金分红。少部分股份合作社除按股金分红外，年底按交易量进行利润返还。

（3）专业协会。专业协会包括协会和研究会，是一种比较松散的合作经济组织形式。多数专业协会在民政部门登记，注册为社团组织。专业协会约占专业合作经济组织总数的85%。专业协会每年向社员收取一定数量的会费，以提供技术、信息、运销服务为主。由于社团组织受到经营范围的限制，一些专业协会成立了销售公司，收购社员的农产品，统一运到外地销售。大多数专业协会不直接为社员销售产品，没有销售收入，因此没有利润分配。

（四）农业合作经济组织运行的基本原则

合作制的发展在世界上已有近150年的历史。尽管世界各国合作制产生的背景、发展的环境及发展的类型各不相同，但合作制作为市场经济发展的产物、作为一种国际运动，各国合作制的发展却有一定的共性。国际合作运动中有不同的合作学派，不同的理论观点，对合作制有不同的定义，因而不同的合作经济组织所遵循的基本原则也有所差别。但当前大多数合作经济组织及合作学者们仍信奉传统原则，即在1860年罗契戴尔公平先锋社提出的“行为规则与组织要点”12条原则的基础上，1966年国际合作社联盟所提出的六项原则。

1. 入社自由

任何人只要能从合作社的服务中获益并履行社员的义务、承担社员的责任都可入社，不得有任何人为的限制及社会、政治和宗教上的歧视。

2. 民主管理

管理人员由社员选举产生或以社员同意的方式指派，他们对社员负责。基层合作社的社员有平等的投票权——一人一票，并参与决策。其他层次的合作社应在民主的基础上以适当的方式进行管理。

3. 资金报酬适度

股金只能获利息，不能分红，股金的利率必须受到严格的限制，不能超过市面上通行的普通利率。

4. 盈余返还

合作社经营活动的盈余有以下几种使用方式：用于合作社的发展，用于公共服务事业，按社员与合作社交易额的比例在社员中分配。

5. 合作社教育

所有的合作社都应对其社员、雇员及一般公众进行教育，使他们了解合作社在经济及民主方面的原则和活动方式。

6. 合作社之间的合作

为了更好地为社员及社区的利益服务，所有的合作社应以各种切实可行的方式与地方性的、全国性的或国际性的合作组织加强合作。

六项原则在 1984 年国际合作社联盟第 28 届代表大会上又得到确认，也为世界上大多数国家的合作经济组织所接受并采纳。中国所实行的社会主义市场经济是一种开放型的经济，在整个国家经济制度框架都在向国际靠拢或接轨的情况下，中国农业合作经济组织运行的基本原则也应该认真吸纳国际合作运动的成功经验。要使农业合作经济组织真正发挥它应有的功能，就必须坚持所确定的基本原则。

（五）农业合作经济组织的组织结构与管理原则

1. 组织结构

农业合作社的最高权力机构是社员大会。社员人数过多不便设社员大会开会议事，可选出代表组成社员代表大会作为合作社的最高权力机构。社员大会或社员代表大会的职权是通过与修改合作社章程；选举或罢免合作社的董事会和监察委员会的成员；讨论确定重大经济决策及社章规定的其他重要事项。

农业合作社的董事会由社员大会或社员代表大会选举产生，大会休会期间依照社章和社员大会或代表大会决议，处理合作社的重大事务，选择聘任合作社的高级管理人员。高级管理人员负责处理合作社的日常经营管理工作，并对董事会负责。

农业合作社必须设监察委员会或监察员，由社员大会或社员代表大会决定并选举产生。监察委员会或监察员根据合作社法和社章监督合作社管理委员会的工作和社员违章行为，有权检查合作社的财务收支、督促及时公布账目。

2. 管理原则

农业合作社实行民主管理。社员大会或社员代表大会议事实行民主制，少数服从多数，一般事项须半数以上成员通过，事关企业投资、分配、合并、分立、解体等重大事项都必须 2/3 以上成员通过。

农业合作社的管理机关和监察机关议事实行协商一致的原则，如果协商不能解决再实行民主表决，少数服从多数。

农业合作社实行民主理财，账目公开，群众监督。监察机构和监察小组有权依照法律和章程对合作社财务状况进行审计，对存在的问题提出处理意见。合作社各项资金按章程规定和权力机构决定的用途专款专用，不得任意挪作他用。

四、农产品行业协会

（一）农产品行业协会的概念

农产品行业协会是指农民和农业生产经营组织可以按照国家有关法律、法规和政策的规定，根据各行业经营范围和特点，所成立的具有民办性、广泛性、自律性、服务性的行业组织，如苹果协会、茶叶协会、畜牧协会等，为成员提供生产、营销、信息、技术、培训等服务，发挥协调和自律作用，提出农产品贸易救济措施的申请，维护成员和行业的利益。主要体现在以下方面：

（1）代表本行业与政府和立法机构处理好关系，疏通会员与政府之间、会员与金融机构之间的渠道。

（2）向会员提供业务指导、技术培训、市场咨询、经验交流、促进销售等多功能服务，尽心尽力地帮助会员单位解决在经营管理中的难题。

（3）重视和从事行业内外经济调研、数据统计、情报搜集、出版行业刊物、推广技术成果，其形式多种多样。

（4）联络组织对外技术考察、国际学术会议，以及开展双边、多边合作研究项目等。

（5）代表本行业提出农产品贸易救济措施的申请，维护成员和行业的利益，如进行反倾销、反补贴的起诉和应诉等。

（二）农产品行业协会的基本功能

农产品行业协会的组建和运作既是实践层面的问题，也是涉及若干认识、理论、法律、法规制度等的问题。在农产品行业协会的组建和运作中，必须明确这样几个问题：首先，正确认识什么是农产品行业协会，这是组建和运作农产品行业协会的前提；其次，根据政策、法律环境以及中国现阶段农业发展对农产品行业协会功能的需要，对实现农产品行业协会功能的组织和运作制度做出选择，并通过章程的约定，将其制度化；第三，根据国情和行业的特点对农产品行业协会的发展路径做出符合实际的选择。如果在农产品行业协会的组建和运作时对这些问题不明确，必然导致实践的混乱，将不利于农产品行业协会的健康发展；受路径依赖影响，还可能使农产品行业协会组织和运作机制的完善付出较大成本。换言之，在组建和运作某个农产品行业协会时，对农产品行业协会的若干基本问题应当有较为清晰的认识。农产品行业协会具有行业服务、协调、沟通和游说、维护利益、自律等功能。服务功能，主要是为成员提供技术、信息、市场开拓、品牌建设、法律等多种服务；为政府提供服务，即接受政府委托，协助政府制定行业发展规划、行业政策、行业标准及开展行业统计等。协调功能，主要是在行业内部组织和实施成员间的合作，共同开拓市场，提高农业的组织化程度；协调所在区域本行业产品价格，避免价格上的恶性竞争；调解会员间的利益冲突，对成员之间的各类技术纠纷、服务标准、商业摩擦和重大市场关系做出裁决，维护公平竞争原则。沟通和游说功能，主要是统一向所在区域的政府和社会沟通和游说，表达成员的共同意愿，积极争取政府政策和法律支持，以及社会的舆论支持。维护利益功能，主要是对外与国际相关组织联系，参加国外反倾销的诉讼和应诉，保护本国产品的合理价格。自律功能，主要是通过章程约定及各种规章制度，规范成员的经营行为，以实现成员的共同利益和发展。简言之，农产品行业协会的基本功能就是为行业发展创造良好的政策、法律、市场、舆论环境，并通过共同行动拓展行业的发展空间和实现成员的共同利益。

（三）农产品行业协会的组织结构

农产品行业协会的组织结构与现代企业的法人治理结构十分相像，一般包括四个层次的机构：

1. 会员大会或会员代表大会

这是农产品行业协会的最高权力机构。会员（代表）大会的职能有，依照章程的规定，负责理事会成员的任免、协会章程和有关规章制度的修订、重大事项的决策等。当会员数较多时，可设会员代表大会，行使会员大会的职权。会员大会由全体会员组成。代表由会员选举产生，选举办法由章程规定。

2. 理事会

理事会的职能是，在会员（代表）大会休会期间，主要通过理事会会议的形式，研究协会所面临的各项重大问题，对会员（代表）大会负责，其职权由协会章程规定。理事会成员由会员（代表）大会从协会会员中选举产生，由会长、副会长、理事、各委员会主任和秘书长组成。理事会成员较多、分布地域较广时，也可设常务理事会。为充分体现民办民管民受益原则，理事会应主要由市场主体组成，适当吸收相关政府部门、科研、推广、教学和其他组织的代表参加。理事会的议事规则是，由会长召集，理事会成员平等享有一票表决权。理事会下可设有若干专业委员会。

3. 监事会

监事会的职能是，对会员（代表）大会负责，依照协会章程规定对协会业务、财务状况等进行监督，办事机构纠正其损害协会利益的行为。

4. 办事机构

一般设立秘书处等办事机构，负责日常事务性工作，加强内外部的联系。

（四）农产品行业协会运作的基本原则

农产品行业协会的运作，在遵循自愿加入与退出原则、非盈利服务原则的同时，还应当遵循以下原则：

1. 成员民主控制原则

协会必须实行民主选举、民主决策、民主管理、民主监督，严格实行一人一票制。

2. 公平原则

协会对所有成员，应公平对待，一视同仁，统筹而不偏爱。在协会成员多元化结构条件下，如果不遵循公平原则，它就可能成为一部分成员为实现自己利益的最大化而损害另一部分成员利益的工具。在信息服务方面，协会要公平向成员提供影响交易行为和效果的各类信息。协会既不能搞限制正当竞争，也不能搞不正当竞争。但是，在行业处于激烈的市场竞争时，有的协会可能会凭借其拥有供需两方面信息和掌握的协调手段，从个别成员的利益出发，实施有损于竞争者、消费者和协会内弱小成员利益的行为，如实行统一定价、数量限制、划分市场、共同抵制和拒绝同行非成员进入已有市场的竞争等措施来限制竞争，实行拒绝交易、价格和交易条件歧视、内部利益团体的歧视等措施来搞不正当竞争。为保障协会的公平性和协调手段的公平使用，除了协会自身遵循公平原则外，政府有关部门也应采取相应措施，对其进行监管。

3. 平等原则

协会与成员之间不存在上下级的隶属关系，要做到指导而不干预、协调而不强制、监督而不管卡。成员对协会所作决定的服从，是基于这些决定的立脚点和出发点是谋求成员的共同利益，并通过成员民主控制制度来加以保障的。在协会章程的约定下，成员有服从和执行由协会全体或大多数成员通过的有关决定的义务。当然，如果成员不履行章程约定，协会可以对其施加行业道德制约，甚至劝其退会或将其除名。

动动脑

1. 农业经营形式如何适应当前现代农业的发展？

2. 目前农业中有哪些主要经营主体？

链接案例

福星集团进军现代农业

“有公司支持，我们种菜没有风险。”20日，福星集团农业公司蔬菜基地，家庭农场主李荣华望着大棚里茁壮成长的番茄苗，高兴地说。李荣华是本地农民，他与老伴在基地租了18个蔬菜大棚。“大棚是公司建的，滴灌管网也铺设到了棚内。公司还聘请了技术专家指导我们种菜。从前两季的收成看，一个棚一年纯赚一万元没问题。”

位于汉川市沉湖镇的福星集团是国家大型企业和高新技术企业集团，主营金属制品、房地产、生物医药等。去年4月，该集团设立农业公司，进军现代农业，首期流转了周边的李花、红丰、刘洲3个村3万亩土地，建农业基地。福星农业公司对基地统一规划、整治与配套，然后广发“英雄帖”，招募有技术、善管理的农场主经营。目前签约蔬菜农场

13个、大田农场25个。据了解，这种“公司＋家庭农场”的双层经营模式，开全省先河。

公司最大的农场主是来自刘隔镇的种粮能手马均，去年10月，他以每亩450元包地3526亩，进行“稻—麦”轮作。“土地平整了，田间机耕路通了，全程机械化不费劲。”马均的机播小麦长势良好。这片田春季容易渍水，过去农户分散经营时都没种小麦，全是冬闲田。经整治后不会渍水了，马均全部种上了小麦。

福星农业公司以产业化带动生产基地，投资1亿元正在建设占地200亩的精米加工园区，配套有粮食仓储、农资超市、育秧工厂。“沉湖是全省‘四化同步’试点镇，集团布局现代农业，目的是造福农民。”福星集团董事长谭功炎直言。福星计划用3年时间，对沉湖10万亩农地进行整镇流转，发展200余个家庭农场，建成现代农业的十里长廊。

在土地流转中，福星最大限度让利于农民。公司引导各村成立土地股份合作社，给农户保底租金每亩800元，并有盈利分红。“一亩地公司从农户手里流转过来800元，租给农场主450元，亏本反哺给农民。后期通过延长产业链，发展精深加工和观光农业来弥补，并逐步提高农民土地财产性收益。”福星农业公司总经理黎国强介绍，土地流转完全尊重农民自愿，对个别不愿流转的农户，调整好的田块满足其自种要求。

农村双层经营体制，提了多少年，但一直难以有效建立起来。“双层经营”包含两个层次：一是家庭分散经营；二是集体统一经营。但在多数村，集体经济组织基本消失，加上机制问题，集体经营的“统”有名无实，无法为家庭分散经营提供服务。“分”有余，而“统”不足。在向现代农业转型的今天，这个问题更加突出。福星“公司＋家庭农场”的模式，是新形势下双层经营体制的发展与创新。这种公司的“统”，首先有财力支撑。上亿元的农业投入，对一个村来说不可想象，而对一个大型企业来说却较轻松。公司的企业化经营机制，也为“统”增加了优势。同时，“公司＋家庭农场”，又保留了家庭经营“分”的机制优势。

省社科院农村经济研究所所长邹进泰表示，从农业生产环节来说，家庭经营绩效最高。工商资本下乡经营农业，容易走“统”得过度的极端，把生产环节也统起来了，导致绩效下降。福星“公司＋家庭农场”，是创新双层经营、发展现代农业的可贵探索。

（**资料来源**：湖北日报，2014年3月26日）

复习思考题

1. 我国社会主义农业制度具有哪些特征？
2. 在我国农村实行多种经济成分并存有哪些必要性？
3. 发展农村股份合作经济有何重要意义？
4. 什么是农业双层经营，如何进一步完善农业双层经营体制？
5. 什么是家庭农场？
6. 农业产业化经营的组织类型有哪些？
7. 农民专业合作经济组织和农产品行业协会的区别有哪些？

第三章

农业土地政策与法规

学习目标

1. 了解农业土地政策目标;
2. 掌握农业用地所有权和使用权;
3. 理解农地产权变迁;
4. 了解农村土地承包法律制度;
5. 了解耕地、建设用地及宅基地的法律制度。

本章提示

本章在对土地的概念、特性及我国农业土地政策目标进行介绍的基础上，从政策措施、存在问题以及完善对策三个角度对我国农业土地所有政策、农业土地使用政策和农业土地流转政策进行了详细的论述，并对我国耕地保护和农用地转用的有关规章制度进行了相应介绍。

第一节　农业土地政策目标

案例导入

中央一号文件里的农业土地政策目标

1983 年中央一号文件第一次提出提高土地利用率

我国农业的技术改造应有自己的特色。一方面必须注意发扬传统农业所具有的精耕细作、节能低耗、维持生态平衡等优点；另一方面，又要在农村生产和建设的各个方面吸收现代技术和先进管理方法。要逐步增加对农业的投资。应重新研究和拟定在我国不同地区实行机械化的方案。当前应着重发展小型、多用、质优、价廉的农业机械，因地制宜地改善水利灌溉条件，增加化肥供应，改善氮磷钾比例结构，改良土壤，提高土地利用率和劳动生产率，要尽快发展取代高毒低效的农药。

2005 年中央一号文件第一次提出提高土地产出率

加强农业基础，繁荣农村经济，必须继续采取综合措施。当前和今后一个时期，要把加强农业基础设施建设，加快农业科技进步，提高农业综合生产能力，作为一项重大而紧迫的战略任务，切实抓紧抓好。要进一步调动农民群众务农种粮的积极性和地方政府重农抓粮的积极性，以严格保护耕地为基础，以加强农田水利建设为重点，以推进科技进步为支撑，以健全服务体系为保障，力争经过几年的努力，使农业的物质技术条件明显改善，土地产出率和劳动生产率明显提高，农业综合效益和竞争力明显增强。

农业土地政策目标隶属和服从于我国“三农”发展目标，从以上材料可以看出改革开放初期由于我国刚刚实行生产责任制，克服了集体经济中长期存在的“吃大锅饭”的弊病，亟须做到以最少投入获得最大收益，即提高劳动生产率。又由于我国人多地少，农业建设投资有限，需要继续进行农业技术改造来提高土地利用率，因此在 1982 和 1983 年的中央一号文件中提出了提高劳动生产率和土地利用率的发展目标。到了 2005 年，我国农业虽然保持稳定增长，但是农业依然是国民经济发展的薄弱环节，粮食增产、农民增收的长效机制并没有建立，因此为了进一步调动农民群众务农种粮的积极性，我国制定了提高土地产出率的发展目标。

（**资料来源：**历年中央一号文件）

案例思考

我国农业土地政策目标的变化趋势是什么？

一、土地的概念、特性

（一）土地的概念

土地是任何社会进行物质生产所必需的基本条件和自然基础，也是农业生产的必需要素之一。它不仅给人类提供了生产立足之地，也为一切生产劳动和人民生活提供必需的活动场所和物质生活资料。正如马克思所指出的：“土地是一切生产和一切存在的源泉。”

（二）土地的特性

土地的特性表现为自然特性和经济特性两个方面：

1. 土地的自然特性

（1）位置固定性。每块土地的地理空间位置是固定的，因此土地只能在其所处的地域内加以利用，并与特定的气候、地形、地质等环境因素以及周围的社会经济因素紧密相连，形成土地利用的地域性特征，使土地在位置优劣、地力肥沃度等方面存在着地域性差异，从而产生土地级差收入的差异。

（2）数量有限性。就全球而言，人类所拥有的土地数量是由地球的大小所决定的，地球的总面积为 5.1 亿平方公里，该面积数据自地球形成之日就是如此，地球大小的不变性决定了土地面积的不变性和有限性。

（3）质量差异性。由于土地自身的条件（地质、地貌、土壤、植被、水文等）以及相应条件（光照、湿度、雨量等）的差异，造成土地的巨大自然差异性。土地的质量差异性要求人们合理利用各类土地资源，确定土地利用的结构与方式，以取得土地利用最佳综合效益。

（4）功能永久性。土地作为一种生产要素，其功能具有可再生性与永久性，只要人类合理地利用与保护，土地就能够永久地利用。例如，农用土地肥力可以不断提高，非农用地可以反复利用。

2. 土地的经济特性

（1）土地供给的稀缺性。土地供给的稀缺性不仅仅表现在土地供给总量与土地需求总量的矛盾上，还表现在由于土地位置的固定和质量差异性导致的某些地区（城镇地区和经济文化发达、人口稠密地区）和某些用途土地供给的特别稀缺。

（2）土地利用方式的相对分散性。由于土地位置的固定性和位置的差异性，对土地只能是因地制宜地分别加以利用，因而土地利用方式是相对分散的。因此要求人们在利用土地时要进行区位选择，以提高土地利用的综合区位效益。

（3）土地利用方向变更的困难性。土地用途首先受自然条件的限制，其次还由于在农业生产上轻易变更土地利用方向往往会造成巨大的经济损失，因而是不合理的。

（4）土地报酬递减的可能性。土地报酬递减是指在技术不变的条件下，对单位面积土地的投入超过一定限度就会产生报酬递减的后果。因此要求人们必须寻找在一定技术、经济条件下投资的适合度，确定适当的投资结构，并不断地改进技术，以便提高土地利用的经济效果。

（5）土地利用后果的社会性。土地是自然生态系统的基础因子，互相连接，不能移动和分割。因此，每块土地利用的后果，不仅影响本区域内的自然生态环境和经济效益，而且必然影响到邻近地区甚至整个国家和社会的生态环境和经济效益，产生巨大的社会后果。

（三）农业土地

农业土地是指直接或间接用于农业生产的土地。按照其用途，农业用地可分为耕地、园地、林地、沟渠、田间道路和其他生产性建筑用地。其中，耕地、园地、林地、草地是农业用地中最主要的土地类型。

二、农业土地政策的概念

农业土地政策和法规，泛指与农业生产和农民生活直接相关的土地政策和法规。主要包括土地产权制度、农地利用及农村土地流转等基本情况下涉及的土地政策和法规。面向的土地除农业土地外，还应包括农村建设用地，包括农业生产直接相关建设用地、农业生产间接相关建设用地、农村生活直接相关的农村居民点用地和农村道路等土地。

三、农业土地政策的目标

农业土地政策目标是指农业土地政策所要实现的一种理想结果，这种理想结果最终是要提高土地利用中农民与全社会的福利。由于各个国家不同时期的自然环境、经济环境和政治环境的不同，土地政策制定者的理论基础、价值取向及政策手段形式的差异，土地政策目标选择存在明显的差别，这种差别主要体现在土地所有、流转、使用中的公平与效率目标的具体安排上。

我国农业土地政策的目标是以整个农业发展目标为基础的。改革开放以来，我国的农业土地政策及相应的制度安排主要是围绕明晰产权、推动农民土地承包权长期化、增强土地使用制度的激励功能、保护稀缺土地资源以及提高其利用率等目标来设置的，并以效率优先兼顾公平为基本出发点。我国土地政策的目标大体上有以下几个：

（一）提高土地利用率

土地政策的效率目标首先表现为能够充分利用可利用的土地资源，避免土地的浪费。从表 3–1 可以看到，2013 年中国现有耕地约 10 631.81 万公顷，占农业用地面积的比重为 20.63%，远远低于日本、荷兰、以色列和美国等国家。农业发展受到严峻的土地资源约束。土地资源的充分利用，是中国土地政策一贯的目标。

表 3–1　2013 年中国、美国、日本、以色列及荷兰耕地占比情况一览表

国家	国家总面积（万公顷）	农业用地面积（万公顷）	耕地面积（万公顷）	农业用地占国家总面积比重（%）	耕地面积占国家总面积比重（%）
中国	96 000.01	19 804.80	10 631.81	20.63	11.07
美国	98 315.10	40 543.71	5183.7	37.45	15.44
日本	3779.62	453.7	423.7	93.39	11.21
以色列	220.7	52.03	28.58	54.93	12.95
荷兰	415.0	184.76	103.84	56.20	25.02

注：FAOSTAT 中农业用地情况的最新数据资料为 2013 年。

数据来源：根据 FAOSTAT 资料整理。

（二）提高土地产出率

农业土地产出率是反映土地生产能力的一项指标，指生产周期内（一年或多年）单位面积土地上的农产品数量或产值。任何一个国家的农业生产，都希望地尽其力，从每单位投入中获得最大的产出，以提高生产者的收入，满足经济发展对农业提出的要求。在中国人多地少，耕地尤为短缺的情况下，提高土地产出率在土地政策的目标中占有重要地位。通过土地资源的有效配置，鼓励农户对土地进行投入，采用先进的生产技术和管理方式，来提高单位土地面积上的产量，这是我国土地政策的重要目标。

2006—2012 年我国土地产出率整体呈现增长趋势，2012 年土地产出率比 2006 年增加 138.86%（见图 3–1），由此可见，我国提高土地产出率目标清晰（2010 年我国土地产出率下降是由于西南地区大旱、长江中下游地区洪涝以及东北洪涝等导致第一产业增加值下降）。

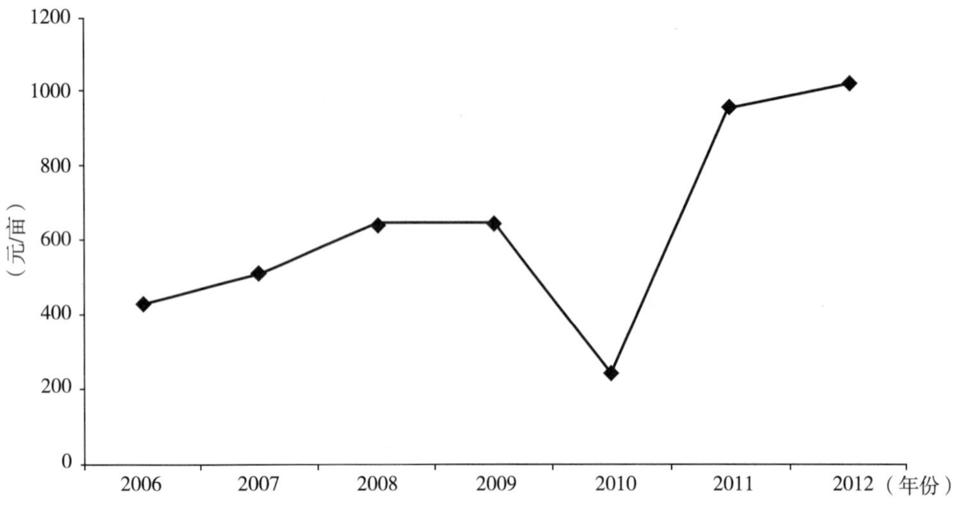

图 3-1　2006—2012 年中国土地产出率变化趋势图

（三）提高劳动生产率

农业劳动生产率是劳动者生产农产品的劳动效率，指生产周期内(一年或多年)产值增加值与劳动力人数的比值。土地利用过程中，劳动生产率水平的高低，很大程度上反映了土地经营规模的大小以及农业劳动力转移的状况。尽管土地产出率的提高具有重要意义，但劳动生产率的提高又是农业劳动力向非农产业转移、人地关系的改善、土地经营规模扩大的前提条件。因此，这一目标在土地政策中具有重要意义。

2006—2012 年我国劳动生产率整体呈现增长趋势，2012 年劳动生产率比 2006 年增加 153.11%（见图 3-2），由此可见，我国提高劳动生产率目标清晰（2010 年我国劳动生产率下降是由于西南地区大旱、长江中下游地区洪涝以及东北洪涝等导致第一产业增加

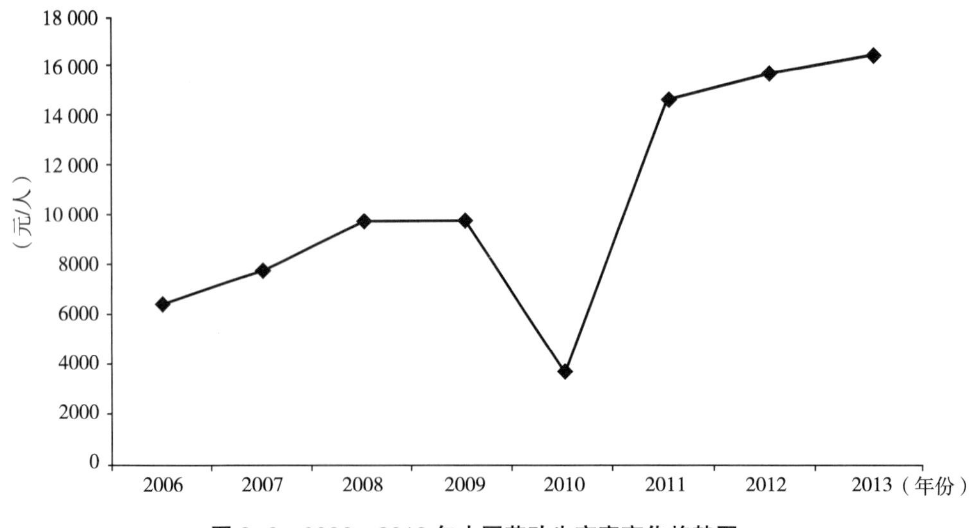

图 3-2　2006—2012 年中国劳动生产率变化趋势图

值下降）。

如图 3–1 和 3–2 所示，我国土地产出率与劳动生产率整体增长趋势与政策目标相一致，与我国农业发展目标相吻合。

动动脑

1. 农业土地政策目标与农业政策目标的关系如何？
2. 我国农业土地政策具体目标之间的关系如何？

第二节　农业用地所有权和使用权

案例导入

产权：中国土地制度改革的变迁

1949 年，中华人民共和国成立，随即在 1950 年颁布的《中华人民共和国土地改革法》中将没收地主的土地分给无地、少地的农民所有，农民个人拥有土地并且自主经营土地。1953 年土地改革不久，为了解决个体农业分散经营，资金缺乏，不能兴办较大规模的农用水利建设，难以抵御自然灾害的现状，我国将土地农民个体所有制变为集体所有制，建立了人民公社。农民的土地转为集体所有，集体经营。此时农民的承包权、经营权等同于使用权。

1978 年的家庭联产承包责任制改革将土地产权分为所有权和经营权。这是我国农村土地权利第一次“分置”，此次“分置”是“两权分置”，即把农村土地所有权与土地承包经营权进行分置。通过“分”和“统”，坚持集体土地所有制，把集体土地的承包经营权落实到承包户，实现家庭承包经营。第一次“分置”，是在农村集体与农户之间进行的，是农户与集体之间农地产权的重新配置，是农地制度的第一次创新，奠定了农村基本经营制度的基石。

2013 年 11 月，十八届三中全会通过的《中共中央关于全面深化改革若干重大问题的决定》中“坚持农村土地集体所有权，依法维护农民土地承包经营权，发展壮大集体经济。鼓励承包经营权在公开市场上向专业大户、家庭农场、农民合作社、农业企业流转，发展多种形式规模经营”体现了农村土地制度改革“三权分置”的萌芽思想。在 2014 年 11 月《关于引导农村土地经营权有序流转发展农业适度规模经营的意见》中农村土地制度改革方向“三权分置”正式提出。

现在提出的“三权分置”，是第二次“分置”，即在农村土地所有权与承包经营权分离的基础上，促使承包权与经营权再分离，实现所有权、承包权、经营权相互分置和并行，赋予集体、承包户、经营者各自对应的权利主体、权能结构、权属关系和保护手段。

第二次"分置"，是在承包经营权内部进行的，是承包者与经营者之间农地关系与相关权利义务的重新配置。第二次"分置"，分置的产权层次更高，分置的边界更清晰，分置的意义更深远，将从更高层次上创新和完善农地制度和农村基本经营制度。

（**资料来源**：根据历史资料整理形成）

案例思考

我国土地制度改革的变迁过程中，产权是如何变化的?

一、农业用地所有权

（一）农业用地所有权的概念

农业用地是指直接或间接用于农业生产的土地。按照其用途，农业用地可分为：耕地、园地、林地、草地、池塘、沟渠、田间道路和其他生产性建筑用地。其中耕地、园地、林地、草地是农业用地中最主要的土地类型。

农业用地所有权是指农业用地的土地所有者为实现农业生产的目的，对土地所享有的占有、使用、收益和处分的权利。

（二）农业用地所有权的类型

新中国建立后，经过土地改革，农业土地实行了国家所有与农民所有，后者进而过渡到农民集体所有的政策，形成农业土地的国家所有和集体所有两种形式，即全民所有制和劳动群众集体所有制土地。

1. 全民所有制农业用地

全民所有制土地是指土地归国家所有，其主体是具有法人资格的国家。《土地管理法》第二条第二款规定:"全民所有，即国家所有土地的所有权由国务院代表国家行使。"第五条规定:"国务院土地行政主管部门统一负责全国土地的管理和监督工作，县级以上地方人民政府土地行政主管部门的设置及其职责，由省、自治区、直辖市人民政府根据国务院有关规定确立。"按照我国法律，土地所有权禁止转让；国有土地既不能转归私人所有，也不能转归农民集体所有。国家只能通过划拨、出让、出租等方式将国有土地使用权授予公民、法人和其他组织。

根据《中华人民共和国宪法》(以下简称《宪法》)规定，我国农村国有土地主要包括：

①除法律规定由集体所有的森林和山岭、草原、荒地、滩涂之外的全部矿藏、水流、森林、山岭、草原、荒地、滩涂等土地资源；

②名胜古迹、自然保护区等特殊用地(不包括区内属集体所有的土地)；

③国营农、林、牧、渔等农业企业、事业单位使用的土地；

④国家拨给国家机关、部队、国防设施、国营公共交通(铁路、公路、码头、机场、学校等非农业企业、事业单佼使用的土地;

⑤国家拨给农村集体和个人使用的国有土地;

⑥法律规定属于集体所有以外的一切土地。

2. 集体所有制农业用地

(1)农村集体土地所有制的演变

新中国成立以来，中国农业土地集体所有制的建立和演变大致经历了以下几个时期:

①个体所有、个体经营的土地制度(1950—1953年)

1950年，中央人民政府制定了《中华人民共和国土地改革法》。该法规定:“废除地主阶级封建剥削的土地所有制，实行农民土地所有制，借以解放农村生产力，为新中国的工业化开辟道路。”这次土地改革的主要内容是，没收地主的土地，分给无地、少地的农民所有，分配土地以乡或者等于乡的行政村为单位，在原来耕作的基础上，按土地数量、质量及其位置远近，用抽多补少的调整办法按人口统一分配。到1952年底至1953年初，除新疆、西藏等部分少数民族聚居的地区外土地改革基本完成，确立了农民土地所有制度。

②个体所有、集体经营的土地制度(1953—1955年)

土地改革不久，为发展农民劳动互助的积极性，克服分散、落后的小农经济所固有的弱点，中共中央于1953年2月发布了《关于农业生产互助合作社决议》，及时地引导农民走合作化道路。从简单的农业劳动互助生产合作社到土地集中经营、土地参加分红的初级社。在初级社制度下，农民土地作价入股，由初级社统一经营，社员参加劳动，合作社净收入按劳动与土地及其他资产分配。但农民仍保留所有权和退社自由，并享有按股分红的权利。到后期，农民的所有权和退社自由受到了严格的限制。1955年5月国务院颁发的《关于农村土地的转移及契税工作的通知》中规定:“今后农村土地买卖、典当及其他转移，均应首先报请乡人民委员会审核，转报区公所或区人民委员会批准。”这说明从初级社我国就开始实行土地私有向公有的过渡。

③集体所有、集体经营的土地制度(1956—1978年)

为了尽快引导农民走上社会主义道路，1956年开始推行高级农业生产合作社。高级社的实行，使我国的土地制度发生了根本性的变化。入社的农民除保留自留地(占土地的5%)的使用权和收益权外，其他土地和生产资料都被无偿或低价转归高级社集体所有。1956年6月第一届全国人大第三次会议通过的《高级农业生产合作社示范章程》第二条规定:“农业生产合作社按照社会主义的原则，把社员私有的主要生产资料转化为合作社集体所有。”《关于高级农业生产合作示范章程(草案)说明》中也指出:“高级社实行生产资料的完全集体所有制，社员的土地必须转为合作社集体所有，取消土地报酬。”

1958年开始的人民公社化运动，由于指导思想的错误，大刮共产风，冲垮了以高级社为单位的集体所有、集体使用的土地制度，土地等生产资料实行公有化和全民化，允许在公社甚至全县范围内任意使用，这种混乱的土地关系，使人民的生产积极性遭到极大的破坏，农业生产严重受挫。

1962 年 9 月中共中央颁布《农村人民公社工作条例修正案》，对农村人民公社制度做了调整，确立了土地的“三级所有、队为基础”的体制，即将原来的土地公社所有改为以生产队所有为基础的公社、生产大队、生产队三级所有，生产队成为土地的主要所有者，拥有生产队范围内的土地所有权。

④集体所有、分散经营的土地制度（1978 年至今）

集体所有、集体经营的土地制度缺乏有效的监督制度和激励机制，农民的生产积极性无法调动起来，农业生产遭到毁灭性的破坏。不少地区的农民为了摆脱贫困，积极探索新型的土地制度。1978 年安徽凤阳县小岗村的 18 户农民自发实行“包产到户”，成为中国农村土地制度改革的导火索，到 1984 年底，实行包干到户责任制的生产队已占全国总数的 99%。包干到户的基本内容是：土地所有权仍归集体所有，农户拥有使用权，村集体合作经济组织或村民委员会、村民小组作为社区的代表承担某些统一经营或管理的职能，为农户生产提供信息、服务等。包干到户很好地实现了土地所有权和经营权的分离，处分权和收益权的分割，打破了平均主义的大锅饭的分配制度，建立了按劳分配的制度，并且很好地协调了国家、集体和个人之间的利益分配格局。这一新型的土地制度极大地激发了农民生产的积极性，使沉寂已久的中国农村土地爆发出了巨大的能量。1986 年我国的《民法通则》肯定了这一制度——家庭联产承包责任制，1993 年写入我国的宪法，成为农村土地的一项基本制度。

（2）农业用地集体所有权的类型

由于我国农村中客观存在多种形式的集体组织，按集体土地所有权主体进行划分，农业用地集体所有权的体现包括以下几种类型：

①村农民集体

由村农民集体经济组织或村民委员会经营、管理。这是现阶段农村集体土地所有权主体的主要类型。

②乡（镇）农民集体

如果土地已经属于乡（镇）农民集体所有的，可以由乡（镇）农民集体所有，由乡（镇）农民集体经济组织经营、管理。由于我国农村客观存在着少数原来已经公社化的土地，同时农林渔场的土地以及某些工业企业使用的土地大多属于乡（镇）所有，因此由乡（镇）行使所有权。

③村内多个农民集体

如果村内有两个以上农村集体经济组织，如多个村民小组等，而土地已经属于这些集体所有，集体土地可以归该组织农民所有，并由该组织经营和管理。

（3）现行集体所有制农业土地

《土地管理法》第八条第二款规定："农村和城市郊区的土地，除由法律规定属于国家所有的以外，属于农民集体所有；宅基地和自留地、自留山，属于农民集体所有。"农业用地集体所有权主体是村民小组和村、乡三级农民集体经济组织。

1995年3月31日国家土地管理局颁布《关于确定土地所有权和使用权的若干规定》，对农业土地"集体所有"做了具体而又明确的规定：

①土地改革时分给农民并颁发土地所有证的土地，属于农民集体所有；实施《农业六十条》时确定为集体所有的土地，属于农民集体所有。

②村农民集体所有的土地，按目前农村农民集体实际使用的本集体土地所有权界限确定所有权。

③农民集体连续使用其他农民集体所有的土地已满20年的，应视为现使用者所有；连续使用不满20年的，或者虽然满20年但在20年期满之前所有者曾向现使用者或有关部门提出归还的，由县级以上人民政府根据具体情况确定土地所有权。

④乡（镇）或村在集体所有的土地上修建并管理的道路、水利设施用地，分别属于乡（镇）或村农民集体所有。

⑤乡（镇）或村办企事业单位使用集体土地，《农业六十条》公布以前使用的，分别属于乡（镇）或村农民集体所有。《农业六十条》公布时起至1982年国务院《村镇建房用地管理条例》发布时止，有下列情况之一的，分别属于乡（镇）或村农民集体所有：a.签订过用地协议的（不含租借）；b.经县、乡（公社）、村（大队）批准或同意，并进行了适当的土地调整或者经过一定补偿的；c.通过购买房屋取得的；d.原集体企事业单位体制经批准变更的。1982年国务院《村镇建设用地管理条例》发布时起至1987年《土地管理法》开始施行止，乡（镇）、村办企事业单位继续使用的，可确定为该乡（镇）或村农民所有。乡（镇）、村办企事业单位采用上述方式以外占用的集体土地，或虽采取上述方式，但目前土地利用不合理的，应将其全部或部分退回原集体，或按有关规定处理。1987年《土地管理法》施行后非法占用的土地，须依法处理后再确定所有权。

⑥乡（镇）企业使用本乡（镇）或村集体所有的土地，依照有关规定进行补偿和安置的，土地所有权转为乡（镇）农民集体所有。经依法批准的乡（镇）、村公共设施、公益事业使用的农民集体土地，分别属于乡（镇）、村农民集体所有。

⑦农民集体经依法批准以土地使用权作为联营条件与其他单位或个人举办联营企业的，或者农民集体经依法批准以集体所有的土地的使用权作价入股，举办外商投资企业或乡镇企业的，集体土地所有权不变。

⑧部分与某些国有土地相邻的边界地也认定为农民集体所有。如：a.土地改革时期分配给农民所有的原铁路用地和新建铁路两侧未经征用的农民集体所有土地；b.公路两侧保护用地和公路其他用地未经征用的农民集体所有土地；c.国有电力杆塔占

用农民所有的土地，未经办理征用手续的；d. 河道堤防内的土地和堤防外的护堤地，无堤防河道历史最高洪水位或者设计洪水位以下的土地，土改时已将所有权分配给农民而国家又未征用，且迄今仍归农民集体使用的；e. 国家建设进行移民安置后，原集体仍继续使用的集体所有土地，国家未进行征用的。

二、农业用地使用权

（一）农业用地使用权的概念

土地使用权是单位或个人经国家依法确认的使用土地的权利，它包括国有土地使用权、集体土地建设用地使用权、农业生产用地的承包经营权。

农业生产用地的承包经营权是指集体或者个人通过承包、转包等形式依法取得的使用农民集体或国家所有土地从事广义农业生产的权利。它是一种使用土地的特定形式，它以合同的方式使用土地，是不经政府确定的一种使用权。

（二）农业用地使用权的类型

1. 全民所有制农业用地使用权

全民所有制的农业土地使用权主体是国有农场、国有林场等法人单位。

2. 集体所有制农业用地使用权

结合我国集体土地所有权的变革和农村经济体制改革的实际，根据土地管理法的规定，农村集体所有的土地使用包括以下几种情形：

（1）农民集体所有的土地依法属于村农民集体所有的，由村集体经济组织经营、管理。

（2）在村集体经济组织不健全的地方，村农民集体所有的土地由村民委员会经营、管理。

（3）已经分别属于村内两个以上农村集体经济组织的农民集体所有的，由村内各该农村集体经济组织或者村民小组经营、管理。

（4）已经属于乡（镇）农民集体所有的，由乡（镇）农村集体经济组织经营、管理。

（三）我国农业用地使用政策

1. 全民所有制农业土地使用政策

针对全民所有制农业土地的使用政策，一般附随于国家土地管理政策较多，很少专项提出。国家对国有农业土地进行管理，并设立国有农场、国有林场等机构实行国有农业土地利用和经营。

2008 年，国土资源部和农业部联合发布《国土资源部、农业部关于加强国有农场土

地使用管理的意见》（国土资发［2008］202号），提出国有农场耕地实行最严格的保护制度，各地要加强国有农场土地利用计划管理，国有农场新增建设用地应纳入当地土地利用年度计划。凡不符合规划、没有新增建设用地计划指标的，不得申请使用国有农场土地进行非农建设。国有农场兴办第二、第三产业和招商引资新建非农建设项目需要使用国有农场土地的，也必须依法办理农用地转用审批手续和土地供应手续。国有农场规模化畜禽养殖用地，参照《关于促进规模化畜禽养殖有关用地政策的通知》（国土资发［2007］220号）的有关规定执行。

2. 集体所有制土地使用政策

2002年8月29日我国颁布了《中华人民共和国农村土地承包法》，将农村土地承包制度用法律形式固定下来，确立了农村土地承包经营权的取得和流转制度，目的是赋予农民长期而有保障的土地使用权，维护农村土地承包当事人的合法权益，促进农业、农村经济发展和农村社会稳定。这一法律的出台，有利于农民合法权益的保护，有利于农民加大对农业生产的投入力度，有利于促进我国农业的适度规模经营。

3. 从“两权分置”到“三权分置”

（1）“两权分置”

1978年以来，我国实行以家庭承包经营为基础、统分结合的双层经营体制，建立了中国特色的农地制度和基本经营制度。从产权角度来看，这是新中国成立以来土地改革中实行的“两权分置”，即把农村土地所有权与土地承包经营权进行分置。通过“分”和“统”，坚持集体土地所有制，把集体土地的承包经营权落实到承包户，实现家庭承包经营。

“两权分置”是在农场集体与农户之间进行的，是农户与集体之间农地产权的重新配置，是农地制度的第一次创新，奠定了农村基本经营制度的基石。因此，这次产权改革，极大地解放了农村生产力，对我国农村改革具有开创性、奠基性意义。

（2）“三权分置”

2015年中央一号文件提出，要抓紧修改农村土地承包方面的法律，界定农村土地集体所有权、农户承包权、土地经营权的权利关系。从产权角度来看，这是新中国成立以来土地改革中实行的“三权分置”，即在农村土地所有权与承包经营权分离的基础上，促使承包权与经营权再分离，实现所有权、承包权、经营权相互分置和并行，赋予集体、承包户、经营者各自对应的权利主体、权能机构、权属关系和保护手段。

“三权分置”是在承包经营权内部进行的，是承包者与经营者之间农地关系与相关权利义务的重新配置。与“两权分置”相比较，“三权分置”中分置的产权层次更高，分置的边界更清晰，分置的意义更深远，将从更高层次上创新和完善农地制度和农村基本经营制度。

2014年9月习近平总书记在中央全面深化改革领导小组第五次会议上指出，现阶段深化农村土地制度改革，要更多考虑推进中国农业现代化问题，既要解决好农业问题，也要解决好农民问题。要在坚持农村土地集体所有的前提下，促使承包权和经营权分离，形成所有权、承包权、经营权“三权分置”，经营权流转的格局。

“三权分置”是当前我国农村改革的重大任务。不分置“三权”，农业适度规模经营就难以有效推进，集体产权制度改革就难以完全到位，农民土地用益物权就难以充分实现。

在分置“三权”的基础上，应坚持所有权、稳定承包权、强化经营权、规范流转权、实现收益权，兼顾国家、集体和农民三方的利益，活化权能，提高效率，释放潜力，建立健全中国特色的农村土地制度。

[**资料来源：**尹成杰 . 三权分置是农地制度的重大创新 . 农村工作通讯，2015（16）]

动动脑

1. 我国农村国有土地包括哪些?
2. 从“两权分置”到“三权分置”的本质变化是什么?

第三节　农村土地承包政策与法律制度

案例导入

村民迁入小城镇仍享受土地承包权

农村户口转为小城镇户口，还能享受和拥有原承包土地的权利吗? 江苏省镇江经济开发区法院近日审理了一起相关案件。根据《农村土地承包法》规定，承包期内，承包方全家迁入小城镇落户的，应当按照承包方的意愿，保留其土地承包经营权或者允许其依法进行土地承包经营权流转。

新区姚桥镇三桥村施某一家在1999年10月承包了1.75亩土地，约定承包期限30年，并得到了农村土地经营权证。2004年12月，三桥村委会发包本村八组集体土地，将施某承包土地中的1.69亩，登记在村民赵某名下。赵某在2005年领取了农村土地经营权证。施某表示，虽然一家人的户口在1996年12月转为了城镇户口，但在2005年以前仍按规定交售粮油、缴纳农业税。他认为，村委会将自己承包的土地登记在赵某名下，是不合法的，要求法庭撤销赵某的农村土地承包经营权证。

而赵某认为，施某一家三口人的户口早已迁入城镇，不再是本村村民，所以自己的土地承包经营权证是合法的。三桥村委会也表示，赵某与村里签订了承包合同，并有区

政府颁发的农村土地承包经营权证，是经过村民小组组长会议讨论的，是合法的。

镇江经济开发区法院民事审判庭法官表示，依据《中华人民共和国农村土地承包法》规定，农村集体土地的承包，集体经济组织成员应由村民会议选举产生承包工作小组，由承包工作小组拟订和公布承包方案、依法召开集体经济组织成员的村民会议，经村民会议 2/3 以上成员或者 2/3 以上村民代表讨论通过并公开承包方案，最后组织实施和签订承包合同。三桥村委会在 2004 年 12 月发包本村八组集体土地承包时，未依法召开本集体经济组织成员的村民会议讨论通过并公开承包方案，即与赵某签订了农村集体土地承包合同，违反了上述法定的农村土地承包程序。因此，区政府颁发给赵某 2005 年农村土地承包经营权证的程序违法，应当予以撤销。

法官强调，《农村土地承包法》规定，承包期内，承包方迁入小城镇的，仍享受土地承包权。但如果承包期内，承包方全家迁入设区的市，转为非农业户口的，应当将承包的耕地和草地交回发包方。

（**资料来源**：佳木斯市阳光村务工程网，2014 年 9 月 24 日）

案例思考

我国土地制度改革的变迁过程中，产权是如何变化的?

一、农村土地承包经营的范围

我国农业承包经营包括个人承包和集体承包。个人承包，包括集体成员个人承包及其家庭承包、外来个人承包及外来农户承包。集体承包，包括专业队、专业组、联产承包等。

农业承包经营的范围是指可供个人或集体承包的基本内容，包括土地、山岭、草原、荒山、滩涂、水面等。其中土地是指耕地、山林、水面、果园、茶园、桑园、农场土地等。

对于这些承包范围，承包者只能用于农业生产，不得在承包地上盖房、造坟、建窑、挖塘和取土等。

除上述承包项目外，农业承包经营还包括集体经济组织发包的土地上的建筑物及房屋、农机具、机械、副业、畜禽和水利设施等。

还有，《森林法》规定，全民所有制和集体所有制的宜林荒山荒地可以由集体或个人承包造林。集体或个人承包全民所有制或集体所有的宜林荒山荒地造林的，承包后种植的林木归承包的集体或个人所有。

二、发包方和承包方的权利和义务

（一）农村土地承包合同的含义

农村土地承包合同是为了落实家庭联产承包责任制，由农业集体经济组织和本组织的成员或外地农民之间订立的，以农、林、牧、渔各业生产经营为内容的，确立双方权利义务关系的协议。农村土地承包合同是农村集体经济组织对农业生产经营活动进行计划管理、劳动组织和产品分配的法律形式，是农业生产责任制在法律上的体现，它对于保证国家农业经济政策的贯彻实施，正确处理国家、集体和个人三者之间的关系，调动广大农民群众的生产经营积极性等方面具有非常重要的意义。

《农业法》规定，发包方和承包方应当订立农业承包合同，约定双方的权利和义务。有效的承包合同都具有法律的约束力，合同双方依法享有合同规定的权利，并履行合同规定的义务，任何违约行为和其他侵权行为，都要承担经济责任或行政责任甚至刑事责任。

（二）农村土地承包合同中发包方的权利和义务

农民集体所有的土地依法属于村农民集体所有的，由村集体经济组织或者村民委员会发包；已经分别属于村内两个以上农村集体经济组织的农民集体所有的，由村内各该农村集体经济组织或者村民小组发包。村集体经济组织或者村民委员会发包的，不得改变村内各集体经济组织农民集体所有的土地的所有权。

国家所有依法由农民集体使用的农村土地，由使用该土地的农村集体经济组织、村民委员会或者村民小组发包。

1. 发包方的权利

发包方享有下列权利：

（1）发包本集体所有的或者国家所有依法由本集体使用的农村土地；

（2）监督承包方依照承包合同约定的用途合理利用和保护土地；

（3）制止承包方损害承包地和农业资源的行为；

（4）法律、行政法规规定的其他权利。

2. 发包方的义务

发包方承担下列义务：

（1）维护承包方的土地承包经营权，不得非法变更、解除承包合同；

（2）尊重承包方的生产经营自主权，不得干涉承包方依法进行正常的生产经营活动；

（3）依照承包合同约定为承包方提供生产、技术、信息等服务；

（4）执行县、乡（镇）土地利用总体规划，组织本集体经济组织内的农业基础设施建设；

（5）法律、行政法规规定的其他义务。

（三）农村土地承包合同中承包方的权利和义务

1. 承包方的权利

家庭承包的承包方是本集体经济组织的农户。承包方享有下列权利：

（1）依法享有承包地使用、收益和土地承包经营权流转的权利，有权自主组织生产经营和处置产品；

（2）承包地被依法征用、占用的，有权依法获得相应的补偿；

（3）法律、行政法规规定的其他权利。

2. 承包方的义务

承包方承担下列义务：

（1）维持土地的农业用途，不得用于非农建设；

（2）依法保护和合理利用土地，不得给土地造成永久性损害；

（3）法律、行政法规规定的其他义务。

三、农村土地承包遵循的原则和程序

（一）农村土地承包遵循的原则

农村土地承包应当遵循以下原则：

（1）按照规定统一组织承包时，本集体经济组织成员依法平等地行使承包土地的权利，也可以自愿放弃承包土地的权利；

（2）民主协商，公平合理；

（3）承包方案应当按照本法第十二条的规定，依法经本集体经济组织成员的村民会议 2/3 以上成员或者 2/3 以上村民代表的同意；

（4）承包程序合法。

（二）农村土地承包的程序

农村土地承包应当按照以下程序进行：

（1）本集体经济组织成员的村民会议选举产生承包工作小组；

（2）承包工作小组依照法律、法规的规定拟订并公布承包方案；

（3）依法召开本集体经济组织成员的村民会议，讨论通过承包方案；

（4）公开组织实施承包方案；

（5）签订承包合同。

（三）农村土地承包合同的内容

农村土地承包合同中，耕地的承包期为 30 年。草地的承包期为 30 年至 50 年。林地的承包期为30年至70年；特殊林木的林地承包期，经国务院林业行政主管部门批准可以延长。

发包方应当与承包方签订书面承包合同。承包合同一般包括以下条款：

（1）发包方、承包方的名称，发包方负责人和承包方代表的姓名、住所；

（2）承包土地的名称、坐落、面积、质量等级；

（3）承包期限和起止日期；

（4）承包土地的用途；

（5）发包方和承包方的权利和义务；

（6）违约责任。

承包合同自成立之日起生效。承包方自承包合同生效时取得土地承包经营权。县级以上地方人民政府应当向承包方颁发土地承包经营权证或者林权证等证书，并登记造册，确认土地承包经营权。颁发土地承包经营权证或者林权证等证书，除按规定收取证书工本费外，不得收取其他费用。

承包合同生效后，发包方不得因承办人或者负责人的变动而变更或者解除，也不得因集体经济组织的分立或者合并而变更或者解除。国家机关及其工作人员不得利用职权干涉农村土地承包或者变更、解除承包合同。

四、农业土地流转政策

（一）农业土地流转政策内涵

农业土地流转包括农业土地所有权流转和农业土地使用权流转，农业土地流转政策是关于农业土地所有权和使用权转移的规范。

由于我国《土地管理法》禁止农业土地买卖并规定实行农业土地分层经营体制，因此在我国农业土地流转专指农户承包地使用权的流转。农地使用权的流转，是指农地所有者，按照市场经济规律，以提高土地利用效益为目的，通过出让、租赁、入股等多种方式，对农业土地配置现状进行调整，实现土地资产配置不断优化的一个动态过程。农地使用权流转是一项政策性、原则性都很强的工作，不仅涉及农用土地承包者和使用者之间的利益，直接决定农业土地所有者权益能否充分实现和用地单位经济效益的高低，而且也涉及能否通过农地的合理有序流动，实现农地资产的合理配置，不断提高农地的经济效益、社会效益和生态效益。

通州区于家务乡前伏村，它离通县县城还有十公里，是北京市少有的几个少数民族农区之一。通州地区的流转主要发生在21世纪，而于家务乡的流转主要发生在2003年，特别是前年以后。因为前年，于家务乡建了一个南瓜园，搞得还不错。加上上面要求流转，地方也要政绩。于家务很穷，人均收入只有3000块钱，集体经

济是空架子，现在欠了86万多的债。有些承包户确权但没有地，一个月给130块钱，但有时130块钱都拿不出来。所以，干部也坐不住了，提出要土地流转，并积极到外面去联系，引进外部企业。有了目标企业后，干部和老百姓讨论。老百姓提出了很多问题，比如，买好的种子、化肥怎么办，反租倒包把地拿走后不给钱怎么办，有人想种地怎么办，等等。干部提出的解决办法是，种子化肥可以转让，对想种地的人，就从旁边另分一块给他们。前伏村土地流转的对象是神农河谷稻香农业发展有限公司，开始谈判是一亩地每年给农民700块钱的租金，老百姓不愿意，认为太低。后来改到800块钱，这样同意的比例从50%提高到了70%。干部又给大家算了一笔账，大家种地，一茬小麦，一茬玉米，最后净收入也就六七百块钱，如果把土地租出去，不用费心就能挣这么多，家里的劳动力还可以空出来出去赚钱。这样，大家都同意了，就把土地先流转给集体，再由集体把土地流转给公司。一亩土地的租金是1000块钱，其中800给农户，200给村集体。公司种的是太空育种的甜高粱，做生物能源的加工。要流转就要整理土地，村里2000亩地要一次流转。结果一整地，沟壑填平后多了130亩，这就成了集体财产。所以，除了每亩200块钱的收入外，这130亩的租金也是集体的。这个村的集体也就有钱解决欠账问题。流转后的经营基本没有太大变化，土地公司自己并不种，而是由村集体用拖拉机进行大规模耕种，但管理仍是一家一户自行管理，除草等工作也还是农民自己做。产品达到标准后，公司就把工资交给村集体，村集体再下发到各农户。现在，租金加上劳动收入，老百姓的收入翻了一番，人均收入达到了5700多块钱。

（**资料来源**：腾讯财经网，2014年11月21日）

（二）农村土地承包权制度中农业土地流转

1. 农村土地承包法的适用范围

《农村土地承包法》规范和调整的是依法属于农民集体所有和国家所有依法由农民集体使用的土地承包经营关系。这些土地的用途是耕地、林地、草地，以及其他依法用于农业的土地，其中也包括荒地、荒沟、荒丘、荒滩。

2. 农村土地承包的形式

农村土地承包关系可分为家庭承包关系和通过招标、拍卖和公开协商等其他方式承包的承包关系。

（1）家庭承包经营：是指以本集体经济组织内的农户家庭为单位，人人有份的土地承包。实行家庭承包经营的土地是集体所有和国家所有依法由农民集体使用的耕地。

（2）其他方式的承包：是指不宜采取家庭承包方式的荒山、荒沟、荒丘、荒滩等农村土地，通过招标、拍卖、公开协商等方式承包的情形。

3. 农村土地承包的期限

《农村土地承包法》第四条规定，国家依法保护农村土地承包关系的长期稳定。考虑不同性质土地的投资收益期限差别较大。农村土地承包经营权的期限规定，耕地的承包期限为 30 年，草地的承包期为 30 ~ 50 年，林地的承包期为 30 ~ 70 年；特殊林木的林地承包期，经国务院林业行政主管部门批准可以延长。

4. 土地承包经营权的流转

土地承包经营权的流转是指取得农村土地承包经营权的承包方将其所享有的承包经营权的部分或者全部依法自愿、有偿流转于第三人的行为。

通过家庭承包取得的土地承包经营权可以依法采取转包、出租、互换、转让或者其他方式流转。

动动脑

1. 我国农村土地承包和流转有何本质区别？
2. 如何实现土地承包和土地流转？

第四节　耕地保护的政策和法律规定

案例导入

江苏省副省长：新常态下要做到“心中有本土地账”

日前，江苏省委常委、副省长徐鸣在全省第 118 期领导干部专题研究班暨第十五期国土资源管理专题研究班上强调，人多地少是江苏的特殊省情，节约集约是国土资源管理唯一的出路，依法用地是国土资源管理中需要解决的关键问题，要落实总量控制、节约集约、依法用地、阳光运作四项举措，进一步做好国土资源管理工作。

徐鸣指出，节约集约用地是缓解土地供需矛盾的根本出路，也是确保全省经济社会可持续发展的必然选择。他强调，做好新常态下的国土资源管理工作，重点要做到“心中有本土地账”“两问”及“三保”。“心中有本土地账”，即摸清现状和家底，统筹安排，确保国土资源永续利用；“两问”，即违规用地要问责，违法用地要问罪；“三保”，即牢固树立责任意识，不断强化责任制度，保障发展、保护耕地、保护群众合法权益。

专题研究班由江苏省委组织部、省国土资源厅联合举办，全省各市、县政府分管国土资源管理的负责人及各市国土资源局局长约 120 余人参加。

（**资料来源**：国土资源网，2015 年 10 月 28 日）

案例思考

为什么要实行耕地保护？

一、耕地保护的意义

（一）耕地的重要性

保护耕地的意义是由耕地的重要性所决定的。首先，农业是国民经济的基础，耕地是农业生产的基础，工业特别是轻工业的原料主要来源于耕地；其次，耕地是社会稳定的基础，耕地为农村人口提供了主要的生活保障，是城市居民生活资料的主要来源。

从我国当前社会经济发展和现实条件看，必须实行严格的耕地保护制度。保障 18 亿亩耕地警戒线。

（二）耕地保护的意义

1. 耕地是确保国家粮食安全的基本保证

耕地是土地资源中最宝贵的自然资源，耕地的数量和质量是粮食综合生产能力的基础，是农民最重要的生产资料和生活保障，也是国家长远利益和民族生存的根基。第二次全国土地调查结果显示，我国耕地只有 13 515.85 万公顷（20.27 亿亩），全国人均耕地 0.101 公顷（1.52 亩），较 1996 年一次调查时的人均耕地 0.106 公顷（1.59 亩）有所下降。世界人均耕地为 3.38 亩，我国人均耕地水平不到世界人均水平的一半。人多地少与土地粗放利用并存、新增建设用地规模过度扩张、用地结构不够合理、土地粗放利用等因素，进一步加剧了我国人与地的矛盾。在目前的农业生产条件下和社会用地矛盾情况下，没有一定数量的耕地做保障，国家粮食安全将无从谈起。

2. 耕地保护是经济发展和社会稳定的前提

耕地资源产物不仅是粮食安全基础保障，也是工业尤其是轻工业生产的重要原材料。而耕地通过提供物质产品，为广大农村经济和农民生活稳定的提供必要保障。土地问题始终是我国农民的根本问题。农民人口众多，不保障农民的耕地，就是不保护农民，社会就不能稳定和谐。如果不顾农民长远生计，大量占用耕地进行非农建设，就会导致大量农民失地失业，引发农民上访，滋生群体性事件，给农村社会稳定埋下隐患。

3. 耕地保护是生态建设的重要组成

耕地作为一种稀缺的、不可再生的自然资源和经济资源，除了具有生产功能外，更具有生活和生态功能。耕地是生态用地的重要组成部分，同时也是城市景观生态功能网络、生态安全格局的基本单元之一，它为城市和农村提供了调节气候、净化空气、调节降雨和径流、土壤肥力更新、废水处理等方面的生态服务功能。通过耕地保护，能有效构筑生态建设长廊。

4. 坚守 18 亿亩耕地红线，是我国对世界各国的庄严承诺

“十分珍惜、合理利用土地和切实保护耕地”是我国的一项基本国策。现在一些国家和地区的敌对者肆意散布“中国威胁论”，所谓“粮食威胁”是其中一项重要内容。1995 年美国世界观察研究所所长布朗那篇《谁来养活中国》引起了世界的关注，他对中国粮食问题的悲观论调无疑渲染了中国的粮食困难，大有使中国的粮食问题被演化为一个世界性问题的态势。所以，我们一定要坚守住 18 亿亩的耕地，不给敌对者可乘之机。

中央农村工作会议指出，要坚持以我为主、立足国内、确保产能、适度进口、科技支撑的国家粮食安全战略。中国人的饭碗任何时候都要牢牢端在自己手上，我们的饭碗应该主要装中国粮。会议还强调，耕地红线要严防死守，18 亿亩耕地红线仍然必须坚守，同时现有耕地面积必须保持基本稳定。

二、耕地保护的政策和法规

我国目前的耕地保护形势非常严峻，国家反复强调要用“世界上最严格的耕地保护制度，坚决制止乱占滥用耕地”，并出台了相关配套制度，采取了一系列措施。

（一）历年耕地保护政策回顾

耕地保护是在改革开放以后，随着经济社会形势变化和耕地数量急剧减少情况下，真正被引起关注。1978 年后，中国耕地保护政策不断健全和完善，并可划分为四个发展阶段。

1. 耕地保护意识开始觉醒期：1978—1985 年

1978 年的《政府工作报告》提出，国有农场和人民公社要“有计划地开垦荒地，使耕地面积逐年有较多的增加”。1981 年《政府工作报告》认为，“十分珍惜每寸土地，合理利用每寸土地”应该是我们的国策，并且要求“基本建设即使非占用耕地不可，用地也要严加限制；农村建房要有规划，绝不能乱占滥用耕地”。1982 年的《政府工作报告》将滥占耕地建房看作当时农村中的两股歪风之一（另一种是乱砍滥伐森林）。1983 年的中央一号文件《当前农村经济政策的若干问题》也将“耕地减少”列为当时农村的三大隐患之一（另两个隐患是森林过伐和人口膨胀）。

1982 年的一号文件《一九八二年一月一日全国农村工作会议纪要》（改革开放以来第一个涉农的一号文件）基于我国人多地少的现实，将保护耕地视为与控制人口一样重要的国策，并且要求“要严格控制机关、企业、团体、部队、学校、社队占用耕地，特别是城市附近的菜地更不应占用”。1983 年的一号文件《当前农村经济政策的若干问题》更是明确提出，要“严格控制占用耕地建房”和“爱惜每一寸耕地”。

这一时期的耕地保护政策只是警醒了国人要注意保护有限的耕地，耕地流失依然在加剧，根据统计数据，1985 年全国耕地净减少量超过了 100 万公顷，成为新中国成立以来耕地减少数量最多的一年。

2. 耕地保护政策制定起步期：1986—1997 年

1986 年一号文件《关于一九八六年农村工作的部署》要求有关部门在年内制定“严格控制非农建设占用耕地的条例”并报国务院批准实施，同年 3 月的中发 7 号文件《关于加强土地管理、制止乱占耕地的通知》第一次正式明确提出“十分珍惜和合理利用每寸土地，切实保护耕地，是我国必须长期坚持的一项基本国策”，该年 6 月 25 日六届人大常委会还审议通过了《中华人民共和国土地管理法》(以下简称《土地管理法》)，其中，对建设用地审批和毁坏耕地处罚等都做了相应规定。1987 年 6 月 1 日国家土地管理局参与发布了《关于在农业结构调整中严格控制占用耕地的联合通知》，要求严格控制农业内部结构调整占用耕地行为，同年 10 月 15 日该局又参与发布了《建设用地计划管理暂行办法》，以期协调统筹建设用地同时切实保护耕地。1988 年国家土地管理局参与了《土地复垦规定》和《严格限制毁田烧砖积极推进墙体材料改革的意见》等的制定和发布，用于引导土地复垦以增加耕地面积以及严控占用耕地建窑和毁田取土烧砖。

1990 年《政府工作报告》在强调“严格执行国家下达的建设用地计划，严格审批建设用地”同时，明确要求“各地方凡因建设占用农用土地的，原则上应承担土地开发的义务”。1991 年 1 月国务院发布了《土地管理法实施条例》。针对当时各地兴办开发区和城镇建设中多占少用、占而不用和闲置撂荒造成耕地严重浪费的情况，1992 年 11 月 18 日国务院发布了《关于严格制止乱占、滥用耕地的紧急通知》，同年 12 月 9 日国办发布《关于严禁开发区和城镇建设占用耕地撂荒的通知》，1993 年 4 月 28 日国务院发布了《关于严格审批和认真清理各类开发区的通知》。

1994 年 8 月 18 日国务院发布了《基本农田保护条例》。1996 年 6 月 19 日全国土地管理厅、局长会议上“实现耕地总量动态平衡”首次被正式提出，同年 9 月 18 日国家土地管理局还参与发布了《建设用地计划管理办法》。为了增强威慑性和加强宏观管理，1997 年 3 月 14 日八届全国人大常委会五次会议第一次设立了“破坏耕地罪”“非法批地罪”和“非法转让土地罪”，4 月 15 日中共中央国务院还颁布了中发 11 号文件《关于进一步加强土地管理切实保护耕地的通知》，同年 5 月 20 日国家土地管理局发布了《冻结非农业建设项目占用耕地规定》。

这一时期的耕地保护政策在许多方面进行了尝试和突破，一举改变了过去耕地利用和保护上无序管理的混乱局面，并在一段时间内取得了较好效果。如年耕地净减少量从 1987 年开始由 62.04 万公顷减少到 1988 年、1989 年和 1990 年的 38.83 万公顷、12.50 万公顷和 1.15 万公顷。

3. 耕地保护政策体系初建期：1998—2003 年

1998 年 3 月 29 日中央办公厅和国务院办公厅联合发布《关于继续冻结非农业建设项目占用耕地的通知》，当时新成立的国土资源部也紧接着发出《关于坚决贯彻执行中央继续冻结非农业建设项目占用耕地决策的通知》，决定继续冻结非农业建设项目占用耕地。1998 年 8 月 29 日颁布新修订《土地管理法》首次以立法形式确认了“十分珍惜、合理利用土地和切实保护耕地是我国的基本国策”，确立了耕地总量动态平衡、用途管制、集中统一管理和加强执法监察等原则，并以专门章节规定对耕地实行特殊保护，如实行占用耕地补偿制度、基本农田保护制度，禁止闲置、荒芜耕地，以及提高耕地质量和增加耕地数量等。

1998 年 12 月 27 日国务院颁布了《中华人民共和国土地管理法实施条例》和新《基本农田保护条例》，国土资源部陆续颁布了其他通知、办法或意见，以进一步落实新《土地管理法》有关耕地保护的要求。

这一时期耕地保护政策体系得到了初步构建。但耕地保护政策要服从于国家重大战略，土地资源保护和利用必须与经济社会协调发展，而且必须兼顾眼前利益和长远利益以及局部利益和整体利益。耕地保护政策实施手段日趋多样化。

4. 耕地保护政策体系完善期：2004 年至今

鉴于粮食生产的大滑坡和促进农民增收的迫切性，2004 年中央一号文件《中央关于促进农民增加收入若干政策的意见》明确提出要“不断提高耕地质量”和“各级政府要切实落实最严格的耕地保护制度”，并且要求确定一定比例的国有土地出让金用于农业土地开发和建设高标准基本农田。同年的《政府工作报告》则强调要依法加强耕地管理和加快征地改革。2004 年 10 月 21 日国务院颁布了 28 号文件《关于深化改革严格土地管理的决定》，在严格土地执法、加强规划管理、保障农民利益、促进集约用地、健全责任制度等方面做出了有益于耕地保护的规定与措施。国土资源部随即发布了《关于完善征地补偿安置制度的指导意见》《关于进一步加强新增建设用地土地有偿使用费征收使用管理的通知》等配套文件。

2005 年中央一号文件《关于进一步加强农村工作提高农业综合生产能力若干政策的意见》在继续要求“坚决实行最严格的耕地保护制度，切实提高耕地质量”。为更好落实 28 号文件，2005 年国土资源部先后颁布了《关于规范城镇建设用地增加与农村建设用地减少相挂钩试点工作的意见》《关于加强和改进土地开发整理工作的通知》《关于开展补充耕地数量质量实行按等级折算基础工作的通知》等重要文件，国务院还于 10 月 18 日颁布了《省级政府耕地保护责任目标考核办法》。

2006 年 8 月 31 日国务院颁发《关于加强土地调控有关问题的通知》。2007 中央一号文件《关于积极发展现代农业扎实推进社会主义新农村建设的若干意见》要求“强化和落实耕地保护责任制”，并且继续强调切实提高耕地质量。同年的《政府工作报告》则发出“一定要守住全国耕地不少于 18 亿亩这条红线”的最强音。2008 年的中央一号文件《关于切实加强农业基础建设进一步促进农业发展农民增收的若干意见》和《政府工作报告》同样强调“坚持最严格的耕地保护制度，特别是加强基本农田保护”，并且继续强化各种耕地保护手段。为了缓解巨大的耕地保护压力，国务院还分别于 2007 年 8 月 9 日、2007 年 12 月 1 日和 2008 年 1 月 3 日颁布了《关于完善退耕还林政策的通知》《中华人民共和国耕地占用税暂行条例》和《关于促进节约集约用地的通知》。而作为耕地保护的

主管部门，国土资源部也先后颁布了《实际耕地与新增建设用地面积确定办法》《关于在建设项目用地预审中做好实地踏勘和论证工作有关问题的通知》等。

这一时期我国的耕地保护政策呈现出如下特点：耕地保护政策被赋予了参与调控使命。耕地保护政策的科学内涵在不断深化，质量建设真正纳入耕地保护政策内涵。与相关政策的互动加强。耕地保护政策的实施手段在不断完善。总体而言，随着市场经济体制的不断健全，耕地保护政策体系也在不断完善中，而在全社会的共同努力下，这一时期我国耕地保护取得了显著成效。例如，2004 年以来，全国耕地净减少量不断降低，从 2004 年的 94.80 万公顷分别降低到了 2005 年和 2006 年的 36.16 万公顷和 30.68 万公顷，2012 年更是降到只有 8.02 万公顷。

（二）耕地保护制度

根据《中华人民共和国土地管理法》《中华人民共和国土地管理法实施条例》和《基本农田保护条例》等法律、法规，当前法律规定的耕地保护制度主要有以下几个方面：

1. 土地用途管制制度

《中华人民共和国土地管理法》第四条第一款规定："国家实行土地用途管制制度。"该条第二款规定："国家编制土地利用总体规划，规定土地用途，将土地分为农用地、建设用地和未利用地。严格限制农用地转为建设用地，控制建设用地总量，对耕地实行特殊保护。"

建设厂房　45 亩耕地遭破坏

概况：河北省肥乡县政府、旧店乡政府及有关部门对某养殖公司违法圈占耕地建厂房行为履职不到位，致使 45 亩耕地因建厂房遭到破坏。

处分：肥乡县副县长王运成受到行政警告处分，旧店乡乡长李继彬受到行政记过处分，肥乡县国土局局长陶冲受到行政记过处分，肥乡县人民法院审判委员会专职委员高会臣受到行政记过处分。

（**资料来源**：人民网，2015 年 9 月 15 日）

2. 耕地总量动态平衡制度

《中华人民共和国土地管理法》第三十三条规定："省、自治区、直辖市人民政府应当严格执行土地利用总体规划和年度土地利用计划，采取措施，确保本行政区域内耕地不减少；耕地总量减少的，由国务院责令在规定期限内组织开垦与所减少耕地的数量与质量相当的耕地，并由国务院土地行政主管部门会同农业行政主管部门验收，个别省、自治区、直辖市确因土地后备资源匮乏，新增建设用地后，新开垦耕地数量不足以补偿所占用耕地的数量的，必须报经国务院批准减免本行政区域内开垦耕地的数量，进行易地开垦。"

3. 耕地占补平衡制度

《中华人民共和国土地管理法》第三十一条第二款规定："国家实行占用耕地补偿制度。非农业建设经批准占用耕地，按照占多少、垦多少的原则，由占用耕地的单位负责开垦与所占用耕地的数量和质量相当的耕地；没有条件开垦的或者开垦的耕地不符合要求的，应当按照省、自治区、直辖市的规定缴纳耕地开垦费，专款用于开垦新的耕地。"

此外，县级以上地方人民政府可以要求占用耕地的单位将所占用耕地耕作层的土壤用于新开垦耕地、劣质地或者其他耕地的土壤改良。

4. 基本农田保护制度

基本农田是指按照一定时期人口和社会经济发展对农产品的需求，依据土地利用总体规划确定的不得占用的耕地。基本农田保护区是指为对基本农田实行特殊保护而依据土地利用总体规划和依照法定程序确定的特定保护区域。《中华人民共和国土地管理法》第三十四条规定："国家实行基本农田保护制度。基本农田保护制度包括基本农田保护责任制度、基本农田保护区用途管制制度、占用基本农田严格审批与占补平衡制度、基本农田质量保护制度、基本农田环境保护制度、基本农田保护监督检查制度等。"

根据《基本农田保护条例》的规定，基本农田保护实行全面规划、合理利用、用养结合、严格保护的方针。各省、自治区、直辖市规定的基本农田应当占本行政区域内耕地的80%以上。根据法律规定，应当根据土地利用总体规划划入基本农田保护区的耕地包括：

（1）经国务院有关主管部门或者县级以上地方人民政府批准确定的粮、棉、油生产基地内的耕地；

（2）有良好的水利与水土保持设施的耕地，正在实施改造计划以及可以改造的中、低产田；

（3）蔬菜生产基地；

（4）农业科研、教学实验田；

（5）国务院规定应当划入基本农田保护区的其他耕地。

基本农田保护区经依法划定后，任何单位和个人不得改变或者占用。国家能源、交通、水利、军事设施等重点建设项目选址确实无法避开基本农田保护区，需要占用基本农田，涉及农用地转用或者征用土地的，必须经国务院批准。

根据《基本农田保护条例》关于"县级以上地方各级人民政府应当将基本农田保护工作纳入国民经济和社会发展计划，作为政府领导任期目标责任制的一项内容，并由上级人民政府监督实施"的规定，各级政府应当建立以基本农田保护和耕地总量动态平衡为主要内容的耕地保护目标责任制，每年进行考核。

5. 农用地转用审批制度

《中华人民共和国土地管理法》第四十四条规定："建设占用土地，涉及农用地转为建设用地的，应当办理农用地转用审批手续。省、自治区、直辖市人民政府批准的道路、管线工程和大型基础设施建设项目、国务院批准的建设项目占用土地，涉及农用地转为

建设用地的，由国务院批准。在土地利用总体规划确定的城市和村庄、集镇建设用地规模范围内，为实施该规划而将农用地转为建设用地的，按土地利用年度计划分批次由原批准土地利用总体规划的机关批准。在已批准的农用地转用范围内，具体建设项目用地可以由市、县人民政府批准。本条第二款、第三款规定以外的建设项目占用土地，涉及农用地转为建设用地的，由省、自治区、直辖市人民政府批准。”

6. 土地开发整理复垦制度

土地开发是对可以利用而尚未利用的土地包括荒山、荒地、荒滩等进行开发利用。土地整理是增加有效耕地面积，提高耕地质量的要求。土地复垦是对土地被破坏的一种补救措施。《中华人民共和国土地管理法》第三十八条规定：“国家鼓励单位和个人按照土地利用总体规划，在保护和改善生态环境、防止水土流失和土地荒漠化的前提下，开发未利用的土地；适宜开发为农用地的，应当优先开发成农用地。”第四十一条规定：“国家鼓励土地整理。县、乡（镇）人民政府应当组织农村集体经济组织，按照土地利用总体规划，对山、水、田、林、路、村综合整治，提高耕地质量，增加有效耕地面积，改善农业生产条件和生态环境。”第四十二条规定：“因挖损、塌陷、压占等造成土地破坏的土地，用地单位和个人应当按照国家有关规定负责复垦；没有条件复垦或者复垦不符合要求的，应当缴纳土地复垦费，专项用于土地复垦。复垦的土地应当优先用于农业。”

7. 土地税费制度

《中华人民共和国土地管理法》第三十一条规定，建设占用耕地，如没有条件开垦或者开垦的耕地不符合要求，应缴纳耕地开垦费，用于开垦新耕地；第三十七条规定，对于闲置、荒芜耕地要缴纳闲置费；第四十七条规定，征用城市郊区菜地，要缴纳新菜地开发建设基金；第五十五条规定，对以出让方式取得国有土地使用权的建设单位，要缴纳新增建设用地土地有偿使用费。《中华人民共和国耕地占用税暂行条例》规定，非农业建设占用耕地，要缴纳耕地占用税。法律规定的税费制度，是以经济手段保护耕地的重要措施。

8. 耕地保护法律责任制度

《中华人民共和国刑法》第三百四十二条规定：“违反土地管理法规，非法占用耕地改作他用，数量较大，造成耕地大量毁坏的，处五年以下有期徒刑或者拘役，并处或者单处罚金。”第四百一十条规定：“国家机关工作人员徇私舞弊，违反土地管理法规，滥用职权，非法批准征用、占用土地，或者非法低价出让国有土地使用权，情节严重的，处三年以下有期徒刑或者拘役；致使国家或者集体利益遭受特别重大损失的，处三年以上七年以下有期徒刑。”《中华人民共和国土地管理法》《中华人民共和国土地管理法实施条例》及《基本农田保护条例》等法律、法规，对耕地保护违法行为规定了相应的行政法律责任。

9. 耕地地力维护和充分利用的有关规定

在稳定耕地数量的同时，还需要维护耕地的质量。《土地管理法》要求，各级人民政府应当采取措施，维护排灌工程设施，改良土壤，提高地力，防止土地荒漠化、盐碱化、水土流失和污染土地。

任何单位和个人不得闲置、荒芜耕地。根据《土地管理法》规定，已经办理审批手续的非农业建设占用耕地，一定时期内不用的，按以下办法处理：

（1）满一年不用而又可以耕种并收获的，应当由原耕种该幅耕地的集体或者个人恢复耕种，也可以由用地单位组织耕种；

（2）一年以上未动工建设的，应当按照省、自治区、直辖市的规定缴纳闲置费；

（3）连续两年未使用的，经原批准机关批准，由县级以上人民政府无偿收回用地单位的土地使用权；该幅土地原为集体所有的，应当交由原农村集体经济组织恢复耕种。承包经营基本农田的单位或者个人连续两年弃耕抛荒的，原发包单位应当终止承包合同，收回发包的基本农田。

（三）耕地保护政策展望

虽然当前耕地保护进入了一个崭新阶段，但由于前所述及的原因，我国将在今后较长一段时间内面临日益尖锐的土地供需矛盾，耕地保护也将面临耕地流失反弹的巨大压力。回顾改革开放以来的耕地保护政策发展演变，笔者认为，随着科学发展观的逐步贯彻落实，我国耕地保护政策尚需在以下几个方面进行调整和完善：

1. 进一步强化耕地保护共同责任制

由于耕地利用涉及面广泛，因此必须落实相关各方保护耕地的共同责任，除了强化纵向的上下级考核评价，还需要在横向的用地部门间强化责任意识和必要的约束规则。

2. 适时将耕地保护政策转化为法律

我国当前的耕地保护政策除了散见于相关法律之外，多为国务院或部门规章，缺乏专项的耕地保护法律，鉴于今后日益严峻的耕地保护形势，有必要加强这方面的立法工作，适时将已经成熟的政策法律化，进一步提高其效力和权威。

3. 大力发挥农民在耕地保护中作用

当前的耕地保护主体是各级政府，这与耕地的实际利用主体（农民）不相吻合，这也是农民在耕地保护中不够积极主动的真实写照，必须赋予农民充分的土地产权，并且给予适当的经济激励，从而发挥其应有作用。

4. 尊重和认可地方的耕地保护创新

各地根据地方实际在耕地保护方面的创新，只要不违背现行法律、符合相关政策要求，就不应一律打杀，而要及时总结和推广。

动动脑

1. 我国耕地保护政策分为哪几个阶段？

2. 未来怎样更好开展耕地保护？

第五节　建设用地涉及宅基地的政策与法律规定

案例导入

国土部下达90万亩城乡用地置换指标

国土部网站10月28日发布消息，该部日前印发《关于下达2015年城乡建设用地增减挂钩指标的通知》，明确今年全国共安排城乡建设用地增减挂钩指标90万亩，要求各地落实好增减挂钩支持扶贫开发的政策措施。

易居房地产研究院智库总监严跃进告诉《每日经济新闻》记者，增减挂钩是在保证建设用地总量不增加等要求下，合理布局城乡用地的直接手段。

与去年相同，今年城乡建设用地增减挂钩指标仍旧定在90万亩。

今年《通知》要求，要合理安排城乡建设用地比例和布局，增加返还农民的土地收益；设立专门账户加强增减挂钩收益管理，并按照以工促农、以城带乡的要求，将收益全额返还农村。

严跃进表示，资金是增减挂钩项目顺利实施的保障和关键，资金若出现短缺将导致项目难以推进。虽然在增减挂钩规划中要求的是项目区要先建后拆，但在实际中常由于资金的短缺而先拆后建，导致被拆迁农民得不到妥善安置。

目前很多地方也在采取设立专门账户的办法，保证资金的合规有效利用。

据《每日经济新闻》记者了解，山东多个县市就设立了城乡建设用地增减挂钩试点项目专项资金管理库，对使用增减挂钩周转指标的建设项目，将土地出让纯收益全部纳入专户，实行专户专账管理，专项核算、封闭，避免了资金挪用或截留。

国土部还称，加强增减挂钩节余指标管理，保证使用节余指标的建新用地面积与拆旧复垦面积相对应，防止只建新不复垦、扩大建设用地规模。

（**资料来源**：国土资源网，2015年10月29日）

案例思考

建设用地能够随意增减吗？

一、建设用地

（一）建设用地内涵

建设用地，是指建造建筑物、构筑物的土地，是城乡住宅和公共设施用地，工矿用地，能源、交通、水利、通信等基础设施用地，旅游用地，军事用地等。（土地管理法）按其使用土地性质的不同，可分为农业建设用地和非农业建设用地；按其土地权属、建设内容不同，又分为国家建设用地、乡（镇）建设用地、外商投资企业用地和其他建设用地；按其工程投资和用地规模不同，还分为大型建设项目用地、中型建设项目用地和小型建设项目用地。

（二）建设用地计划管理

为贯彻“十分珍惜和合理利用每寸土地，切实保护耕地”的基本国策，国家提出对各项建设用地实行计划管理，并根据《中华人民共和国土地管理法》和国家有关规定，在 1996 年 9 月 18 日由原国家计委和当时的国家土地管理局联合颁布实施《建设用地计划管理办法》。

第十八条提出逐步建立土地利用总体规划、五年用地计划和年度用地计划的规划、计划体系。其中，土地利用总体规划是体现土地综合利用、保护耕地的纲要，是编制五年用地计划的重要依据；五年用地计划是分阶段落实土地利用总体规划的中间环节，是指导编制年度用地计划的依据；年度用地计划是按照五年用地计划编制的分年度执行计划。

（三）建设用地与农用地关系分析

国家编制土地利用总体规划，规定土地用途，将土地分为农用地、建设用地和未利用地。其中，农用地和建设用地是社会生活和生产必不可少的两大类用地。农业用地是人们生存的基础条件和第二产业的重要原料来源，也是生态环境的创造者和保护者；建设用地是人类社会生存空间和第二、第三产业栖息地，是社会经济发展的主要载体，相对农业用地，能创造更大的经济价值。某种意义而言，农用地和建设用地之间可以互相转化，但农用地转化为建设用地容易，成本相对低廉；而建设用地转化为农用地难以保证土壤肥力，整理成本高。

人类社会发展历程中，随着科学技术不断发展，可利用土地面积加大，土地利用率不断提高，建设用地和农用地总量有所增长。但土地具有数量有限性和不可移动性，未利用土地资源有限且区位条件较差，导致经济建设中，出现建设用地不断扩张蚕食农业土地，农用地数量和质量急剧减少的现象，影响社会可持续发展。

我国实行土地用途管制制度。提出实行建设用地计划管理，严格限制农用地转为建设用地，控制建设用地总量，对耕地实行特殊保护。此外，针对农村集体土地转为国有土地使用，国家提出实行土地征用，禁止农民集体所有土地直接作为城市建设用地进入市场流转。

二、农业土地转用的相关法律规定

农用地转用，是指按照土地利用总体规划和国家规定的批准权限获得批准后，将农用地转变为建设用地的行为。土地管理法第四十四条提出，建设占用土地，涉及农用地

转为建设用地的，应当办理农用地转用审批手续。

（一）农用地转用的审批范围

土地管理法第四十四条指出，省、自治区、直辖市人民政府批准的道路、管线工程和大型基础设施建设项目、国务院批准的建设项目占用土地，涉及农用地转为建设用地的，由国务院批准。

在土地利用总体规划确定的城市和村庄、集镇建设用地规模范围内，为实施该规划而将农用地转为建设用地的，按土地利用年度计划分批次由原批准土地利用总体规划的机关批准。在已批准的农用地转用范围内，具体建设项目用地可以由市、县人民政府批准。

除此以外的建设项目占用土地，涉及农用地转为建设用地的，由省、自治区、直辖市人民政府批准。

（二）农用地转用审批程序

根据法律、法规规定，目前我国农用地转为建设用地的程序有以下 11 步：

1. 核实是否符合规划和计划要求

农用地转用、征用土地，必须符合土地利用总体规划、城市建设总体规划和土地利用年度计划。因此，用地单位在初步选定某农用地为建设用地后，应首先向国土资源局、建设部门、规划部门咨询是否符合该农用地的各项规划。

2. 向建设部门提交用地申请

确认该农用地可以用于建设，再根据建设部门的要求，进行和编制建设项目可行性论证，向建设部门提交用地申请，建设部门审查符合的，颁发建设项目的《选址意见书》。用地单位应按规定缴纳选址规费。其中，农用地转用和土地征收批准文件有效期两年。农用地转用或土地征收经依法批准后，市、县两年内未用地或未实施征地补偿安置方案的，有关批准文件自动失效。

3. 向国土资源局提出用地预审申请

用地单位持该《选址意见书》向同级国土资源局提出用地预审申请，由该国土资源局核发《建设项目用地预审报告书》。

4. 办理立项、规划、环保许可等手续

用地单位凭《建设项目用地预审报告书》向建设部门、环保局等办理立项、规划、环保许可等手续，并缴纳各项审批费用；环境保护部门根据《中华人民共和国环境保护法》和（86）国环字第 003 号《建设项目环境保护管理办法》对建设项目进行审批。某些建设项目，还需要报劳动行政部门依据《建设项目（工程）劳动安全卫生预评价管理办法》予以审批。

5. 用地单位再持以上审批文件，向原预审的国土资源局提出项目用地的正式申请

6. 拟定用地方案等，报有审批权的人民政府审批

国土资源局根据土地利用总体规划、城市建设总体规划和土地利用年度计划，拟定农用地转用方案、补充耕地方案、征地方案和供地方案，分不同类型，经各级人民政府审批。

7 国土资源局主导土地征用及征地补偿安置

由国土资源局具体负责对该农用地的所有权人和使用权人进行征用，签订补偿安置协议，按征地程序办理征地手续。

8. 批准用地文件和《建设用地批准书》

国土资源局根据批准的供地方案，在征地的补偿、安置补助完成后，向用地单位发出批准用地文件和《建设用地批准书》，被征地单位应在规定的期限内交出土地。

9. 签订国有土地有偿使用合同（出让供地）或向土地使用者核发划拨决定书（划拨供地）

被征用单位交出土地后，该土地即成为国有土地，由国土资源局与土地使用者签订国有土地有偿使用合同（出让供地）或向土地使用者核发划拨决定书（划拨供地）。用地单位按约定缴纳出让费用。

10. 用地单位获得土地使用权

签订出让合同并按约定缴纳费用后，用地单位才真正获得该土地的使用权，用地单位即可办理建设项目的相关审批手续予以施工建设。

11. 土地转让的有关规定

如用地单位欲转让该土地使用权，必须符合国家关于已出让土地转让的规定和《国有土地使用权出让合同》的约定。转让国有土地使用权时，不得改变规定的规划设计条件。以转让方式取得建设用地后，转让的受让人应当持《国有土地使用权转让合同》、转让地块原建设用地规划许可证向城乡规划行政主管部门申请换发建设用地规划许可证。

三、宅基地使用权

（一）宅基地使用权的概念

宅基地是农村的农户或个人用作住宅基地而占有、利用本集体所有的土地。包括建了房屋、建过房屋或者决定用于建造房屋的土地，建了房屋的土地、建过房屋但已无上盖物或不能居住的土地以及准备建房用的规划地三种类型。宅基地的所有权属于农村集体经济组织。宅基地使用权具有以下特点：

1. 依法取得

农村村民获得宅基地的使用权，必须履行完备的申请手续，经有关部门批准后才能取得。

农村村民符合下列条件之一的，可以申请宅基地：

（一）因子女结婚等原因确需分户，缺少宅基地的；

（二）外来人口落户本村，成为本集体经济组织成员，没有宅基地的；

（三）因发生或者防御自然灾害，实施村庄和集镇规划以及进行（乡）镇村公共实施和公益事业，需要拆迁的。

根据《土地管理法》、国土资源部《关于加强农村宅基地管理的意见》有关规定：农村村民建住宅需要使用宅基地的，先要向本集体经济组织提出申请，经村民会议同意并在本集体经济组织或村民小组张榜公布。公布期满无异议的，经村委会审查后，由所在地国土资源中心所实地勘查，签出查勘意见和审核意见，再报乡镇（场）人民政府审核后，报县国土资源局审核和县人民政府审批。经依法批准的宅基地，农村集体经济组织或村民小组应及时将审批结果张榜公布。经批准的宅基地，两年不建住宅的，原批准文件失效。

2. 永久使用

拥有宅基地使用权的公民，使用权没有期限，由公民长期使用。可在宅基地上建造房屋、厕所等建筑物，并享有所有权；在房前屋后种植花草、树木，发展庭院经济，并对其收益享有所有权。

3. 随房屋产权转移

宅基地的使用权依房屋的合法存在而存在，并随房屋所有权的转移而转移。房屋因继承、赠与、买卖等方式转让时，其使用范围内的宅基地使用权也随之转移。在买卖房屋时，宅基地使用权须经过申请批准后才能随房屋转移。

4. 受法律保护

依法取得的宅基地使用权受国家法律保护，任何单位或者个人不得侵犯。否则，宅基地使用权人可以请求侵权人停止侵害、排除妨碍、返还占有、赔偿损失。

（二）农村宅基地的法律规范

目前，我国尚没有规范农村宅基地的专门法规，有关宅基地的法律规定，在《土地管理法》《中华人民共和国城乡规划法》《中华人民共和国物权法》（以下简称《物权法》）中均有涉及，各省的《农村宅基地管理办法》在实践中，发挥了巨大的作用。为进一步加强农村宅基地管理，正确引导农村村民住宅建设合理、节约使用土地、切实保护耕地，国土资源部 2004 年下发了《关于加强农村宅基地管理的意见》。

四、宅基地的申请

农村村民一般是在原有的宅基地上拆旧建新或者是申请新的宅基地，独立建造自家的房屋。

（一）“一户一宅”原则

“一户一宅”是一户农民只能拥有一处宅基地的简称。我国《土地管理法》第六十二条规定：“农村村民一户只能拥有一处宅基地。”国土资源部《关于加强农村宅基地管理的意见》第5项规定：“严格宅基地申请条件。坚决贯彻‘一户一宅’的法律规定。农村村民一户只能拥有一处宅基地，面积不得超过省（区、市）规定的标准。各地应结合本地实际，制定统一的农村宅基地面积标准和宅基地申请条件。不符合申请条件的不得批准宅基地。”由此可见，“一户一宅”是我国宅基地制度的一项基本原则。

各省都在各自实施《中华人民共和国土地管理法》办法中对宅基地的大小做出了限制性规定。例如，《江山市人民政府办公室关于进一步加强农村宅基地管理的意见》中规定，农村村民一户只能拥有一处宅基地，且只能享有本村的宅基地，各村要严格执行大中小户的面积标准：

（1）大户（6人及以上）最高不得超过125平方米；

（2）中户（4~5人）最高不得超过110平方米；

（3）小户（3人及以下）最高不得超过90平方米。

县（市）人民政府可以根据当地实际情况，在前款规定的限额内规定农村宅基地的具体标准。

（二）申请宅基地的条件

可以申请农村宅基地的人通常情况下只能为农村村民，而且专指本村集体经济组织的成员。例如，《江山市2012年农村住房改造建设实施意见》规定，农村村民符合下列条件之一的，可以申请宅基地：

（1）因国家建设、垦区移民、灾毁等需要搬迁的；

（2）实施村镇规划或村镇改造，必须调整搬迁的；

（3）常住人口中已领取结婚证书或未领结婚证已达到法定晚婚年龄，确需分户建房的；

（4）申请农村私人建房的家庭，若为离异家庭，离异时间5年（含）以上方可申请；

（5）法律、法规规定的其他情形。

农村村民有下列情形之一的，不得再申请宅基地：

（1）已拥有一处宅基地的；

（2）出卖、出租、赠与他人或者以其他形式转让宅基地上建筑物的；

（3）以所有家庭成员作为一户申请并被批准后，不具备分户条件而以分户为由的；

（4）其他不符合申请建房条件的。

（三）申请宅基地的程序

村民申请宅基地要依照下列程序办理申请用地手续：

（1）申请宅基地的村民先向所在地村农业集体经济组织或村民委员会提出建房申请；

（2）村民大会或者村民委员会对申请进行讨论，在表决通过后，上报乡（镇）人民政府审核或者按规定办理批准手续；

（3）政府办理批准手续：占用原有宅基地、村内空闲地等非耕地的一般报乡镇人民政府审核批准占用耕地的，由乡镇人民政府审核，经县人民政府土地管理部门审查同意，报县人民政府批准；

（4）由乡镇土地管理所按村镇规划定点划线，准许施工；

（5）房屋竣工后，经有关部门检查验收符合用地要求的，发给集体土地使用证。

在申请宅基地的问题上，有两点需要明确：一是农村村民将原有住房出卖、出租或赠与他人后，不可以再申请宅基地；二是城镇居民不能购买农村宅基地。

五、宅基地及宅基地使用权的流转

农村宅基地使用权，是指农民以户为单位，在集体所有的土地上、在规定的地段享有建筑住房、添置生活设施，在庭院种植树木、永久居住的权利，它是我国特有的一项独立的用益物权。《宪法》第十条和《土地管理法》第二条都规定，任何组织或者个人不得侵占、买卖或者以其他形式非法转让土地。但是土地的使用权是可以依照法律的规定转让的。农村的土地都归集体所有，分配给村民的宅基地，村民只有使用权，而没有所有权，不准买卖和擅自转让，但随房屋一起转让的除外。宅基地使用权的流转指宅基地使用权人将其享有的宅基地使用权转让给他人使用，受让人支付价款的法律行为。

《土地管理法实施条例》第六条规定："依法改变土地所有权、使用权的，因依法转让地上建筑物、构筑物等附着物而导致土地使用权转移的，必须向土地所在地的县级以上人民政府土地行政主管部门提出土地变更登记申请，由原土地登记机关依法进行土地所有权、使用权变更登记。土地所有权、使用权的变更自变更登记之日起生效。"根据这一规定，农村居民买卖、转让或者集成房屋后，必须向土地所在地的县级以上人民政府土地行政主管部门提出土地变更登记申请，由原土地登记机关依法进行宅基地使用权变更登记。

宅基地流转方式有以下几种：

（一）交换宅基地使用权

交换宅基地使用权，在法律上即享有宅基地使用权的当事人之间以交换意思表示为特征，将相互享有使用权的宅基地进行交换，双方之间互找差价或者不找差价的合同行为。交换宅基地使用权，根据法律规定，应当在交换后办理宅基地使用权的变更登记手续。

（二）转让宅基地使用权

转让宅基地使用权，是指宅基地使用权人将所享有的宅基地使用权转让给他人，由他人支付价款的法律行为。转让宅基地使用权，在原宅基地使用权人与新的受让人之间形成了类似于买卖合同的法律关系，即受让人必须依照合同之约定支付价款，转让人必须依照法律的规定将宅基地使用权交付给受让人。

根据《土地管理法》的规定，土地使用权可以依照法律规定转让，具体转让的程序由国务院规定。由于我国没有制定集体土地使用权转让的法律，所以地方人民政府对这一问题的规定各不相同。有的准许宅基地使用权转让，有的不准许宅基地使用权转让。因此，实践中应该遵守地方规章。

根据相关法律、法规规定，农村居民转让买卖的只有房屋，而不是宅基地，购买者需要使用房屋的支撑土地即宅基地的，需经宅基地所有权集体同意，报经有关人民政府批准，并对宅基地使用权按当地国家建设征用标准给予补偿后才能办理土地使用权变更登记手续。依法转让地上建筑物的，只变更土地使用权而不变更所有权。故办理变更登记时，土地所有权仍属原集体所有，不能变更为国有或其他集体所有，变更登记的只是使用权。

有的地方在办理类似的变更登记时，认为只要集体同意，并对集体给予一定补偿后就将土地所有权由原集体所有变更为国家所有的做法是没有法律依据的。因为要将集体所有土地转为国家所有，是有严格的法律程序的，必须按照国家建设征用集体土地的报批程序报省级以上人民政府批准，且征地权只在县级或县级以上人民政府。

（三）租赁宅基地使用权

租赁宅基地使用权是指宅基地使用权人将所享有的宅基地使用权以租赁方式提供给他人使用，由承租人支付租金的法律行为。

在我国，准许宅基地使用权租赁，也准许宅基地使用权人将建设在宅基地上的房屋以租赁方式提供给他人并收取租金。

这里需要注意的是，租赁宅基地使用权，同样必须依照法律规定办理相关的租赁手续。而且租赁宅基地使用权的，未经批准不得改变原宅基地的用途。

（四）入股方式转让宅基地使用权

以入股的方式转让宅基地使用权，是指宅基地使用权人将享有的宅基地使用权作价入股并获得股息的行为。

入股必然导致宅基地使用权的变更，因此被入股的企业在宅基地使用权人入股后，应当依照法律规定及时办理宅基地使用权的变更登记手续。

（五）赠与

赠与是指宅基地使用权人将享有的宅基地使用权以赠与方式转让给他人，他人无偿取得宅基地使用权的法律行为。宅基地使用权人可以以赠与的方式处分其享有的宅基地使用权。在实践中，以赠与的方式转让宅基地使用权的情况多发生在农村公民的亲属之间。

在宅基地使用权的流转方式中，应当注意到，宅基地的使用权是不能抵押的。

根据《物权法》第一百五十五条的规定："已经登记的宅基地使用权转让或者消灭的，应当及时办理变更登记或者注销登记。"

六、宅基地的继承和收回问题

（一）宅基地的继承问题

关于宅基地使用权的继承问题，由于公民对宅基地只有使用权没有所有权，所以不可以作为遗产继承。但建造在宅基地上的房屋产权属于公民自有，可以继承，按照我国法规规定的"地随房走"原则，可以根据房屋所有权的变更而继续使用宅基地，村集体经济组织是不会强行要求村民拆除房屋将宅基地腾退出来的。但不能够据此认为是宅基地的继承。

（二）宅基地的收回问题

农民依法取得的宅基地使用权受法律保护，集体经济组织不得随意或者擅自收回农民的宅基地。但在下列情况下，集体经济组织是可以收回农民宅基地的：

（1）为乡（镇）村公共设施和公益事业建设，需要使用农民宅基地；

（2）不按照批准的用途使用宅基地；

（3）因住宅迁移等原因而停止使用宅基地。

属于第一种情况收回农民宅基地的，对土地使用权人应当给予适当的补偿。

另外，1995 年国家土地管理局公布的《确定土地所有权和使用权的若干规定》第五十二条规定："空闲或房屋坍塌、拆除 2 年以上未恢复使用的宅基地，不确定土地使用权。已经确定使用权的，由集体报经县级人民政府批准，注销其土地登记，土地由集体收回。"

动动脑

1. 建设用地具体包括哪些？

2. 如何申请宅基地？

链接案例

盘活农村闲置屋　国奥集团探索养老产业新路

2015 年 5 月 9 日，由北京市牵头、国奥集团打造的全市首家农村养老式社区，在怀柔区田仙峪村建成启用。此次由国奥集团推出的“乡居式养老”则是在盘活乡村存量传统民居的基础上，吸引城区老人到乡村养老，以求回归他们都向往已久的田园生活。

据悉，国奥乡居养老农宅采取的是农村闲置房屋所有权、使用权、经营权“三权分离”的原则，“农户 + 合作社 + 企业”的经营模式，建立起了“农民所有、合作社使用、企业经营、政府管理服务”四位一体的运行机制。

农民将所有的闲置房屋流转到农民专业合作社，成为社员后取得房屋租金收入并参与收益分配。村委会把拥有闲置农宅的农户组织起来，成立北京田仙峪休闲养老农宅专业合作社，作为组织管理农民并与社会资本开展合作的主体。合作社在区、镇政府的指导下与企业开展合作，确定好合作形式、管理形式、收益分配方案等内容，在每年取得收益时对社员进行分红，并对社员进行管理。

目前田仙峪村养老社区流转了 30 处闲置院落，为拥有这些院子的农民带来近 1700 万元的收入，而将闲置的村委会办公楼建设成为综合服务中心，也给村集体带来了 155 万元的收入。除了这些针对个人的收入外，合作社每年还获得养老社区经营利润 10% 的分红，用于对社员和全村农民的二次分红。

（**资料来源**：凤凰网，2015 年 5 月 12 日）

复习思考题

1. 我国土地政策的目标是什么？
2. 我国土地所有和使用方面有哪些规定？目前存在哪些问题？
3. 论述我国土地流转的现状以及存在的问题。
4. 当前法律规定的耕地保护制度主要有哪几个方面？
5. 哪些地可以进行农用地转用，具体如何审批？

第四章

农业生产资料政策与法规

学习目标

1. 了解种子许可证制度；
2. 掌握种子生产条件；
3. 了解化肥、农药、饲料登记制度；
4. 掌握化肥生产与销售条件；
5. 理解化肥包装要求；
6. 掌握饲料、农药、农机生产与销售条件。

本章提示

本章首先将农业生产资料进行分类：种子、化肥、农药、兽药、饲料与饲料添加剂、农机。对每一种农业生产资料的生产和经营所涉及的相关法律和规定都做了较为详细的阐述，还对每一种农业生产资料的生产和经营过程中违法行为的处罚措施做了详尽的介绍。最后，本章简单地介绍了农作物品种审定与农业植物品种命名的申请、受理以及品种审定原则和品种命名规则等。

第一节　种子生产经营的政策与法规

案例导入

冠县假种子经营案

2014 年 4 月，冠县食品药品安全联合执法大队执法人员根据群众举报在贾镇某种子站查获一起销售假冒小麦种子案，当场查获假冒小麦种子 1000 公斤，避免了一次坑农害农事件的发生。

据了解，执法人员赶到现场时，女店主一人在店正在营业。执法人员向当事人出示执法证后检查发现，在该种子门市部的营业场所存放着正在销售的无任何标示的假冒小麦种，用编织袋包装，每袋 50 公斤，共计 20 袋 1000 公斤。

女店主对查处的假种子供认不讳，并表示配合工作，但随后赶来的男店主赵某和其父赵某某却阻碍执法人员工作的正常开展，以“往后关门不干了”为由欲将该批种子拉走转移藏匿证据。执法人员奋力阻止，赵某某突然在屋内拿出菜刀，挥舞威胁将执法人员赶出种子门市房，并锁上屋门离开。

接到举报后，县执法大队和贾镇派出所干警随后赶到，去当事人赵某某在农村的家中追查时已不见其踪影。派出所干警依法采集了询问笔录等执法文书。

公安干警多方查询，通过电话多种渠道向当事人赵某某做工作。在强大的思想压力下，当事人赵某某自感事态严重，始有领悟，当日下午将假冒小麦种送交联合执法大队封存，表示配合工作。当事人赵某某和赵某对自己的违法事实供认不讳，目前执法人员已将假冒种子查封。此案正在进一步调查审理之中。

部门提醒，当前农村正值繁忙的秋种季节，小麦种子需求量大，农民因为缺乏专业知识容易购买使用假冒种子，结果耽误一年的小麦收成，造成难以挽回的损失。在此，执法人员提醒大家注意鉴别种子质量，认清种子包装，避免坑农害农事件发生。

（**资料来源：**中国农业新闻网，2014 年 12 月 18 日）

案例思考

本案例中应适用于何种法律？应给予何种处罚？

为保护和合理利用种子资源，规范品种选育和种子生产、经营、使用行为，维护品种选育者和种子生产者、经营者、使用者的合法权益，提高种子质量水平，推动种子产

业化，促进种植业和林业的发展，我国制定了《中华人民共和国种子法》，农业中种子的生产、经营、使用的环节在该法中有明确的规定。

一、种子的生产

（一）主要农作物和主要林木的商品种子生产实行许可制度

主要农作物杂交种子及其亲本种子、常规种原种种子、主要林木良种的种子生产许可证，由生产所在地县级人民政府农业、林业行政主管部门审核，省、自治区、直辖市人民政府农业、林业行政主管部门核发；其他种子的生产许可证，由生产所在地县级以上地方人民政府农业、林业行政主管部门核发。种子生产许可证应当注明生产种子的品种、地点和有效期限等项目。禁止伪造、变造、买卖、租借种子生产许可证；禁止任何单位和个人无证或者未按照许可证的规定生产种子。

（二）申请领取种子生产许可证应当具备相关的生产条件

条件包括：具有繁殖种子的隔离和培育条件；具有无检疫性病虫害的种子生产地点或者县级以上人民政府林业行政主管部门确定的采种林；具有与种子生产相适应的资金和生产、检验设施；具有相应的专业种子生产和检验技术人员；法律、法规规定的其他条件。申请领取具有植物新品种权的种子生产许可证的，应当征得品种权人的书面同意。

案例　甘肃：未按生产许可证规定生产种子案

[行动执法]

2013 年 4 月，甘肃省农牧厅查处了酒泉市通盈种苗有限公司未按生产许可证规定生产种子案。该公司受吉林省四平现代种业有限公司委托，为其生产杂交玉米种子“WSP9113”和“BG-3016”(四平现代种业公司自编代号)。经鉴定，该品种与酒泉通盈种苗公司生产许可证登记的品种不一致。已销售 2.5 万斤，获违法所得 5 万元。

[处罚结果]

甘肃省农牧厅依法责令其改正违法生产行为，没收违法所得，罚款 5 万元。

（**资料来源**：农博种业网，2013 年 11 月 24 日 ）

（三）种子的生产还要符合其他相关规定

商品种子生产者应当建立种子生产档案，载明生产地点、生产地块环境、前茬作物、亲本种子来源和质量、技术负责人、田间检验记录、产地气象记录、种子流向等内容。商品种子生产应当执行种子生产技术规程和种子检验、检疫规程。在林木种子生产基地内采集种子的，由种子生产基地的经营者组织进行，采集种子应当按照国家有关标准进行。禁止抢采掠青、损坏母树，禁止在劣质林内、劣质母树上采集种子。

二、种子的经营

（一）种子经营实行许可制度

种子经营者必须先取得种子经营许可证后，方可凭种子经营许可证向工商行政管理机关申请办理或者变更营业执照。种子经营许可证实行分级审批发放制度。种子经营许可证由种子经营者所在地县级以上地方人民政府农业、林业行政主管部门核发。主要农作物杂交种子及其亲本种子、常规种原种种子、主要林木良种的种子经营许可证，由种子经营者所在地县级人民政府农业、林业行政主管部门审核，省、自治区、直辖市人民政府农业、林业行政主管部门核发。实行选育、生产、经营相结合并达到国务院农业、林业行政主管部门规定的注册资本金额的种子公司和从事种子进出口业务的公司的种子经营许可证，由省、自治区、直辖市人民政府农业、林业行政主管部门审核，国务院农业、林业行政主管部门核发。种子经营许可证应当注明种子经营范围、经营方式及有效期限、有效区域等项目。禁止伪造、变造、买卖、租借种子经营许可证；禁止任何单位和个人无证或者未按照许可证的规定经营种子。种子经营许可证的有效区域由发证机关在其管辖范围内确定。种子经营者按照经营许可证规定的有效区域设立分支机构的，可以不再办理种子经营许可证，但应当在办理或者变更营业执照后 15 日内，向当地农业、林业行政主管部门和原发证机关备案。

（二）申请领取种子经营许可证应当具备相关的条件

条件包括：具有与经营种子种类和数量相适应的资金及独立承担民事责任的能力；具有能够正确识别所经营的种子、检验种子质量、掌握种子贮藏、保管技术的人员；具有与经营种子的种类、数量相适应的营业场所及加工、包装、贮藏保管设施和检验种子质量的仪器设备；法律、法规规定的其他条件。种子经营者专门经营不再分装的包装种子的，或者受具有种子经营许可证的种子经营者以书面委托代销其种子的，可以不办理种子经营许可证。

（三）种子的经营还要符合其他的相关规定

销售的种子应当加工、分级、包装。但是，不能加工、包装的除外。大包装或者进口种子可以分装；实行分装的，应当注明分装单位，并对种子质量负责。销售的种子应当附有标签。标签应当标注种子类别、品种名称、产地、质量指标、检疫证明编号、种子生产及经营许可证编号或者进口审批文号等事项。标签标注的内容应当与销售的种子相符。销售进口种子的，应当附有中文标签。销售转基因植物品种种子的，必须用明显的文字标注，并应当提示使用时的安全控制措施。种子经营者应当建立种子经营档案，

载明种子来源、加工、贮藏、运输和质量检测各环节的简要说明及责任人、销售去向等内容。一年生农作物种子的经营档案应当保存至种子销售后两年，多年生农作物和林木种子经营档案的保存期限由国务院农业、林业行政主管部门规定。种子广告的内容应当符合本法和有关广告的法律、法规的规定，主要性状描述应当与审定公告一致。调运或者邮寄出县的种子应当附有检疫证书。种子经营者应当向种子使用者提供种子的简要性状、主要栽培措施、使用条件的说明与有关咨询服务，并对种子质量负责。任何单位和个人不得非法干预种子经营者的自主经营权。

三、种子的使用与质量

（一）种子质量监督与检验

种子的生产、加工、包装、检验、贮藏等质量管理办法和行业标准，由国务院农业、林业行政主管部门制定。农业、林业行政主管部门负责对种子质量的监督。农业、林业行政主管部门可以委托种子质量检验机构对种子质量进行检验。承担种子质量检验的机构应当具备相应的检测条件和能力，并经省级以上人民政府有关主管部门考核合格。种子质量检验机构应当配备种子检验员。种子检验员应当具备以下条件：具有相关专业中等专业技术学校毕业以上文化水平；从事种子检验技术工作三年以上；经省级以上人民政府农业、林业行政主管部门考核合格。

（二）劣质种子与赔偿

种子使用者因种子质量问题遭受损失的，出售种子的经营者应当予以赔偿，赔偿额包括购种价款、有关费用和可得利益损失。经营者赔偿后，属于种子生产者或者其他经营者责任的，经营者有权向生产者或者其他经营者追偿。因使用种子发生民事纠纷的，当事人可以通过协商或者调解解决。当事人不愿通过协商、调解解决或者协商、调解不成的，可以根据当事人之间的协议向仲裁机构申请仲裁。当事人也可以直接向人民法院起诉。

四、种子违规问题的处罚措施

生产、经营假、劣种子的，由县级以上人民政府农业、林业行政主管部门或者工商行政管理机关责令停止生产、经营，没收种子和违法所得，吊销种子生产许可证、种子经营许可证或者营业执照，并处以罚款；有违法所得的，处以违法所得 5 倍以上 10 倍以下罚款；没有违法所得的，处以 2000 元以上 5 万元以下罚款；构成犯罪的，依法追究刑事责任。

未取得种子生产许可证或者伪造、变造、买卖、租借种子生产许可证，或者未按照种子生产许可证的规定生产种子的；未取得种子经营许可证或者伪造、变造、买卖、租借种子经营许可证，或者未按照种子经营许可证的规定经营种子的。由县级以上人民政府农业、林业行政主管部门责令改正，没收种子和违法所得，并处以违法所得1倍以上3倍以下罚款；没有违法所得的，处以1000元以上3万元以下罚款；可以吊销违法行为人的种子生产许可证或者种子经营许可证。

经营的种子应当包装而没有包装的；经营的种子没有标签或者标签内容不符合本法规定的；伪造、涂改标签或者试验、检验数据的；未按规定制作、保存种子生产、经营档案的；种子经营者在异地设立分支机构未按规定备案的。由县级以上人民政府农业、林业行政主管部门或者工商行政管理机关责令改正，处以1000元以上1万元以下罚款。

五、种子产业政策的演变与发展

以种子生产和经营为基础的我国种子产业正以前所未有的速度进入一个全新的发展阶段，不断出台和落实的相关政策措施为中国种子产业发展提供了良好的环境氛围。

为了保护育种者的权利，国务院于1997年3月20日颁布了《中华人民共和国植物新品种保护条例》，并于同年10月1日起施行，农业部和国家林业局于1999年6月16日分别颁布实施了《中华人民共和国植物新品种保护条例实施细则（农业部分）》和《中华人民共和国植物新品种保护条例实施细则（林业部分）》。

目前，我国种子产业发展以《种子法》为主要法律，同时为了保障《种子法》的贯彻实施，国家颁布了《农作物种子生产经营许可证管理办法》《农作物种子标签管理办法》《农作物商品种子加工包装规定》《主要农作物品种审定办法》和《主要农作物范围规定》等一系列配套的法规，发布了《关于推进种子管理体制改革加强市场监管的意见》。随着转基因生物技术的发展，对转基因生物安全的管理要求也越来越迫切，国务院于2001年2月14日颁布实施了《农业转基因生物安全管理条例》。

2004年起，我国建立对农民的直接补贴制度。良种补贴是指对一地区优势区域内种植主要优质粮食作物的农户，根据品种给予一定的资金补贴。目的是支持农民积极使用优良农作物种子，提高良种覆盖率，增加主要农产品特别是粮食的产量，改善产品品质，推进农业区域化布局、规模化种植、标准化管理和产业化经营。2009年水稻、小麦、玉米、棉花在全国31个省（区、市）实行良种补贴全覆盖；大豆在辽宁、吉林、黑龙江、内蒙古等4个省（区）实行良种补贴全覆盖。2010年1月31日公布的2010年中央一号文件，国家对农民增加良种补贴，扩大马铃薯补贴范围，启动青稞良种补贴，实施花生良种补贴试点。2011年中央用于种粮补贴、良种补贴、农机具购置补贴及农资综合补贴的资金已达1406亿元。

2011年4月10日《国务院关于加快推进现代农作物种业发展的意见》发布，坚持自主创新、企业主体位、产学研相结合、扶优扶强四项基本原则，构建以产业为主导、企业为主体、基地为依托、产学研相结合、“育繁推一体化”的现代农作物种业体系，提出制定了现代农作物种业发展规划、加大对企业育种投入、实施新一轮种子工程、创新成果评价和转化机制、鼓励科技资源向企业流动、实施种子企业税收优惠政策、完善种

子生产收储政策等 七方面的政策措施，开启了中国种业新一轮的改革之路，可以视为未来十年中国种子产业的一个方向性政策。其发展目标是到 2020 年形成科研分工合理、产学研相结合、资源集中、运行高效的育种新机制，培育一批具有重大应用前景和自主知识产权的突破性优良品种，建设一批标准化、规模化、集约化、机械化的优势种子生产基地，打造一批育种能力强、生产加工技术先进、市场营销网络健全、技术服务到位的“育繁推一体化”现代农作物种业集团，健全职责明确、手段先进、监管有力的种子管理体系，显著提高优良品种自主研发能力和覆盖率，确保粮食等主要农产品有效供给。2011 年 8 月《农作物种子生产经营许可管理办法》以农业部令的形式发布。《办法》大幅提高了企业入市门槛，着力规范企业行为，强化全过程监督，旨在加强农作物种子生产、经营许可管理，规范农作物种子生产、经营秩序。

2012 年 1 月 13 日国务院印发了《全国现代农业发展规划（2011—2015 年）》（国发［2012］4 号），规划提出组织实施现代种业工程，健全农作物种质资源，研发生物育种技术，建立转基因生物安全保障体系，建设国家级农作物育种制种基地，完善农作物品种试验和种子检测设施条件。

2012 年 3 月 6 日国务院印发了《关于支持农业产业化龙头企业发展的意见》（国发［2012］10 号），意见提出强化市场营销，铁道、交通运输部门要优先安排龙头企业大宗农产品和种子等农业生产资料运输；提高技术创新能力，鼓励龙头企业开展新品种新技术新工艺研发，落实自主创新的各项税收优惠政策。

2012 年中央一号文件《关于加快推进农业科技创新持续增强农产品供给保障能力的若干意见》指出，着力抓好种业科技创新。“科技兴农，良种先行”，推进体制改革和机制创新，加大政策扶持和资金投入，着力提升种业科技创新能力、推进创新体制转变、培育种子企业、加强种子基地建设、提升管理服务水平，建立以产业为主导、企业为主体、产学研结合、育繁推一体化的现代农作物种业。为促进我国种业的发展，农业部设立了种子工程专项，科技部也在“863”计划、支撑计划等项目中将农业项目特别是育种项目列为重中之重，国家发改委、财政部也有立项支持。

2012 年 12 月 26 日国务院印发了《现代农作物种业发展规划（2012—2020 年）》，这是新中国成立以来首次对现代种业发展进行的全面规划，是落实《国务院关于加快推进现代农作物种业发展的意见》的具体措施。

2013 年中央一号文件《关于加快发展现代农业进一步增强农村发展活力的若干意见》指出，推进种养业良种工程，加快农作物制种基地和新品种引进示范场建设；加强农业科技创新能力条件建设和知识产权保护，继续实施种业发展等重点科技专项；落实好对种粮农民良种补贴政策，研究制定粮食作物制种大县奖励政策，开展农作物制种保险保费补贴试点。

2014 年，农业部会同有关部委继续加大政策扶持力度，推进育繁推一体化企业做大做强。农业部发布《2014 年国家深化农村改革、支持粮食生产、促进农民增收政策措施》，再提做大做强繁育推一体化种子企业支持政策，包括强化项目支持，推动科技资源向企业流动以及优化种业发展环境。

首先是强化项目支持。通过种子工程等项目，支持育繁推一体化企业建设育种创新基地。推动新布局的国家和省部级工程技术研究中心、企业技术中心、重点实验室等产业化技术创新平台优先向符合条件的育繁推一体化种子企业倾斜。推动国家相关科研计划和专项加大对企业商业化育种的支持力度。发挥现代种业发展基金的引导作用，吸引社会、金融资本支持企业开展商业化育种。

其次是推动科技资源向企业流动。推动公益性科研院所和高等院校将国家拨款形成的育种材料、新品种和技术成果，申请品种权、专利等知识产权，鼓励作价到企业投资入股或上市交易。研究确定科研成果的机构和科研人员权益比例，并在部分科研院所和高等院校试点。支持科研院所和高等院校与企业开展合作研究及人才合作。深化科企合作，推进国家良种重大科研攻关，构建产学研协同创新机制，突破种质创新、品种选育等关键环节核心技术瓶颈。完善种业人才出国培养机制，支持企业建立院士工作站、博士后科研工作站。

最后是优化种业发展环境。深入开展打假护权专项行动，建立种子可追溯管理信息系统，保护农民和品种权人合法权益。加强种业基础性公益性研究，为企业商业化育种奠定基础。加快建立品种审定绿色通道，做好品种测试与品种审定的有机衔接。全面清理现有行政规定，打破地方封锁，推动形成全国统一开放、竞争有序的种业大市场。

动动脑

1. 我国为何重视种子生产经营？
2. 我国种子产业政策目前有哪些？

第二节　化学肥料生产与经营的政策与法规

案例导入

山东省即墨市生产不合格化肥案

2013 年 9 月份，被告人冯某代表潍坊市某公司与刘某签订订购合同，约定由该公司为刘某生产 600 吨复合肥料（硫酸钾型），产品质量按国家标准执行。后冯某先后三次将其公司生产的不符合国家标准的 145 吨复合肥料送至刘某处，货值共计人民币 340 750 元。同年 10 月 8 日，刘某委托青岛市产品质量监督检验所对其购买的复合肥料进行鉴定，经鉴定，冯某提供的复合肥料为不合格产品。后即墨市公安局委托即墨市产品质量监督检验所对刘某购买的该批复合肥料三次进行抽样鉴定，实测结果亦显示为不合格产品。

法院经审理后，以生产、销售伪劣产品罪判处冯某有期徒刑三年，缓刑三年，并处罚金人民币 17 万元。

（**资料来源**：山东新闻网，2013 年 12 月 18 日）

案例思考

本案例的被告冯某触犯了何种条例？

为了规范肥料生产、销售、使用、管理行为，保证肥料产品质量，保护生态环境，保障人畜安全，促进农业发展，根据《中华人民共和国农业法》制定了《中华人民共和国肥料管理条例》。所称肥料，是指供给植物养分，保持或改善土壤物理、化学及生物性能，对植物生长，产量、品质、抗逆性起促进作用的无机物、有机物、微生物及其混合物料。

一、肥料登记制度

根据《中华人民共和国肥料管理条例》的规定，在中华人民共和国境内从事肥料生产、销售、使用、管理及相关的活动，国家实行肥料产品登记制度。国务院农业行政主管部门负责全国肥料登记管理工作，省、自治区、直辖市人民政府农业行政主管部门负责本辖区肥料登记管理工作。省级以上人民政府农业行政主管部门所属肥料机构办理肥料登记具体工作。肥料登记分为临时登记和正式登记两个阶段。临时登记：经田间试验后，需要进行肥效和安全性验证试验的肥料产品，应当申请临时登记。正式登记：经肥效和安全性验证试验的肥料产品，应当申请正式登记。经农田长期使用，安全有效的氮肥、磷肥、钾肥，复合肥料、复混肥料可直接申请正式登记。经临时登记的产品，申请正式登记，只需提交田间验证试验报告和肥料样品。直接申请正式登记的产品，应当提供企业生产情况、生产工艺资料、产品标签式样和经省级以上人民政府农业行政主管部门认定单位出具的有毒有害物质检验报告，复混肥料还应当提交肥料样品。临时肥料登记证有效期为三年，正式肥料登记证有效期为五年，正式登记的肥料产品，有效期满需继续生产或向中国销售的，应当在登记证有效期满之日前六十天向原发证机关申请续展登记，并提交申请报告。

二、肥料生产

（一）肥料生产条件和生产要求

肥料生产应当符合国家产业政策，并具备相关生产条件：有与其生产的肥料产品相适应的技术人员、厂房、设备、工艺及仓储设施；有与其生产相适应的产品质量检验场所、检验设备和检验人员；有符合国家劳动安全、卫生标准的设施和条件；有产品质量标准和产品质量保证体系；有符合国家环境保护要求的污染防治设施和措施，并且污染物排放不超过国家和地方规定的排放标准。肥料生产应当按照肥料产品质量标准、技术规程进行生产，并对其生产的产品质量负责。生产记录应当完整、准确，所需的原料、辅料应当符合生产要求。

（二）肥料生产的质量保证和包装要求

肥料产品出厂前，应当经过质量检验，合格的产品应附具质量检验合格证明。不合格的产品不得出厂。肥料包装材料应当满足肥料产品的性能和质量要求；肥料产品的包装应当印（贴）有标签或附具使用说明书。肥料分装应当保证肥料产品质量，不能改变原肥料产品成分和含量。分装的肥料产品应当标明分装单位的名称和地址。

（三）肥料生产的其他要求

以畜禽粪便及城镇垃圾、污泥、工业废弃物为原料生产肥料的，企业应当将原料进行无害化处理，保证肥料产品符合国务院农业行政主管部门规定的农用标准。肥料标签应当用中文载明产品通用名称、商品名称、生产企业名称和地址；产品登记证号；产品所执行的标准号；产品有效成分的名称、含量；净含量；生产日期、产品批号；有使用期限要求的，应当按照国务院农业行政主管部门的要求标明保质期。对贮运和使用有特殊要求的肥料应当有警示标志或说明。进口肥料，还应当标明代理商在国内依法注册的企业名称和地址。肥料产品标签应当与肥料登记核定的标签一致。

三、肥料销售与使用

（一）肥料销售者应具备相关条件与义务

条件包括：与所销售肥料相适应的技术人员；与所销售的肥料相适应的营业场所、设备、仓储设施；有保证所销售肥料质量的规章制度；有安全防护和环境污染防治措施。肥料销售者应承担的义务是应当向购买者说明肥料的性能、用法、用量和注意事项，并提供销售凭证。

（二）肥料销售者的质量保证

肥料销售者应当对所销售的肥料产品质量负责。购进肥料，应当执行进货验收制度，验明肥料登记证，产品标签、质量检验合格证明、产品使用说明和其他资料，并建立肥料销售档案。肥料销售档案应记录包括购入和销售的肥料产品、数量、生产企业、价格、批号、生产日期、购买者等情况，肥料销售档案应当在肥料销售后保存两年。

（三）肥料使用安全与使用者的权利

肥料使用者应当按照产品标签和说明书使用肥料，防止对环境造成污染和破坏。肥料使用者有权按照自己的意愿购买肥料，任何单位和个人不得强迫使用者购买指定的肥料。

四、肥料监督管理

省级以上人民政府农业行政主管部门负责制定肥料监督抽查计划并组织实施，向社会公告监督抽查结果。县级以上人民政府农业行政主管部门根据肥料监督抽查计划对本辖区内的肥料生产者、销售者、使用者实施监督抽查，肥料生产者、销售者、使用者不得拒绝。依法实施监督抽查时，应当出示证件，不得向被抽查者收取费用。

县级以上各级人民政府农业行政主管部门进行肥料监督抽查时，对涉嫌生产、经营假劣肥料的，可以采取扣押该批肥料、查封现场等行政强制措施，并将该肥料送省级以上人民政府农业行政主管部门认定的检验机构进行检验。县级以上人民政府农业行政主管部门应当配备一定数量的肥料执法人员。肥料执法人员应具有相应的专业学历并从事肥料工作三年以上，经培训考核合格，取得执法证，持证上岗。

五、化肥产业优惠政策演变与现状

我国化肥流通体系的发展大致经历了三个历史时期：完全计划管理阶段、计划和市场管理相结合阶段、市场资源配置阶段。化肥产业政策的演变必然包含了化肥产业优惠政策的演变，所以理清了化肥产业政策的演变，也就理清了化肥产业优惠政策的演变。

化肥产业的政策体系包括：分配政策、价格政策、税收政策、运输政策、储备政策、关税配额政策等政策。分配政策：新中国成立后，国家对化肥的流通实行统一计划、集中管理，从而催生了分配政策及专营政策的产生。随着农业政策、农产品价格等因素的变化，分配政策于 1998 年以后被彻底取消。价格政策：经过“三种价格”“双轨制价格”、“政府指导价格”政策、“限价政策”直至“市场调节价”。税收政策：税收政策是调整化肥流通体系健康发展的重要举措，税收政策先后有较大的变动。运输政策：早期的分配政策和价格政策中，包含了关于化肥运输政策方面的规定，变化保留至今。储备政策：化肥储备政策是在国家指导下的淡季商业储备，储备政策从应对突发事件发展成为一种调控化肥市场供应、平抑化肥市场价格的重要手段。关税配额政策：关税配额政策是我国加入 WTO 这一特殊历史背景下，国家为保证国内化肥供需体系而出台的政策，随着一体化市场的发展，政策还会继续调整。生产环节的电价、气价等优惠政策：从政策性支持化肥生产起源，必将随着国家资源性产品的价格改革而进行大幅度的调整。

中国化肥产业政策的指导方针，随着化肥产业的发展经历了“扶持、计划管理、调整”三个阶段。目前国家对化肥产业仍然保留了四类优惠政策：一是原料价格优惠；二是运输优惠；三是税收优惠；四是淡季储备贴息政策。为充分发挥市场配置资源的基础性作用，保护农民利益，保障国家粮食安全，经国务院批准，决定推进化肥价格改革，建立以市场为主导的化肥价格形成机制。在此政策取向下，国家有关部门对化肥产业优惠政策的调整，提出了分三步走的方案：第一步，结合铁路货运价格和天然气价格的调整，最终实现计划内、计划外天然气价格并轨；第二步，取消优惠电价，取消铁路优惠运价；第三步，取消增值税优惠。这种调整已经开始实施。

动动脑

1. 什么是肥料？
2. 肥料登记制度的两个阶段分别是什么？
3. 肥料生产条件包括哪些？
4. 肥料的包装要求有哪些？
5. 肥料销售的条件和义务有哪些？

第三节　农药生产与经营的政策与法规

案例导入

农药行政处罚案例

2013 年 4 月 10 日，A 市农业局执法人员在检查中发现 A 市 C 门市部经营的农药“菌三唑”标签不合格，并依法将该农药抽样送检。经核查，该农药登记的生产厂家应为 D 公司，而该农药标签上标注生产厂家为 F 公司。随后，执法人员进行了调查，一是查证核实当事人的经营情况。5 月 5 日，经过询问，当事人称共购进涉案农药 360 包，进价共 612 元，零售价为 2.5 元 / 包，货值金额 900 元，案发时该农药尚未销售。二是查证核实涉案产品的真实情况。4 月 26 日，A 市农业局向 D 公司发出了《农药监督抽查产品确认通知书》，D 公司未回复。5 月 18 日，检测报告判定，其标签标示的物质“未检出”，并检出“未标示物质甲拌磷含量为 0.1%”。三是依法立案，进一步调查取证。5 月 20 日，A 市农业局立案调查，案由是“A 市 C 门市部经营假农药、包装标签缺项、冒用农药登记证和不按照国家有关农药安全使用的规定使用农药案”；5 月 21 日，执法机关向当事人送达检验报告，当事人明确表示不申请复检。执法人员依法对涉案农药采取证据登记保存，并要求当事人提供进货单据，但当事人未提供。

综合上述证据材料查明，A 市农业局认定“上述违法事实清楚，证据确凿”，在依法履行行政处罚事先告知程序后，责令当事人立即停止违法经营行为，给予以下处罚决定：①没收假农药“菌三唑”360 包；②处人民币 8100 元的罚款。

（**资料来源**：南京农林综合行政执法网，2013 年 9 月 5 日）

案例思考

本案例中被告行为属于何种条例中规定中的何种行为？

为了加强对农药生产、经营和使用的监督管理，保证农药质量，保护农业、林业生产和生态环境，维护人畜安全，我国制定《农药管理条例》。所称农药，是指用于预防、消灭或者控制危害农业、林业的病、虫、草和其他有害生物以及有目的地调节植物、昆虫生长的化学合成或者来源于生物、其他天然物质的一种物质或者几种物质的混合物及其制剂。其作用和目的：预防、消灭或者控制危害农业、林业的病、虫（包括昆虫、蜱、螨）、草和鼠、软体动物等有害生物的；预防、消灭或者控制仓储病、虫、鼠和其他有害生物的；调节植物、昆虫生长的；用于农业、林业产品防腐或者保鲜的；预防、消灭或者控制蚊、蝇、蜚蠊、鼠和其他有害生物的；预防、消灭或者控制危害河流堤坝、铁路、机场、建筑物和其他场所的有害生物的。

一、农药登记制度与农药登记的阶段

根据《国务院关于修改〈农药管理条例〉的决定》，国家实行农药登记制度。生产（包括原药生产、制剂加工和分装，下同）农药和进口农药，必须进行登记。国务院农业行政主管部门负责全国的农药登记和农药监督管理工作。省、自治区、直辖市人民政府农业行政主管部门协助国务院农业行政主管部门做好本行政区域内的农药登记，并负责本行政区域内的农药监督管理工作。县级人民政府和设区的市、自治州人民政府的农业行政主管部门负责本行政区域内的农药监督管理工作。县级以上各级人民政府其他有关部门在各自的职责范围内负责有关的农药监督管理工作。

国内首次生产的农药和首次进口的农药的登记，按照下列三个阶段进行。田间试验阶段：申请登记的农药，由其研制者提出田间试验申请，经批准，方可进行田间试验；田间试验阶段的农药不得销售。临时登记阶段：田间试验后，需要进行田间试验示范、试销的农药以及在特殊情况下需要使用的农药，由其生产者申请临时登记，经国务院农业行政主管部门发给农药临时登记证后，方可在规定的范围内进行田间试验示范、试销。正式登记阶段：经田间试验示范、试销可以作为正式商品流通的农药，由其生产者申请正式登记，经国务院农业行政主管部门发给农药登记证后，方可生产、销售。农药登记证和农药临时登记证应当规定登记有效期限；登记有效期限届满，需要继续生产或者继续向中国出售农药产品的，应当在登记有效期限届满前申请续展登记。经正式登记和临时登记的农药，在登记有效期限内改变剂型、含量或者使用范围、使用方法的，应当申请变更登记。

二、农药生产

（一）农药生产许可制度

生产有国家标准或者行业标准的农药的，应当向国务院工业产品许可管理部门申请农药生产许可证。生产尚未制定国家标准、行业标准但已有企业标准的农药的，应当经省、自治区、直辖市工业产品许可管理部门审核同意后，报国务院工业产品许可管理部门批准，发给农药生产批准文件。

案例　江苏：无证生产农药案

［行动执法］

2010 年 2 月，江苏省徐州市睢宁县农业局接到公安机关移送案件后，对徐州神农化工有限公司无农药登记证生产 40% 灭线磷乳油案件进行了查处。经查，该公司未取得农药登记证，生产 40% 灭线磷乳油共 1 980 升，货值 9.9 万元。

［处罚结果］

江苏省徐州市睢宁县农业局依法责令其停止生产经营，罚款 5 万元。

（**资料来源**：江苏农业网，2013 年 2 月 25 日）

（二）农药生产主体应具备的资格与条件

条件包括：有与其生产的农药相适应的技术人员和技术工人；有与其生产的农药相适应的厂房、生产设施和卫生环境；有符合国家劳动安全、卫生标准的设施和相应的劳动安全、卫生管理制度；有产品质量标准和产品质量保证体系；所生产的农药是依法取得农药登记的农药；有符合国家环境保护要求的污染防治设施和措施，并且污染物排放不超过国家和地方规定的排放标准。农药生产企业经批准后，方可依法向工商行政管理机关申请领取营业执照。

（三）农药产品质量与包装要求

农药生产企业应当按照农药产品质量标准、技术规程进行生产，生产记录必须完整、准确。农药产品出厂前，应当经过质量检验并附具产品质量检验合格证；不符合产品质量标准的，不得出厂。农药产品包装必须贴有标签或者附具说明书。标签应当紧贴或者印制在农药包装物上。标签或者说明书上应当注明农药名称、企业名称、产品批号和农药登记证号或者农药临时登记证号、农药生产许可证号或者农药生产批准文件号以及农药的有效成分、含量、重量、产品性能、毒性、用途、使用技术、使用方法、生产日期、有效期和注意事项等；农药分装的，还应当注明分装单。

案例：山东：非法生产农药案

[行动执法]

2014 年 3 月，山东省日照市五莲县农业局配合公安机关，捣毁了一个非法生产农药的黑窝点。现场检查发现，该窝点生产设备简陋，工作人员均没有农药知识，生产过程没有任何防护措施。

执法人员查获了生产工具一套，半成品农药 606 袋、2700 余桶，成品农药 500 余箱，套证和冒证的假包装 20 多种。抽检结果显示，14 个农药样品中，50% 纯白多菌灵等 7 个产品有效成分为零，其余 7 个产品质量均不合格。

该窝点自 2010 年以来，在没有任何农药生产手续的情况下，从外地肥料公司低价购进冲施肥和叶面肥，雇用农民分装包装，贴上"北京""英国"等地生产的农药标识，向河北、河南、山东等省销售，销售金额达 800 多万元。

[处理结果]

公安机关捣毁了该窝点的销售网络，清理销售网点 90 多个，收缴假劣农药 3627 公斤。目前，40 名犯罪嫌疑人已被刑事拘留。

（**资料来源**：中国农资网，2014 年 11 月 8 日）

三、农药的经营

（一）农药经营的主体范围与具备的资格条件

根据《农药管理条例》，我国农药经营主体是有范围的，包括：供销合作社的农业生产资料经营单位；植物保护站；土壤肥料站；农业、林业技术推广机构；森林病虫害防治机构；农药生产企业；国务院规定的其他经营单位。经营的农药属于化学危险物品的，应当按照国家有关规定办理经营许可证。在以上主体范围内，还应满足农药经营主体的资格条件，包括：有与其经营的农药相适应的技术人员；有与其经营的农药相适应的营业场所、设备、仓储设施、安全防护措施和环境污染防治设施、措施；有与其经营的农药相适应的规章制度；有与其经营的农药相适应的质量管理制度和管理手段。

（二）农药经营过程中的质量保证与管理

农药经营单位购进农药，应当将农药产品与产品标签或者说明书、产品质量合格证核对无误，并进行质量检验。禁止收购、销售无农药登记证或者农药临时登记证、无农药生产许可证或者农药生产批准文件、无产品质量标准和产品质量合格证和检验不合格的农药。超过产品质量保证期限的农药产品，经省级以上人民政府农业行政主管部门所属的农药检定机构检验，符合标准的，可以在规定期限内销售；但是，必须注明"过期农药"字样，并附具使用方法和用量。农药经营单位应当按照国家有关规定做好农药储备工作。贮存农药应当建立和执行仓储保管制度，确保农药产品的质量和安全。

四、农药问题的处罚措施

未取得农药登记证或者农药临时登记证，擅自生产、经营农药的，或者生产、经营已撤销登记的农药的，责令停止生产、经营，没收违法所得，并处违法所得1倍以上10倍以下的罚款；没有违法所得的，并处10万元以下的罚款；农药登记证或者农药临时登记证有效期限届满未办理续展登记，擅自继续生产该农药的，责令限期补办续展手续，没收违法所得，可以并处违法所得5倍以下的罚款；没有违法所得的，可以并处5万元以下的罚款；逾期不补办的，由原发证机关责令停止生产、经营，吊销农药登记证或者农药临时登记证；生产、经营产品包装上未附标签、标签残缺不清或者擅自修改标签内容的农药产品的，给予警告，没收违法所得，可以并处违法所得3倍以下的罚款；没有违法所得的，可以并处3万元以下的罚款；不按照国家有关农药安全使用的规定使用农药的，根据所造成的危害后果，给予警告，可以并处3万元以下的罚款。

假冒、伪造或者转让农药登记证或者农药临时登记证、农药登记证号或者农药临时登记证号、农药生产许可证或者农药生产批准文件、农药生产许可证号或者农药生产批准文件号的，依照刑法关于非法经营罪或者伪造、变造、买卖国家机关公文、证件、印章罪的规定，依法追究刑事责任；尚不够刑事处罚的，由农业行政主管部门收缴或者吊销农药登记证或者农药临时登记证，由工业产品许可管理部门收缴或者吊销农药生产许可证或者农药生产批准文件，由农业行政主管部门或者工业产品许可管理部门没收违法所得，可以并处违法所得10倍以下的罚款；没有违法所得的，可以并处10万元以下的罚款。

生产、经营假农药、劣质农药的，依照刑法关于生产、销售伪劣产品罪或者生产、销售伪劣农药罪的规定，依法追究刑事责任；尚不够刑事处罚的，由农业行政主管部门或者法律、行政法规规定的其他有关部门没收假农药、劣质农药和违法所得，并处违法所得1倍以上10倍以下的罚款；没有违法所得的，并处10万元以下的罚款；情节严重的，由农业行政主管部门吊销农药登记证或者农药临时登记证，由工业产品许可管理部门吊销农药生产许可证或者农药生产批准文件。

案例　江苏：生产劣质农药案

[行动执法]

2010年3月，农业部联合工商总局、质检总局，会同广东和江苏两省农业、工商部门对江苏徐州临黄农药厂涉嫌生产劣质“甲·克”农药案进行了查处。

今年初，有记者反映伪劣“甲·克”等假农药热销广东蔗区。广东省湛江市农业、工商部门立即行动，查明伪劣“甲·克”农药产品系江苏省徐州市临黄农药厂生产，并在市场上查获了涉嫌伪劣“甲·克”产品6.12吨。

农业部组织对该厂进行突击抽检，结果显示8个农药样品均不合格。其中，

"甲·克"农药共抽检2个样品，一个未检出克百威成分，另一个克百威含量仅有0.1%。执法人员现场查获涉案农药42.54吨，货值45.3万元。

[处罚结果]

江苏省徐州市农委依法没收违法所得1.088万元，并处罚款13.114万元。

（**资料来源**：江苏农业网，2012年12月16日）

五、农药产业政策现状

目前，工信部、环境保护部、农业部和国家质检总局联合印发了农药产业政策公告，正式公布《农药产业政策》(以下简称《政策》)。与"十一五"期间出台的有关政策相比，《政策》提出了确保农业生产和环境生态安全、加快工艺技术和装备水平的提升、优化布局、规范市场秩序等八个政策目标。成为近十多年来政府部门首部出台的专门针对农药行业发展的一项产业政策。具体政策目标如下：

（一）促进技术创新

目前，我国农药工业技术创新能力比较弱。《政策》就特别强调了提高农药行业的创新能力问题，不仅在政策目标中对骨干农药企业的创新研发费用做了指标性要求，而且还对支持农药创新的技术政策进行细致阐述，特别指出要重点支持农药核心技术、关键共性技术的开发和应用，并列举了高效催化、高效纯化、定向合成等五个在未来十年重点开发应用的技术。而长期以来，我国的农药工业一直沿用亦步亦趋和依赖仿制的发展模式，农药技术创新更多地注重在工艺技术开发、提高质量和降低成本上，忽视了对农药这一精细化学品的功能性开发。今后，农药工业的技术创新重点应集中在高附加值新产品创制、清洁生产工艺开发、资源高效利用技术开发等方面，大力开发农药创制品种、生物活性和安全性测定与评价、农药品种和关键中间体生产工艺、高效"三废"处理核心技术等行业关键共性技术上来，大力推进绿色技术创新，开发环境友好型产品，强化知识产权导向，构建技术创新链，提高行业创新能力将成为我国农药工业发展的主旋律。

（二）推动绿色环保

在我国农业生产中，由于过量使用化学农药，造成土壤板结，地力下降，农产品品质下降，农药残留超标，严重威胁着人们的饮食安全和健康生活。加上农药是精细化学品，在生产的过程中不可避免地会产生"三废"。《政策》在绿色环保上对未来十年国内农药行业的环保整治工作提出了指标性要求。《政策》指出，到2015年，污染物处理技术满足环境保护需要，"三废"排放量减少30%，副产物资源化利用率提高30%，农药废弃物处置率达到30%。到2020年，"三废"排放量减少50%，副产物资源化利用率提高50%，农药废弃物处置率达到50%。《政策》还明确提出要大力推动农用剂型向水基化、无尘化、控制释放等高效、安全的方向发展，支持开发、生产和推广水分散粒剂、悬浮剂、水乳剂、微胶囊剂和大粒剂（片剂）等新型剂型，以及与之配套的新型助剂，降低粉剂、乳油、可湿性粉剂的比例，严格控制有毒有害溶剂和助剂的使用。此外，强调了加快绿色环保的农药产业发展和推广使用。主要是加大对生物农药工程的开发力度，推进产品的更新换代。在政策和资金方面积极支持生物农药产业的发展，制定生物农药中长期发展规划。加强对生物农药的质量监管，建立生物农药检测中心，完善生物农药产品质量标准。制定合理的生物农药价格体系。实行农业标准化生产，加强生物农药使用的宣传和培训，真正实现生物农药普及的良性循环。

（三）建立化工集中区

《政策》要求，农药企业要向专业园区或化工聚集区集中，降低生产分散度，减少点源污染，并规定了具体的时间和目标：到 2015 年，力争进入化工集中区的农药原药企业达到全国农药原药企业总数的 50% 以上，2020 年达到 80% 以上。园区化发展成为趋势。优化区域布局，将分散的农药生产企业逐步集中到国家、省及省辖市政府设定批准开发的并已通过区域环评且环保等基础设施完善的化工园区，优化区域内的资源和市场配置。为农药行业向专业园区聚集发展探索出了一条新路。建立化工园区在物质环境上为化工产业群的成长提供了一个较好空间，而我国化工园区的实际情况是，同在一个园区内的企业之间的关系如同现代高楼公寓里的邻居，几乎可以不产生任何关系，园区管理机构偶有的促进企业交流的行为也只是浮于表面，无法促进企业和其他机构之间产生真正有实效的交互作用。园区内企业应利用地理上接近的便利条件，在知识、信息、技术、资金、人才的交流方面拓展渠道。因为产业集聚的目的不仅在于传统的集聚经济所带来的正向外部效应，更在于创造一个可以互动学习的厂商集聚区。只有在这样的基础上形成的区域优势，才能够在快速变化的全球化经济中，形成可以弹性调整组织结构，确立产品开发与制造过程的动态优势。

（四）设置企业退出机制

农药企业想要退出市场有其特殊性，企业进入农药生产行业时除了购买相关设备之外还要从相关部门再申请获取农药登记证等具有知识产权性质的证件和许可，后者需要投入的成本是很高的。当农药企业退出市场时，设备可以转让，但生产许可的登记资料一直是不允许转让的。这就造成了企业退出成本高，退出难。而《政策》在这方面做出了一定的突破，不仅提出要完善农药企业退出机制，加快产品结构不合理、技术装备落后、管理水平差、环境污染严重的农药企业退出市场，而且指出在法律允许范围内，促进知识产权、农药登记资料等无形资产合理流动和转移、支持农药生产企业跨地区合理利用生产要素，推动已经取得相同产品的登记和生产许可证的企业间委托生产。《政策》提出要促进无形资产的转移，这是一个大的突破。在此基础上将有望建立农药企业的退

出机制，促进企业间的兼并重组。

（五）提高产业集中度

《农药产业政策》把优化布局作为一项重要政策措施。它可以促使各地区农药工业合理定位、协调发展，提高产业集中度。《政策》要求“到 2015 年，国内排名前 20 位的农药企业集团的销售额达到全国总销售额的 50% 以上，2020 年达到 70% 以上”。而目前排名行业前 10 位的农药企业占全国总产量的比重只有 19.5%，前 20 家大企业占总产量比重只有 30.8%，市场占有率最高的企业只占整个市场份额的不到 4%，15 家最大农药企业的市场份额仅占 25% 左右，前 20 家企业销售额约占全国总销售额的 30%。按照《政策》要求，今后 5~10 年，前 20 家企业销售额将有非常大的提升空间。此外，拥有驰名商标的农药产品销售额在 2015 年要达到全国农药总销售额的 30% 以上，2020 年达到 50% 以上。

（六）控制结构调整与总量

重复建设、产能过剩、出口比重过大是当前农药工业发展的主要问题，解决这些问题，必须进行结构调整与总量控制。从当前产业发展趋势来看，农药工业结构调整势在必行。《政策》为此提出了结构调整与控制总量的产业政策，并强调，全面权衡国内外需求、经济效益与社会、资源、环境等关系，坚持适时、适度、有序发展的原则，遏制追求局部利益、忽视资源消耗、造成环境污染的盲目扩张和重复建设行为，严格控制农药生产总规模，将农药工业的发展模式由量的扩张转向质的提高。“十二五”期间，农药行业要有效控制总量增长、大力调整产品结构，重点调整杀虫剂、杀菌剂和除草剂的比例，不断提高高效、安全、经济和环境友好的新品种的比例；引导生产企业集聚发展，培育一批具有自主创新、节能减排、环境保护、安全生产、产业链和产业集群建设等方面具有明显优势的化学工业园区和产业基地；严格控制“两高”和产能过剩项目；重点发展关系农业生产安全的品种以及高毒、高残留农药替代品种等。为了达到政策目标要求，国家加快了以法律手段禁限用高毒农药，给高效、低毒农药的生产与发展提供市场空间。

（七）信息资源共享

农药行业各个管理部门间信息不畅是导致管理效率低下的主要原因。《政策》为此对农药信息的滞后提出了要求。《政策》提出了建立包括农药准入许可、生产、销售、环保、出口、诚信记录、知识产权等相关内容的农药企业信息库，逐步实现工业、农业、环保、工商、质检、海关、统计、知识产权等相关部门的信息资源共享，提高管理效率的设想。

（八）加大行业协会作用

《政策》还突出了中介组织尤其是行业协会在行业自律、协调中的作用。指出支持行业协会、商会围绕规范市场秩序，健全各项自律性管理制度、约束机制和行业协调机制，提高行业自律水平。实际上，中国农药工业协会的沟通作用、助手作用、协调服务作用发挥得很到位，在中国农药工业协会的努力下，行业自律的效果正在显现。2009 年底至今，农药协会已经成立了一系列热点农药品种协作组，包括草甘膦、阿维菌素、乙草胺等 11 个品种。协作组在行业自律之外，还要对产品本身进行不断的深入研究并协助政府制定产品和行业的准入条件，控制农药企业盲目扩张和抑制产能过剩。目前参加协作组的相关产品的骨干企业已经达到 100 多个，乙草胺等产品的协作组已经可以做出对行业有影响力的引领了。关键是各级地方农药协会工作得不到政府应有的支持和重视以及企业的参与。为此，必须按照《政策》要求，建立一套适应市场经济需要，符合本行业特点的管理方式，必须从以下三方面入手：一是割断行业协会与政府主管部门的经济关系，使之成为独立的名副其实的市场中介组织；二是扩大协会覆盖面，发展跨部门、跨所有制企业会员；三是建立自律性运作机制，维护职业道德，树立诚信风尚，使行业协会真正成为会员企业可以依靠的组织。

动动脑

1. 农药首次登记的三个阶段分别是什么？
2. 农药生产主体具备的资格和条件有哪些？
3. 农药产品的包装要求有哪些？
4. 农药经营主体具备的资格和条件有哪些？

第四节　兽药生产与经营的政策与法规

案例导入

江西海联涉嫌生产销售假劣兽药案

2013 年 4 月，在浙江省农业部门前期工作基础上，经公安机关依法调查，江西海联生产、销售的肺呼胸炎康等 7 个产品违法添加盐酸氯丙那林，新牛羊金尊等 2 个产品违法添加利巴韦林，重症绝杀等 4 个产品无兽药产品批准文号，银黄败毒干扰素等 20 个产品擅自改变产品组方添加其他成分，涉案金额高达 1000 多万元。经一审法院审理认为，5 名被告人均犯生产、销售伪劣产品罪。

（**资料来源**：农业部信息中心网站，2013 年 7 月 12 日）

案例思考

本案例中被告行为属于何种条例中规定中的何种行为？

我国为了加强兽药管理，保证兽药质量，防治动物疾病，促进养殖业的发展，维护人体健康而制定了《兽药管理条例》。兽药是指用于预防、治疗、诊断动物疾病或者有目的地调节动物生理机能的物质（含药物饲料添加剂），主要包括：血清制品、疫苗、诊断制品、微生态制品、中药材、中成药、化学药品、抗生素、生化药品、放射性药品及外用杀虫剂、消毒剂等。

一、兽药的生产

（一）兽药生产企业应具备的条件和资质

与所生产的兽药相适应的兽医学、药学或者相关专业的技术人员；与所生产的兽药相适应的厂房、设施；与所生产的兽药相适应的兽药质量管理和质量检验的机构、人员、仪器设备；符合安全、卫生要求的生产环境；兽药生产质量管理规范规定的其他生产条件。符合前款规定条件的，申请人方可向省、自治区、直辖市人民政府兽医行政管理部门提出申请，并附具符合前款规定条件的证明材料；省、自治区、直辖市人民政府兽医行政管理部门应当自收到申请之日起 20 个工作日内，将审核意见和有关材料报送国务院兽医行政管理部门。国务院兽医行政管理部门，应当自收到审核意见和有关材料之日起 40 个工作日内完成审查。经审查合格的，发给兽药生产许可证；不合格的，应当书面通知申请人。申请人凭兽药生产许可证办理工商登记手续。

（二）兽药生产许可证制度

兽药生产许可证应当载明生产范围、生产地点、有效期和法定代表人姓名、住址等事项。兽药生产许可证有效期为 5 年。有效期届满，需要继续生产兽药的，应当在许可证有效期届满前 6 个月到原发证机关申请换发兽药生产许可证。兽药生产企业变更生产范围、生产地点的，应当申请换发兽药生产许可证，申请人凭换发的兽药生产许可证办理工商变更登记手续；变更企业名称、法定代表人的，应当在办理工商变更登记手续后 15 个工作日内，到原发证机关申请换发兽药生产许可证。

（三）兽药的生产与质量要求

兽药生产企业应当按照国务院兽医行政管理部门制定的兽药生产质量管理规范组织生产；兽药生产企业生产兽药，应当取得国务院兽医行政管理部门核发的产品批准文号，产品批准文号的有效期为 5 年，兽药产品批准文号的核发办法由国务院兽医行政管理部门制定；兽药生产企业应当按照兽药国家标准和国务院兽医行政管理部门批准的生产工艺进行生产，兽药生产企业改变影响兽药质量的生产工艺的，应当报原批准部门审核批准，兽药生产企业应当建立生产记录，生产记录应当完整、准确；生产兽药所需的原料、辅料，应当符合国家标准或者所生产兽药的质量要求，直接接触兽药的包装材料和容器应当符合药用要求；兽药出厂前应当经过质量检验，不符合质量标准的不得出厂，兽药出厂应当附有产品质量合格证，禁止生产假、劣兽药。

（四）兽药的包装要求

兽药包装应当按照规定印有或者贴有标签，附具说明书，并在显著位置注明“兽用”字样。兽药的标签和说明书经国务院兽医行政管理部门批准并公布后，方可使用。兽药的标签或者说明书，应当以中文注明兽药的通用名称、成分及其含量、规格、生产企业、产品批准文号（进口兽药注册证号）、产品批号、生产日期、有效期、适应征或者功能主治、用法、用量、休药期、禁忌、不良反应、注意事项、运输贮存保管条件及其他应当说明的内容。有商品名称的，还应当注明商品名称。兽用处方药的标签或者说明书还应当印有国务院兽医行政管理部门规定的警示内容，其中兽用麻醉药品、精神药品、毒性药品和放射性药品还应当印有国务院兽医行政管理部门规定的特殊标志；兽用非处方药的标签或者说明书还应当印有国务院兽医行政管理部门规定的非处方药标志。

二、兽药经营

（一）兽药经营企业应具备的条件和资质

与所经营的兽药相适应的兽药技术人员；与所经营的兽药相适应的营业场所、设备、仓库设施；与所经营的兽药相适应的质量管理机构或者人员；兽药经营质量管理规范规定的其他经营条件。符合条件的，申请人方可向市、县人民政府兽医行政管理部门提出申请，并附具符合前款规定条件的证明材料；经营兽用生物制品的，应当向省、自治区、直辖市人民政府兽医行政管理部门提出申请，并附具符合前款规定条件的证明材料。县级以上地方人民政府兽医行政管理部门，应当自收到申请之日起 30 个工作日内完成审查。审查合格的，发给兽药经营许可证；不合格的，应当书面通知申请人。申请人凭兽药经营许可证办理工商登记手续。

（二）兽药经营许可证制度

兽药经营许可证应当载明经营范围、经营地点、有效期和法定代表人姓名、住址等事项。兽药经营许可证有效期为 5 年。有效期届满，需要继续经营兽药的，应当在许可证有效期届满前 6 个月到原发证机关申请换发兽药经营许可证。兽药经营企业变更经营范围、经营地点的，应当申请换发兽药经营许可证，申请人凭换发的兽药经营许可证办理工商变更登记手续；变更企业名称、法定代表人的，应当在办理工商变更登记手续后 15 个工作日内，到原发证机关申请换发兽药经营许可证。

（三）兽药经营的质量要求

兽药经营企业，应当遵守国务院兽医行政管理部门制定的兽药经营质量管理规范。县级以上地方人民政府兽医行政管理部门，应当对兽药经营企业是否符合兽药经营质量管理规范的要求进行监督检查，并公布检查结果。兽药经营企业购进兽药，应当将兽药产品与产品标签或者说明书、产品质量合格证核对无误。兽药经营企业，应当向购买者说明兽药的功能主治、用法、用量和注意事项。销售兽用处方药的，应当遵守兽用处方药管理办法。兽药经营企业销售兽用中药材的，应当注明产地。禁止兽药经营企业经营人用药品和假、劣兽药。兽药经营企业购销兽药，应当建立购销记录。购销记录应当载明兽药的商品名称、通用名称、剂型、规格、批号、有效期、生产厂商、购销单位、购销数量、购销日期和国务院兽医行政管理部门规定的其他事项。兽药经营企业，应当建立兽药保管制度，采取必要的冷藏、防冻、防潮、防虫、防鼠等措施，保持所经营兽药的质量。兽药入库、出库，应当执行检查验收制度，并有准确记录。

（四）兽药经营的广告要求

兽药广告的内容应当与兽药说明书内容相一致，在全国重点媒体发布兽药广告的，应当经国务院兽医行政管理部门审查批准，取得兽药广告审查批准文号。在地方媒体发布兽药广告的，应当经省、自治区、直辖市人民政府兽医行政管理部门审查批准，取得兽药广告审查批准文号；未经批准的，不得发布。

三、兽药的监督管理与处罚措施

兽药检验工作由国务院兽医行政管理部门和省、自治区、直辖市人民政府兽医行政管理部门设立的兽药检验机构承担。国务院兽医行政管理部门，可以根据需要认定其他检验机构承担兽药检验工作。当事人对兽药检验结果有异议的，可以自收到检验结果之日起 7 个工作日内向实施检验的机构或者上级兽医行政管理部门设立的检验机构申请复检。国家兽药典委员会拟定的、国务院兽医行政管理部门发布的《中华人民共和国兽药典》和国务院兽医行政管理部门发布的其他兽药质量标准为兽药国家标准。兽药国家标准的标准品和对照品的标定工作由国务院兽医行政管理部门设立的兽药检验机构负责。兽医行政管理部门依法进行监督检查时，对有证据证明可能是假、劣兽药的，应当采取查封、扣押的行政强制措施，并自采取行政强制措施之日起 7 个工作日内做出是否立案的决定；需要检验的，应当自检验报告书发出之日起 15 个工作日内做出是否立案的决定；不符合立案条件的，应当解除行政强制措施；需要暂停生产、经营和使用的，由国务院兽医行政管理部门或者省、自治区、直辖市人民政府兽医行政管理部门按照权限做出决定。未经行政强制措施决定机关或者其上级机关批准，不得擅自转移、使用、销毁、销售被查封或者扣押的兽药及有关材料。

无兽药生产许可证、兽药经营许可证生产、经营兽药的，或者虽有兽药生产许可证、兽药经营许可证，生产、经营假、劣兽药的，或者兽药经营企业经营人用药品的，责令其停止生产、经营，没收用于违法生产的原料、辅料、包装材料及生产、经营的兽药和违法所得，并处违法生产、经营的兽药(包括已出售的和未出售的兽药，下同)货值金额2倍以上5倍以下罚款，货值金额无法查证核实的，处10万元以上20万元以下罚款；无兽药生产许可证生产兽药，情节严重的，没收其生产设备；生产、经营假、劣兽药，情节严重的，吊销兽药生产许可证、兽药经营许可证；构成犯罪的，依法追究刑事责任；给他人造成损失的，依法承担赔偿责任。生产、经营企业的主要负责人和直接负责的主管人员终身不得从事兽药的生产、经营活动。擅自生产强制免疫所需兽用生物制品的，按照无兽药生产许可证生产兽药处罚。

四、兽药行业制度与政策动向

(一)兽药 GMP 制度与政策

GMP 英文全称为 Good Manufacturing Practice for Drugs，直译为“优良药品生产规范”。我国《兽药 GMP》是《兽药生产质量管理规范》的简称，是兽药生产的优良标准，是兽药生产过程中用科学合理、规范的条件和方法来保证生产优良兽药的整套科学管理体系。

实施兽药 GMP 政策的目的是，对兽药生产的全过程进行质量控制，保证兽药质量合格优良，保证用药安全有效，保护消费者的利益。客观上，实施兽药 GMP 政策，还有提高兽药市场进入壁垒，有效改进我国兽药市场结构的作用。实施兽药 GMP 政策，实际上是提高了兽药企业的技术要求，让一些缺乏规模经济、技术水平低的企业退出市场，从而改变兽药市场过度竞争状况，保证一些具有一定技术优势和规模效益的企业，可以获得更大的发展空间。

总之，实施兽药 GMP 政策的作用首先是提高兽药产业的资源配置效率，其次是提高兽药产业的规模结构效率，再次是提高兽药产业的技术进步效应，最后是提高兽药产业的销售水平。

(二)兽药行业政策动向

下放“兽药生产许可证核发”许可事项。目前，农业部印发《农业部办公厅关于兽药生产许可证核发下放衔接工作的通知》，通知明确，自 2015 年 2 月 24 日起，农业部停止受理“兽药生产许可证核发”许可事项申请，由省级兽医行政主管部门全面承接。农业部要求，审批标准保持“三统一”，即全国统一的兽药 GMP 检验验收标准、统一的尺度把握标准、统一的兽药 GMP 检查员遴选标准。各地要严格执行《兽药管理条例》《兽药生产质量管理规范》《兽药 GMP 检查验收评定标准》及补充规定等有关规定、规范和标准，选派责任心强、业务熟练的专家从事兽药 GMP 现场检查验收工作，确保工作质量，把好准入关。要严格按照《中华人民共和国行政许可法》和《兽药管理条例》及其配套规章依法开展审批工作，严格执行兽药行政审批规章制度和程序，发布办事指南、审批流程及工作规范，优化工作机制，确保审批工作公平、公正、公开。

持续创新兽药抽检制度。为保障动物源性食品安全，2015 年，农业部坚持疏堵结合，继续创新兽药质量监督抽检制度，“一抓一放”强监管。“一抓”即狠抓兽药非法添加问题，实施鉴别抽检和摸底抽检制度；“一放”即放活质量信得过兽药生产企业，实施中央抽检、地方不重复抽检制度。新春伊始，农业部就把兽药质量监督抽检作为兽药安全监管工作开局之策，印发《2015 年兽药质量监督抽检计划》，突出三个特点抓抽检：一是深化鉴别检验，严厉打击非法添加违法行为。陆续制定发布了非法添加抗菌药、解热镇痛药、抗病毒类药等 18 种药物的《兽药国家标准补充检查方法》，研究确定了 3 种判定兽药中检出非法添加药物的通用方法，对抽样或检验过程中发现涉嫌非法添加药物的产品列入鉴别检验，检验结果作为行政处罚依据。二是实施摸底抽检，严格管控兽药非法添加风险。首次安排专项抽检，用于系统、全面监控兽药经营和使用环节兽药中非法添加风险，以真实反映兽药质量状况，准确分析兽药质量安全风险来源。三是实施差异化抽检，激励兽药企业更加注重质量控制。2015 年首次规定对近三年被抽检兽药产品数量多、产品抽检合格率高（98% 以上）、无兽药从重处罚规定情形（农业部公告第 2071 号）的兽药生产企业，中央抽检、地方不重复抽检，避免出现对规模大、信誉高、质量有保证的兽药生产企业过度抽检现象。

对食品动物用兽药产品注册要求的补充规定。首先，在我国申请注册用于食品动物的兽药产品，其有效成分尚无国家兽药残留限量标准和兽药残留检测方法标准的，注册申报时应提交兽药残留限量标准和兽药残留检测方法标准建议草案。批准兽药注册时，兽药残留限量标准（试行）和兽药残留检测方法标准（试行）与兽药质量标准一并发布实施。其次，兽药注册申请单位在提交兽药残留检测方法标准研究资料时，除提交兽药残留检测方法标准草案、起草说明及相关数据，还应提交两家有资质单位出具的该兽药残留检测方法标准验证试验报告及其说明。新兽药注册类应在农业部公告第 442 号中《化学药品注册分类及注册资料要求》项目 32“残留检测方法及文献资料”项下提交有关材料；进口兽药注册类应在补充材料中提交有关材料。再次，在兽药产品注册复核检验的同时，中国兽医药品监察所应对兽药残留检测方法标准实施复核检验，并出具复核检验报告及其说明。最后，在新兽药监测期内或进口兽药注册证书有效期内，兽药注册申请单位应向全国兽药残留专家委员会办公室提交兽药残留限量标准（试行）、兽药残留检测方法标准（试行）转为国家标准的申请及其相关材料，并通过全国兽药残留专家委员会的技术审查。监测期内或有效期届满前未通过全国兽药残留专家委员会审查的，应暂停生产或进口该产品。自暂停生产或暂停进口之日起两年内，仍未通过全国兽药残留专家委员会审查的，注销该产品质量标准、兽药残留限量标准（试行）和兽药残留检测方法标准（试行），并注销该产品已取得的产品批准文号或进口兽药注册证书。

动动脑

1. 什么是兽药？
2. 兽药生产企业具备的条件和资质有哪些？
3. 兽药的包装要求有哪些？
4. 兽药的生产许可证和经营许可证有哪些要求？

第五节　饲料与饲料添加剂生产与经营的政策与法规

案例导入

江西南昌劣质猪饲料案

2011年10月份，杨某等十余人从重庆来到南昌发展猪饲料生意，他们在莲塘租下了两个店面和一个仓库，用作办公场所和存放货物。随后，作为这个饲料销售处的其中一个负责人的杨某让梁某等业务员到南昌市各乡镇进行猪饲料宣传，这些业务员有的用真名、有的用假名。他们选择一些养猪比较集中的地方，宣称用他们的品牌的饲料，小猪日增重1斤，中猪日增重1.5斤，大猪日增重2斤，并提供一定量的免费饲料给养殖户试用，等有效果后如有意向可成为他们在当地的代理商，同时承诺免费给代理商制作店牌，进行后期市场推广和饲料户的卫生防疫等服务。

经过10天左右的实验，一些有意向的代理商到接受免费饲料的养殖户去查看情况，发现农户反映都很好，日增重都达到宣传的标准，甚至有的养殖户的大猪日增重达2.5斤，小猪日增重达1.5斤。看到这些情况，这些想加盟的商户就主动去联系杨某等人。为了使这些人相信自己饲料的品牌，杨某还带着一些养殖户和代理商到了重庆一家饲料有限公司的厂区考察参观，该公司的企业法人全程接待陪同，这更使这些代理商深信不疑。同时杨某声称以2万元每吨的价格卖给代理商，代理商可以以3万元的价格卖给下面的农户和养殖户。这些人觉得这个品牌的饲料不错，而且还能赚到钱，就纷纷与杨某签订了合同，随后，这些人在接到相应量的饲料后，将总计160余万元钱交到杨某等人手里。

但没有过几天，一个叫余某的代理商去这家饲料办事处询问一些事项时，却发现这里人去楼空，感到不对劲的余某赶紧打电话给联系自己加盟的业务员，发现对方关机，余某意识到情况不妙，就到当地公安局报了案。经过对饲料检验发现，免费试用有效果的饲料有瘦肉精的成分，而购买的供货饲料里含的养分明显低于一般市场上销售的猪饲料。经过侦查机关的努力，这些加盟的代理商的损失基本上得以追回，杨某等人也得到2至10年不等的有期徒刑。

（**资料来源**：中国饲料行业信息网，2012年6月25日）

案例思考

本案例中被告行为属于何种条例中规定中的何种行为?

《饲料和饲料添加剂管理条例》是 2013 年 12 月 4 日国务院第 32 次常务会议修订通过并在 2013 年 12 月 7 日中华人民共和国国务院令第 645 号公布的文件。饲料是指经工业化加工、制作的供动物食用的产品，包括单一饲料、添加剂预混合饲料、浓缩饲料、配合饲料和精料补充料。饲料添加剂是指在饲料加工、制作、使用过程中添加的少量或者微量物质，包括营养性饲料添加剂和一般饲料添加剂。

一、饲料与饲料添加剂的生产

（一）饲料、饲料添加剂生产企业应具备的条件与资质

有与生产饲料、饲料添加剂相适应的厂房、设备和仓储设施；有与生产饲料、饲料添加剂相适应的专职技术人员；有必要的产品质量检验机构、人员、设施和质量管理制度；有符合国家规定的安全、卫生要求的生产环境；有符合国家环境保护要求的污染防治措施；国务院农业行政主管部门制定的饲料、饲料添加剂质量安全管理规范规定的其他条件。

案例　浙江：非法添加违禁药品生产饲料案

[行动执法]

2013 年 2 月，农业部联合浙江、福建、江西三省畜牧兽医局对储某非法添加违禁药品生产饲料案件进行了查处。经查，储某使用江西某公司徐某提供的配方、不明白色粉末、包装袋和标签生产标称福建某公司“奥吉利”牌大猪强化复合预混料，生猪食用后，尿液样品瘦肉精检测为阳性。执法人员现场查获不明白色粉末 3.5 公斤，经检测，主要成分为班布特罗，含量为 4.67%，并含有一定量的特布他林和莱克多巴胺。

[处理结果]

此案已移交公安机关。

（**资料来源**：浙江农资信息网，2014 年 6 月 19 日）

（二）饲料、饲料添加剂生产许可证制度

申请设立饲料、饲料添加剂生产企业，申请人应当向省、自治区、直辖市人民政府饲料管理部门提出申请。省、自治区、直辖市人民政府饲料管理部门应当自受理申请之日起 10 个工作日内进行书面审查；审查合格的，组织进行现场审核，并根据审核结果

在10个工作日内做出是否核发生产许可证的决定。申请人凭生产许可证办理工商登记手续。生产许可证有效期为5年。生产许可证有效期满需要继续生产饲料、饲料添加剂的，应当在有效期届满6个月前申请续展。饲料添加剂、添加剂预混合饲料生产企业取得生产许可证后，由省、自治区、直辖市人民政府饲料管理部门按照国务院农业行政主管部门的规定，核发相应的产品批准文号。

案例　河南：无证、冒证生产假饲料案

[行动执法]

2013年4月，河南省焦作市畜牧饲料部门查处了河南省中宝农牧有限公司无证、冒证生产假饲料案。

该公司存在无证生产假冒饲料、冒用和盗用生产许可证号、印制虚假标签、多种产品执行同一标准等违法违规行为，且多种微量元素和维生素标注值不符合要求。

河南省畜牧饲料部门突击查封假冒饲料5.39吨。

[处罚结果]

当地沁阳市畜牧局依法责令该企业停产整顿，没收假冒饲料、虚假标签和包装袋，没收违法所得3万元，罚款12万元。

（**资料来源**：中新网，2013年11月8日）

（三）饲料、饲料添加剂生产标准与质量保证

饲料、饲料添加剂生产企业应当按照国务院农业行政主管部门的规定和有关标准，对采购的饲料原料、单一饲料、饲料添加剂、药物饲料添加剂、添加剂预混合饲料和用于饲料添加剂生产的原料进行查验或者检验。饲料生产企业使用限制使用的饲料原料、单一饲料、饲料添加剂、药物饲料添加剂、添加剂预混合饲料生产饲料的，应当遵守国务院农业行政主管部门的限制性规定。禁止使用国务院农业行政主管部门公布的饲料原料目录、饲料添加剂品种目录和药物饲料添加剂品种目录以外的任何物质生产饲料。饲料、饲料添加剂生产企业应当如实记录采购的饲料原料、单一饲料、饲料添加剂、药物饲料添加剂、添加剂预混合饲料和用于饲料添加剂生产的原料的名称、产地、数量、保质期、许可证明文件编号、质量检验信息、生产企业名称或者供货者名称及其联系方式、进货日期等。记录保存期限不得少于2年。饲料、饲料添加剂生产企业应当对生产的饲料、饲料添加剂进行产品质量检验；检验合格的，应当附具产品质量检验合格证。未经产品质量检验、检验不合格或者未附具产品质量检验合格证的，不得出厂销售。饲料、饲料添加剂生产企业应当如实记录出厂销售的饲料、饲料添加剂的名称、数量、生产日期、生产批次、质量检验信息、购货者名称及其联系方式、销售日期等。记录保存期限不得少于两年。

（四）饲料、饲料添加剂产品包装与标签要求

饲料、饲料添加剂的包装上应当附具标签。标签应当以中文或者适用符号标明产品名称、原料组成、产品成分分析保证值、净重或者净含量、贮存条件、使用说明、注意事项、生产日期、保质期、生产企业名称以及地址、许可证明文件编号和产品质量标准等。加入药物饲料添加剂的，还应当标明“加入药物饲料添加剂”字样，并标明其通用名称、含量和休药期。乳和乳制品以外的动物源性饲料，还应当标明“本产品不得饲喂反刍动物”字样。

二、饲料与饲料添加剂的经营

（一）饲料、饲料添加剂经营企业应具备的条件与资质

有与经营饲料、饲料添加剂相适应的经营场所和仓储设施；有具备饲料、饲料添加剂使用、贮存等知识的技术人员；有必要的产品质量管理和安全管理制度。

（二）饲料、饲料添加剂经营的其他要求

饲料、饲料添加剂经营者进货时应当查验产品标签、产品质量检验合格证和相应的许可证明文件。饲料、饲料添加剂经营者不得对饲料、饲料添加剂进行拆包、分装，不得对饲料、饲料添加剂进行再加工或者添加任何物质。禁止经营用国务院农业行政主管部门公布的饲料原料目录、饲料添加剂品种目录和药物饲料添加剂品种目录以外的任何物质生产的饲料。饲料、饲料添加剂经营者应当建立产品购销台账，如实记录购销产品的名称、许可证明文件编号、规格、数量、保质期、生产企业名称或者供货者名称及其联系方式、购销时间等。购销台账保存期限不得少于两年。

（三）进口饲料、饲料添加剂经营要求

向中国出口的饲料、饲料添加剂应当包装，包装应当符合中国有关安全、卫生的规定，并附具符合《饲料和饲料添加剂管理条例》（简称本条例）第二十一条规定的标签。向中国出口的饲料、饲料添加剂应当符合中国有关检验检疫的要求，由出入境检验检疫机构依法实施检验检疫，并对其包装和标签进行核查。包装和标签不符合要求的，不得入境。境外企业不得直接在中国销售饲料、饲料添加剂。境外企业在中国销售饲料、饲料添加剂的，应当依法在中国境内设立销售机构或者委托符合条件的中国境内代理机构销售。

三、饲料及饲料添加剂的处罚措施

未取得生产许可证生产饲料、饲料添加剂的，由县级以上地方人民政府饲料管理部门责令停止生产，没收违法所得、违法生产的产品和用于违法生产饲料的饲料原料、单

一饲料、饲料添加剂、药物饲料添加剂、添加剂预混合饲料以及用于违法生产饲料添加剂的原料，违法生产的产品货值金额不足 1 万元的，并处 1 万元以上 5 万元以下罚款，货值金额 1 万元以上的，并处货值金额 5 倍以上 10 倍以下罚款；情节严重的，没收其生产设备，生产企业的主要负责人和直接负责的主管人员 10 年内不得从事饲料、饲料添加剂生产、经营活动。已经取得生产许可证，但不再具备本条例第十四条规定的条件而继续生产饲料、饲料添加剂的，由县级以上地方人民政府饲料管理部门责令停止生产、限期改正，并处 1 万元以上 5 万元以下罚款；逾期不改正的，由发证机关吊销生产许可证。已经取得生产许可证，但未取得产品批准文号而生产饲料添加剂、添加剂预混合饲料的，由县级以上地方人民政府饲料管理部门责令停止生产，没收违法所得、违法生产的产品和用于违法生产饲料的饲料原料、单一饲料、饲料添加剂、药物饲料添加剂以及用于违法生产饲料添加剂的原料，限期补办产品批准文号，并处违法生产的产品货值金额 1 倍以上 3 倍以下罚款；情节严重的，由发证机关吊销生产许可证。

案例　浙江：吴某经营无生产许可证和产品批准文号饲料案

[行动执法]

2011 年 2 月，浙江省江山市农业局查处了吴某经营无生产许可证和产品批准文号饲料案。吴某经营的怀孕母猪复合预混合饲料等 8 种饲料所标注的生产许可证号和产品批准文号非标称的生产厂家所持有。经查，2009 年 9 月至 11 月，吴某分 5 次购进怀孕母猪复合预混合饲料等 8 种饲料 13 950 公斤，金额 6.86 万元，已销售 8791 公斤。

[处罚结果]

浙江省江山市农业局依法没收违法经营的饲料产品，没收违法所得 4.607 万元。

（**资料来源**：浙江农业执法网，2012 年 10 月 29 日）

在生产、经营过程中，以非饲料、非饲料添加剂冒充饲料、饲料添加剂或者以此种饲料、饲料添加剂冒充他种饲料、饲料添加剂的；生产、经营无产品质量标准或者不符合产品质量标准的饲料、饲料添加剂的；生产、经营的饲料、饲料添加剂与标签标示的内容不一致的。由县级以上地方人民政府饲料管理部门责令停止生产、经营，没收违法所得和违法生产、经营的产品，违法生产、经营的产品货值金额不足 1 万元的，并处 2000 元以上 2 万元以下罚款，货值金额 1 万元以上的，并处货值金额 2 倍以上 5 倍以下罚款。

四、饲料产业政策

（一）饲料工业产业结构政策

我国饲料行业间发展不协调，饲料原料和饲料添加剂比较薄弱，特别是饲料原料的短缺，不适应饲料加工业快速发展的需要，要加快制定饲料工业结构调整政策。

首先，加速饲料工业结构调整。饲料原料发展要调整种植业结构，建立饲料粮食生产基地。种植业生产结构要由传统的粮食—经济作物二元结构逐步向粮食—经济—饲料作物三元结构的转变，建立高产优质的饲料粮（主要是玉米、大麦）生产基地，努力扩大绿肥种植面积，实现秸秆过腹还田。其次，要开发蛋白饲料资源，改进油料加工工艺以提高饼粕质量和饲用效果，提高棉、菜籽饼粕的饲料利用率，推广秸秆青贮和氨化技术。饲料加工业按照养殖业和畜牧业的动物营养需求，调整产品结构，改变以生产一般配合饲料为主的格局，增加颗粒料、浓缩料、预混料和特种饲料的生产。搞好专业分工合理化，大型饲料加工企业重点是利用粮食部门掌握的饲料粮、麦麸、饼粕，生产预混或浓缩饲料，小型饲料加工企业利用大型饲料企业供应的预混料或浓缩饲料及蛋白、能量饲料，加工生产配合饲料。饲料添加剂工业发展以提高质量、增加品种为重点，加强生物工程等新技术的应用，加速产品更新换代。把氨基酸、维生素、微量元素、抗生素、防霉剂等饲料添加剂生产放在首要地位。随着饲料加工企业大型化，要注重发展大型饲料加工成套设备，提高机械化和自动化程度。在引进吸收消化的基础上，采用先进技术，改进饲料机械的加工工艺，研制出优质适用的饲料机械系列产品，实现饲料机械产品的标准化、系列化和通用化。

其次，以市场为导向，健全产品质量保证体系，严格产品质量的考核和评价，实行生产许可证和产品标准化制度。集中力量，瞄准国际先进水平，加快开发氨基酸、维生素和微量元素，作为全行业的主攻方向。

（二）饲料工业产业组织政策

制定饲料工业产业组织政策，推动我国饲料工业产业组织的合理化。根据行业技术经济特点和资源特点，制定饲料行业最低生产规模标准，特别是对于饲料加工业、饲料添加剂工业和饲料机械工业，制定规模标准和技术标准。

完善和实施有效的饲料产业组织政策，堵住低水平、低效益企业组织形式延续再生的后路，实现规模经济效益。首先，加强行业管理，推动饲料行业和企业专业化协作与合理竞争。其次，在饲料企业发展中，对那些不符合饲料工业发展方向的企业，尤其与国有大中型饲料企业争原料、产品质量低劣、社会效益不佳的小企业，要予以兼并或令其转产或破产；对那些符合结构调整方向的企业要积极扶植，促其加快发展。再次，新增固定资产必须按照经济规模和先进技术要求进行建设，严禁和限制长线产品和超市场需求产品的重复建设。最后，要改进项目审批办法，按行业来划分规模标准；改革投资限额，使各级地方政府在限额管理中，要么无权审批项目，要么有权审批符合规模经济要求的项目，以集中投资形成规模经济。

通过多种形式的联合和兼并、合并形式，建立跨部门、跨所有制、跨地区乃至跨国的大型企业集团。按照经济规模的要求，打破地区之间和部门之间的分割，限制以至禁止不符合经济规模标准的项目建设，通过改组改造，鼓励高效率饲料企业在市场竞争中兼并和联合低效率的饲料企业，通过关停并转，培育大型支柱饲料企业集团。大力开展广泛的社会化分工协作，改变饲料企业“大而全”“小而全”的格局。制订中小企业与大企业朝着相互促进、相互补充的方向发展的政策，饲料加工企业要向饲料原料、添加剂生产和科技开发延伸，同时也要向饲养、屠宰、加工、销售多业并举拓展，逐步建立以饲料工业为龙头的“一条龙”企业组织体系。对那些为大型饲料企业服务或配套的中小企业应予以保护和积极扶植，对“大而全”“小而全”的企业组织结构应进行调整。因此，必须把企业大量的生活后勤和辅助性服务活动逐渐商业化、社会化。

此外，《饲料工业“十二五”发展规划》2011 年 10 月 12 日由农业部正式发布。明确提出，到 2015 年，我国饲料年产量达 2 亿吨；年产量 50 万吨以上的饲料企业集团要由 2010 年的 30 家增至 50 家，其饲料产量占全国总产量的比例达到 50% 以上；“促进饲料企业整合”成为“十二五”期间主要任务，鼓励企业兼并重组，提高行业集中度。

动动脑

1. 什么是饲料和饲料添加剂?
2. 饲料与饲料添加剂生产企业具备的条件与资质有哪些?
3. 饲料、饲料添加剂产品包装与标签要求有哪些?
4. 进口饲料、饲料添加剂经营要求有哪些?

第六节　农机生产经营与购置的政策与法规

案例导入

甘肃农机质量案

2014 年 9 月 22 日，张掖市甘州区三位农民投诉其在张掖市某农机公司以每台 41 万元的价格购买了 3 台玉米青储机，使用 3 天后，3 台机器均频繁出现传动轴断裂故障，经多次维修仍不能正常使用，遂认定该机器存在质量问题，要求退货。经销商自称质量合格拒绝退货。甘州区消协依据《消费者权益保护法》第二十三条之规定，判定由经营者承担举证责任。经营者无法举证证明。后经消协工作人员调解，经营者同意向消费者退还 123 万元购机款。

2014 年 11 月 6 日，永登县消费者举报龙泉寺镇某农机销售部销售不合格农机，造成严重人身伤害。经永登县工商局联合县农用机械监督管理站调查核实，该农机销售部销售的“粮田”牌 1WG6.3-135FC-Z 型旋耕机，系兰州某机械设备有限公司经理马某从外地购进配件自行组装而成，在购买了产品合格证、农业机械推广认证章、出厂铭牌、商

标标识、警示标志后对外销售。永登县工商局依法吊销龙泉寺镇永登某农机个体工商户营业执照，没收拼装旋耕机 4 台，责成龙泉寺镇某农机销售部退还消费者购机款 0.87 万元，一次性赔偿受害人医疗金合计 29.6 万元。

（**资料来源**：甘肃农业机械化信息网，2014 年 12 月 20 日）

案例思考

本案例中被告行为属于何种条例中规定中的何种行为?

农业机械在实现农业机械化、提高农业综合生产能力、推进现代农业建设、发展农村经济、增加农民收入等方面具有十分重要的作用。党中央、国务院高度重视农业机械化的发展，2004 年全国人大常委会制定了《农业机械化促进法》，该法对农业机械的科研开发、质量保障、推广使用、社会化服务以及扶持措施等作了规范，有效地促进了农业机械的推广、应用。2009 年 9 月 17 日，温家宝总理签署国务院令，公布了《农业机械安全监督管理条例》。农业机械，是指用于农业生产及其产品初加工等相关农事活动的机械、设备。

一、农业机械的生产要求

农业机械生产者应当依据农业机械工业产业政策和有关规划，按照农业机械安全技术标准组织生产，并建立健全质量保障控制体系。对依法实行工业产品生产许可证管理的农业机械，其生产者应当取得相应资质，并按照许可的范围和条件组织生产。农业机械生产者应当按照农业机械安全技术标准对生产的农业机械进行检验；农业机械经检验合格并附具详尽的安全操作说明书和标注安全警示标志后，方可出厂销售；依法必须进行认证的农业机械，在出厂前应当标注认证标志。上道路行驶的拖拉机，依法必须经过认证的，在出厂前应当标注认证标志，并符合机动车国家安全技术标准。农业机械生产者应当建立产品出厂记录制度，如实记录农业机械的名称、规格、数量、生产日期、生产批号、检验合格证号、购货者名称及联系方式、销售日期等内容。出厂记录保存期限不得少于 3 年。

二、农业机械的销售要求

农业机械销售者对购进的农业机械应当查验产品合格证明。对依法实行工业产品生产许可证管理、依法必须进行认证的农业机械，还应当验明相应的证明文件或者标志。农业机械销售者应当建立销售记录制度，如实记录农业机械的名称、规格、生产批号、供货者名称及联系方式、销售流向等内容。销售记录保存期限不得少于 3 年。农业机械销售者应当向购买者说明农业机械操作方法和安全注意事项，并依法开具销售发票。

三、对农业机械生产者和销售者的其他要求

农业机械生产者、销售者应当建立健全农业机械销售服务体系，依法承担产品质量责任。农业机械生产者、销售者发现其生产、销售的农业机械存在设计、制造等缺陷，可能对人身财产安全造成损害的，应当立即停止生产、销售，及时报告当地质量监督部门、工商行政管理部门，通知农业机械使用者停止使用。农业机械生产者应当及时召回存在设计、制造等缺陷的农业机械。农业机械生产者、销售者不履行质量责任义务的，质量监督部门、工商行政管理部门可以责令生产者召回农业机械，责令销售者停止销售农业机械。

四、农业机械维修要求

从事农业机械维修经营，应当有必要的维修场地，有必要的维修设施、设备和检测仪器，有相应的维修技术人员，有安全防护和环境保护措施，取得相应的维修技术合格证书，并依法办理工商登记手续。申请农业机械维修技术合格证书，应当向当地县级人民政府农业机械化主管部门提交相关材料，农业机械化主管部门应当自收到申请之日起20个工作日内，对符合条件的，核发维修技术合格证书；对不符合条件的，书面通知申请人并说明理由。维修技术合格证书有效期为3年；有效期满需要继续从事农业机械维修的，应当在有效期满前申请续展。

五、农机问题的处罚措施

生产、销售利用残次零配件或者报废农业机械的发动机、方向机、变速器、车架等部件拼装的农业机械的，由县级以上质量监督部门、工商行政管理部门按照职责权限责令停止生产、销售，没收违法所得和违法生产、销售的农业机械，并处违法产品货值金额1倍以上3倍以下罚款；情节严重的，吊销营业执照。农业机械生产者、销售者违反工业产品生产许可证管理、认证认可管理、安全技术标准管理以及产品质量管理的，依照有关法律、行政法规处罚。

未取得维修技术合格证书或者使用伪造、变造、过期的维修技术合格证书从事维修经营的，由县级以上地方人民政府农业机械化主管部门收缴伪造、变造、过期的维修技术合格证书，限期补办有关手续，没收违法所得，并处违法经营额1倍以上2倍以下罚款；逾期不补办的，处违法经营额2倍以上5倍以下罚款，并通知工商行政管理部门依法处理。

农业机械维修经营者使用不符合农业机械安全技术标准的配件维修农业机械，或者拼装、改装农业机械整机，或者承揽维修已经达到报废条件的农业机械的，由县级以上地方人民政府农业机械化主管部门责令改正，没收违法所得，并处违法经营额1倍以上2倍以下罚款；拒不改正的，处违法经营额2倍以上5倍以下罚款；情节严重的，吊销维修技术合格证。

六、农机政策的发展与演变

（一）农机产品低价支农政策

长期以来，我国的农副产品价格始终由国家控制在比较低的水平，工农产品之间的比价悬殊，为了促进农业技术改革，支援农业生产，根据“低价薄利”的原则，国家相应地对农机、化肥和农药等农业生产资料价格也进行了严格的控制。从 1961 年至 1978 年间，农机产品连续十次降价，每次的降价幅度都在 10%~20% 之间，价格总水平约比 60 年代初期平均降低了 40% 以上。实践证明，实行这个办法对加快普及和推广农业机械，发展农业生产力起到了积极的作用，也已收到了明显的效果。但是客观地讲，农机产品长期低价销售也给农机企业带来了一些问题和困难，主要是企业的销售利润率和经济效益偏低，有的甚至影响了企业的正常生产。为了鼓励企业的生产积极性，扶植农机生产，国家相应地对农机工业实行了一些优惠补偿政策，主要内容有三个：①农机产品低税赋。在经济体制改革以前，全国统一实行的是工商税，农机税率比其他民用机械的税率低 40%。1980 年税制改革后，农机税率仍比民机税率低 40%。1987 年进一步改进了征税办法，改征增值税，对农机主机仍实行低税赋政策，同时明显提高了农机配件的增值税率，与民用机械的税率相同。显然，在农机配件与民机配件价格相差悬殊的情况下，实行同样的增值税率肯定会产生一定的消极影响，即不利于主机厂开展专业化协作配套及农机维修，这个问题还有待于进一步研究出比较妥善的办法来加以解决，但从目前的实际情况看，农机产品的总体税赋平均水平还仍然低于其他机械产品的税赋水平。②对农机工业的原材料供应给予特殊照顾。1980 年以前，国家通过计划调拨和长期固定下来的供应渠道对农机工业的原材料供应给予充分保证，即在数量、品种及规格等方面尽可能满足农机企业的需要，农机制造用钢材占全国钢材产量的比例，最高年份曾达到 6.6%。进入 80 年代以后，国家改革了物资分配和流通体制，全国统配钢材明显减少，整个机械加工工业的计划钢材供应量大幅度下降，同时计划以外的市场调剂量增多（这部分钢材的价格相当于计划供应钢材价格的 1.5~2 倍），而对农机工业仍然实行一定照顾，即计划供应量的减少幅度明显低于其他机械加工行业。③实行价格补贴。鉴于有些企业因产品低价销售而出现了亏损，国家从 1974 年开始，对部分农机产品按统一出厂价格予以价外补贴，补贴的范围原则上是县以下生产农机产品的国有企业和集体所有制企业，产品范围主要是农机配件、机械化配套农具、半机械化农具和农副产品加工机械。补贴的幅度为统一出厂价格的 30%~50%。针对有些农机经销单位亏本经营的情况，国家于 1979 年开始又实行了农机产销倒挂补贴，截止到 1982 年底，农机价外补贴和产销倒挂补贴分别达 6.67 亿元和 3.24 亿元，由于当时国家的财政预算紧张，对农机的价格补贴已于 1983 年取消。

（二）“十一五”以来农机发展思路与政策动向

“十一五”农机化的发展思路，应面对新形势、新起点、新要求，认真贯彻落实科学发展观和《中华人民共和国农机化促进法》，根据国民经济和社会发展“十一五”规划精神和对农机化的要求，来谋划农机化的更大发展。

我国国民经济和社会发展“十五”计划纲要明确提出“推进农机化”。中共中央十六届五中全会通过的“中共中央关于制定国民经济和社会发展第十一个五年规划的建议”中，提出“十一五”是承前启后的重要时期。在建设社会主义新农村、推进现代农业建设中，进一步提出“提高农机化水平”。从“十五”推进农机化，到“十一五”提高农机化水平，体现出我国国民经济和社会发展，对农机化有新的更高的要求，“十一五”农机化发展要在“十五”发展基础上上好新的台阶。要顺应时代要求，以人为本，全面、协调、可持续发展，走资源节约型、协调型、环境友好型的新型农机化发展道路，创新农机化发展模式，提高农机化发展质量，把农机化发展提高到一个新的水平。

发展资源节约型农机化，是指以提高农业资源利用效率为核心，发展节水、节肥、节种、节油、节药、节地和资源综合利用的农机化技术及装备。发展协调型农机化，是指农机化发展要与经济社会发展协调，农机与农艺协调，发挥农机化在改善农业生产条件、提高农业综合生产能力、提高农业国际竞争力、促进农民增收和改善生活条件、建设社会主义新农村中的先进生产力作用。发展环境友好型农机化，是指要发展有利于保护和改善农业生态环境的农机化技术和装备，发挥农机化在保护和改善环境方面的重要作用。

“十一五”我国农机化的发展重点，围绕推进现代农业建设，转变农业增长方式，提高农业综合生产能力这条主线，抓好四大农机化工程。一是粮食生产机械化、产业化工程。以粮食生产过程机械化和机收及产后处理、加工为主攻方向的粮食产业工程机械化要取得重大进展，在巩固、提高小麦生产机械化的基础上，水稻主产区要主攻水稻生产机械化，“十一五”期间水稻生产机械化全面推进，取得重大进展；玉米主产区要主攻玉米生产机械化，重点是玉米机收要通过点上示范，重点突破，分类指导，梯度推进。二是北方干旱地区以促进农业节本增效、保护生态环境和农业可持续发展为目标，进一步发展实现环境友好的保护性耕作机械化工程。三是结合《优势农产品区域布局规划》，在优势农产品地区因地制宜地发展特色农产品机械化工程。四是紧紧围绕实现农业增长方式由粗放型向节约型的根本转变，以提高农业资源利用效率为核心，以节水、节肥、节种、节油、节药、节地和资源综合利用机械化技术为重点，大力发展节约型农机化技术推广工程。在抓好四大农机化工程的同时，要加强农机化信息体系建设，以信息化推进农机化，逐步实现农机化信息传递和商品贸易方式现代化。

2004 年 11 月 1 日《农业机械化促进法》实施以来，我国农业机械化迎来跨越式发展的“黄金十年”。据统计，2004—2014 年中央财政共安排农机购置补贴资金 1200 亿元，

补贴购置各类农机具超过3500万台（套）。全国农作物耕种收综合机械化水平由2003年的33%提高到2014年的61%，为保障我国粮食安全、加快农业现代化提供了坚实的支撑。

首先，补贴对象扩大到所有从事农业生产的个人和组织。此次《意见》最大的变化是对补贴对象进行了修改，将补贴对象从“农牧渔民、农场（林场）职工、农民合作社和从事农机作业的农业生产经营组织”改为“直接从事农业生产的个人和农业生产经营组织”。其中，个人既包括农牧渔民、农场（林场）职工，也包括直接从事农业生产的其他居民；农业生产经营组织的界定可与农业法衔接，既包括农民合作社、家庭农场，也包括直接从事农业生产的农业企业等。

其次，品类向粮棉油糖等主要农作物集中。与往年相比，2015—2017年中央财政资金补贴机具范围由2014年175个品目压缩到137个品目。补贴品类之所以减少，是因为要突出重点，加快推进粮棉油糖等主要农作物生产全程机械化，提高政策的指向性和精准性。按照“谷物基本自给、口粮绝对安全”的目标要求，中央财政资金重点补贴粮棉油糖等主要农作物生产关键环节所需机具，兼顾畜牧业、渔业、设施农业、林果业及农产品初加工发展所需机具，力争用3年左右时间着力提升粮棉油糖等主要农作物生产全程机械化水平。此外，对重点品目敞开补贴，实行重点品目敞开补贴、普惠制，一方面能集中资金补重点，提升主要农作物生产全程机械化，提升我国主要农产品的生产能力；另一方面，能简化手续，减少确定补贴对象等审批环节，防范权力寻租。补贴标准的确定要由各省农机化主管部门结合本地农机产品市场售价情况，原则上按不超过该档产品上年平均销售价格的30%测算。为切实解决一些重点环节的机械化，本次政策调整还适当提高了部分机具的单机补贴限额。

最后，补贴流程更简便信息更公开。与往年相比，补贴流程也更简便。《2015—2017年农业机械购置补贴实施指导意见》要求各地在保证资金安全的前提下，进一步简化手续，减少农民申领奔波的次数。提倡补贴对象先购机再申请补贴，鼓励县乡在购机集中地或当地政务大厅等开展受理申请、核实登记“一站式”服务。同时，还要进一步加快资金结算进度，让农民购机后尽快领到补贴。在补贴信息公开方面，《2015—2017年农业机械购置补贴实施指导意见》做了更严格的要求，省级和县级农机主管部门要重点公开实施方案、补贴额一览表、操作程序、投诉咨询方式、资金规模和使用进度、补贴受益对象、违规现象和问题等。

动动脑

1. 农业机械生产要求有哪些？
2. 农业机械销售要求有哪些？
3. 农业机械维修要求有哪些？

第七节　农作物品种审定与农业植物品种命名的法规

案例导入

河南省新乡市农业科学院与河南省长河种业有限公司侵犯植物新品种权纠纷案

新乡农科院诉称:"新麦18"是新乡农科院培育的优质强筋小麦新品种，该品种于2004年3月1日取得品种权保护，品种权号为:CNA20020241.3，同时，该品种于2004年10月19日通过了国家农作物品种审定委员会审定，审定编号为国审麦2004005。新乡农科院授权河南敦煌种业新科种子有限公司、河南新科种业公司生产经营该品种。长河公司未经品种权人许可，在新乡市优质专用小麦良种推广补贴投标项目中投标并中标，继而供应原告的授权品种，且数量巨大，达到32万斤，侵犯了新乡农科院的合法权益。

（**资料来源**：北京知识产权律师网，2012年1月24日）

案例思考

本案中原告的主张是否有相关法律依据?

《主要农作物品种审定办法》经2013年12月18日农业部第10次常务会议审议通过，2013年12月27日中华人民共和国农业部令2013年第4号公布。该《办法》自2014年2月1日起施行，农业部2001年2月26日发布、2007年11月8日修订的《主要农作物品种审定办法》予以废止。

一、农作物品种审定

（一）农作物品种的申请主体与机构

申请品种审定的单位和个人，可以直接向国家农作物品种审定委员会或省级农作物品种审定委员会提出申请。在中国没有经常居所或者营业场所的外国人、外国企业或者其他组织在中国申请品种审定的，应当委托具有法人资格的中国种子科研、生产、经营机构代理。稻、小麦、玉米、棉花、大豆、油菜、马铃薯品种实行国家级或省级审定。申请者可以单独申请国家级审定或省级审定，也可以同时申请国家级审定和省级审定，还可以同时向几个省、自治区、直辖市申请审定。省级人民政府农业行政主管部门确定的主要农作物品种实行省级审定。

（二）申请审定的品种应当具备的条件

人工选育或发现并经过改良；与现有品种（已审定通过或本级品种审定委员会已受理的其他品种）有明显区别；遗传性状稳定；形态特征和生物学特性一致；具有符合《农业植物品种命名规定》的名称；已完成同一生态类型区 2 年以上、多点的品种比较试验。其中，申请国家级品种审定的，稻、小麦、玉米品种比较试验每年不少于 20 个点，棉花、大豆、油菜、马铃薯品种比较试验每年不少于 10 个点，或具备省级品种审定试验结果报告；申请省级品种审定的，稻、小麦、玉米品种比较试验每年不少于 10 个点，棉花、大豆、油菜、马铃薯以及省级确定的主要农作物品种比较试验每年不少于 5 个点。

（三）农作物品种申请的受理

品种审定委员会办公室在收到申请书 60 日内做出受理或不予受理的决定，并书面通知申请者。应当受理，并通知申请者在 30 日内提供试验种子。对于提供试验种子的，由办公室安排品种试验。不予受理，申请者可以在接到通知后 60 日内陈述意见或者对申请材料予以修正，逾期未陈述意见或者修正的，视为撤回申请；修正后仍然不符合规定的，驳回申请。品种审定委员会办公室应当在申请者提供的试验种子中留取标准样品，交农业部指定机构保存。

二、农业植物品种命名

根据《中华人民共和国种子法》《中华人民共和国植物新品种保护条例》和《农业转基因生物安全管理条例》，制定《农业植物品种命名规定》。该《规定》经 2012 年农业部第 4 次常务会议审议通过，2012 年 3 月 14 日中华人民共和国农业部令 2012 年第 2 号公布。《规定》共 20 条，自 2012 年 4 月 15 日起施行。

农业植物品种名称申请与命名规则。申请人应当书面保证所申请品种名称在农作物品种审定、农业植物新品种权和农业转基因生物安全评价中的一致性。一个农业植物品种只能使用一个名称。相同或者相近的农业植物属内的品种名称不得相同。相同或者相近植物属内的两个以上品种，以同一名称提出相关申请的，名称授予先申请的品种，后申请的应当重新命名；同日申请的，名称授予先完成培育的品种，后完成培育的应当重新命名。品种名称应当使用规范的汉字、英文字母、阿拉伯数字、罗马数字或其组合。品种名称不得超过 15 个字符。品种的中文名称译成英文时，应当逐字音译，每个汉字音译的第一个字母应当大写。品种的外文名称译成中文时，应当优先采用音译；音译名称与已知品种重复的，采用意译；意译仍有重复的，应当另行命名。此外，植物品种的命名还应避免以下情况的出现：仅以数字或者英文字母组成的；仅以一个汉字组成的；含有国家名称的全称、简称或者缩写的，但存在其他含义且不易误导公众的除外；含有县级以上行政区划的地名或者公众知晓的其他国内外地名的，但地名简称、地名具有其他含义的除外；与政府间国际组织或者其他国际国内知名组织名称相同或者近似的，但经该组织同意或者不易误导公众的除外；容易对植物品种的特征、特性或者育种者身份等引起误解的，但惯用的杂交水稻品种命名除外；夸大宣传的；与他人驰名商标、同类注册商标的名称相同或者近似，未经商标权人同意的；含有杂交、回交、突变、芽变、花培等植物遗传育种术语的；违反国家法律、法规、社会公德或者带有歧视性的；不适宜作为品种名称的或者容易引起误解的其他情形。

动动脑

1. 申请审定的品种应当具备的条件有哪些?
2. 农业植物品种名称命名规则有哪些?

链接案例一

辽宁省东港市假饲料案

2014 年 4 月，东港市公安局食药侦大队联合新城、北井子、龙王庙派出所，成功破获了省内首起特大生产销售伪劣饲料案件，端掉生产窝点 2 处，查扣涉案伪劣饲料百余吨，扣押伪劣饲料包装袋及产品合格标签 30 000 余件，涉案价值达 1000 余万元。

4 月 22 日，东港市公安局食药侦大队经工作发现东港市孤山镇一家饲料生产加工厂正在大量生产非本厂注册商标的饲料。得到这一消息后，食药侦大队立即联合新城、北井子、龙王庙派出所展开了细致的侦查工作。

当晚，食药侦大队大队长孙洪付带领民警将该饲料生产厂厂长杨某抓获后，得知该案主要犯罪嫌疑人系张某。杨某被公安机关抓获后，由于犯罪嫌疑人张某频繁更换住所，并多次更换手机号码，给抓捕工作带来困难。办案人员放弃五一小长假休息时间，连续奋战了半个月，于 5 月 3 日 12 时，在大孤山经济区一饭店内将犯罪嫌疑人张某抓获。

其间，新城派出所潘世林与食药侦副大队长于全福北上北京前往国家商标总局、国家饲料研究中心以及被仿冒包装的原北京某饲料公司进行取证调查；北井子派出所所长鞠晓东带领民警南下大连市普兰店、瓦房店、金州等地对犯罪嫌疑人张某下线经销商进行取证；龙王庙派出所所长马德信带领民警前往大孤山经济区查获用于存放伪劣饲料的仓库，当场扣押伪劣饲料包装袋及产品合格标签 30 000 余件。

经查，犯罪嫌疑人张某系重庆人，自 2010 年至今，在北京某饲料公司已经被注销的情况之下，私自刻印该公司的公章及财务印章，并冒充该公司业务经理的身份，在辽宁东港市加工生产伪劣饲料，冒用北京饲料公司某品牌的系列饲料包装及产品合格标签肆意生产，并向大连市普兰店、瓦房店、金州等多个地区大量销售，涉案价值达 1000 余万元。经审讯，犯罪嫌疑人张某对其仿冒北京某公司饲料包装生产销售伪劣饲料的犯罪事实供认不讳。

目前，犯罪嫌疑人张某已被采取强制措施，案件正在进一步侦办中。

（**资料来源**：中国饲料行业信息网，2014 年 12 月 6 日）

链接案例二

一次抽检不合格，同款农资全禁售

在以后的化肥、农药等农资抽检中，判定结果不再是“批次不合格”，而是“总体不合格”，这意味着同厂家同型号的不合格商品将全部被封杀！近日，商品质量监督抽样检验国家标准《商品质量监督抽样检验程序具有先验质量信息的情形》（GB/T 28863-2012），经国家质量监督检验检疫总局、中国国家标准化管理委员会通过并颁布，已从 2013 年 2 月 15 日起实施，将成为全国工商系统实施流通领域商品质量监测的主要程序依据。

新标准打击问题农资“兄弟姐妹”。该新标准规定，一旦工商部门抽检农资商品时发现样品不合格，不再限于样品同生产批次商品要下架，也不再限于只能处罚被抽检的销售者，而是同款式所有批次农资商品都要下架，所有销售同款商品的销售者都可能受到处罚。其中，对抽检前便被发现可能有质量问题的商品，工商部门只需抽检一件商品不合格，便可判定同款商品不合格。

国家标准化研究院负责人表示，新标准的颁布实施，将有效解决原有标准中，流通领域商品抽检难以解决的“老大难”问题：如部分商品因现场存放样品量太少而无法抽检；因抽检要求的样本量大所带来的监督成本高的问题；因规定的抽样方法难以实施而造成的程序违法的问题；因抽检结论限于集中存放的“批次”，不能适用于其他销售者等问题。同时将为工商部门强化商品质量监管提供强大的技术支撑。

新标准强烈震慑不合格农资。据了解，此标准起草和制定的背景，源于农资行业监管。2010 年开始，广东省工商局在化肥、农药等农资抽检上，探索研究制定流通领域商品监督抽样检验程序，解决原来的抽检方法对不在场商品无法判定，以及只能以“批次”为总体进行判定等问题。随后，由广东省工商局牵头，联合国家标准化研究院等单位共同起草，从立项开始经过 3 年多的努力，于 2012 年 11 月 5 日经国家标准化管理委员会批准并正式颁布。广东在全国率先采用国家监督抽样检验标准实施流通领域商品质量监测，对不合格商品生产经营者产生了强大的震慑作用，初步显现了采用新标准的监管成效：该省流通领域农资商品的合格率从原来的 50%~60%，逐年递升到目前的接近 90%。

农资企业担心打击面扩大。首个商品质量监督抽样检验国家标准公布后，立即在农资行业引起剧烈反应。12 月 25 日，农村大众报记者采访多家肥料企业负责人，他们均表示，标准的颁布对不合格商品生产经营者将产生强大的震慑作用，将提高监管成效，保护消费者利益，促进行业健康有序发展。但同时也有企业负责人表示，新国标并非完美。比如一个批次产品出现问题全厂同型产品均面临下架危险，但同型产品中其他则可能是完全合格产品，按照新要求也肯定要被“诛杀”被“冤枉”。有负责人进一步考虑，与其他快消品不同，农资产品大多是季节性商品，销售和使用时间非常集中，如果执法部门查处程序过于复杂或时间过长，一定会给厂家带来巨大损失。所以，他们呼吁，法律、法规的严苛，必须要配套公正并充分的“取证”等相关流程，保护企业合法权益。

农民拍手叫好，要求严格执行。记者采访了多名农民消费者发现，他们对此标准均拍手叫好。梁山县拳铺镇农民张建民说，农资几乎是老百姓投入最多的商品，虽然各部门都在进行监管，但是终端市场依旧比较混乱，不幸买到假劣农资后维权之路也很不畅通。新标准本着宁可错杀也不放过的原则，对不法厂家是极大威慑，对我们消费者将是极大保护，希望能落实好。

（**资料来源**：农村大众网，2013 年 8 月 13 日）

链接案例三

解决农资纠纷　帮助农民维权

“我领了 1 万 9 千元赔偿款，感谢政府出面及时调解，帮我挽回了损失。”璧山县健龙镇睦佳村番茄种植户罗华福感激地说。

近日，包括罗华福在内，17 户饱受假种子之苦的蔬菜种植户，终于盼到了 23 万元损失赔偿款。拿到钱的当天，罗华福和乡亲们专门给璧山县农业执法大队送来了一面锦旗。

农资维权存在“四难”。“农资纠纷是一个棘手的问题。农民住地分散，交通不便，加之农业生产周期长，发现问题后投诉、取证都有较大难度。”璧山县农业执法大队长曾永平说，农资维权存在“四难”。举证难。不少农民购买种子等农资产品时不注意索要发票，不妥善保管相关样品，造成农资投诉调查取证难。鉴定难。影响农业生产的因素多，有的事故是假劣农资引起，有的是灾害性天气引起，还有的是农民操作管理不当引起。而检验机构多设于城市，农民往返奔波，路远花费高，对一些遭受巨大损失的农民来说，鉴定费更是难以承担。索赔难。有关法律规定可对经营者的违法行为进行行政处罚，但如何赔偿农民损失的规定并不明确。诉讼难。由于诉讼成本高、时间长，加上受文化水平、科技知识限制等原因，农民起诉后即使赢了官司，也很难得到实质性的赔偿。“而调解具有高效、便捷、低成本等特点，成为解决农资纠纷的重要途径。”曾永平说，为了帮助农民维权，璧山建立了农业生产事故纠纷调解机制，当事双方在农业行政主管部门主持下坐下来友好协商、达成和解，可以消除双方怨气，有效地减少对抗，防止矛盾激化。

调解重在“捋平捡顺”。据介绍，经当事人申请，农业执法大队就事故纠纷实时调解，调解过程至少有 2 名以上执法人员参加。在查明事实、分清责任的基础上，行政人员根据当事人的特点和纠纷性质、难易程度、发展变化的情况，采取灵活多样的方法，开展耐心、细致的说服疏导工作，引导、帮助当事人达成解决纠纷的调解协议。同时，当农业生产事故发生后，农业行政主管部门及时组织技术力量，综合运用各种防控手段，迅速控制事故，严防事态蔓延，最大限度地减少事故损失。调解结束后，制作农业生产事故调解协议书。经调解双方不能达成一致的，再建议其通过司法途径解决。

去年上半年，壁山农业执法大队接到八塘镇农民艾纯良举报，称喂了某公司饲料，死了 43 头猪。执法人员立即赶到艾纯良的养殖场调查了解，同时对饲料现场抽样送检。当着执法人员的面，艾纯良和经销商仍争执不休，吵得脸红脖子粗。最终检测结果出来，黄曲霉毒素 B1、土霉素、金霉素等指标均合格。

不过，经过仔细调查，执法人员发现饲料生产企业在饲料标签上存在一些问题。“一人退一步，质量是没问题，但你们也不是完全没错，标签就误导了养殖户。”通过执法人员多次耐心调解，最终，饲料生产企业同意免除艾纯良所欠 6300 元饲料款，并提供 1.5 万元支持艾纯良发展养殖。面对这一调解结果，艾纯良也心悦诚服。

“在调解时，既要动之以情，也要说理，用法律、法规教育经营者。”曾永平说，概括起来就是“搁平捡顺”四个字，绝不能让农民吃亏。

这是农业执法系统的一大创新。据了解，去年以来，壁山农业执法大队积极调解各种农业生产事故纠纷 12 起，农民获得直接经济补偿 32 万多元。“及时有效地调解农业生产事故纠纷，有利于保障农业生产安全，保护农业生产经营者的合法权益，可以提高党和政府处理突发事件的能力，预防和减少社会矛盾。”市农业行政执法总队书记罗其荣说，壁山在处理农业生产事故纠纷造成农民损失的案件时，不是简单地对违法者予以处罚，而是遵循民事赔偿优先的原则，积极调解纠纷，为农民维权，并建立纠纷调解机制，这在全市农业执法系统也是一大创新。

（**资料来源**：昆山农业网，2013 年 8 月 28 日）

复习思考题

1. 种子生产和经营的许可证制度是什么？
2. 申请种子生产许可证需要具备的条件有哪些？
3. 肥料登记制度的两个阶段分别是什么？
4. 肥料生产条件包括哪些？
5. 农药产品的包装要求有哪些？
6. 农药经营主体具备的资格和条件有哪些？
7. 什么是兽药？兽药的包装要求有哪些？
8. 兽药生产企业具备的条件和资质有哪些？
9. 进口饲料、饲料添加剂经营要求有哪些？
10. 农业机械销售要求有哪些？

第五章

农产品流通政策

学习目标

1. 了解我国农产品国内流通政策的变迁；
2. 了解农产品质量安全的概念，掌握农产品质量安全政策的内容；
3. 掌握农产品流通政策的含义、政策手段和目标；
4. 掌握农产品对外贸易政策。

本章提示

农产品流通政策包括国内价格政策、对外贸易政策和市场结构政策等。第一节主要介绍农产品流通政策的含义、政策手段和政策目标；第二节主要介绍农产品流通的国内价格政策，包括价格管制、补贴措施和数量管理政策，并对我国农产品国内流通政策的变迁做了梳理；第三节主要介绍农产品对外贸易政策，包括农产品出口补贴政策、农产品市场准入政策、农产品出口限制和进口鼓励政策，以及我国农产品对外贸易政策的变迁等内容；第四节主要介绍我国农产品安全政策与法规，主要包括农产品质量安全政策与法规、粮食安全政策与法规，以及农业标准化政策与法规。

第一节 农产品流通政策的目标与分类

案例导入

中国将调整粮食补贴政策 支持适度规模经营

农业部2015年4月30日发布2015年深化农村改革、发展现代农业、促进农民增收的50项政策措施，明确规定了各类补贴的范围、方向和补贴条件，其中，2015年种粮农民直接补贴资金140.5亿元，农作物良种补贴资金203.5亿元，安排支持粮食适度规模经营资金共234亿元，用于支持粮食适度规模经营，重点向专业大户、家庭农场和农民合作社倾斜。

2015年，中国将继续实施农产品目标价格政策，在2014年启动东北和内蒙古大豆、新疆棉花目标价格改革试点基础上，积极探索粮食、生猪等农产品目标价格保险试点，逐步建立农产品目标价格制度。

近年来，中国不断加快农产品质量安全追溯体系建设。文件指出，2015年及今后一段时期，中国将重点加快制定质量追溯制度、管理规范和技术标准，推动国家追溯信息平台建设，进一步健全农产品质量安全可追溯体系。同时，加大农产品质量安全追溯体系建设投入，逐步实现覆盖主要农产品质量安全的可追溯管理目标。

（**资料来源**：中国新闻网，2015年4月30日）

案例思考

农产品流通政策有哪些政策手段？政策目标是什么？

一、农产品流通政策的含义

农产品流通是农产品购销、仓储、运输以及相应的货币流转的总称。其中农产品购销又是农产品流通的中心环节，它在一定程度上，决定了农产品流通体制的变化。

在市场经济条件下，农产品流通是农业生产顺利进行的必要条件。如果流通渠道不畅，就会出现有的地区农产品不足，而有的地区农产品严重积压，因此，农产品流通是关系到农产品能否实现其价值，农业劳动力和农业生产资料价值能否实现，农业再生产能否顺利进行的大事。

农产品流通政策是市场经济国家整个农业政策的核心部分。按照市场经济的运行准则，农民作为市场主体在组织安排农业生产经营活动过程中应享有充分自主权，生产什么，生产多少和怎样生产完全由农民根据市场变化自主做出决策，政府不能以行政指令的方式直接约束农民的生产经营活动和经济行为，因此，只能借助市场的力量间接地实现政府的目标，即通过制定和执行农产品流通政策等手段来影响市场与价格，通过市场与价格的变化来引导农民，引导农业生产、调节农产品流通与贸易。

二、农产品流通政策手段

农产品流通政策一般分为价格政策和市场结构政策两大部分，其政策手段也就主要有以下几类：

（一）价格政策

价格政策是指能够直接影响到农产品价格水平高低的各种政策措施，包括国内价格政策和对外贸易政策。

1. 国内价格政策手段

国内价格政策手段的具体政策措施有三种：①价格管制措施，包括限制价格措施、支持价格措施和双重价格措施；②补贴措施，包括对农业投入品的补贴措施、对消费者的补贴措施和对生产者的补贴措施；③数量管理措施，包括对生产要素投入量的限制、对市场供给量的限制和对消费量的限制。

2. 对外贸易政策手段

对外贸易政策手段的具体政策措施通常有：①出口鼓励措施，包括出口补贴、生产补贴等；②进口限制措施，包括进口关税、进口配额和外汇许可证等；③限制出口和鼓励进口措施，包括出口关税、进口补贴、征收产业税、复汇率和高估汇率等；④其他措施，包括苛刻的技术标准、进出口的垄断经营等。

（二）市场结构政策

市场结构政策是指那些制约着农产品市场参与者各方的竞争关系和竞争状态，促进市场均衡价格的顺利形成，影响着市场透明度，关系到市场的组织与基础设施建设，旨在提高整个农产品市场宏观运行效率的各种措施。

市场结构政策手段的具体政策措施主要有：市场管制措施、提高市场透明度和促进市场均衡价格顺利形成的措施、改善市场基础设施等。

三、农产品流通政策的目标

农产品流通政策的主要目标包括：①稳定农产品市场，包括稳定农产品供给和市场价格；②维持生产者的价格水平，保证农民收入的增长或稳定；③稳定或降低消费者的食品支出价格，保护消费者的利益；④保护国内农产品市场和农业生产；⑤提高农产品流通效率；⑥增加国家财政收入和促进工业化进程；⑦增加农产品出口，获取更多的外汇收入等。

上述的各项目标之间存在着错综复杂的相互关系，它们之间既可能是相互促进的，也可能是相互矛盾或者是相互独立的。对于决策者来说，最常见和最难以处理的是目标之间的矛盾关系，其中，消费者利益目标、生产者利益目标和国家财政收入目标之间存在的此消彼长的关系，是农业政策目标中最基本和最典型的矛盾关系。现实社会中农产品流通政策体系之所以极其复杂，主要原因在于：为了实现其中某一项目标而又不至于严重损害其他目标，不得不在采取某种政策措施的同时，还采取其他种种能起到相互配合作用的政策措施，如此环环相扣，最终形成一个复杂的政策体系。

由于制定和执行农业政策的背景条件不同，各国对农产品流通政策目标重点的选择也就各不相同。一般来说，发达国家较为注重对生产者利益的保护，而发展中国家则更为关注消费者利益和减轻国家的财政负担。①

修订后于 2013 年 1 月 1 日起施行的《中华人民共和国农业法》第二十六条规定：农产品的购销实行市场调节。国家对关系国计民生的重要农产品的购销活动实行必要的宏观调控，建立中央和地方分级储备调节制度，完善仓储运输体系，做到保证供应，稳定市场。这从法律上明确了我国农产品流通政策的目标所在。

第二十七条规定：国家逐步建立统一、开放、竞争、有序的农产品市场体系，制定农产品批发市场发展规划。对农村集体经济组织和农民专业合作经济组织建立农产品批发市场和农产品集贸市场，国家给予扶持。县级以上人民政府工商行政管理部门和其他有关部门按照各自的职责，依法管理农产品批发市场，规范交易秩序，防止地方保护与不正当竞争。

第二十八条规定：国家鼓励和支持发展多种形式的农产品流通活动。支持农民和农民专业合作经济组织按照国家有关规定从事农产品收购、批发、贮藏、运输、零售和中介活动。鼓励供销合作社和其他从事农产品购销的农业生产经营组织提供市场信息，开拓农产品流通渠道，为农产品销售服务。县级以上人民政府应当采取措施，督促有关部门保障农产品运输畅通，降低农产品流通成本。有关行政管理部门应当简化手续，方便鲜活农产品的运输，除法律、行政法规另有规定外，不得扣押鲜活农产品的运输工具。

动动脑

1. 在国际贸易规则框架体系下，如何更好地使用农产品流通政策手段？
2. 我国农产品流通政策的工具有哪些？

① 钟甫宁 . 农业政策学 . 北京：中国农业出版社，2003: 170–171

第二节　农产品国内价格政策

案例导入

《财政部农业部关于调整完善农业三项补贴政策的指导意见》
（部分节选内容）

经国务院同意，财政部、农业部决定从2015年调整完善农作物良种补贴、种粮农民直接补贴和农资综合补贴等三项补贴政策。

“三项补贴”政策的基本内容是：根据当前化肥和柴油等农业生产资料价格下降的情况，各省、自治区、直辖市、计划单列市要从中央财政提前下达的农资综合补贴中调整20%的资金，加上种粮大户补贴试点资金和农业“三项补贴”增量资金，统筹用于支持粮食适度规模经营。支持对象为主要粮食作物的适度规模生产经营者，重点向种粮大户、家庭农场、农民合作社、农业社会化服务组织等新型经营主体倾斜，体现“谁多种粮食，就优先支持谁”。

（**资料来源：**中华人民共和国农业部网站，2015年5月13日）

案例思考

农业“三项补贴”政策对农产品价格水平会产生什么影响？

一、价格管制

在市场经济条件下，价格是一切经济活动的中心，农产品价格自然也就成为农业经济活动的中心。农产品价格的变动指挥着农业生产的扩张与收缩，影响着农产品交易的进行，决定了农产品消费量的大小，进而影响到农民收入的高低。政府为了实现既定的农业政策目标，经常直接干预农产品市场以提高或降低其市场价格，通过对农产品实行价格管制政策，调控农业生产和农产品贸易，合理配置农业资源，保护农民和农产品消费者利益。

政府根据某种标准或出于某种需要所制定和执行的农产品价格称为有管制的政策价格，有管制的政策价格既可能高于也可能低于没有干预情况下的市场均衡价格水平。政府的政策目标不同，制定政策价格的依据常常也不一样，政府制定有管制的政策价格的依据主要有成本标准、价值标准、供求标准、收入标准、消费者承受能力和国家财政负担能力等。如果有管制的政策价格高于农业生产者所愿意接受的平均价格，就会促进农产品产量超过其长期均衡水平；而若低于市场均衡价格水平，则会减少农业产量。同时，政府对农产品实行价格管制还将影响到农产品生产者和消费者之间的收入分配以及经济资源的配置效率。政府进行价格管制的政策主要有限制价格政策、支持价格政策和双重价格政策三种类型。

（一）限制价格政策

限制价格政策也叫作最高限价政策。它是政府对某种产品规定最高价格的政策。实施最高限制价格政策的目的是为了使农产品价格低廉而稳定，保护消费者的利益。最高限制价格可能高于市场均衡价格，也可能低于市场均衡价格，具体要看一个国家农业与非农人员的收入差异以及本国农产品生产情况而定。一般国家尤其是发展中国家农产品的最高限制价格通常都控制在市场均衡价格之下的水平，而发达国家的最高限价常常高于市场均衡价格。

（1）实行“配给制”。国家为了维持限价政策，可通过实行“配给制”强制消费量等于市场供给量。这样做的结果是农产品市场价格没有上涨，消费者能都享受较低价格，但其消费需求却无法得到充分满足；在限制价格低于市场均衡价格的影响下，农业生产者的生产量会压缩、收入会下降。由于政府实行限制价格和凭证供应的“配给制”并未能够消除市场短缺问题，因而往往带来抢购现象和黑市交易的存在。

（2）进口农产品消除国内供给缺口。在最高限价政策导致市场上农产品供不应求的情况下，为了平衡国内市场上农产品的供求，国家可通过进口农产品来消除国内供给的缺口，即依靠国际市场稳定国内市场。

（3）控制农产品生产和供给数量，并实行低价收购。政府这样做不仅能维持所制定的最高限价，同时也能保证农产品供给。

实施最高限价政策的难度取决于这个价格是高于还是低于市场均衡价格水平。如果最高的限制价格低于市场均衡价格，将刺激农民在黑市上以较高的价格出售他们所生产的产品；若最高限价等于或高于市场均衡价格则能比较容易实施。因此，在最高限制价格低于市场均衡价格，政府又想要求农民按照规定的限制价格出售其农产品时，通常还需要制定和实施禁止私下购买或运输指定农产品的法规予以配合才行。

（二）价格支持政策

支持价格也叫作最低限价、干预价格、保护价格，是政府为了扶植某一行业的生产而规定的该行业产品的最低价格，相当于农产品市场价格下跌的下限。一般会在农产品收获之前确定并公布。支持价格政策是政府对实行这种措施的农产品规定一个最低价格（政策价格），如果市场价格高于最低价格，则政府对市场活动不进行干预；如果市场价格低于这个价格水平，则政府就出面以最终消费者的身份按最低价格实行敞开收购，从而使得市场价格不会低于这个价格水平。因而这个价格就称为保证价格或支持价格，而这种收购农产品的行为被称之为干预性收购。政府可以通过调整支持价格的高低来发挥其杠杆调节作用：①调高支持价格时，相当于政府传递了提高农民收入的信息，于是农民生产积极性会提高，扩大农业生产；②调低支持价格时，相当于政府释放了削减价格补贴的信号，农民生产积极性会有所降低，维持生产，甚至减产。

支持价格可能低于也可能高于市场均衡价格。若低于市场均衡价格，政府维持支持价格的压力很小，因为此时农产品流通的交易主要将通过市场来实现，私营部门在市场上的购买是农产品流通的基本部分，而且它们能支付给农业生产者较高的市场价格。只有当市场价格降低到保证水平时，政府才将充当最后的买主；若保证价格制定得高于市场均衡价格水平，较高的价格将诱使农民生产出比没有干预时更多的农产品，这时，政府必须通过干预性收购的手段，吸收并储藏农民本年度内在市场上不能出售或无法利用的农产品，也即收购市场上过剩的农产品。

政府实行价格支持政策的主要目标是稳定农产品市场、增加农业产量和保证、维持以及增加农民收入。

关于公布2015年稻谷最低收购价格的通知

各省、自治区、直辖市发展改革委、物价局、财政厅（局）、农业厅（局、委、办）、粮食局、农业发展银行分行：

为保护农民利益，防止“谷贱伤农”，2015年国家继续在稻谷主产区实行最低收购价政策。综合考虑生产成本、市场供求、比较效益、国际市场价格和产业发展等各方面因素，经国务院批准，2015年生产的早籼稻（三等，下同）、中晚籼稻和粳稻最低收购价格分别为每50公斤135元、138元和155元，保持2014年水平不变。当前正值春耕备耕期，各地要认真做好粮食最低收购价政策宣传工作，引导农民合理种植，促进粮食生产稳定发展。

国家发展改革委　财政部　农业部

国家粮食局　中国农业发展银行

2015年2月3日

（**资料来源**：国家粮食局网站，2015年2月6日）

支持价格政策的有效实施通常取决于以下几个前提条件或配套措施：①必须实施贸易保护措施，隔绝国内市场与国外市场，保证实施价格支持政策所带来的好处为本国生产者获得；②国内市场价格与出口价格之差不大，否则，实施价格支持政策花费的成本将大大高于所取得的效果；③产品的供给和需求弹性较小，只有在这个条件下，一个较大的价格上升只会带来一个数量不大的供给增加和需求减少，从而减轻政府的财政负担。

支持价格政策具有很突出的作用，比如促进农业稳定增长，保障农民收入，稳定市场价格、调整农业生产结构等，在实施时要选择适当的支持性价位，避免支持性价位过高过低。支持价位过高不利于市场机制对农产品供求过剩进行必要调节；过低则起不到支持性效果，不能实现与上述效率、公平和稳定目标相联系的政策意图。

（三）双重价格政策

政府也可以对农产品实行双重价格政策，即为生产者制定高于市场均衡水平的最低保证价格，而对消费者则维持较低的最高限制价格。例如，巴西、尼日利亚、墨西哥都采用这种价格政策控制其小麦的生产和消费，日本则用它来控制小麦和稻米的价格。

此外，在一些农产品过剩国家通常采取的另一种双重价格管理政策是缓冲库存方案，即政府利用农业丰收年份价格下跌时储存部分产品以备在市场价格过高时抛售来平抑价格的一种操作方式，将农产品价格稳定在一定的限度内。具体而言，就是当市场价格高于规定的最高价格水平时，政府通过抛售库存农产品迫使市场价格回落；当市场价格低于规定的最低价格时，政府又大量购进农产品迫使价格回升；而当市场价格在上述规定的范围内变动时，政府不进行干预。例如，印度尼西亚对其稻米就采取这种政策。

要保证缓冲库存方案能够发挥应有的政策功效，首先要求农产品必须是不易腐烂变质的耐储藏品，如谷物、糖类和羊毛等；其次还要求政府在市场价格上涨时有足够的存货可供抛售以便平抑物价，这就要求政府必须为稳定农产品价格建立起数量充裕的收购基金和足够的仓储设施，以满足其收购和存储平抑市场价格必备农产品的需要。[①]

二、补贴措施

（一）农产品投入品价格补贴

农产品投入品价格补贴是指政府向购置农用生产要素，如化肥、农药、塑料薄膜、农机、种子等的农民提供财政补贴使农民以较低的价格支持来购买农用生产要素，或向农用生产要素生产商提供财政补贴使其将农用生产要素以较低的市场价格销售给农民。

农用生产要素是农业生产中必不可少的部分，直接影响到农产品的产出。对农业生产用水、用电、农用工业品等农用生产资料进行补贴可以降低农业生产成本，从而刺激农业生产，增加农产品的供给数量。可以采取对农用生产要素生产商提供税收减免、定额补贴或全额亏损补贴、农用生产要素限价销售等各种形式补贴。

从理论上讲，对农用生产要素进行补贴将降低农业生产的成本，使得农业生产者的供给曲线向右下方平移，从而使得市场均衡数量增加，市场均衡价格下降。这将使消费者能够获得更多价廉的农产品，但对农业生产者来说则不一定是好事，因为，虽然农产品产量将会大幅增加，但由于大多农产品的需求价格弹性都很小，农民从增产中获得的净收入增加往往不足以弥补由于价格降低所造成的净收入损失。

农产品投入品价格补贴的方式和农用生产要素的流通渠道的通畅性会直接影响到农业生产者是否享受到这种政策的好处，能否实现增加农产品供给的政策效果。比如如果农用生产要素的流通渠道不通畅，则补贴的好处就可能为营销部门所截留，农民事实上

① 钟甫宁．农业政策学．北京：中国农业出版社，2003：176-177

并未享受到低价的农用工业品供给。如果补贴方式不当，并不能使农用生产要素的生产总量增加，那么农产品生产也将由于投入不足而达不到预期的增产目的。

2015 年农机补贴政策迎来大调整

《2015—2017 年农业机械购置补贴实施指导意见》近日公布，与往年相比，今后三年我国农机补贴政策在补贴对象、范围和流程等方面做了一些调整和创新。

2004 年 11 月 1 日农业机械化促进法实施以来，我国农业机械化迎来跨越式发展的“黄金十年”。据统计，2004—2014 年中央财政共安排农机购置补贴资金 1200 亿元，补贴购置各类农机具超过 3500 万台（套）。全国农作物耕种收综合机械化水平由 2003 年的 33% 提高到 2014 年的 61%，为保障我国粮食安全、加快农业现代化提供了坚实的支撑。

此次《意见》最大的变化是对补贴对象进行了修改，将补贴对象从“农牧渔民、农场（林场）职工、农民合作社和从事农机作业的农业生产经营组织”改为“直接从事农业生产的个人和农业生产经营组织”。其中，个人既包括农牧渔民、农场（林场）职工，也包括直接从事农业生产的其他居民；农业生产经营组织的界定可与农业法衔接，既包括农民合作社、家庭农场，也包括直接从事农业生产的农业企业等。

“与往年相比，2015—2017 年中央财政资金补贴机具范围由 2014 年 175 个品目压缩到 137 个品目，补贴品类变少是为了突出重点，加快推进粮棉油糖等主要农作物生产全程机械化，提高政策的指向性和精准性。”李伟国解释说，《意见》规定，按照“谷物基本自给、口粮绝对安全”的目标要求，中央财政资金重点补贴粮棉油糖等主要农作物生产关键环节所需机具，兼顾畜牧业、渔业、设施农业、林果业及农产品初加工发展所需机具，力争用 3 年左右时间着力提升粮棉油糖等主要农作物生产全程机械化水平。此外，还对重点品目敞开补贴。

补贴标准要由各省农机化主管部门结合本地农机产品市场售价情况，原则上按不超过该档产品上年平均销售价格的 30% 测算。为切实解决一些重点环节的机械化，《意见》还适当提高了部分机具的单机补贴限额。

（**资料来源**：中国政府网 www.gov.cn，2015 年 2 月 9 日）

（二）对食品消费的补贴

根据补贴的形式不同，食品消费补贴可分为直接补贴和间接补贴。直接补贴即明补，是指按一定标准直接给予食品消费者的货币补贴；间接补贴即暗补，是指通过价格扭曲方式（如规定最高限价等）使消费者在通过市场获得食品时实际获得的好处。

按享受补贴的范围来划分，它可分为非目标制补贴和目标制补贴两大类。

非目标补贴是一种人人都可以享受其好处的食品补贴方式，目的是使全社会的每一成员都公平地得到食品。因此，这种方式也被称作全民性或普惠式的食品补贴。其具体形式又有非目标食品补贴法和非目标食品配给法两种。前者是政府完全垄断食品的销售或分配；后者是政府通过专门设立的配给粮店或平价粮店出售政府收购或进口的食品。

目标补贴是与非目标补贴相对的，是针对全社会中某一个特定的群体的食品补贴制，其目的是增强接受补贴人群获得食品的能力，使这部分人（易受到营养不良危害的人口，如：儿童、孕产妇、老人、失业人口和贫困人口）得到足够的食品保障。其具体形式可按确定目标的方法和实施目的的不同分为以下五种：①目标区域法，即将目标群体集中的区域划为目标区域，在此区内销售含有补贴的食品。②目标食品法，即补贴那些收入弹性很低的所谓“低档”食品，低收入阶层一般会自动选择消费此类食品，而高收入者不消费或较少消费这类食品。因而，当低收入者消费这类食品时，他们也就享受到了其中的补贴。或者说，这类食品会“自动地”寻找目标群体。③食品券制度，即向应当享受食品补贴的人提供一定数额的含有补贴的食品券，享受者凭此券在指定的商店里以低于市价的价格购买或免费得到一定数额的食品。这种食品券由政府统一印制，并由某个官方机构发给受益者。食品券制度有两种形式：一是按收入水平确定目标即受益者，斯里兰卡、哥伦比亚采取这种形式。作为世界上经济最发达国家的美国，也实行食品券制度，对其人口大约10%的低收入者提供廉价的食品，20世纪80年代初每年支出40亿~50亿美元。二是按健康状况确定目标，哥伦比亚、印度尼西亚等国采用这种方式。④特别营养保证项目，即向目标群体直接提供食品。它把目标高度集中于极度食品不足或极易受食品不足威胁的那部分人（如妇女、儿童）。它又有两类：一是定点消费食品的方式，如利用学校为小学生提供免费午餐，在妇幼保健中心向孕妇和婴幼儿、在存在严重营养不良现象的村向村民提供特殊营养食品。采取这种方式的国家有印度、印度尼西亚、哥伦比亚、巴西等。美国也对在校儿童供应午餐，其费用的1/4由政府承担。二是受益者将食品领取回家食用。⑤以工代赈项目，即目标群体以其劳务换取一定数量的食品。这通常是对失业者采取的，而且是短时的。

（三）对生产者的补贴

对生产者的补贴可以分为直接补贴和间接补贴两种。

直接补贴包括差价补贴、休耕补贴、税收减免、低利贷款及财政拨款等形式。实施这种补贴的主要目的是提高生产者的收入。

差价补贴是指政府每年事先制定出一个通常高于世界市场价格的目标价格，作为国内农业生产的指导价格，农民在按自由市场交易价格出售其产品时，政府则按目标价格与世界市场价格之差对农民实行补贴，也就是说农民每出售一个单位的农产品，便相应地从国家获得一笔补偿（目标价格与当时世界市场价格之差）。目标价格是政府为保证农民有一个比较合理的农业销售收入而设立的用于计算支付给农民补贴额的价格，相当于政府为农民确定的一个合理的单位农产品销售收入水平。政府通过设定目标价格，支付差价补贴，可以避免使用支持性收购时多导致的农产品仓容压力及其额外支出，减轻财政负担。同支持价格一样，政府也可以通过调整目标价格的大小来发挥其杠杆调节作用。差价补贴实质上即为支持价格政策，其政策效应与支持价格政策效应相似。但差价补贴政策的实施很可能会改变产品的贸易结构，即在自由贸易条件下应该进口的产品，在差价补贴政策支持下有可能出现生产过剩反而成为出口产品。

休耕补贴是指政府对参加休耕计划的农民按照其退出农业商品生产的资源和受援标准给予补贴。这是欧美等农产品过剩的发达国家采取的另一种重要生产者补贴措施，其目的是通过对休耕土地的直接补贴，实现农产品数量限制，控制农业生产规模，在减少农产品供给的同时又保证生产者收入。土地休耕补贴可以针对所有农作物品种发放，也可以针对特定品种的农作物发放。政府可以通过调整单位休耕面积补贴额的大小和休耕面积的比例来引导农民增加或减少土地休耕面积，达到调控农业生产的目的。美国农业限产计划中的一项重要内容就是休耕补贴，其基本目的都是把耕地面积减少的额度和结构，同某种或某几种重要农产品的期末库存与消费量之比的高低联系起来，以达到既控制农产品供应，又保护农产品价格的目的。

间接补贴主要是指对农产品的直接收购和区域支持。政府直接收购一方面保证了国内产品的销售，另一方面在价格上也可以包含一定量的补贴。区域支持则是指政府通过制定和实施优惠政策等手段，对农产品生产集中地区所给予的区域性资助。

三、数量管理

数量管理也就是实行限量政策，这是国内农产品价格政策中的又一重要领域，可以划分为对生产要素（主要是土地和牲畜）投入的限量、对市场供给的限量和对消费的限量。这种限量既可能是规定上限，也可能是规定下限。

（一）对生产要素投入量的限量

在农产品过剩的国家，往往对生产要素投入实行上限限制，从而间接限制了农产品的生产和供给。对生产要素投入量的限量具体可以采取实行休耕计划、减少生产面积、作物转产等措施。农户数量、生产规模会直接影响到该限量政策的实际执行情况。例如，1961 年开始，美国政府规定农场主至少要停耕 20% 的土地，农场主可以从政府手中得到相当于这部分土地正常年景产量 50% 的现金或实物补贴。对超过 20% 的休耕土地，补偿的比例可以提高到 60%。1965 年后，将休耕分为两种，一种是无偿休耕，即规定只有按照政府要求休耕一定比例的土地，才能参加诸如无追索权贷款等优惠计划，对这部分休耕土地政府无直接补偿；另一种是有偿休耕，指对超过政府规定无偿休耕比例之外再休耕的土地，政府给予补偿。

大米是日本人的主要食粮，也是日本最主要的农产品。为了不使农民的利益受到影响，日本政府从20世纪70年代初就制定了大米价格保护政策，实行“水稻种植面积分配制度”。其具体做法是，限制农户种植水稻的面积，实行稻田轮作和休耕制度。对被限制种植水稻的面积进行补助，赔偿农户因此造成的经济损失。据日本农林水产省发表的统计数据，2002年，日本被限制种植水稻的水田面积高达100万公顷，相当于日本全部水稻种植面积的40%。另一方面，种植的水稻一旦因气候等原因出现减产，政府还得支付减产补助金。2002年，日本政府为限产和减产共支付了5500多亿日元财政补贴。

（**资料来源**：市场报，2003年1月3日第四版）

（二）对市场供给量的限制

在农产品过剩的国家，常常还采用对农产品市场的供给量实行上限限制的政策来保证生产者的收入水平。只有当政府能够充当最后的消费者对农产品实行敞开收购时，对农产品市场供给量的限制政策才会有效。这时除了有限制生产要素投入量的政策效应外，政府还需要为收购农民过剩的农产品安排一定的财政支出，要不然过剩的农产品必将冲击农产品市场。

对于那些需求弹性很小的农产品来说，对市场供给量实行上限限制还是一种非常有效的提高农民收入的手段。由于对农产品的总体需求以及对大部分单项农产品需求的价格弹性均较小，所以，可以通过缩减供给的办法使农民的收入获得长期的提高。

在农产品供给不足的国家，尤其是欠发达国家，为了保障食品供给和工业化发展必需的农产品供应，一般对市场供给量实行下限限制。

1985年，我国粮食政策开始由原来的统购统销改为定购统销和议购议销“双轨”运行的政策，其中定购政策，就是对供给量实行下限限制的一个特例。

（三）对消费量的限制

对消费量的限制政策有上限限制和下限限制两种。在食品供给量小于需求量的情况下，会实行对消费量的上限限制，典型例子是食品实行定量配给制度。由于食品的需求价格弹性较小，尤其在生理需求未获得满足的情况下更小，而对那些维持生存所必需的食品来说则其需求价格弹性几乎为零，所以在市场供不应求时，实行定量配给制会抑制商品价格的大幅度上升，避免出现食品价格的大幅度上升造成的分配不平均，即高收入者的消费充足或过量，而低收入者的消费量严重不足。分配的不均衡会加大阶层分化，不利于社会公平和社会安定，因此对这些稀缺必需品按人头进行平均分配是非常有必要的，可以使得不同社会阶层的人不会因其收入的高低而影响到对这些稀缺必需品的消费量，保证其生理需要都能得到程度大致相同的满足，从而保障社会的公平和安定。

在农产品过剩和实行贸易保护主义政策的国家中，有时候也对消费者消费农产品数量实行下限限制规定。例如对饲料加工厂做出规定，在其所购入或使用的谷物原料中，必须至少保证一定的比例为来自本国的生产。不过，严格来说，这种消费限量规定只是对中间消费者而不是对最终消费者的数量管理。

四、我国国内农产品流通政策的变迁

（一）新中国成立初期

在 1949—1952 年的国民经济恢复时期，我国农产品流通领域里多种经济成分并存，农产品流通实行自由贸易政策，农产品在市场上自由购销，价格由市场自发形成。但在随后开始社会主义改造运动中相继对粮食、油料和棉花实行统购统销制度；不久又对生猪、烤烟等多种农产品实行派购制度。到 1956 年国有商业和供销合作社成为农产品流通的主体，私人商业和个体商业所剩数量很少，农产品价格逐步变为以计划价格为主。

（二）统一计划购销时期（1953—1977 年）

从 1953 年开始，农产品出现供需紧张，为控制这一局面，保障基本的生产、生活需要，我国农产品开始实行统购统销的流通体系。到 1956 年，国家出台了一系列政策，实现了对粮食的统购统销、对棉花的计划控制，农业的发展开始纳入国家计划经济的轨道。1957 年，国务院进一步指出，凡属国家规定计划收购的农产品，全部由国家计划收购。其后，农产品基本上都由国营商业独家收购。1961 年，中共中央文件又提出了三种收购政策，即第一类物资（粮食、食油、棉花）实行统购统销政策；第二类物资（其他重要农产品）实行合同派购政策；第三类物资（统购派购以外的农副产品）实行议价政策。这一时期基本上采用了农产品计划供应的方式，将农产品流通直接纳入国民经济计划，实质上否定了农产品的商品交换性质，农产品基本上不存在随行就市的自由交易。

（三）过渡时期（1978—1984 年）

统购统销政策是粮食供求紧张、国家需要在农村取得大量工业化积累等历史条件下的产物。1978—1984 年是我国由计划调节向与市场调节相结合的过渡时期，随着家庭联产承包责任制的实施、人民公社制度的解体，农产品流通体制也开始突破传统的计划经济体制。根据党的十一届三中全会的决定，从 1979 年起，国务院及有关部门对农产品统购派购的范围和品种进行了重新规定。在这一阶段，国家逐步减少了统购统销和限售的品种和数量，缩小国家收购农产品的范围。到 1984 年年底，属于统购派购的农产品由过去最多时的 180 多种减少到只剩下 38 种，统购派购的范围大大缩小。除棉花外，其他农产品在完成政府收购任务后，根据市场供求实行议购议销。在过渡时期，由于政策的放宽，农民生产积极性增加，剩余农产品大量出现，农村集贸市场和传统农副产品市场也得到恢复和发展，成交金额增长迅速。

从政策效果来看，这一阶段的农产品流通制度基本上是农产品统购统销制度的延续，但却是农产品流通松动的重要阶段。农产品市场化率大大提高，村集市贸易作为“资本主义尾巴”的时代一去不复返了，市场交易活跃，农产品流通渠道多样化。[①]

（四）双轨制时期（1985—1997 年）

这一阶段废除了传统的农产品统购统销制度，逐步建立起农产品市场调节机制，合同定购与市场收购两种交易方式并存。统购统销制使生产、消费、需求相脱节，损害了农民的利益。1984 年的粮食大丰收，使国家陷入购不起、销不动、调不出的困境。因此，在 1985—1991 年间，我国农产品流通领域开始实行合同定购与市场收购的“双轨制”方式，农产品流通体制的市场化改革进程大大加快。1992—1993 年，农产品购销走出“双轨制”，进入全面市场化的阶段。经过十多年的改革，粮食等农产品统购统销体制已经结束，适应市场经济要求的购销体制正式形成。但在 1994—1997 年，农产品流通又回归“双轨制”模式。国家放开粮食购销体制后，以市场化为目标的农产品流通体制改革却并未顺利付诸实施，并由此导致了粮食供需缺口的扩大，引发粮价大幅上涨。为保持社会稳定，国家再度强化了对市场的介入。在棉花的购销中，继续不放开经营，不放开市场，不放开价格，实行国家统一定价，由供销社统一经营。

从政策效果来看，这一时期农产品流通体制开始向市场化方向转变，资源配置方式有了根本性转变，价格形成机制逐渐成形，市场凭借价格机制对产品流通进行调解，农民的利益得到了充分保护，大大鼓励了农产品生产。但是同其他改革一样，农产品流通体制改革也陷入了“活—乱”循环：“一放就活”——放开农产品和农资流通管制时，资源配置效率提高，经济主体资源配置自主权增大；“一活就乱”——农产品生产的不稳定性和生产者的无序生产相互呼应，导致农产品和农资价格上升，市场流通混乱，产品质量下降，市场严重失序；“一乱就收”——当农产品价格飞涨、质量下降，农资价格猛涨、供应主体鱼龙混杂时，人民群众生活受到影响，坑农害农事件层出不穷，政府只能收紧政策，加强管制、严控价格、整顿市场秩序；“一收就死”——严控价格又造成农产品和农资供应偏紧，资源配置效率下降，政府财政负担增加；“一死就放”——当低下的资源配置效率造成商品短缺，政府无力承担财政负担时，政府不得不放开市场流通管制。这一过程往复循环，成为这一阶段的特征。[②]

（五）深化改革时期（1998—2004）

深化农产品流通体制改革是解决“三农问题”的重要突破口。从 1998 年开始，我国农产品流通体制进入全面改革时期。《关于进一步深化粮食流通体制改革的意见》《粮食

① 孔祥智 . 崛起与超越——中国农村改革的过程及机理分析 . 北京：中国人民大学出版社，2008: 231

② 孔祥智 . 崛起与超越——中国农村改革的过程及机理分析 . 北京：中国人民大学出版社，2008: 246

流通管理条例》《国务院关于进一步深化粮食流通体制改革的意见》及《关于进一步深化棉花流通体制的意见》等文件的出台说明，这一时期的农产品流通体制改革的重点是在粮食领域，粮食以外的各类农产品流通的市场化改革进程都得到了持续的推进，并逐渐形成了较为稳定的市场化流通秩序，虽然也有流通不畅的情况发生，但主要是局部的结构性问题，只有粮食流通在市场和计划取向上出现了反复，其间存在的问题呈现出典型的体制内生性，使粮食体制改革陷入两难境地。因此，1998 年以后，粮食流通体制改革成为农产品流通体制改革的主要内容。[①]

1998 年，粮食流通体制进入全面改革时期。1998 年 11 月，国务院下发《当前推进粮食流通体制改革意见的通知》，指出粮食流通体制改革已进入关键时刻，要把改革进一步推向深入，必须从健全机制、完善配套政策和抓好组织落实三个方面采取有力措施，使国有粮食收储企业真正建立起自主经营、自负盈亏的新机制，形成秩序井然的粮食收购市场，确立地方政府层层负责的粮食工作行政首长责任制。2001 年 8 月 6 日，国务院下发《国务院关于进一步深化粮食流通体制改革的意见》，提出加快推进粮食主销区粮食购销市场化改革；完善国家粮食储备体系，增强粮食宏观调控能力；完善粮食风险基金包干办法，真正实行省长负责制；粮食主产区要坚持按保护价敞开收购农民余粮的政策；加快国有粮食购销企业的改革步伐；切实加强领导，保证粮食流通体制改革的顺利进行。

2004 年 5 月，国务院下发的《关于进一步深化粮食流通体制改革的意见》中指出 2004 年全面放开粮食收购市场，积极稳妥推进粮食流通体制改革。深化粮食流通体制改革的基本思路是：放开购销市场，直接补贴粮农，转换企业机制，维护市场秩序，加强宏观调控。要实现在国家宏观调控下，充分发挥市场机制在配置粮食资源中的基础性作用，实现粮食购销市场化和市场主体多元化。

从政策效果来看，1998 年开始的新一轮农产品流通体制改革是在社会主义市场经济体制下对农产品流通市场化的具体改革，这一阶段最大的成就是，基本上放开了大多数农产品的购销和价格，市场机制开始成为农产品流通的主要机制；农产品流通方面颁布的各种法规使得这一领域在市场化背景下有法可依，农产品流通制度法制化；国家配合流通体制改革的储备制度也开始建立起来，国家对农产品的宏观调控能力增强；政策对民生的关注增强，补贴的指向开始由流通企业转变为农民，并鼓励农民通过各种形式直接参与流通，并不断出台新规定，促进农产品流通费用的降低，从而通过市场的手段降低农产品价格。政府对食品安全的指导建设逐步加强，其指向都是保障居民的身体健康。[②]

① 祁春节，蔡荣 . 我国农产品流通体制演进回顾及思考。经济纵横，2008（10）：45- 48

② 孔祥智 . 崛起与超越——中国农村改革的过程及机理分析 . 北京：中国人民大学出版社，2008: 263-265

（六）流通现代化体系基本形成时期（2004 年至今）

2004 年 7 月，国务院下发商务部等八个部门联合起草的《关于进一步做好农村商品流通工作意见》，明确指出按照统筹城乡经济发展的要求，通过健全法律、法规、完善市场机制、培育市场主体、规范市场秩序，加快农村商品流通发展，促进农民增收和农村经济全面发展。提出了政府推动与发挥市场机制相结合；城乡市场统一规划建设与积极培育农民的市场主体地位相结合；农村市场建设与农业生产、农民消费互动发展等农村商品流通工作的方针。2005 年 2 月，商务部启动了“万村千乡市场工程”，引导城市连锁店和超市等流通企业向农村延伸发展“农家店”，力争用三年的时间，孕育出 25 万家连锁经营的农家店，构建以城区店为龙头、乡镇店为骨干、村级店为基础的农村现代流通网络，使标准化农家店覆盖全国 50% 的行政村和 70% 的乡镇，满足农民消费需求，改善农村消费环境，促进农业产业化发展。2006 年 2 月，商务部在全国实施“双百市场工程”，重点改造 100 家大型农产品批发市场和着力培育 100 家大型农产品流通企业。从 2006 年起，力争用三年时间，通过中央和地方共同推动以及重点市场、重点企业示范带动，完成全国一半左右（约 2000 家）农产品批发市场升级改造，使农产品流通成本明显降低，流通环节损耗大幅减少；全国约 300 家大型农产品流通企业经超市销售农产品的比例达到 30% 以上，使更多优势农产品进入跨国公司的国际营销网络。 2009 年 6 月，商务部和财政部联合发布《关于加强农产品流通网络建设　推进“双百市场工程”的通知》，提出要在农产品重点销区和产区，支持建设和改造 200 家大型鲜活农产品批发市场，引导市场与基地和农户建立紧密联系，提升市场服务水平；支持 400 家县乡农贸市场进行标准化建设和改造，完善交易设施，改善交易环境；逐步形成以批发市场为核心，农贸市场为基础，覆盖城乡的农产品流通体系，不断降低流通成本，减少农产品损耗，拓宽流通渠道，解决农产品“卖难”问题，促进农民增收，保证城乡居民吃上“放心菜”。

2010 年 9 月，商务部和财政部发布《关于农产品现代流通综合试点指导意见的通知》，提出为了加快农产品现代流通体系建设，2010 年中央财政支持河北、浙江、山东、湖北、重庆、辽宁等部分地区开展农产品现代流通综合试点，力争在 3~5 年内初步建成高效、畅通、安全的农产品现代流通体系。2011 年 11 月，国务院办公厅下发《关于加强鲜活农产品流通体系建设的意见》，指出以加强产销衔接为重点，加强鲜活农产品流通基础设施建设，创新鲜活农产品流通模式，提高流通组织化程度，完善流通链条和市场布局，进一步减少流通环节，降低流通成本，建立完善高效、畅通、安全、有序的鲜活农产品流通体系，保障鲜活农产品市场供应和价格稳定。[①] 2013 年 4 月，商务部为了加快推进集散地农产品批发市场健康发展，发布《关于加强集散地农产品批发市场建设的通知》，提出要统筹规划，促进市场合理布局，在培育现有集散地农产品批发市场的同

① 姜长云，赵佳．我国农产品流通政策的回顾与评论．经济研究参考，2012（33）：18–29

时，不断提升销地和产地批发市场功能，引导符合条件的销地和产地市场向集散地农产品批发市场发展，加快构建统筹城乡、布局合理、流转顺畅、竞争有序的集散地农产品批发市场网络，有效辐射周边产区和销区，带动形成高效、稳定的流通渠道，提高流通效率。

动动脑

1. 在流通现代化体系基本形成时期，我国实施哪些农产品流通政策？
2. 限制价格政策与价格支持政策作用有哪些不同？

第三节　农产品对外贸易政策

案例导入

山东兰陵大蒜出口韩国被退回

2014 年 11 月，韩国政府向我国招标 2200 吨大蒜。山东兰陵县蒜农投标中标后，根据翻译的标书要求进行备货。随后交收货方韩国农水产食品流通公社质检，合格后将大蒜发往韩国釜山港口。但货到港口后，韩国农管所却以“重斑点超标”为由，将货物全部退回中国。

由退货带来的经济损失高达 1000 多万元，兰陵县蒜农迫不得已给韩国总统朴槿惠写公开信维权。正当人们关注谁该为此担责时，韩国方面回应：去世贸组织告我们吧。

此次山东大蒜出口韩国遭遇退货，实质上是遭遇了技术性贸易壁垒。

（**资料来源：**中国食品报网，2015 年 2 月 12 日）

案例思考

世界各国在农产品对外贸易中，为了保护本国农产品和市场，会使用哪些贸易政策手段？这些对外贸易政策目标对农产品对外贸易产生了什么影响？

农产品对外贸易是一国与其他国家或地区进行的农产品交易活动，它是农产品国内贸易的延伸和扩展。农产品对外贸易政策是一国政府为农产品对外贸易活动规定的基本行动准则和采取的重要措施的统称。

《中华人民共和国农业法》第三十条规定：国家鼓励发展农产品进出口贸易。国家采取加强国际市场研究、提供信息和营销服务等措施，促进农产品出口。为维护农产品产销秩序和公平贸易，建立农产品进口预警制度，当某些进口农产品已经或者可能对国内相关农产品的生产造成重大的不利影响时，国家可以采取必要的措施。

制定和执行正确的农产品对外贸易政策，有利于加强本国与外国在经济上特别是农业经济方面的联系与交流，可以促进本国的农业现代化和经济发展。

一、农产品出口竞争政策

农产品出口竞争政策是指在世界贸易组织农业协议以及其他双边或多边国际协议等相关规则约束下，一国（或地区）政府为扩大本国（或地区）农产品出口所采取的一系列旨在提高本国（或地区）农产品国际市场竞争力的边境措施。

农产品出口竞争政策是为国内农业政策目标服务的，其目标不仅仅是扩大农产品出口，而是通过扩大出口来实现国内政策目标。也即通过实施农产品出口竞争政策来鼓励农产品出口，以实现保护本国或本地区农业生产者的利益，保持和提高本国和本地区对国际农产品市场的影响力，增加财政收入或减轻财政负担，维护本国或本地区消费者的利益等目标。

按照政府为鼓励农产品出口所采取措施的性质，农产品出口竞争政策可分为农产品出口补贴支持和农产品出口促销政策。

（一）农产品出口补贴

农产品出口补贴是指政府直接或间接付给农产品出口商的货币补贴或实物补贴。农产品出口补贴政策是一种最常见的出口竞争政策，其目的在于通过鼓励出口以减少国内产品过剩状况或者换取外汇收入。当农产品的国内市场价格高于国际市场价格时一般都选择采取这种政策措施。出口补贴的方法，既可以是直接的现金支付，也可以是间接地降低出口产品的成本。

1. 直接出口补贴

直接出口补贴属于世界贸易组织农业规则重点规范和约束的一种出口竞争手段，主要措施包括：①政府或其代理机构依据出口业绩向企业、行业、农产品生产者、农产品生产合作社或其他协会，或者向销售者提供的直接补贴，包括实物补贴；②政府或其代理机构对农产品非商业性库存的出口销售和处理提供价格优惠；③政府为减少农产品出口的销售成本而给予出口商的补贴，包括向农产品处理、包装等加工以及国际运输等环节提供的补贴；④政府为出口装运货物的国内运输和装货制定或授权制订优惠的收费标准；⑤政府对附随于出口产品组合中的农产品提供的补贴。

直接出口补贴政策一般都与国内保证价格政策结合起来运用，即政府保证支付农产品国内市场价格与国际市场价格之间的差额。在直接出口补贴政策的支持下，出口数量会增加，国内市场供给则相应地减少，从而有利于稳定农产品市场价格并有可能导致价格的一定程度上升，通过政府补贴出口农产品也得到了与国内市场销售相同的价格。

2. 间接出口补贴

间接出口补贴属于国际贸易中较为通用的一种出口竞争手段，主要措施包括出口信贷和出口退税等。

出口信贷是指政府为降低本国或地区农产品出口成本、提高本国或地区农产品国际竞争力而向农产品出口商提供的出口信贷补贴、出口信贷担保或优惠贷款利率等信贷服务。出口信贷补贴具有扭曲农产品贸易的作用，属于世界贸易组织农业规则所规定的“黄箱”政策。

出口退税是指对于出口商品，免征国内同类商品所缴纳的各种国内税收，或在商品出口以后，政府允许企业申请退回进口原材料时支付的关税。出口退税可使出口商降低出口农产品的价格，提高国际竞争力。出口退税率越高，越有利于扩大出口，而且只有出口退税最大幅度不超过“零税率”，出口退税就不违背世界贸易组织规则，灵活性较高。它是国际上通行的、并为各国所接受的鼓励出口措施。

出口补贴政策的共同结果是降低出口产品的成本，提高出口产品的实际收益。出口补贴对生产、消费、价格和贸易的影响将会因其在国际市场上的份额大小而不同。

（二）农产品出口促销支持

农产品出口促销支持泛指政府所采取的除出口补贴之外的其他鼓励农产品出口的边境措施。政府实施农产品出口促销支持政策的目的在于拓宽农产品出口市场，扩大国外对本国或本地区农产品的需求，以及提高本国或本地区农产品出口商进入国外农产品市场的能力，增加出口机会。

农产品出口促销支持政策的具体措施较多，常见的有：①开展多层次的国际性的农产品公共宣传活动，如政府资助企业加强国外公共宣传、举办或组织企业参加农产品国际展览等；②提高企业开发国外市场的能力，如政府扶持农业行业团体和协会、在国外建立开拓市场的有关政府机构等；③政府采集、统计和分析国外农产品市场信息，为出口企业提供国外进口商资料、农产品技术标准等信息服务；④降低贸易壁垒，改善贸易条件，如开展高层外交访问、向出口目的地提供积极援助和赠与、参加双边和多边贸易协定等。

二、农产品市场准入政策

农产品市场准入政策是指在世界贸易组织农业协议以及其他双边或多边国际协议等相关规则约束下，一国（或地区）政府为限制或减少国外农产品进入本国（或地区）市场所采取的一系列旨在构筑农产品贸易壁垒的边境措施。农产品市场准入政策通过限制农产品进口，希望达到保护国内生产者和消费者、保护环境和协调国内政策等目标。

（一）农产品关税壁垒

农产品关税壁垒指在关税设定、计税方式及关税管理等方面阻碍进口的做法，如对进口农产品计征关税以降低其在出口地区的价格竞争优势。为增强贸易壁垒的限入作用，关税壁垒除提高名义关税税率外，还可运用选择设计计税方法、设置关税结构、调整关税配额等手段。

1. 选择计税方法

关税的计征方法一般有从价税、从量税和混合税等。从价税是依据进口商品价值大小征收一定比例的关税；从量税是依据农产品进口数量多少按照某一个固定税率所征收关税；混合税是指对所征商品中的部分商品使用从价税标准，而对另一部分商品使用从量税标准，是对从价税和从量税的综合运用。对同一种商品按不同的征税方法计征，实际税负程度差别很大。因此许多国家或地区往往通过对不同的课征对象选择不同的计税方法，来最大限度地增加进口成本，降低进口农产品价格竞争优势，如对粮食等大宗农产品采用从量税，对牛肉、水果及其加工产品等价值较高的产品采用从价税。此外，大多数国家和地区也采用季节性关税，即在国内农产品市场旺季提高关税，在一定程度上削弱国外农产品的市场竞争力。

2. 设置关税结构

关税结构是指政府对不同的农产品征收不同税率的关税。关税结构对关税保护程度有很大影响。同样的关税水平（以平均名义关税率 t 表示），不同的关税结构，关税实际保护效果会有很大差异。例如，A 国对各种农产品课征 t 水平的从价税，而 B 国对不同农产品课征不同水平的从价税，有些农产品从价税低于 t 甚至免税，有些农产品从价税高于 t，但从价税平均水平仍为 t。在这种条件下，B 国可以在名义关税约束情况下，加大对某些农产品（如敏感性产品）的关税保护，而 A 国的关税结构则达不到对敏感性产品重点保护的效果。于是，世界贸易组织成员，一方面按照农业规则要求削减关税水平（指平均名义关税税率），另一方面通过设置或调整关税结构提高关税有效保护率，增加关税保护程度。

实践中，关税结构的常见形式有关税高峰、关税升级和限制性关税。关税高峰是指对大多数农产品征收较低的进口关税，但对少数敏感性产品（政府希望保护的产品）设置较高的关税。这可对国外有竞争力的农产品形成较高的关税壁垒保护，降低市场准入机会或减少进口量。

关税升级是指对加工品的关税税率随着农产品加工程度的提高而提高的关税管理办法，即制成品的关税税率高于中间产品的关税税率，中间产品的关税税率高于初级产品关税税率。关税升级通过对原材料给予低税而对加工品课以高税，提高加工品的增值部分的保护程度，起到限制加工品进口，促进国内农产品加工业发展的作用。

限制性关税是指政府为限制或禁止进口某种国内需要保护的农产品，对该农产品进口课征高税。

3. 调整关税配额

关税配额是指进口国对进口货物数量制定一数量限制，对于凡在某一限额内进口的货物可以适用较低的税率或免税，但关税配额对于超过限额后所进口的货物则适用较高

或一般的税率。这是在乌拉圭回合多边贸易谈判中，为解决部分敏感农产品的市场开放问题而建立起来的一种介于关税和进口配额措施之间的进口限制政策。关税配额是一种进口国限制进口货物数量的措施，政府通过调整关税配额，特别是提高配额外的关税税率，可以起到减少额外农产品进口的效果。

（二）农产品非关税壁垒

1. 技术性贸易壁垒

技术性贸易壁垒是指不同国家之间进行商品交换时，由于实行的技术法规、标准、认证制度和检验制度等方面的差异而形成的贸易壁垒，主要包括技术标准规定、卫生检疫措施规定以及商品包装和标签规定等。随着各国争夺世界市场竞争的激化，不少国家，实际上是一些经济发达国家以保护人类和动植物健康生长、保护环境、保护消费者利益等为理由，利用其技术上的优势，制定和实施一系列的技术标准、卫生检疫措施、商品包装和标签规定，对商品进口实行限制。在技术标准方面，不少国家尤其是发达国家对许多农产品的技术安全标准的要求越来越高，进口农产品必须符合严格规定的技术标准，才允许进口，否则不能进口。在检疫方面，要求必须进行卫生检疫的商品也越来越多，且卫生检疫的规定也越来越严。在商品包装和标签方面，不少国家对于国内市场上销售的商品，规定了许多有关包装和标签的使用条例，而且这些条例或规定是不断变化的。这就使许多国外农产品一时难以适应而不能进口，或不得不重新包装和更换标签才能进口，从而增加成本，削弱进口产品的竞争力。

2. 绿色壁垒

绿色壁垒是在现代国际贸易中，商品进口国以保护人类健康和环境的名义，通过颁布、实施严格的环保法规和环保技术标准，以限制国外产品进口的贸易保护政策。

农产品非关税壁垒的主要手段还有反倾销、特殊保障条款等。另外，随着贸易竞争的加剧，一些新型的非关税壁垒也逐渐出现。

美国继续对华淡水小龙虾尾肉征收反倾销税

美国国际贸易委员会4日做出日落复审裁定，继续对从中国进口的淡水小龙虾尾肉征收反倾销税。

美国国际贸易委员会当天认定，取消对从中国进口的淡水小龙虾尾肉征收反倾销税可能导致在可预见的时间内继续或再次给美国相关产业造成“实质性损害”。

根据美国贸易救济政策程序，由于美国商务部此前已做出反倾销日落复审的肯定性裁定，美国国际贸易委员会当天的裁定表明，美国将继续对从中国进口的淡水小龙虾尾肉征收反倾销税，税率为91.5%至201.63%。

美国政府从1997年开始对从中国进口的淡水小龙虾尾肉征收反倾销税。美国商务部2013年11月发起针对该产品的第三轮日落复审。

中国商务部多次表示，希望美国政府恪守反对贸易保护主义承诺，共同维护自由、开放、公正的国际贸易环境，以更加理性的方法妥善处理贸易摩擦。

（**资料来源**：新华网，2014年4月7日）

三、出口限制和进口鼓励政策

政府对农产品实行出口限制政策，主要原因是农产品是一国最基本的生活资料，是本国比较稀缺和比较重要的商品，首先要保证满足本国的需要，另外还可以通过出口限制稳定和控制国际市场价格，增加政府外汇收入。当然，实施这种政策有时还有政治目的，主要就是限制对敌对国家和不友好国家的出口。

（一）出口限制

出口限制的手段包括直接的数量管制（如出口配额、出口许可证、外汇管制等）和间接的价格干预（如出口税、产业税、复汇率和高估汇率等）。

表5-1　2016年我国农产品出口配额总量

商品名称	单　位	配额总量
锯材	万立方米	26
蔺草及蔺草制品	万公斤	3000
活大猪	万头	180
其中：香港	万头	165
澳门	万头	15
活中猪	万头	8.24
其中：香港	万头	8
澳门	万头	0.24
活牛	万头	5.72
其中：香港	万头	5
澳门	万头	0.72
活鸡	万只	640
其中：香港	万只	300
澳门	万只	340

注：蔺草及蔺草制品为出口配额招标商品。

资料来源：中华人民共和国商务部网站，2015年10月30日

不管使用什么政策手段，限制出口虽然可能使消费者和政府受益，但会给生产者带来损失。而对整个社会经济福利的影响则取决于限制措施和出口国在国际市场上的地位。若出口国是国际市场上的主要出口国，出口的减少将导致国际市场价格上涨，贸易条件的改善将可能增加出口国整体社会经济的福利。

（二）进口鼓励政策

政府实施进口鼓励政策主要是针对一些国内短缺且关系到国计民生的物品，如粮食等，主要目的是为了保护国内消费者。进口鼓励政策包括进口补贴和消费补贴。进口补贴会影响国内市场的价格，减少国内同类产品的生产。其对国内生产、消费和社会经济利益的影响与进口关税正好相反。消费补贴在国内农产品价格管理政策中已经涉及，它通过支持消费来扩大进口，对本国生产价格和生产量都没有影响。

四、我国农产品对外贸易的政策变迁

（一）入世前的农业贸易政策

入世前，我国的农产品贸易保护政策与贸易管理体制基本上是根据计划经济原则建立的，关税和非关税保护水平较高。①关税。1992 年以来，我国多次自主降低农产品进口关税税率，2001 年，我国农产品进口平均关税减至 19%。②非关税措施。主要包括进口许可证、进口配额、法定商品检验、动植物检验、食品卫生检验等，种类繁复。与之相关的法规主要有《进口管理条例》《进口货物许可制度暂行条例》《出口许可证制度暂行办法》《商检法》《进出境动植物检验法》《食品国境卫生检疫法》等。③国营贸易。新中国成立后，随着计划经济体制的确立，我国专门成立了国有外贸公司，管理粮食、植物油和食品的进出口。④出口竞争措施。我国最初的出口竞争政策主要包括出口补贴、外汇留存、出口退税及用于出口的进口关税减免。随着贸易体制改革的深化，在 1994 年后，出口竞争政策则主要是出口退税、出口加工的进口关税减免及支持出口的金融手段。⑤国内支持政策。我国对农业的支持和补贴主要有三种情形：第一，属于“绿箱政策”的农业支持与补贴；第二，属于发展中国家特殊差别待遇的农业支持与补贴；第三，受 WTO 约束和限制的农业支持与补贴，即“黄箱政策”补贴，一是对粮食、棉花的政府定价收购及保护价收购，二是农业生产资料价差补贴。

（二）入世后的农业贸易政策

入世后，我国的农业政策及农业贸易政策受多边贸易协定的限制，在农产品关税、关税配额、出口竞争和国营贸易等问题上，不得不按照《中国加入世界贸易组织法律文件》的相关规定和承诺对现有的措施进行调整，不能再使用出口补贴。由于在 1992 年已经停止对出口产品实行补贴，按照 WTO 出口补贴的冻结禁止规则，我国政府承诺对出口的任何产品不再实行补贴政策，包括价格补贴、食物补贴以及发展中国家可以享受的对出口产品的加工、仓储、运输补贴。显然，农产品的出口补贴也不能重新启用。在“绿箱”支持措施中，我国尚有六项没有财政支出，如市场促销、脱钩的收入支持、收入保险与安全网、资源停用补贴以及结构调整补贴等，这些都与增加农民收入密切相关。①关税。实施期末关税水平与美国主要贸易伙伴（包括发达国家）应用关税水平相当甚至更低，所有关税削减都在 2004 年前分阶段完成，与其他 WTO 发展中成员实施乌拉圭回合《农业协定》时间表一致。削减后的关税水平为约束关税，不允许提升。②关税配额。对小麦、玉米、大米、豆油、菜籽油、棕榈油、食糖、棉花、羊毛和毛条这 10 种农产品进口实行关税配额管理，即每年确定一次上述农产品的进口关税配额数量，配额内实行低关税，配额外实行高关税。③国营贸易。实行国营贸易管理的有小麦、大米、玉米、棉花、豆油、食糖、棕榈油、菜籽油和化肥等农产品。对于实行国营贸易管理的农产品，我国承诺在指定国营贸易企业进口的同时，也留出一部分的关税配额量给非国营贸易企业，它们享有的比例还会逐步提高。与之相关的法规主要有《货物进出口管理条例》、新《货物进口许可证管理办法》、新《货物出口许可证管理规定》《农产品进口关税配额管理暂行规定》《2003 年重要农产品进口关税配额分配实施细则》、新《外贸法》等。[①]

中国关于影响货物贸易的政策方面的入世承诺——农业政策

农产品进口政策（包括关税配额的分配）仅以商业考虑为基础。

1. 农业和贸易政策不对进口产品造成歧视

不迟于加入之日，不在国家或地方各级维持、采用或重新采用管理进口产品数量、质量或待遇，或者形成进口替代做法或其他非关税措施的指导计划或行政指导，包括那些通过国家或地方各级国营贸易企业维持的指导计划或行政指导。

2. 出口补贴

不迟于加入之日，对农产品不维持或不采用任何出口补贴。所有在中国的企业均依照中国的 WTO 义务经营，包括关于出口补贴的义务。

此外，国家和地方各级主管机关将不对在中国的任何企业提供与 WTO 义务不一致的转移资金或其他利益，包括补偿因出口而产生的亏损。

3. 国内支持

中国保留了在《农业协定》下对农业国内支持提供特定支持和非特定支持的权利（统称“黄箱补贴”），此种支持的数量计入中国关于综合支持量的计算之中。中国的综合支持总量承诺水平列入中国减让表第四部分第 1 节中。对于特定产品的支持，只要综合支持量不超过该产品相关年份生产总值 8.5% 的水平，就不须削减。对

① 马述忠，曹瑛杰 . 我国农产品对外贸易政策变迁及成长环境研究 . 国际经贸探索，2008（1）：21–22

于所有农产品的支持，只要综合支持量不超过相关年份中国农业生产总值 8.5% 的水平，就不须削减。计算支持采用相关年份，使中国今后的农业国内支持有增长的空间。

注：《农业协定》用综合支持量衡量“黄箱补贴”的大小，是指为支持农产品生产者而提供给特定农产品，或为支持广大农业生产者而提供给所有农产品的年支持水平。“黄箱补贴”指政府对农产品的直接价格干预和补贴，包括对种子、肥料、灌溉等农业投入品的补贴，对农产品的营销贷款补贴等。“黄箱补贴”对农产品贸易造成扭曲，成员方须承担约束和削减义务。

与此同时，中国还可以使用与 WTO《农业协定》相符的“绿箱”国内支持，对该项补贴无数量限制。

（**资料来源**：新华网，2006 年 11 月 6 日）

动动脑

1. 我国农产品出口应如何应对国际市场上的非关税贸易壁垒?
2. 怎样衡量我国农产品出口竞争力? 如何提高我国农产品出口竞争力?

第四节　农产品质量安全政策与法规

案例导入

农业部：对农产品质量安全“零容忍”

2015 年 2 月 11 日，农业部召开新闻发布会，介绍国家现代农业示范区建设的有关情况。农业部发展计划司叶贞琴表示，农产品质量安全，是人人关注的。农产品特别是食用农产品，天天要吃，人人要吃，餐餐要吃，吃得便宜，还要吃得安全，这关系到每个消费者和生产者。因此对农产品质量安全问题，农业部的态度是非常坚决的，就是零容忍。

叶贞琴表示，农业部在推进现代农业示范区建设过程当中，始终坚持“农产品是产出来的，也是管出来的”理念，一方面引导示范区提升标准化生产水平，通过支持有关示范区实施标准化示范县等项目，推动示范区创一流、做标杆，在建设水平、评价指标体系当中，把农业的标准化水平作为一个指标进行监测，倡导示范区大力发展无公害农产品、绿色食品、有机食品，引导各个地方提高农产品质量安全水平。

另一方面，引导示范区强化农产品质量安全的监管，支持示范区开展农产品质量安全检验检测项目的建设，推动完善农产品质量安全检测检验体系。在建设水平评价指标当中，把农产品质量安全抽检合格率作为具体指标，赋予 3% 的权重，每年进行检测评价，推动示范区开展农产品从田间到餐桌的全过程监管。

叶贞琴介绍，目前，现代农业示范区农产品安全抽检合格率近年来都稳定在 99% 以上。与此同时，农业部还提出，对“发生重大生产安全和农产品质量安全事故，造成严重后果的”示范区，将直接撤销国家现代农业示范区的称号。

（**资料来源**：人民网，2015 年 2 月 11 日）

案例思考

农产品质量安全要依托哪些政策与法规？如何通过政策法规的制定与实施来确保农产品质量安全？

一、农产品质量安全政策与法规

《中华人民共和国农业法》自 1993 年 7 月 2 日第八届全国人民代表大会常务委员会第二次会议通过施行以来，先后在 2009 年、2012 年经过两次修正。

2006 年 4 月 29 日，第十届全国人民代表大会常务委员会第二十一次会议通过《中华人民共和国农产品质量安全法》，并于 2006 年 11 月 1 日起施行。

2009 年 2 月 28 日，第十一届全国人民代表大会常务委员会第七次会议通过并于 2009 年 6 月 1 日起施行的《中华人民共和国食品安全法》，在施行多年后，于 2015 年 4 月 24 日由第十二届全国人民代表大会常务委员会第十四次会议修订，并于 2015 年 10 月 1 日起施行。

为了保障农产品质量安全，保障消费安全，维护公众健康，促进农业和农村经济发展，经过多年的建设和发展，依托《中华人民共和国农业法》，以《中华人民共和国农产品质量安全法》为核心，辅以农产品质量安全管理相关领域中的其他法律、法规等，我国农产品质量安全管理已形成了较为完善的政策框架和法律、法规体系。

（一）农产品质量安全

农产品，是指来源于农业的初级产品，即在农业活动中获得的植物、动物、微生物及其产品。

农产品质量安全，是指农产品质量符合保障人的健康、安全的要求。

《中华人民共和国农产品质量安全法》第二十二条规定：国家采取措施提高农产品的质量，建立健全农产品质量标准体系和质量检验检测监督体系，按照有关技术规范、操作规程和质量卫生安全标准，组织农产品的生产经营，保障农产品质量安全。

（二）农产品质量安全政策内容

1. 农产品质量安全标准

国家建立健全农产品质量安全标准体系，这是一种强制性的技术规范。农产品质量

安全标准的制定和发布，依照有关法律、行政法规的规定执行。

制定农产品质量安全标准应当充分考虑农产品质量安全风险评估结果，并听取农产品生产者、销售者和消费者的意见，保障消费安全。也应当根据科学技术发展水平以及农产品质量安全的需要，及时修订。

农产品质量安全标准由农业行政主管部门商有关部门组织实施。

2. 农产品产地

《中华人民共和国农产品质量安全法》第十五条规定：县级以上地方人民政府农业行政主管部门按照保障农产品质量安全的要求，根据农产品品种特性和生产区域大气、土壤、水体中有毒有害物质状况等因素，认为不适宜特定农产品生产的，提出禁止生产的区域，报本级人民政府批准后公布。具体办法由国务院农业行政主管部门商国务院环境保护行政主管部门制定。农产品禁止生产区域的调整，依照前款规定的程序办理。

第十六条规定：县级以上人民政府应当采取措施，加强农产品基地建设，改善农产品的生产条件。县级以上人民政府农业行政主管部门应当采取措施，推进保障农产品质量安全的标准化生产综合示范区、示范农场、养殖小区和无规定动植物疫病区的建设。

在农产品产地保护和管理方面，第十七至第十九条规定：禁止在有毒有害物质超过规定标准的区域生产、捕捞、采集食用农产品和建立农产品生产基地；禁止违反法律、法规的规定向农产品产地排放或者倾倒废水、废气、固体废物或者其他有毒有害物质。农业生产用水和用作肥料的固体废物，应当符合国家规定的标准；农产品生产者应当合理使用化肥、农药、兽药、农用薄膜等化工产品，防止对农产品产地造成污染。

农产品地理标志，是指标示农产品来源于特定地域，产品品质和相关特征主要取决于自然生态环境和历史人文因素，并以地域名称冠名的特有农产品标志。

符合下列条件的农产品可以申请地理标志登记：产品有独特的品质特性或者特定的生产方式；产品品质和特色主要取决于独特的自然生态环境和人文历史因素；产品有限定的生产区域范围；产地环境、产品质量符合国家强制性技术规范要求等。经登记的农产品地理标志受法律保护。

农业部负责全国农产品地理标志的登记工作，农业部农产品质量安全中心负责农产品地理标志登记的审查和专家评审工作。

3. 农产品生产

国务院农业行政主管部门和省、自治区、直辖市人民政府农业行政主管部门应当制定保障农产品质量安全的生产技术要求和操作规程。县级以上人民政府农业行政主管部门应当加强对农产品生产的指导。

对农产品生产的投入物，《中华人民共和国农业法》第二十五条规定：农药、兽药、饲料和饲料添加剂、肥料、种子、农业机械等可能危害人畜安全的农业生产资料的生产经营，依照相关法律、行政法规的规定实行登记或者许可制度。各级人民政府应当建立健全农业生产资料的安全使用制度，农民和农业生产经营组织不得使用国家明令淘汰和禁止使用的农药、兽药、饲料添加剂等农业生产资料和其他禁止使用的产品。农业生产资料的生产者、销售者应当对其生产、销售的产品的质量负责，禁止以次充好、以假充真、以不合格的产品冒充合格的产品；禁止生产和销售国家明令淘汰的农药、兽药、饲料添加剂、农业机械等农业生产资料。

《中华人民共和国农产品质量安全法》规定对可能影响农产品质量安全的农药、兽药、饲料和饲料添加剂、肥料、兽医器械，依照有关法律、行政法规的规定实行许可制度。国务院农业行政主管部门和省、自治区、直辖市人民政府农业行政主管部门应当定期对可能危及农产品质量安全的农药、兽药、饲料和饲料添加剂、肥料等农业投入品进行监督抽查，并公布抽查结果。县级以上人民政府农业行政主管部门应当加强对农业投入品使用的管理和指导，建立健全农业投入品的安全使用制度。

《中华人民共和国食品安全法》第四十九条规定：食用农产品生产者应当按照食品安全标准和国家有关规定使用农药、肥料、兽药、饲料和饲料添加剂等农业投入品，严格执行农业投入品使用安全间隔期或者休药期的规定，不得使用国家明令禁止的农业投入品。禁止将剧毒、高毒农药用于蔬菜、瓜果、茶叶和中草药材等国家规定的农作物。食用农产品的生产企业和农民专业合作经济组织应当建立农业投入品使用记录制度。县级以上人民政府农业行政部门应当加强对农业投入品使用的监督管理和指导，建立健全农业投入品安全使用制度。

对农产品生产者，《中华人民共和国农产品质量安全法》中规定农业科研教育机构和农业技术推广机构应当加强对农产品生产者质量安全知识和技能的培训。农产品生产者应当按照法律、行政法规和国务院农业行政主管部门的规定，合理使用农业投入品，严格执行农业投入品使用安全间隔期或者休药期的规定，防止危及农产品质量安全。禁止在农产品生产过程中使用国家明令禁止使用的农业投入品。农民专业合作经济组织和农产品行业协会对其成员应当及时提供生产技术服务，建立农产品质量安全管理制度，健全农产品质量安全控制体系，加强自律管理。

《中华人民共和国食品安全法》第四条规定：食品生产经营者对其生产经营食品的安全负责。食品生产经营者应当依照法律、法规和食品安全标准从事生产经营活动，保证食品安全，诚信自律，对社会和公众负责，接受社会监督，承担社会责任。第六十四条规定：食用农产品批发市场应当配备检验设备和检验人员或者委托符合本法规定的食品检验机构，对进入该批发市场销售的食用农产品进行抽样检验；发现不符合食品安全标准的，应当要求销售者立即停止销售，并向食品药品监督管理部门报告。第六十五条规定：食用农产品销售者应当建立食用农产品进货查验记录制度，如实记录食用农产品的名称、数量、进货日期以及供货者名称、地址、联系方式等内容，并保存相关凭证。记录和凭证保存期限不得少于六个月。进入市场销售的食用农产品在包装、保鲜、贮存、运输中使用保鲜剂、防腐剂等食品添加剂和包装材料等食品相关产品，应当符合食品安全国家标准。

此外，还要做好农产品生产记录。《中华人民共和国农产品质量安全法》中相关条文规定，农产品生产企业和农民专业合作经济组织应当建立农产品生产记录，如实记载使用农业投入品的名称、来源、用法、用量和使用、停用的日期；动物疫病、植物病虫草害的发生和防治情况；收获、屠宰或者捕捞的日期等相关事项，并应当将农产品生产记录保存二年，禁止伪造农产品生产记录。同时，国家也鼓励其他农产品生产者建立农产品生产记录。

4. 农产品包装和标识

农产品生产企业、农民专业合作经济组织以及从事农产品收购的单位或者个人销售的农产品，按照规定应当包装或者附加标识的，须经包装或者附加标识后方可销售。包装物或者标识上应当按照规定标明产品的品名、产地、生产者、生产日期、保质期、产品质量等级等内容；使用添加剂的，还应当按照规定标明添加剂的名称。具体办法由国务院农业行政主管部门制定。

农产品在包装、保鲜、贮存、运输中所使用的保鲜剂、防腐剂、添加剂等材料，应当符合国家有关强制性的技术规范。属于农业转基因生物的农产品，应当按照农业转基因生物安全管理的有关规定进行标识。依法需要实施检疫的动植物及其产品，应当附具检疫合格标志、检疫合格证明。

销售的农产品必须符合农产品质量安全标准，生产者可以申请使用无公害农产品标志。农产品质量符合国家规定的有关优质农产品标准的，生产者可以申请使用相应的农产品质量标志。禁止冒用前款规定的农产品质量标志。

5. 农产品质量安全监测

农产品质量安全监测，包括农产品质量安全风险监测和农产品质量安全监督抽查。农产品质量安全风险监测，是指为了掌握农产品质量安全状况和开展农产品质量安全风险评估，系统和持续地对影响农产品质量安全的有害因素进行检验、分析和评价的活动，包括农产品质量安全例行监测、普查和专项监测等内容。农产品质量安全监督抽查，是指为了监督农产品质量安全，依法对生产中或市场上销售的农产品进行抽样检测的活动。

《中华人民共和国农产品质量安全法》第二十六规定，农产品生产企业和农民专业合作经济组织，应当自行或者委托检测机构对农产品质量安全状况进行检测；经检测不符合农产品质量安全标准的农产品，不得销售。

2012 年 10 月 1 日起施行的《农产品质量安全监测管理办法》规定，农产品质量安全检测工作由符合《中华人民共和国农产品质量安全法》第三十五条规定条件的检测机构承担。县级以上人民政府农业行政主管部门应当加强农产品质量安全检测机构建设，提升其检测能力。农业部统一管理全国农产品质量安全监测数据和信息，并指定机构建立国家农产品质量安全监测数据库和信息管理平台，承担全国农产品质量安全监测数据和信息的采集、整理、综合分析、结果上报等工作。县级以上地方人民政府农业行政主管部门负责管理本行政区域内的农产品质量安全监测数据和信息。鼓励县级以上地方人民政府农业行政主管部门建立本行政区域的农产品质量安全监测数据库。

此外，应当定期开展农产品质量安全风险监测。根据农产品质量安全监管需要，可以随时开展专项风险监测。

6. 监管及监督检查

《中华人民共和国农产品质量安全法》规定，不得销售含有国家禁止使用的农药、兽药或者其他化学物质的农产品；农药、兽药等化学物质残留或者含有的重金属等有毒有害物质不符合农产品质量安全标准的农产品；含有的致病性寄生虫、微生物或者生物毒素不符合农产品质量安全标准的农产品；使用的保鲜剂、防腐剂、添加剂等材料不符合国家有关强制性的技术规范的农产品；其他不符合农产品质量安全标准的。

海南省建成 209 个农贸市场农药残留免费检测点

海南省委、省政府把“在各大超市和部分农贸市场设置农药残留免费检测点”作为 2015 年为民办实事十大事项之一，海南省食品药品监督管理局积极落实，目前已在全省所有大型超市（75 个）和 134 个农贸市场设置果蔬农药残留免费检测点。农药残留免费检测点除按规定承担对市场内的豇豆、四季豆、苦瓜、青瓜、生菜等 5 个必检品种和随机抽取不少于 5 个品种果蔬进行农药残留快速检测外，还要为消费者提供果蔬农药残留免费检测服务。

为确保蔬菜、水果质量安全，海南省食品药品监督管理部门从田头到餐桌全过程全链条实施监管，严防农药残留不合格蔬菜水果流向百姓餐桌。目前，在批发和零售市场抽检外省蔬菜水果的不合格率已经大幅下降到 1% 以下。

（**资料来源**：国家食品药品监督管理总局，2015 年 10 月 26 日）

国家建立农产品质量安全监测制度。县级以上人民政府农业行政主管部门应当按照保障农产品质量安全的要求，制定并组织实施农产品质量安全监测计划，对生产中或者市场上销售的农产品进行监督抽查。监督抽查结果由国务院农业行政主管部门或者省、自治区、直辖市人民政府农业行政主管部门按照权限予以公布。监督抽查检测应当委托符合《中华人民共和国农产品质量安全法》第三十五条规定条件的农产品质量安全检测机构进行，不得向被抽查人收取费用，抽取的样品不得超过国务院农业行政主管部门规定的数量。上级农业行政主管部门监督抽查的农产品，下级农业行政主管部门不得另行重复抽查。

国家鼓励单位和个人对农产品质量安全进行社会监督。任何单位和个人都有权对违反本法的行为进行检举、揭发和控告。有关部门收到相关的检举、揭发和控告后，应当及时处理。

《中华人民共和国食品安全法》第五条规定：国务院设立食品安全委员会，其职责由国务院规定。国务院食品药品监督管理部门依照本法和国务院规定的职责，对食品生产经营活动实施监督管理。国务院卫生行政部门依照本法和国务院规定的职责，组织开展食品安全风险监测和风险评估，会同国务院食品药品监督管理部门制定并公布食品安全国家标准。国务院其他有关部门依照本法和国务院规定的职责，承担有关食品安全工作。第六条规定：县级以上地方人民政府对本行政区域的食品安全监督管理工作负责，统一领导、组织、协调本行政区域的食品安全监督管理工作以及食品安全突发事件应对工作，建立健全食品安全全程监督管理工作机制和信息共享机制。县级以上地方人民政府依照本法和国务院的规定，确定本级食品药品监督管理、卫生行政部门和其他有关部门的职责。有关部门在各自职责范围内负责本行政区域的食品安全监督管理工作。县级人民政府食品药品监督管理部门可以在乡镇或者特定区域设立派出机构。

第四十二条规定：国家建立食品安全全程追溯制度。食品生产经营者应当依照本法的规定，建立食品安全追溯体系，保证食品可追溯。国家鼓励食品生产经营者采用信息化手段采集、留存生产经营信息，建立食品安全追溯体系。国务院食品药品监督管理部门会同国务院农业行政等有关部门建立食品安全全程追溯协作机制。

2012 年 7 月 13 日《国务院关于加强食品安全工作的决定》明确说明要加强食用农产品监管。完善农产品质量安全监管体系，加快推进乡镇农产品质量安全监管公共服务机构建设，开展农产品质量安全监管示范县创建，着力提高县级农产品质量安全监管执法能力。严格农业投入品生产经营管理，加强对食用农产品种植养殖活动的规范指导，督促农产品标准化生产示范园（区、场）、农民专业合作经济组织、食用农产品生产企业落实投入品使用记录制度。扩大对食用农产品的例行监测、监督抽查范围，严防不合格产品流入市场和生产加工环节。加强对农产品批发商、经纪人的管理，强化农产品运输、仓储等过程的质量安全监管。加大农产品质量安全培训和先进适用技术推广力度，建立健全农产品产地准出、市场准入制度和农产品质量安全追溯体系，强化农产品包装标识管理。健全畜禽疫病防控体系，规范畜禽屠宰管理，完善畜禽产品检验检疫制度和无害化处理补贴政策，严防病死病害畜禽进入屠宰和肉制品加工环节。加强农产品产地环境监管，加大对农产品产地环境污染治理和污染区域种植结构调整的力度。

二、粮食安全政策与法规

粮食安全始终是关系我国经济发展、社会稳定、国家自立和安全的全局性重大战略问题，保障国家粮食安全始终是治国安邦的头等大事。

（一）粮食安全意识和责任

《中华人民共和国农业法》第三十六条规定：国家提倡珍惜和节约粮食，并采取措施改善人民的食物营养结构。

2015年7月1日第十二届全国人民代表大会常务委员会第十五次会议通过的《中华人民共和国国家安全法》第二十二条规定：国家健全粮食安全保障体系，保护和提高粮食综合生产能力，完善粮食储备制度、流通体系和市场调控机制，健全粮食安全预警制度，保障粮食供给和质量安全。

国务院2014年12月31日公开发布的《国务院关于建立健全粮食安全省长责任制的若干意见》指出：各地区、各部门要充分认识确保粮食安全的极端重要性和复杂性，进一步增强大局意识、责任意识，把保障粮食安全放在经济社会发展的突出位置，作为保障民生工作的基本任务，常抓不懈，毫不动摇。各省（区、市）人民政府必须切实承担起保障本地区粮食安全的主体责任，全面加强粮食生产、储备和流通能力建设。省长（主席、市长）在维护国家粮食安全方面承担的责任是：稳定发展粮食生产，巩固和提高粮食生产能力；落实和完善粮食扶持政策，抓好粮食收购，保护农民种粮积极性；管好地方粮食储备，确保储备粮数量充足、结构合理、质量良好、调用高效；实施粮食收储供应安全保障工程，加强粮食流通能力建设；深化国有粮食企业改革，促进粮食产业健康发展；完善区域粮食市场调控机制，维护粮食市场稳定；健全粮食质量安全保障体系，落实监管责任；大力推进节粮减损，引导城乡居民健康消费。

（二）粮食生产能力

《中华人民共和国农业法》第三十一条规定：国家采取措施保护和提高粮食综合生产能力，稳步提高粮食生产水平，保障粮食安全。国家建立耕地保护制度，对基本农田依法实行特殊保护。第三十二条规定：国家在政策、资金、技术等方面对粮食主产区给予重点扶持，建设稳定的商品粮生产基地，改善粮食收贮及加工设施，提高粮食主产区的粮食生产、加工水平和经济效益。国家支持粮食主产区与主销区建立稳定的购销合作关系。

《国务院关于建立健全粮食安全省长责任制的若干意见》指出：

（1）坚决守住耕地红线。落实最严格的耕地保护制度，确保现有耕地面积基本稳定、土壤质量不下降。规范耕地占补平衡，严格实行耕地“占一补一”“先补后占”和“占优补优”。加强耕地质量建设，采取综合措施提高耕地基础地力，提升产出能力。对占用耕地特别是基本农田的，要实行剥离耕作层土壤再利用制度，开展补充耕地土壤改良和培肥。粮食主销区要确立粮食种植面积底线。严格执行政府领导干部耕地和基本农田保护离任审计制度。

（2）加快建设高标准农田。按期完成全国高标准农田建设总体规划确定的建设任务。粮食主产区要切实用好中央财政补助资金，落实配套措施，大规模改造中低产田，把产粮大县建成粮食核心产区，增加粮食产量。粮食主销区和产销平衡区要建设一批旱涝保收、高产稳产的口粮田，稳定和提高粮食自给率。加强农田水利建设，实施农业节水重大工程，解决好农田灌溉“最后一公里”问题，不断提高农业综合生产能力。

（3）提高粮食生产科技水平。将提高粮食单产作为主攻方向，加大财政投入，鼓励

引导社会资本参与粮食生产科技创新与推广运用，努力提高科技对粮食生产的贡献率。培育和推广“高产、优质、多抗”粮油品种。大规模开展粮食高产创建和增产模式攻关，集成推广高产、高效、可持续的技术和模式。加快发展农业机械化，强化农机农艺深度融合，实现粮食作物品种、栽培技术和机械装备的集成配套。建立基层农技推广机构和人员绩效考核激励机制。

（4）建立新型粮食生产经营体系。积极培育种粮大户、家庭农场、农民合作社、农业产业化龙头企业等新型粮食生产经营主体，对其用于晾晒、烘干、仓储、加工等配套设施的建设用地给予支持。加快建立健全承包土地经营权流转市场，鼓励有条件的农户在自愿的前提下，将承包土地经营权流转给新型粮食生产经营主体。在流转过程中，要避免“非粮化”、坚决禁止“非农化”。采取财政扶持、信贷支持等措施，推行合作式、订单式、托管式等粮食生产经营服务模式，积极发展粮食社会化服务。通过政府购买服务等方式，支持具备条件的经营性服务组织承担粮食领域公益性服务。

（5）增强粮食可持续生产能力。发展节水农业和旱作农业，推广节能技术和测土配方施肥，坚决制止过度开发农业资源、过量使用化肥农药农膜和超采地下水等行为。推广循环农业技术，提高粮食生产资源利用效率。大力推进机械化深松整地、保护性耕作、施用有机肥和秸秆还田，加快实施土壤有机质提升补贴项目。鼓励发展木本油料，拓宽粮油供给来源。加强农业气象灾害防御、有害生物和病虫害防控等防灾减灾体系建设。

（三）粮食扶持和保护政策

《中华人民共和国农业法》第三十三条规定：在粮食的市场价格过低时，国务院可以决定对部分粮食品种实行保护价制度。保护价应当根据有利于保护农民利益、稳定粮食生产的原则确定。农民按保护价制度出售粮食，国家委托的收购单位不得拒收。县级以上人民政府应当组织财政、金融等部门以及国家委托的收购单位及时筹足粮食收购资金，任何部门、单位或者个人不得截留或者挪用。

《国务院关于建立健全粮食安全省长责任制的若干意见》中指出：认真完善和落实粮食补贴政策，提高补贴精准性、指向性。新增粮食补贴要向粮食主产区和主产县倾斜，向新型粮食生产经营主体倾斜。加强补贴资金监管，确保资金及时、足额补贴到粮食生产者手中。引导和支持金融机构为粮食生产者提供信贷等金融服务。完善农业保险制度，对粮食作物保险给予支持。

根据粮食种植布局和交通条件，统筹设立粮食收购网点，方便农民售粮。在继续发挥国有粮食企业主导作用的基础上，鼓励和引导符合条件的多元市场主体参与政策性粮食收购。积极支持农业发展银行等金融机构落实收购资金，加大对符合贷款条件企业自主收购粮食的支持力度。加强粮食收购市场监管，严厉打击“转圈粮”和“打白条”、压级压价等坑农害农行为。完善粮食市场价格形成机制，引导粮食价格保持合理水平。鼓励和引导农业产业化龙头企业与粮食生产者建立紧密的利益联结关系，采取保底收购、股份分红、利润返还等方式，让粮食生产者分享加工销售的收益。健全重要农资储备制度，稳定农资价格。

（四）粮食储备

《中华人民共和国农业法》第三十四条规定：国家建立粮食安全预警制度，采取措施保障粮食供给。国务院应当制定粮食安全保障目标与粮食储备数量指标，并根据需要组织有关主管部门进行耕地、粮食库存情况的核查。国家对粮食实行中央和地方分级储备调节制度，建设仓储运输体系。承担国家粮食储备任务的企业应当按照国家规定保证储备粮的数量和质量。第三十五条规定：国家建立粮食风险基金，用于支持粮食储备、稳定粮食市场和保护农民利益。

《国务院关于建立健全粮食安全省长责任制的若干意见》指出，严格按照国家有关部门确定的储备规模和完成时限，抓紧充实地方粮食储备。进一步优化储备布局和品种结构，落实储备费用和利息补贴资金，完善轮换管理和库存监管机制。定期将地方粮食储备品种、数量和布局等信息报送国家有关部门。同时，创新地方粮食储备机制。探索建立政府储备和社会储备相结合的分梯级粮食储备新机制。通过运用财政、金融、投资等政策手段，建立地方政府掌控的社会粮食周转储备。鼓励符合条件的多元市场主体参与地方粮食储备相关工作。严格执行粮食经营、加工企业最低最高库存制度，鼓励企业保持合理商品库存。建立地方和中央粮食储备协调机制，充分发挥调控市场、稳定粮价的协同效应。

我国粮食储备制度的演变

我国粮食储备制度在新中国成立初便开始萌芽，历经调整改革，构成了当今保障中国13亿人粮食安全的重要一环。

1. 甲子粮与“506”粮

1983年4月，联合国粮农组织通过了“粮食安全”的概念，并且得到了国际社会的广泛赞同与支持。这个概念包括确保生产足够数量的粮食，最大限度地稳定粮食供应，确保所有需要粮食的人都能获得粮食。

根据联合国粮农组织关于全球粮食安全储备的测算，各国一般应以当年粮食社会库存量不低于全年粮食消费量的17%~18%作为粮食安全线，其中5%~6%为后备储备，用于应付自然灾害和各种突发事件，12%作为周转库存，用于市场调节。

为了保证大城市的粮食供应和粮价稳定，党中央、国务院非常重视建立国家粮食储备。经过计算，1952年中央规定粮食储备量可达到20亿公斤，但是这部分储备很快就用于调剂市场和救灾。

1954年我国在《关于粮食征购工作的指示》中明确表示，国家必须储备一定数量的粮食来应对灾荒等意外事件的发生。这部分用来应对灾荒的粮食被称为“甲子粮”，是构成中国粮食储备的重要部分。

但是由于粮食供应紧张，这些储备粮也很快被用于国家粮食的周转和应急之需。到了 1958 年，为了应付灾荒、战争等意外情况的发生，保证社会主义经济建设的顺利发展，中央认为应该按照丰年多储存、平年少储存的原则进行粮食储备，我国的粮食储备增加到了 20 亿 ~30 亿公斤。但由于当年“大跃进”和“浮夸风”，农业生产遭受到严重的破坏，粮食产量随之大幅度地下降，部分粮食储备很快就被用于弥补粮食收支的缺口，粮食储备的规模也因此急速缩小。

1962 年，中共中央发布了《关于建立粮食工作的决定》，明确做出指示，要求我国建立粮食储备，做到年年储一点、逐年增多。同年，由于台海局势紧张，中央决定建立备战目的的军用“506”战略储备粮，即储备足够 50 万人 6 个月食用的粮食以作备战之需。由各省、自治区、直辖市根据国家统一规划，确定储备品种、质量、数量、地点。实行军政共管，由粮食部、总后勤部联合下达任务指示，由大军区与省级人民政府联合商定。品种包括大米、面粉、杂粮、食用油、马草，以及麻袋、油桶、篷布等器材。

从此我国储备粮的功能不仅是应付灾荒，还增加了备战的用途。这一粮食储备体制一直实行到 2002 年才正式废止。

2. 专项粮食储备制度建立

从 1962 年开始，中国的粮食储备制度逐步形成。到了 1965 年，约有 60% 的生产队建立了自己的粮食储备，各个地方的粮食部门代替生产队保管的粮食储备达到了 20 多亿公斤。同时，各级政府还鼓励社员个人储存结余下的粮食。1962 年到 1965 年，粮食生产得到恢复，国家的粮食储备、备战粮食和社会粮食储备规模不断增加。

1978 年，农村实行了家庭联产承包责任制，农业生产再次得到恢复，国家和社会的粮食储备规模迅速扩大。

此时中国粮食储备主要由三个部分组成：第一部分是甲子粮；第二部分是“506”粮；最后一部分是商品库存，实际上就是周转储备。除了以上三部分，还有一小部分叫作农村集体储备，占总储备量的 5% 左右。

1990 年 9 月，国务院颁布《关于建设国家专项粮食储备制度的决定》，这标志着我国的粮食储备进入了一个新的阶段。国家专项粮食储备制度建立起来，初步形成了中央、省级、地县三级储备体系。

1990 年我国的粮食产量为 4.35 亿吨，比 1989 年增加了 2700 万吨，再次创造了历史新高。我国的粮食周转库存和储备都有了大幅度的增长，一些粮食主产区甚至出现了“卖粮难”的情况。同时，国有粮食部门的经营设施尤其是仓储设施显得严重不足，各地的粮食部门相继出现了“储粮难”的情况。国家开始收购部分滞销的粮食，并按照国家规定的价格敞开收购，收购的这部分粮食被用于国家粮食的专项储备。

在建立专项粮食储备制度的过程中，中国初步形成了中央、省级、地县三级储备体系。1995 年，国务院颁布《关于粮食部门深化改革实行两条线运行的通知》，为实现地区的粮食平衡，调控地区的粮食市场，粮食产区应建立地方储备且该储备规模应等同于 3 个月以上粮食销量；粮食销区则要建立等同于 6 个月粮食销量的地方储备，保证粮食市场供求的基本平衡。

经过几年的实际操作，各省级都建立了一定的储备，储备量从几亿斤到几十亿斤不等。正常情况下，国家储备粮可维持 4~5 个月的销量；地方储备量则可维持 2~3 个月的销量；还有不少的农民进行余粮储备，这一储备一般可维持 5~6 个月的口粮。

3. 建立储备粮垂直管理体系

尽管三种中央储备粮的粮权都属于中央，但对于这些粮食的收购、储存、轮换、抛售等业务都是由地方负责。这种管理方式的弊端是储备粮经营管理容易受地方利益的影响，致使中央储备粮管理不严、库存不实、需要时调度不灵，一定程度上削弱了粮食储备的根本目的。

1999 年国家决定建立中央储备粮垂直管理体系，将国家粮食储备局改为国家粮食局，作为国务院直属机构，由国家计委代管，同时组建中国储备粮管理总公司，专门负责中央储备粮的经营管理。并于 2000 年将前述三种中央政府管理的储备粮食合并成为中央储备粮。

2000 年 10 月以后，中央储备粮的经营管理业务全部由各省（区、市）粮食局移交给中国储备粮管理总公司。中国储备粮管理总公司通过在重点地区建立地方分公司和上收直属粮库的方式建立垂直管理体系。这就是以政府储备和社会储备为主体，并由国家粮食储备局和中央储备粮管理总公司及承储单位组成的储备粮管理体系。

2003 年，国务院颁布了《中央储备粮管理条例》，该条例对中央储备粮的计划、储存和动用等各个环节都做出了全面的规定，这是我国第一部规范中央储备粮管理的行政法规，由此建立起中国现代的粮食储备制度。

2000 年以前，中央储备粮主要是由地方粮库代储。据统计，当时的储存库点十分分散，全国共有 1.1 万多个。2000 年以后中央储备粮的储存采取中国储备粮管理总公司直属库专储和地方粮库代储相结合的方式，直属库的数量也大量增加。

如何才能动用这些储备粮食？根据《中央储备粮管理条例》的规定，可以动用的情况主要有：全国或者部分地区粮食明显供不应求或者市场价格异常波动；发生重大自然灾害或者其他突发事件；以及国务院认为的其他情形。当出现需要动用中央储备粮的情形时，一般是由国家发展改革部门、粮食行政管理部门和财政部门提出动用方案；然后联合报国务院审核批准后，采取挂牌销售、直接供应特定对象、在批发市场公开抛售等方式遏制粮食危机。

（**资料来源**：中华粮网，2015 年 1 月 28 日）

（五）粮食流通能力

1. 加强粮食仓储物流设施建设和管理

组织实施粮食收储供应安全保障工程，将粮食仓储物流设施作为重要农业基础设施抓紧建设。创新投融资方式，引导社会资本积极参与，尽快建成与本地区粮食收储规模和保障供应要求相匹配，布局合理、功能齐全的仓储物流体系。加快粮食“危仓老库”维修改造。支持种粮大户和农民合作社建设带有烘干设备的储粮设施。建立国有粮食仓储物流设施保护制度。

2. 积极发展粮食物流网络

大力推广散粮、成品粮集装化物流方式，引导购销运企业联合运营，打造跨区域的粮食物流通道。将粮油供应网络建设纳入各地城镇建设规划和商业网点规划。进一步完善粮食交易中心功能，加快联网竞价交易平台建设，推进政策性粮食联网交易。培育一批公益性成品粮批发市场。

3. 加强粮食产销合作

粮食主销区、产销平衡区要按照互惠互利的原则，与主产区建立更加紧密稳定的产销关系，支持企业到主产区投资建设粮源基地和仓储物流设施，建立异地储备。粮食主产区要鼓励企业在主销区建设仓储物流设施和营销网络，主销区要给予必要支持。

（六）粮食产业发展

1. 培育发展新型粮食流通主体

继续深化国有粮食企业改革，推进国有粮食企业兼并重组，妥善解决国有粮食企业欠缴职工社会保障金、历史性亏损挂账等遗留问题。积极发展混合所有制粮食经济，培育国有资本与集体资本、非公有资本交叉持股的新型市场主体。支持民营粮食企业和粮食经纪人发展。鼓励粮食企业利用期货市场规避经营风险。推动粮食企业对外合作，培育具有国际市场竞争力的大型粮食企业集团。

2. 推动粮食产业升级

培育壮大粮食类农业产业化龙头企业，促进生产要素向优势企业集聚。支持粮食企业推广应用先进技术装备，进行技术改造升级。开展现代粮仓科技应用示范。将主食产业化作为保障食品安全的重要民生工程，鼓励企业延伸粮食加工产业链，开发新型优质健康粮食产品。鼓励大中型主食加工企业发展仓储物流冷链设施，向乡镇和农村延伸生产营销网络。

3. 发挥加工转化对粮食供求的调节作用

按照企业自愿参与、政府适当补偿原则，选择一批骨干粮食加工转化企业纳入粮食市场调控体系，当粮食供大于求时，适当增加企业非食品用途的粮食加工转化；当粮食供应紧张时，相应减少或停止企业非食品用途的粮食加工转化。

（七）粮食质量安全治理

1. 加强源头治理

土壤受污染严重地区要采取耕地土壤修复、调整种植结构、划定粮食生产禁止区等措施，从源头上防治粮食污染。健全化肥、农药等农业投入品监督管理制度，大力推广高效肥和低毒低残留农药。建立耕地土壤环境监测网络，加快建成农村垃圾、农药包装废弃物、污水等收集处理系统，有效解决耕地面源污染问题。

2. 健全粮食质量安全保障体系

2018 年年底前，在城乡普遍建立“放心粮油”供应网络。完善粮食质量安全标准体系，实行从田间到餐桌的全过程监管制度。加强监测预警，严防发生区域性、系统性粮食质量安全风险。加强对农药残留、重金属、真菌毒素超标粮食的管控，建立超标粮食处置长效机制，禁止不符合食品安全标准的粮食进入口粮市场。健全粮食产地准出制度和质量标识制度。

3. 落实粮食质量安全监管责任

严格实行粮食质量安全监管责任制和责任追究制度，落实地方政府属地管理和生产经营主体责任。加强基层粮食质量安全监管，强化县乡两级监管责任。深入开展粮食质量安全治理整顿，完善不合格粮食处理和有关责任者处罚机制。

三、农业标准化政策与法规

农业标准化是促进农业结构调整和产业化发展的重要技术基础，是规范农业生产、保障消费安全、促进农业经济发展的有效措施，是促进科技成果转化的桥梁和纽带，是提高经济、社会和生态效益的重要保障，是现代化农业的重要标志。

1990 年 4 月 6 日，国务院发布施行《中华人民共和国标准化法实施条例》，其中第二条规定：对农业（含林业、牧业、渔业，下同）产品（含种子、种苗、种畜、种禽，下同）的品种、规格、质量、等级、检验、包装、储存、运输以及生产技术、管理技术的要求，应当制定标准。

1991 年 2 月 26 日，国家技术监督局发布的《农业标准化管理办法》指出，农业标准化是指农业、林业、牧业、渔业的标准化。它的主要任务是：贯彻国家有关方针、政策，组织制定和实施农业标准化规划、计划，制定（包括修订，下同）和组织实施农业标准，对农业标准的实施进行监督。农业标准化是实现农业现代化的一项综合性技术基础工作。农业标准化计划应纳入国民经济和科技发展计划。

对作为商品的农产品及其初加工品（以下统称农产品）、种子（包括种子、种苗、种畜、种禽、鱼苗等，下同）的品种、规格、质量、等级和安全、卫生要求；农产品、种子的试验、检验、包装、储存、运输、使用方法和生产、储存、运输过程中的安全、卫生要求；农业方面的技术术语、符号、代号；农业方面的生产技术和管理技术等需要统一的技术要求，应当制定农业标准（含标准样品的制作）。

农业标准分为强制性和推荐性标准。与安全、卫生有关的技术要求，重要的涉及技术衔接通用技术语言和国家需要控制的检验方法，种子与重要农产品的国家标准、行业标准，以及法律、行政法规规定强制执行的标准是强制性农业标准。

2003年，国务院办公厅下发了《关于进一步加强农业标准化工作的意见》，指出以邓小平理论和“三个代表”重要思想为指导，深入贯彻“十六大”精神，以市场为导向，围绕农业结构战略性调整和产业化发展，以提高我国农产品质量和市场竞争力为重点，建立统一权威的农业标准体系，全面加强农业标准化工作，促进农业增效、农民增收和农村经济的发展。并指出农业标准化的工作方针是政府大力推动、市场正确引导、龙头企业带动、农民积极实施。

指出落实农业标准化工作的主要任务是完善标准体系，加快标准制（修）订，适应我国农业产业结构调整和现代化农业发展的需要；强化标准实施与监督，确保农产品质量安全；全面推行标准化管理，促进农业产业化健康发展；积极采用国际标准，扩大农产品出口；加强农产品流通领域的标准化工作。

2010年，《国家标准化管理委员会关于进一步加强农业标准化工作的意见》指出，我国农业标准化工作的主要任务是完善农业标准体系，加大标准实施与创新力度，大力开展“菜篮子”产品标准化生产示范工作，健全专业标准化队伍，加强农业标准化研究以及积极参与国际标准化工作。

经过多年建设，我国农业标准化工作取得了显著的成效，重点领域标准体系的建设得到不断加强，标准化体系不断完善。截至2015年9月，已制定农业国家标准2652项，备案行业标准4246项，备案地方标准17 000多项，有力地推动了我国农业现代化建设。

（一）农产品质量认证标准

《中华人民共和国农产品质量安全法》规定：国家建立健全农产品质量安全标准体系。农产品质量安全标准是强制性的技术规范。农产品质量安全标准的制定和发布，依照有关法律、行政法规的规定执行。制定农产品质量安全标准应当充分考虑农产品质量安全风险评估结果，并听取农产品生产者、销售者和消费者的意见，保障消费安全。

农产品质量安全标准应当根据科学技术发展水平以及农产品质量安全的需要，及时修订。农产品质量安全标准由农业行政主管部门商有关部门组织实施。

《中华人民共和国农业法》第二十三条规定：国家支持依法建立健全优质农产品认证和标志制度。国家鼓励和扶持发展优质农产品生产。县级以上地方人民政府应当结合本地情况，按照国家有关规定采取措施，发展优质农产品生产。符合国家规定标准的优质农产品可以依照法律或者行政法规的规定申请使用有关的标志。符合规定产地及生产规范要求的农产品可以依照有关法律或者行政法规的规定申请使用农产品地理标志。

1. HACCP 体系认证

HACCP 是 Hazard Analysis Critical Control Point 的英文缩写。1973 年，美国食品药品监督管理局将 HACCP 原理引入低酸罐头食品加工的 GMP 规范之中，美国食品微生物标准顾问委员会在 1992 年正式明确了食品生产 HACCP 体系的七个基本要素：进行危害分析、确定关键控制点、设立临界值、确立监控程序、建立纠偏措施、制定核查程序、实施过程记录和保存归档。随后美国政府相继在水产品、禽肉业、果蔬汁加工业实施 HACCP 规范。国家认监委制定并发布了《危害分析与关键控制点（HACCP）体系认证实施规则》，并于 2012 年 5 月 1 日起实施。此规则规定了从事 HACCP 体系认证的认证机构实施 HACCP 体系认证的程序与管理的基本要求，是认证机构从事 HACCP 体系认证活动的基本依据。

（1）认证机构要求。从事 HACCP 体系认证活动的认证机构应依法设立，具备《中华人民共和国认证认可条例》规定的基本条件和从事 HACCP 体系认证的技术能力，并获得中国国家认证认可监督管理委员会批准。 认证机构应在获得国家认监委批准后的 12 个月内，向国家认监委提交其实施 HACCP 体系认证活动符合本规则、GB/T 27021《合格评定管理体系审核认证机构的要求》、GB/T 22003《食品安全管理体系审核与认证机构要求》的证明文件。认证机构在未取得相关证明文件前，只能颁发不超过 10 张该认证范围的认证证书。

认证机构应按照适用的我国和进口国（地区）相关法律、法规、标准和规范要求制定专项审核指导书。

（2）认证人员要求。认证机构中参加认证活动的人员应具备必要的个人素质和认证所需相关专业及认证检查、检验等方面的教育、培训和工作经历；认证审核员应当具备按标准要求实施 HACCP 体系认证活动的能力，满足教育经历、工作经历和审核经历的要求，并按照《认证及认证培训、咨询人员管理办法》有关规定取得中国认证认可协会的执业资格注册。认证机构应对本机构的认证审核员的能力做出评价，以满足实施相应类别产品 HACCP 体系认证活动的需要。

（3）认证依据与认证范围。HACCP 体系认证的认证依据和认证范围由国家认监委制定发布。

（4）认证程序。认证程序分认证申请、认证受理、审核的策划、审核的实施、认证决定、跟踪监督、再认证、认证范围的变更和认证要求变更等几个阶段。

HACCP 体系认证的申请人应具备以下条件：取得国家工商行政管理部门或有关机构注册登记的法人资格（或其组成部分）；取得相关法规规定的行政许可文件（适用时）；生产经营的产品符合适用的我国和进口国（地区）相关法律、法规、标准和规范的要求；按照本规则规定的认证依据，建立和实施了文件化的 HACCP 体系，且体系有效运行三个月以上；一年内未发生违反我国和进口国（地区）相关法律、法规的食品安全卫生事故；五年内未因出现严重食品安全卫生事故或对相关方重大投诉未能采取有效处理措施，或者虚报、瞒报获证所需信息而被认证机构撤销认证证书的获证组织。

认证申请人应提交认证申请；法律地位证明文件复印件；有关法规规定的行政许可文件和备案证明复印件（适用时）；组织机构代码证书复印件；HACCP 手册［包括良好生产规范（GMP）］；组织机构图与职责说明；厂区位置图、平面图；加工车间平面图；产品描述、工艺流程图、工艺描述；危害分析单、HACCP 计划表；加工生产线、实施 HACCP 项目和班次的说明；食品添加剂使用情况说明，包括使用的添加剂名称、用量、适用产品及限量标准等；生产、加工或服务过程中遵守适用的我国和进口国（地区）相关法律、法规、标准和规范清单；产品执行企业标准时，提供加盖当地政府标准化行政主管部门备案印章的产品标准文本复印件；生产、加工主要设备清单和检验设备清单；多场所清单及委托加工情况说明（适用时）；产品符合卫生安全要求的相关证据；适用时，提供由具备资质的检验机构出具的接触食品的水、冰、汽符合卫生安全要求的证据；承诺遵守相关法律、法规、认证机构要求及提供材料真实性的自我声明等文件和资料。

（5）证书。HACCP 体系认证证书有效期为三年。认证证书应当符合相关法律、法规要求，涵盖证书编号；组织名称、地址；证书覆盖范围（含产品生产场所、生产车间等信息）；认证依据；颁证日期、证书有效期；认证机构名称、地址等基本信息。

认证证书的编号应从“中国食品农产品认证信息系统”中获取，认证机构不得自行编制认证证书编号发放认证证书，并应当对获证组织认证证书使用的情况进行有效管理。

2. GAP 体系认证

GAP 认证是 Good Agricultural Practice 的缩写，翻译为良好农业规范认证。1997 年由欧洲零售商农产品工作组（EUREP）提出来，主要针对种植业和养殖业的初级农产品生产，鼓励减少农用化学品和药品的使用，关注动物福利、环境保护、工人的健康、安全和福利，保证初级农产品生产安全的一套规范体系。

2007 年 8 月 21 日，中国国家认证认可监督管理委员会发布《良好农业规范认证实施规则》，后进行了修订并于 2015 年 8 月 1 日起执行修订后的《良好农业规范认证实施规则》。

（1）范围。规则适用于作物种植、畜禽养殖、水产养殖和蜜蜂养殖的良好农业规范认证活动。良好农业规范认证产品目录由国家认证认可监督管理委员会制定发布。

其他产品需要列入目录的，应当由认证机构或其他组织依据良好农业规范系列国家标准和国家认监委相关要求对该产品的适用性进行技术分析，经国家认监委组织评估批准后列入目录并公布。

（2）认证依据。良好农业规范系列国家标准，包括农场基础控制点与符合性规范、作物基础控制点与符合性规范、大田作物控制点与符合性规范、水果和蔬菜控制点与符合性规范、畜禽基础控制点与符合性规范、牛羊控制点与符合性规范、奶牛控制点与符合性规范、猪控制点与符合性规范、家禽控制点与符合性规范、茶叶控制点与符合性规范、水产养殖基础控制点与符合性规范、水产池塘养殖基础控制点与符合性规范、水产工厂化养殖基础控制点与符合性规范、水产网箱养殖基础控制点与符合性规范、水产围栏养殖基础控制点与符合性规范、水产滩涂 / 吊养 / 底播养殖基础控制点与符合性规范、花卉和观赏植物控制点与符合性规范、烟叶控制点与符合性规范和蜜蜂控制点与符合性规范等 19 个规范标准。良好农业规范系列国家标准分为农场基础标准（GB/T 20014.2 农场基础控制点与符合性规范）、种类基础标准（如 GB/T 20014.3 作物基础控制点与符合性规范）和产品模块标准（如《GB/T 20014.5 水果和蔬菜控制点与符合性规范》）三类。在实施认证时，应将农场基础标准、种类基础标准和（或）产品模块标准结合使用。对某种产品的认证，应同时满足农场基础标准及其对应的种类基础标准和（或）产品模块标准的要求。例如，对猪的认证应当依据农场基础、畜禽基础、猪三个标准进行检查；再如，对蜜蜂的认证应当依据农场基础、蜜蜂两个标准进行检查。

（3）认证选项。认证委托人应根据自身法律主体的组成形式按农业生产经营者或农业生产经营者组织两种选项申请认证。

（4）认证范围。良好农业规范认证范围包括产品范围、场所范围和生产范围。

（5）认证级别及要求。国家良好农业规范认证级别分一级认证和二级认证。认证委托人应根据自身生产实际情况与良好农业规范国家标准的符合程度选择相应的认证级别。

（6）认证程序。认证程序包括认证申请、认证受理、注册、现场检查准备、现场审核 / 检查、认证决定、申诉等 7 个环节。

（二）高标准农田建设标准

我国于 2014 年 6 月 25 日起正式实施《高标准农田建设通则》。

《高标准农田建设通则》主要包括高标准农田建设基本原则、建设区域、建设内容与技术要求、管理要求、监测与评价、建后管护与利用等六个方面的核心内容，明确了高标准农田建设应遵循规划引导、因地制宜、数量质量生态并重、维护权益和可持续利用五条原则。

高标准农田是指土地平整、集中连片、设施完善、农田配套、土壤肥沃、生态良好、抗灾能力强，与现代农业生产和经营方式相适应的旱涝保收、高产稳产，划定为永久基本农田的耕地。高标准农田要以土地利用总体规划确定的基本农田保护区和基本农田整备区，全国新增 500 亿公斤粮食产能规划确定的粮食主产区、产粮大县，土地整治规划确定的土地整治重点区域、重大工程建设区域和高标准基本农田建设示范县 5 类地区作为高标准农田建设的重点区域；限制在水资源贫乏区域、水土流失易发区、沙化区等生态脆弱区域、土壤轻度污染的区域、沿海滩涂、内陆滩涂等 6 类区域开展高标准农田建设；禁止在地面坡度大于 25 度，土壤污染严重，自然保护区的核心区和缓冲区，退耕还林区、退耕还草区，河流、湖泊、水库水面及其保护范围 5 类区域建设高标准农田。

在高标准农田建设内容和技术要求方面，规定了土地平整、土壤改良、灌溉与排水、田间道路、农田防护与生态环境保持、农田输配电等高标准农田建设的具体内容和技术要求，提出了耕作层厚度、田间道路通达度、田间基础设施使用年限等一系列量化指标要求，以及建成后耕地质量等别、地力等级要求。如明确要求田间基础设施占地率不高于 8%、田间基础设施使用年限不低于 15 年等，还要求建成后耕地质量等别应达到所在县同等自然条件下耕地的较高等别。

在高标准农田管理方面，规定了高标准农田建设的土地权属管理及验收要求等。同时还明确规定，为实现集中统一、全程全面、实时动态的管理目标，采用信息化手段，利用国土资源综合信息监管平台，对高标准农田建设和利用的全过程进行管理，定期全面报备建设信息，实现信息上图入库管理和部门信息共享；要求建立高标准农田建设统计制度，定期上报并适时发布建设情况等。

在高标准农田使用方面，要求高标准农田建成后要划入基本农田实行永久保护；要求加强工程管护，建立政府主导，农村集体经济组织管理，农户、专业管护人员及专业协会等共同参与的管护体系；明确管护主体、管护责任和管护义务，确保长期有效稳定利用。

还规定建成后的高标准基本农田要实行土壤培肥，使土壤有机质含量达到当地中值以上水平，并对农业科技配套和应用也做出了规定。

另外，《高标准农田建设通则》还强调应充分尊重农民意愿，维护土地权利人的合法权益，注重高标准农田建设与管护利用并重，确保长久发挥效益，以及要求采用信息化手段，实现高标准农田建设信息的上图入库。要求采用信息化手段对高标准农田建设进行管理，依托国土资源综合信息监管平台，实现建成的高标准农田及时上图入库和部门共享，做到高标准农田建设底数清、情况明、数据准，全面动态掌握高标准农田建设、资金投入、建后管护及耕地质量等级变化等情况，为考核评价提供依据。

国开行与财政部携手推进高标准农田建设

近日，国家开发银行与财政部联合发布了《关于创新投融资模式加快推进高标准农田建设试点的通知》，共同探索农业综合开发资金的运行新机制，推动农业发展方式转变。国开行有关人士表示，此举旨在贯彻落实近期国务院常务会议精神，助力提高粮食生产能力，保障国家粮食安全。

《通知》指出，自 2015 年 8 月起，双方将采用贴息和补助两种方式，对国有农场、农业产业化龙头企业、农民专业合作社、股份合作社以及专业大户、家庭农场等各类农业经营主体实施的高标准农田建设试点项目予以支持。《通知》要求，国开行要与各级农发机构加强合作，建立有效的沟通协调机制。农发机构要积极做好高标准农田建设试点项目的筛选、推荐工作，按照建设标准和要求严格把关，加强业务指导；国开行要结合本地区农业发展实际和融资特点，积极探索融资模式，加大对高标准农田建设的中长期信贷支持力度。

据介绍，此次国开行与财政部合作支持高标准农田建设，将有利于发挥财政资金的杠杆撬动作用和国开行中长期大额的融资优势，创新农业综合开发资金、信贷资金与社会资金有效结合的新模式和新机制，集中力量加快高标准农田建设进度，扩大建设规模，在转换财政投入方式、深化农村金融改革上开辟新途径，在提高农业综合生产能力、促进农业增效上挖掘新潜力，在转变农业发展方式、构建新型经营体系上实现新突破。

据悉，作为政府的开发性金融机构，国开行长期以来一直致力于支持我国农业发展。截至2015年6月末，国开行已累计发放现代农业贷款1670亿元，贷款余额605亿元，在支持农业基础设施建设、粮食生产、种业和畜牧业等产业发展、农业“走出去”等多个领域取得了积极成效，发挥了示范导向作用。

（**资料来源**：新华财经，2015年8月21日）

动动脑

1. 我国农产品质量安全政策面临哪些现实挑战？未来改革的方向是什么？
2. 粮食安全政策的内涵及重要性有哪些？
3. 农业标准化政策对推进农产品质量安全有什么意义？

链接案例

《关于加大改革创新力度加快农业现代化建设的若干意见》（节选）

2014年，各地区各部门认真贯彻落实党中央、国务院决策部署，加大深化农村改革力度，粮食产量实现“十一连增”，农民收入继续较快增长，农村公共事业持续发展，农村社会和谐稳定，为稳增长、调结构、促改革、惠民生做出了突出贡献。

当前，我国经济发展进入新常态，正从高速增长转向中高速增长，如何在经济增速放缓背景下继续强化农业基础地位、促进农民持续增收，是必须破解的一个重大课题。国内农业生产成本快速攀升，大宗农产品价格普遍高于国际市场，如何在“双重挤压”下创新农业支持保护政策、提高农业竞争力，是必须面对的一个重大考验。我国农业资源短缺，开发过度、污染加重，如何在资源环境硬约束下保障农产品有效供给和质量安全、提升农业可持续发展能力，是必须应对的一个重大挑战。城乡资源要素流动加速，城乡互动联系增强，如何在城镇化深入发展背景下加快新农村建设步伐、实现城乡共同繁荣，是必须解决好的一个重大问题。破解这些难题，是今后一个时期“三农”工作的重大任务。必须始终坚持把解决好“三农”问题作为全党工作的重中之重，靠改革添动力，以法治作保障，加快推进中国特色农业现代化。

2015年，农业农村工作要全面贯彻落实党的十八大和十八届三中、四中全会精神，以邓小平理论、“三个代表”重要思想、科学发展观为指导，深入贯彻习近平总书记系列

重要讲话精神，主动适应经济发展新常态，按照稳粮增收、提质增效、创新驱动的总要求，继续全面深化农村改革，全面推进农村法治建设，推动新型工业化、信息化、城镇化和农业现代化同步发展，努力在提高粮食生产能力上挖掘新潜力，在优化农业结构上开辟新途径，在转变农业发展方式上寻求新突破，在促进农民增收上获得新成效，在建设新农村上迈出新步伐，为经济社会持续健康发展提供有力支撑。

一、围绕建设现代农业，加快转变农业发展方式

1. 不断增强粮食生产能力。进一步完善和落实粮食省长负责制。强化对粮食主产省和主产县的政策倾斜，保障产粮大县重农抓粮得实惠、有发展。粮食主销区要切实承担起自身的粮食生产责任。全面开展永久基本农田划定工作。统筹实施全国高标准农田建设总体规划。实施耕地质量保护与提升行动。全面推进建设占用耕地剥离耕作层土壤再利用。探索建立粮食生产功能区，将口粮生产能力落实到田块地头、保障措施落实到具体项目。创新投融资机制，加大资金投入，集中力量加快建设一批重大引调水工程、重点水源工程、江河湖泊治理骨干工程，节水供水重大水利工程建设的征地补偿、耕地占补平衡实行与铁路等国家重大基础设施项目同等政策。加快大中型灌区续建配套与节水改造，加快推进现代灌区建设，加强小型农田水利基础设施建设。实施粮食丰产科技工程和盐碱地改造科技示范。深入推进粮食高产创建和绿色增产模式攻关。实施植物保护建设工程，开展农作物病虫害专业化统防统治。

2. 深入推进农业结构调整。科学确定主要农产品自给水平，合理安排农业产业发展优先序。启动实施油料、糖料、天然橡胶生产能力建设规划。加快发展草牧业，支持青贮玉米和苜蓿等饲草料种植，开展粮改饲和种养结合模式试点，促进粮食、经济作物、饲草料三元种植结构协调发展。立足各地资源优势，大力培育特色农业。推进农业综合开发布局调整。支持粮食主产区发展畜牧业和粮食加工业，继续实施农产品产地初加工补助政策，发展农产品精深加工。继续开展园艺作物标准园创建，实施园艺产品提质增效工程。加大对生猪、奶牛、肉牛、肉羊标准化规模养殖场（小区）建设支持力度，实施畜禽良种工程，加快推进规模化、集约化、标准化畜禽养殖，增强畜牧业竞争力。完善动物疫病防控政策。推进水产健康养殖，加大标准池塘改造力度，继续支持远洋渔船更新改造，加强渔政渔港等渔业基础设施建设。

3. 提升农产品质量和食品安全水平。加强县乡农产品质量和食品安全监管能力建设。严格农业投入品管理，大力推进农业标准化生产。落实重要农产品生产基地、批发市场质量安全检验检测费用补助政策。建立全程可追溯、互联共享的农产品质量和食品安全信息平台。开展农产品质量安全县、食品安全城市创建活动。大力发展名特优新农产品，培育知名品牌。健全食品安全监管综合协调制度，强化地方政府法定职责。加大防范外来有害生物力度，保护农林业生产安全。落实生产经营者主体责任，严惩各类食品安全违法犯罪行为，提高群众安全感和满意度。

4. 创新农产品流通方式。加快全国农产品市场体系转型升级，着力加强设施建设和配套服务，健全交易制度。完善全国农产品流通骨干网络，加大重要农产品仓储物流设施建设力度。加快千亿斤粮食新建仓容建设进度，尽快形成中央和地方职责分工明确的粮食收储机制，提高粮食收储保障能力。继续实施农户科学储粮工程。加强农产品产地市场建设，加快构建跨区域冷链物流体系，继续开展公益性农产品批发市场建设试点。推进合作社与超市、学校、企业、社区对接。清理整顿农产品运销乱收费问题。发展农产品期货交易，开发农产品期货交易新品种。支持电商、物流、商贸、金融等企业参与涉农电子商务平台建设。开展电子商务进农村综合示范。

5. 提高统筹利用国际国内两个市场两种资源的能力。加强农产品进出口调控，积极支持优势农产品出口，把握好农产品进口规模、节奏。完善粮食、棉花、食糖等重要农产品进出口和关税配额管理，严格执行棉花滑准税政策。严厉打击农产品走私行为。完善边民互市贸易政策。支持农产品贸易做强，加快培育具有国际竞争力的农业企业集团。健全农业对外合作部际联席会议制度，抓紧制定农业对外合作规划。创新农业对外合作模式，重点加强农产品加工、储运、贸易等环节合作，支持开展境外农业合作开发，推进科技示范园区建设，开展技术培训、科研成果示范、品牌推广等服务。完善支持农业对外合作的投资、财税、金融、保险、贸易、通关、检验检疫等政策，落实到境外从事农业生产所需农用设备和农业投入品出境的扶持政策。充分发挥各类商会组织的信息服务、法律咨询、纠纷仲裁等作用。

二、围绕促进农民增收，加大惠农政策力度

中国要富，农民必须富。富裕农民，必须充分挖掘农业内部增收潜力，开发农村二三产业增收空间，拓宽农村外部增收渠道，加大政策助农增收力度，努力在经济发展新常态下保持城乡居民收入差距持续缩小的势头。

1. 提高农业补贴政策效能。增加农民收入，必须健全国家对农业的支持保护体系。保持农业补贴政策连续性和稳定性，逐步扩大“绿箱”支持政策实施规模和范围，调整改进“黄箱”支持政策，充分发挥政策惠农增收效应。继续实施种粮农民直接补贴、良种补贴、农机具购置补贴、农资综合补贴等政策。选择部分地方开展改革试点，提高补贴的导向性和效能。完善农机具购置补贴政策，向主产区和新型农业经营主体倾斜，扩大节水灌溉设备购置补贴范围。实施农业生产重大技术措施推广补助政策。实施粮油生产大县、粮食作物制种大县、生猪调出大县、牛羊养殖大县财政奖励补助政策。扩大现代农业示范区奖补范围。健全粮食主产区利益补偿、耕地保护补偿、生态补偿制度。

2. 完善农产品价格形成机制。增加农民收入，必须保持农产品价格合理水平。继续执行稻谷、小麦最低收购价政策，完善重要农产品临时收储政策。总结新疆棉花、东北和内蒙古大豆目标价格改革试点经验，完善补贴方式，降低操作成本，确保补贴资金及时足额兑现到农户。积极开展农产品价格保险试点。合理确定粮食、棉花、食糖、肉类等重要农产品储备规模。完善国家粮食储备吞吐调节机制，加强储备粮监管。落实新增地方粮食储备规模计划，建立重要商品商贸企业代储制度，完善制糖企业代储制度。运

用现代信息技术，完善种植面积和产量统计调查，改进成本和价格监测办法。

（**资料来源**：中国政府网，2015 年 2 月 1 日）

复习思考题

1. 农产品流通政策包括哪些内容？我国农产品流通政策的工具有哪些？
2. 农产品国内市场价格政策的具体措施有哪些？
3. 如何制定鼓励农产品出口政策？
4. 如何实现限制农产品进口政策？
5. 我国农产品质量安全管理政策应包括哪些内容？
6. 如何通过政策推动来实现我国粮食安全？

第六章

农业自然资源和环境保护政策与法规

学习目标

1. 了解农业可持续发展的由来和可持续发展的战略目标；
2. 掌握水资源、森林资源、草原资源和渔业资源等基本情况及其相关法律、法规；
3. 掌握农业环境的各种相关的法规政策；
4. 理解农业环境保护政策。

本章提示

农业可持续发展战略成为中国农业和农村经济发展的根本出发点之一。农业资源和农业环境的保护对农业可持续发展来说尤为重要。本章首先回顾了农业可持续发展的由来和战略目标，而后分别从水资源、森林资源、草业资源、渔业资源等各方面阐述相关资源保护的法律、法规，最后介绍了农业环境保护的相关规定。

第一节　农业可持续发展政策目标

案例导入

淮阳县农业可持续发展案例

淮阳县历史悠久，文化厚重，是一个文化旅游资源大县，同时也是一个农业大县。县域面积 1320 平方公里，总耕地面积 10.4 万公顷，辖 20 个乡镇（场），467 个行政村，总人口 130 万人，其中农业人口 119 万人。2014 年，全县粮、棉、油面积分别达到 13.9 万公顷、0.2 万公顷、2.28 万公顷，总产量分别达到 90.3 万吨、0.2 万吨、10.8 万吨，粮食总产量实现 11 连增，连续 7 年被评为全国粮食生产先进县；农产品质量安全水平进一步提高，认定无公害农产品 9 个，绿色食品 5 个，认证农产品地理标志 1 个；农业产业化水平进一步提高，全县农业产业化龙头企业达到 28 家，农民专业合作社达到 1647 家；社会主义新农村建设扎实推进，农村沼气、村镇绿化等惠民工程深入人心。

淮阳县利用常规式可持续高产农业技术，主要有高产复熟间作套种技术、高效水产养殖技术和高产农业新品种开发技术等。高效节约型农业技术主要有节水灌溉工程技术、测土配方施肥技术、节药与病虫害统防统治技术等。土地整理与中低产田改造技术主要包括土地整理技术、中低产田改造与培肥技术等。资源多级循环与再生利用技术主要包括"畜—沼气—日光温室""畜—沼气—果园""畜—沼气—粮食""畜—沼气—鱼塘"等三结合技术。

淮阳县加强基础设施建设，改善农业生产条件大力，实施高标准粮田"百千万"工程建设项目，按照《淮阳县高标准粮田"百千万"工程建设规划》，力争到 2020 年集中打造田地平整肥沃，灌排设施完善，农机装备齐全，技术集成到位，优质高产高效，绿色生态安全的高标准永久性粮田，计划在全县范围内建成 167 个百亩方，150 个千亩方，42 个万亩方，打造 7.87 万公顷平均每 667 平方米产量超吨粮的高标准粮田，实现高产稳产和生产全程机械化，良种覆盖率、测土配方施肥、病虫害专业化统防统治等关键技术达到 100%，土壤有机质含量明显提升，农业社会化服务全覆盖。

淮阳县加强科技创新，提高农业资源利用率。在全县建成 11 个农业技术推广区域站，加强农业科技推广，提高土地产出率。实现全县测土配方施肥，提高化肥利用率。加强病虫害统防统治工作，防止农药面源污染，减少农药用量。加强农产品质量安全检测工作，提高农产品质量。

淮阳县加强农业污染治理，改善生态环境。加强农业执法体系建设，严厉打击生产、销售和使用禁用农药及非法添加有毒有害物质的行为。开展测土配方施肥技术研究，合理控制氮肥用量，减轻和避免对土壤环境的不良影响。实行秸秆还田，增施有机肥，发展沼气工程，积极规划申报有机质提升项目。推行公共植保、绿色植保，实现病虫害统防统治，准确预测预报，早防早治。加强农业灌溉用水常年检测，禁止使用不达标水灌溉。杜绝垃圾肥料，有效减少土壤重金属含量。

淮阳县开展生态建设，恢复和提高生态系统功能。建立生态循环农业试点，引导农业产业化龙头企业、农民专业合作社、家庭农场等新型农业经济组织向高效益生态农业发展。加大打击盗捕、盗伐力度，维护生态平衡。提倡施用有机生物肥料，增大土壤中微生物群落，增强土壤的降解功能。

淮阳县大力推进农业节能减排，发展循环农业。禁止焚烧秸秆，提倡利用秸秆高温积肥，提高农作物秸秆利用率，防止破坏土壤和污染地下水。建设大中型沼气工程，利用秸秆和人畜粪便发展农村沼气，减少能源消耗。加强农膜农药包装物、废旧金属、塑料的回收利用，减少白色污染。

淮阳县建立防灾减灾体系，增强抵御自然灾害的能力。建立重大农业自然灾害应急机制，成立应急队伍。加强病虫害预测预报工作，采用高效防治措施，杜绝病虫害大面积发生。

疏通河道、沟渠，保障农田排灌顺畅。提高霜冻、冰雹、强风的预报能力，制定防范预案。积极推动农业保险。

（**资料来源**：淮阳新网，2014 年 3 月 7 日）

案例思考

本案例中的淮阳县为什么要坚持农业可持续发展？

一、农业可持续发展思想的由来

人口、资源、环境问题以及经济社会发展问题是当今世界人们日益关注的四大问题。可持续发展作为谋求解决人口、资源、环境与经济的持续协调发展问题的唯一途径，已经成为世界各国的共识。

（一）可持续发展的内涵

第二次世界大战以来，人们在经济增长、城市化、人口、资源等所形成的环境压力下，重新审视“增长—发展”的发展模式。1962 年，美国女生物学家莱切尔·卡逊 (Rachel Carson) 发表了环境科普著作《寂静的春天》，描绘了一幅由于农药污染所造成的可怕景象，惊呼人们将会失去“春光明媚的春天”，在世界范围内引发了人类关于发展观念上的争论。十年后，罗马俱乐部发表了有名的研究报告《增长的极限》，系统论述了科学技术、生产技术、自然资源、生态环境之间的相互关系及对人类发展的影响，提出了增长是有限的论点。1987 年，以布伦特兰夫人为主席的联合国世界与环境发展委员会发表了一份报告《我们共同的未来》，正式提出可持续发展概念，把可持续发展定义为“既满足当代人的需要，又不对后代人满足其需要的能力构成危害的发展”，受到世界各国政府组织和舆论的极大重视，并在 1992 年联合国环境与发展大会上得到与会者的共识与承认。根据这一定义，可持续发展的内涵如下：

第一，可持续发展不仅重视增长数量，更追求改善质量、提高效益、节约能源、减少废物，改变传统的生产和消费模式，实施清洁生产和文明消费。

第二，可持续发展要以保护自然为基础，与资源和环境的承载能力相协调。发展的同时必须保护环境，包括控制环境污染，改善环境质量，保护生命保障系统，保护生物多样性，保持地球生态的完整性，保证以持续的方式使用可再生资源，使人类的发展保持在地球承载能力之内。

第三，可持续发展要以改善和提高生活质量为目的，与社会进步相适应。可持续发展的内涵均应包括改善人类生活质量，提高人类健康水平，并创造一个保障人们享有平等、自由、教育、人权和免受暴力的社会环境。

可持续发展观包括三个要素：生态、经济与社会，生态持续是基础，经济持续是条件，社会持续是目的。人类共同追求的应该是自然、生态与社会复合系统的持续、稳定、健康发展。

（二）农业可持续发展战略的提出

农业可持续发展是可持续发展思想在农业与农村发展领域的体现。1980 年，世界自然与自然资源保护联盟首次提出“持续农业”的观点。持续农业（因与农村密切相关，也称农业与农村可持续发展）是在继承传统农业遗产和发扬现代农业优点的基础上，以持续发展的观点来解决生存与发展所面临的资源与环境问题，协调人口、生产与资源、环境之间的关系。1987 年美国农业部可持续农业研究与教育计划 (SARE) 正式提出了农业可持续发展的模式。1991 年 4 月由联合国粮农组织与荷兰政府于荷兰联合召开的“农业与环境”国际会议，提出了可持续农业和乡村发展（SARD）的丹波宣言，呼吁“必须密切关注环境问题，必须重新研究农业与环境的关系”。随后在 1992 年 6 月在巴西召开的联合国“环境与发展”的会议上，这一概念被与会的 100 多个国家的元首或政府首脑所接受。

根据丹波宣言，农业可持续发展是采用不会耗尽资源或危害环境的生产方式、技术变革和机制性改革，减少农业生产对环境的破坏，维护土地、水、生物、环境不退化、技术运用得当、经济上可行以及社会可接受的农业发展战略。“不造成环境退化”，是指希望人类与自然之间、社会与自然环境之间达到和谐相处，建立一种非对抗性、破坏性关系；“技术上运用适当”，是指生态经济系统的合理化并不主要依靠高新技术，而以最为适用、合理的技术为导向；"经济上可行"，是指要控制投入成本，提高经济效益，避免国家财政难以维持和农民难以承受的局面；"能够被社会接受"，则指生态环境变化、技术革新所引起的社会震荡，应当控制在可以接受的范围内。

在吸收了国际农业与农村发展的经验教训基础上，为解决农业进一步发展面临的一系列困难，中国政府结合本国国情提出了农业可持续发展战略。1992 年，国家计委等部门联合参与编制《中国 21 世纪人口环境与发展白皮书》。出于对世界未来发展走向的充分把握和对中国国情的深刻分析，在国内国际总体发展趋势的大背景下提出了农业可持续发展战略。1992 年 6 月中国政府在巴西里约热内卢世界首脑会议上庄严签署了环境与发展宣言，并在 1994 年 3 月通过了《中国 21 世纪议程》，从我国具体国情和人口、环境与发展总体联系出发，提出了人口、经济、社会、资源和环境相互协调、农业可持续发展的总体战略、对策和行动方案，并在"九五"计划和 2010 年发展纲要中作了具体的部署，表明我国发展战略思想的转变。这标志着中国农业可持续发展的研究和实践进入新的阶段。1996 年八届人大四次会议批准的《中华人民共和国国民经济和社会发展"九五"计划和 2010 年远景目标纲要》明确提出，要实施科教兴国和可持续发展战略。2015 年我国通过了《全国农业可持续发展规划（2015—2030 年）》。从此，农业可持续发展战略成为中国农业和农村经济发展的根本出发点之一。

二、农业可持续发展的政策目标

《全国农业可持续发展规划（2015—2030 年）》指出了我国未来 15 年内农业可持续发展的目标是：到 2020 年，农业可持续发展取得初步成效，经济、社会、生态效益明显。农业发展方式转变取得积极进展，农业综合生产能力稳步提升，农业结构更加优化，农产品质量安全水平不断提高，农业资源保护水平与利用效率显著提高，农业环境突出问题治理取得阶段性成效，森林、草原、湖泊、湿地等生态系统功能得到有效恢复和增强，生物多样性衰减速度逐步减缓。到 2030 年，农业可持续发展取得显著成效。供给保障有力、资源利用高效、产地环境良好、生态系统稳定、农民生活富裕、田园风光优美的农业可持续发展新格局基本确立。

（一）农业可持续发展的目标特征

实现农业可持续发展，应达到以下三方面的要求。

1. 经济的可持续性

经济的可持续性即可持续农业必须能在较长时间维持一个较高的产出水平。已经高产的，需要维持已有的水平；产出水平高的，需要保持持续增长的速度。这对发展中国家具有特别重要的意义。同时，可持续农业必须在经济上能获得赢利，可以自我维持、自我发展，保持持久的经济活力。缺乏经济可持续性的农业不是可持续的农业。

2. 社会的可持续性

社会可持续性指维持农业生产、经济、生态可持续发展所需要的农村社会环境的良性发展，主要包括人口数量控制在一定水平、人口素质的不断提高、农村社会财富的公平分配，农村劳动力以适当速度不断从农业领域转移出去。

3. 生态的可持续性

生态的可持续性即指农业所依赖的自然资源的可持续利用和农业所影响的生态环境的良好维持。在资源方面，包括土壤肥力的稳定或提高，耕地总量的稳定或动态平衡，水资源的可持续利用以及生物资源的保护和生物多样化的保护。环境方面，是指保持良好的农业场内与场外的土壤、大气、地表水和地下水环境，农民工作环境的健康卫生以及农产品的安全无毒。

（二）农业可持续发展的特定目标

从环境保护和资源有效合理利用方面考虑，农业可持续发展政策目标应是在不断满足当代人在各个时期不同的各种要求，并保证农业不断发展，又不妨碍将来发展的情况下着重解决农用土地资源数量的相对稳定及土地产出率的提高、农业生产方式和经营机制的改革、农业生产环境的改善等基本方面以及相关因素的配套协调，从而建立起农业可持续发展的良性循环的复合自然经济。从推动农村经济发展的总体发展战略方面考虑，农业可持续发展政策目标应是围绕保障供给、富裕农民、环境改善的目标。一是主要农产品持续增长，达到保障供给，满足全国实现小康生活水平的需要；二是农村经济的持续增长，农民收入大幅度地提高，消灭贫困；三是建立起农村经济系统有效运转、良性发展的生产经营机制；四是资源得到保护永续利用，生态环境良好，实现生产、经济、社会和生态环境的协调发展。

三、农业可持续发展的政策手段

《全国农业可持续发展规划（2015—2030 年）》指出：要实现我国农业的可持续发展，要完善扶持政策。其扶持政策包含以下内容：

首先是加大投入力度。健全农业可持续发展投入保障体系，推动投资方向由生产领域向生产与生态并重转变，投资重点向保障国家粮食安全和主要农产品供给、推进农业可持续发展倾斜。充分发挥市场配置资源的决定性作用，鼓励引导金融资本、社会资本投向农业资源利用、环境治理和生态保护等领域，构建多元化投入机制。完善财政等激励政策，落实税收政策，推行第三方运行管理、政府购买服务、成立农村环保合作社等方式，引导各方力量投向农村资源环境保护领域。将农业环境问题治理列入利用外资、发行企业债券的重点领域，扩大资金来源渠道。切实提高资金管理和使用效益，健全完善监督检查、绩效评价和问责机制。

其次是健全扶持政策。继续实施并健全完善草原生态保护补助奖励、测土配方施肥、

耕地质量保护与提升、农作物病虫害专业化统防统治和绿色防控、农机具购置补贴、动物疫病防控、病死畜禽无害化处理补助、农产品产地初加工补助等政策。研究实施精准补贴等措施，推进农业水价综合改革。建立健全农业资源生态修复保护政策。支持优化粮饲种植结构，开展青贮玉米和苜蓿种植、粮豆粮草轮作；支持秸秆还田、深耕深松、生物炭改良土壤、积造施用有机肥、种植绿肥；支持推广使用高标准农膜，开展农膜和农药包装废弃物回收再利用。继续开展渔业增殖放流，落实好公益林补偿政策，完善森林、湿地、水土保持等生态补偿制度。建立健全江河源头区、重要水源地、重要水生态修复治理区和蓄滞洪区生态补偿机制。完善优质安全农产品认证和农产品质量安全检验制度，推进农产品质量安全信息追溯平台建设。

动动脑

1. 可持续发展的内涵有哪些？
2. 可持续发展观三要素的关系是什么？
3. 我国可持续发展的目标是什么？
4. 农业可持续发展的目标特征有哪些？

第二节　农业资源保护的政策与法规

案例导入

触目惊心：近年来十大水污染事件

中国水污染问题日益严重，由于化工产业废物污染水源，导致半数以上江河湖泊水资源受到严重污染，多地出现“癌症村”。外媒报道称，中国90%的地下水都遭受了不同程度的污染。有关部门对118个城市连续监测数据显示，中国约有64%的城市地下水遭受严重污染，33%的地下水受到轻度污染。近年来中国十大典型水污染事件，可谓是触目惊心环境污染的冰山一角。

山西长治苯胺泄漏导致河水污染事件

2012年12月31日，位于山西省长治市潞城市境内的潞安天脊煤化工厂发生苯胺泄漏入河事件。山西省政府2013年1月5日接到事故报告时，泄漏苯胺已随河水流出省外。泄漏事件导致河北省邯郸市因此发生停水和居民抢购瓶装水，河南省安阳市境内红旗渠等部分水体有苯胺、挥发酚等因子检出和超标。

三友化工污染门事件

2012年5月7日、8日，有网站发表了曝光“三友化工污染严重”的报道，称三友化工向渤海湾排放了强碱性污水，导致周边海域变成了“无鱼生存的死海”“危及渤海生态”。三友化工目前纯碱产能为200万吨/年，生产规模在全国排名第二位，巨大的产能也带来了巨大的污染。三友化工的废渣堆面积约270万平方米，相当于6400多个篮球场的大小，废渣堆与渤海已经融为一体。

江苏镇江水污染事件

2012年2月3日中午开始，江苏镇江市自来水出现异味，镇江自来水公司最初的解释是“加大了自来水中氯气的投放量”，但其后两天，镇江发生了抢购饮用水风波。2月7日，镇江市政府承认：水源水受到苯酚污染是造成异味的主要原因。

广西镉污染事件

2012年1月15日，因广西金河矿业股份有限公司、河池市金城江区鸿泉立德粉材料厂违法排放工业污水，广西龙江河突发严重镉污染，水中的镉含量约20吨，污染团顺江而下，污染河段长达约三百公里。这起污染事件对龙江河沿岸众多渔民和柳州300多万市民的生活造成严重影响。截至2月2日，龙江河宜州拉浪至三岔段共有133万尾鱼苗、4万公斤成鱼死亡，而柳州市则一度出现市民抢购矿泉水情况。

江西铜业排污祸及下游

2011年12月，江西铜业在江西德兴市下属的多家矿山公司被曝常年排污乐安河，祸及下游乐平市9个乡镇四十多万群众。乐平市政府的调查报告显示，自20世纪70年代开始，上游有色矿山企业每年向乐安河流域排放6000多万吨“三废”污水，废水中重金属污染物和有毒非金属污染物达二十余种。由此造成9269亩耕地荒芜绝收，1万余亩耕地严重减产，沿河9个渔村因河鱼锐减失去经济来源。近二十年来，江西乐平市名口镇戴村已故村民中有八成是因癌症去世，是外界谈之色变的“癌症村”。而相关企业根据协议做出的赔偿金额，平均每年每人不足1元。

云南曲靖5000吨铬渣污染水库

2011年8月12日，云南曲靖陆良化工实业有限公司被曝将5222.38吨工业废料铬渣非法倾倒导致污染，致使水库致命六价铬超标2000倍，倾倒地附近农村77头牲畜死亡。事后云南将30万立方米受污染水，铺设管道排入珠江源头南盘江，作为珠江下游城市的广州，不少网友发微博表示关注，期待真相。

江西瑞昌饮用水铜、氯超标中毒事件

2011年8月9日上午，瑞昌市工业园区一工地发生自来水中毒事件，工地上施工人员及周边住户先后约有50人入院就诊，中毒原因系江西瑞昌宏益冶炼公司长期随意排放工业污水，污水渗入土壤腐蚀地下自来水管导致破裂并污染水质，导致饮用水铜、氯超标。

渤海蓬莱油田溢油事故

2011年6月4日，中海油与康菲石油合作的蓬莱19–3油田发生漏油事故，截至12月29日，这起事故已造成渤海6200平方公里海水受污染，大约相当于渤海面积的7%，其中大部分海域水质由原一类沦为四类，所波及地区的生态环境遭严重破坏，河北、辽宁两地大批渔民和养殖户损失惨重。事故发生后，中海油和康菲公司因信息披露不全、推诿卸责、处置不力等而饱受舆论批评，索赔工作进展艰难，直到次年才有所突破，其中，国家海洋局于2012年4月27日宣布，康菲公司和中海油将支付总计16.83亿元的赔偿款，此数额创下了中国生态索赔的最高纪录。

福建紫金矿业有毒废水泄漏事件

2010年7月3日下午，福建省紫金矿业集团有限公司铜矿湿法厂发生铜酸水渗漏事故。9100立方米的污水顺着排洪涵洞流入汀江，导致汀江部分河段污染及大量网箱养鱼死亡。废水泄漏9天后才公布信息。

大连新港原油泄漏事件

2010年7月16日下午，大连新港一艘利比里亚籍30万吨级的油轮在卸油附加添加剂时，导致陆地输油管线发生爆炸，并引起旁边5个同样为10万立方米的油罐泄漏。直到7月22日，泄漏才被基本堵死。据测算，此次事故至少污染了附近50平方公里的海域，影响范围达100平方公里。

（资料来源：人民网，2014年8月4日）

案例思考

如何用法律的手段遏制水污染?

一、农业资源概述

（一）自然资源的概念和类型

1. 自然资源的概念

根据联合国环境规划署的定义，自然资源是指“在一定条件下，能够产生价值以提高人类当前和未来福利的自然因素的总和”。如土壤、水、矿物、森林、草原、野生动植物、阳光、空气等。自然资源是人类生存的自然基础。各种生产所针对的对象，都直接间接来源于自然资源，人类生存需要的生态条件如阳光、空气、水等是自然资源的一部分，人类生活质量的提高和生存条件的改善，需要更多的物质财富，而物质财富的获得，必须对自然资源加以利用。自然资源维持着人类的生存，支撑着社会的发展。

2. 自然资源的类型

以资源可再生性的不同可以将自然资源分为三种类型：

（1）可再生资源

可再生资源包括生物资源，如动物、植物、微生物及其周围环境组成的各种生态系

统，以及非生物资源，如土地和水。生物资源可以在适宜的资源环境与合理的经营管理中不断更新繁衍，并被人类永续利用；非生物资源也可以在符合其恢复和循环使用的规律条件下为人们永续利用。

（2）不可再生资源

人类开发利用后，在相当长的时间内，不可能再生的自然资源叫不可再生资源。主要指自然界的各种矿物、岩石和化石燃料，例如泥炭、煤、石油、天然气、金属矿产、非金属矿产等。这类资源是在地球长期演化历史过程中，在一定阶段、一定地区、一定条件下，经历漫长的地质时期形成的。与人类社会的发展相比，其形成非常缓慢，与其他资源相比，再生速度很慢，或几乎不能再生。人类对不可再生资源的开发和利用，只会消耗，而不可能保持其原有储量或再生。其中，一些资源可重新利用，如金、银、铜、铁、铅、锌等金属资源，另一些是不能重复利用的资源，如煤、石油、天然气等化石燃料，当它们作为能源利用而被燃烧后，尽管能量可以由一种形式转换为另一种形式，但作为原有的物质形态已不复存在，其形式已发生变化。

（3）恒定性资源

恒定性资源是指在自然界大量存在，人们取之不尽、用之不竭的自然资源，又被称为“非耗竭性资源”或“无限资源”，例如太阳能、风能、光能、潮汐能等。这类资源数量丰富、性质稳定、无污染，是目前备受关注、很有开发前途的自然资源。但人类的不良活动所造成的环境污染，对这类自然资源的利用，也形成不同程度的威胁，如大气污染影响太阳能的直接利用效率。全球气候变化，也使风能、潮汐能的开发利用受到不良影响。

（二）农业自然资源

农业自然资源是指人们从自然界直接获得的用以形成农业生产手段的物质要素，如土地、水、森林、草原、野生动植物等，它是农业发展的基础和农产品形成的源泉。

人类利用自然资源的过程中，可以同时保护和合理改造自然资源，使自然资源更有效地造福于人类。但是，人类在利用自然资源的过程中，往往也会自觉不自觉地破坏自然资源，进而不利于人类自身，甚至受到自然界的惩罚。因而，国家颁布和实施自然资源法对于指导人们科学利用资源，抑制不合理行为，起着十分重要的作用，它可以促进人和自然资源的良好关系和共同发展。

二、水资源保护政策与法规

（一）水资源概况

1. 水资源概念

水资源是指在一定经济技术条件下可以被人类利用并能逐年恢复利用淡水的总称。

它具有形态多样性、有限性、可恢复性、不可替代性和不稳定性等特点。水是人类赖以生存且不可替代的重要物质和自然资源。

水资源是一个既简单又非常复杂的概念。其复杂内涵表现在：水的类型繁多，具有运动性，各种类型的水体具有相互转化的特性；水的用途广泛，不同的用途对水量和水质具有不同的要求；水资源所包含的"量"和"质"在一定条件下是可以改变的；水资源的开发利用还受到经济技术条件、社会条件和环境条件的制约。

2. 水资源分类

所谓水资源是指对人具有使用价值，且在当今科技水平和社会经济条件下，能够开发利用的水。根据我国《水法》规定，水资源可分为地表水资源和地下水资源。

（1）地表水资源

地表水资源指地表水中可以逐年更新的淡水量，是水资源的重要组成部分。包括冰雪水、河川水和湖沼水等。通常以还原后的天然河川径流量表示其数量。由于地表水和地下水之间存在着一定的联系，因此，在水资源评价中必须扣除地下水补给河流的那部分水量。

地表水由分布于地球表面的各种水体，如海洋、江河、湖泊、沼泽、冰川、积雪等组成。作为水资源的地表水，一般是指陆地上可实施人为控制、水量调度分配和科学管理的水。

从供水角度讲，地表水资源指那些赋存于江河、湖泊和冰川中的淡水；从航运和养殖角度来讲，地表水资源主要指河道和水域中所赋存的水；从能源利用角度来讲，地表水资源主要指具有一定落差的河川径流。

据理论估算，全球地表水总量为 14 亿立方千米。其中，海洋 13.7 亿立方千米；河流 1700 立方千米；淡水湖及水库 12.5 万立方千米；冰川和永久积雪水 0.3 亿立方千米。

（2）地下水资源

地下水资源在我国水资源中占有举足轻重的地位，由于其分布广、水质好、不易被污染、调蓄能力强、供水保证程度高，正被越来越广泛地开发利用。尤其在中国北方、干旱半干旱地区的许多地区和城市，地下水成为重要的甚至唯一的水源。

目前，我国地下水开发利用主要是以孔隙水、岩溶水、裂隙水三类为主，其中以孔隙水的分布最广，资源量最大，开发利用的最多，岩溶水在分布、数量和开发方面均居其次，而裂隙水则最小。

（二）水法概述

虽然地球表面 70% 以上为水所覆盖，地球上的总水量很大，但是能够被人们利用的饮用、灌溉的水量仅占全球总水量的 2.45%，并且淡水的分布极不平衡，远远不能满足人类的需要。我国的水资源总量非常丰富，但人均水量却只占世界平均值的 1/4，同时我国的水资源分布很不均衡，大部分地区 60%~80% 的降水量集中在夏秋汛期，导致水涝

灾害频繁发生。因此保护水资源，合理利用水资源在社会生产和生活中发挥的作用越来越重要。

2002 年 8 月 29 日第九届全国人民代表大会常务委员会通过《中华人民共和国水法》；1998 年 1 月 1 日全国人大常委会颁布实施了《中华人民共和国防洪法》；1991 年 6 月 29 日全国人大常委会颁布实施了《中华人民共和国水土保持法》；1984 年 11 月 1 日全国人大常委会颁布实施，1996 年 5 月 15 日修订了《中华人民共和国水污染防治法》；2006 年 1 月 24 日颁布，2006 年 4 月 15 日实施了《取水许可和水资源费征收管理条例》。这一系列法律、法规等措施有力地保护了有限的水资源。

（三）水资源保护的相关规定

1. 水资源的所有权和使用权

我国《宪法》规定：水流属于国家所有。《中华人民共和国水法》第三条也明确规定，“水资源属于国家所有。水资源的所有权由国务院代表国家行使。”这里水资源应当是指处于天然状态的水，包括地表水和地下水。水资源的国家所有，意味着国家对水资源具有统一调度和支配的权力，国家对水资源的开发、利用和保护实行集中统一的管理。

《中华人民共和国水法》第三条同时也明确规定，“农村集体经济组织的水塘和由农村集体经济组织修建管理的水库中的水，归该农村集体经济组织使用。”这里的水是指人工开发出来的水，即由农民集体投资或投劳修建的水塘、水库、沟渠中拦蓄、引取的水。将水塘、水库中的水规定为集体所有，有利于保护和调动农民和农业集体经济组织兴办水利事业的积极性。

2. 保护水资源和改善生态环境

水既是重要的自然资源，又是构成环境的要素之一。因此，保护水资源，也是保护环境的重要内容。就水资源的质和量来说，也与生态环境的保护和改善有着密切的关系。保护自然植被，种树种草，既可以防止水土流失，改善水质，避免水利工程的破坏和水害，又可以涵养水源，增加水量。保护水资源和改善环境是密切相关，相辅相成的。

3. 贯彻节约用水的原则

要使有限的水资源能够满足工农业生产和人民生活的需要，必须坚持计划用水和节约用水的原则，要节约用水，首先要求各级人民政府加强对节约用水的管理，建立和健全节约用水的各项规章制度，设立相应的管理机构，同时要采取节约用水的先进技术，降低水的消耗，提高水的重复利用率。

4. 水资源规划和开发利用

《中华人民共和国水法》规定：开发、利用、节约、保护水资源和防治水害，应当按照流域、区域统一制定规划。规划分为流域规划和区域规划。流域规划包括流域综合规划和流域专业规划；区域规划包括区域综合规划和区域专业规划。

开发、利用水资源，应当坚持兴利与除害相结合，兼顾上下游、左右岸和有关地区之间的利益，充分发挥水资源的综合效益，并服从防洪的总体安排。开发、利用水资源，应当首先满足城乡居民生活用水，并兼顾农业、工业、生态环境用水以及航运等需要。地方各级人民政府应当结合本地区水资源的实际情况，按照地表水与地下水统一调度开发、开源与节流相结合、节流优先和污水处理再利用的原则，合理组织开发、综合利用水资源。

5. 水资源、水域和水工程的保护

从事水资源开发、利用、节约、保护和防治水害等水事活动，应当遵守经批准的规划；因违反规划造成江河和湖泊水域使用功能降低、地下水超采、地面沉降、水体污染的，应当承担治理责任。

国家建立饮用水水源保护区制度。省、自治区、直辖市人民政府应当划定饮用水水源保护区，并采取措施，防止水源枯竭和水体污染，保证城乡居民饮用水安全。

在河道管理范围内建设桥梁、码头和其他拦河、跨河、临河建筑物、构筑物，铺设跨河管道、电缆，应当符合国家规定的防洪标准和其他有关的技术要求，工程建设方案应当依照防洪法的有关规定报经有关水行政主管部门审查同意。

6. 防洪

《中华人民共和国防洪法》规定：防洪工作按照流域或者区域实行统一规划、分级实施和流域管理与行政区域管理相结合的制度。任何单位和个人都有保护防洪工程设施和依法参加防汛抗洪的义务。国务院水行政主管部门在国务院的领导下，负责全国防洪的组织、协调、监督、指导等日常工作。各级人民政府应当加强对防洪工作的统一领导，组织有关部门、单位，动员社会力量，依靠科技进步，有计划地进行江河、湖泊治理，采取措施加强防洪工程设施建设，巩固、提高防洪能力。各级人民政府应当组织有关部门、单位，动员社会力量，做好防汛抗洪和洪涝灾害后的恢复与救济工作。各级人民政府应当对蓄滞洪区予以扶持；蓄滞洪后，应当依照国家规定予以补偿或者救助。

7. 水土保持

一切单位和个人都有保护水土资源、防治水土流失的义务，并有权对破坏水土资源、造成水土流失的单位和个人进行检举。国家对水土保持工作实行预防为主，全面规划，综合防治，因地制宜，加强管理，注重效益的方针。国务院和地方人民政府应当将水土保持工作列为重要职责，采取措施做好水土流失防治工作。国务院水行政主管部门主管全国的水土保持工作。县级以上地方人民政府水行政主管部门，主管本辖区的水土保持工作。县级以上人民政府应当依据水土流失的具体情况，划定水土流失重点防治区，进行重点防治。

8. 水污染防治

为防治水污染，保护和改善环境，以保障人体健康，保证水资源的有效利用，促进社会主义现代化建设的发展，国务院有关部门和地方各级人民政府，必须将水环境保护工作纳入计划，采取防治水污染的对策和措施。各级人民政府的环境保护部门是对水污染防治实施统一监督管理的机关。一切单位和个人都有责任保护水环境，并有权对污染损害水环境的行为进行监督和检举。因水污染危害直接受到损失的单位和个人，有权要求致害者排除危害和赔偿损失。

9. 取水许可和水资源收费

为加强水资源管理和保护，促进水资源的节约与合理开发利用，取用水资源的单位和个人，除《取水许可和水资源费征收管理条例》第四条规定的情形外，都应当申请领取取水许可证，并缴纳水资源费。取水许可和水资源费征收管理制度的实施应当遵循公开、公平、公正、高效和便民的原则。取水许可应当首先满足城乡居民生活用水，并兼顾农业、工业、生态与环境用水以及航运等需要。

三、森林资源保护政策与法规

（一）森林资源概述

根据《森林法实施条例》的规定，我国《森林法》所称森林是指森林资源，包括森林、林木、林地以及林区野生的植物、动物和微生物。森林包括乔木林和竹林；林木包括树木和竹子；林地包括郁闭度 0.2 以上的乔木林地以及竹林地、灌木林地、疏林地、采伐迹地、火烧迹地、未成造林地、苗圃地和县级以上人民政府规划的宜林地。根据《森林法》的规定，森林分为以下五种：①防护林：以防护为主要目的的森林、林木和灌木，包括水源涵养林、水土保持林，防风固沙林，农田、牧场防护林，护岸林，护路林；②用材林：以生产木材为主要目的的森林和林木，包括以生产竹材为主要目的林木；③经济林：以生产果品、食用油料、饮料、调料，工业原料和药材为主要目的的林木；④薪炭林：以生产燃料为主要目的的林木；⑤特种用途林：以国防、环境保护、科学实验等为主要目的的森林和林木，包括国防林、实验林、母树林、环境保护林、风景林、名胜古迹和革命纪念地的林木，自然保护区的森林。

森林资源不仅是生产木材的自然资源，而且是对自然系统有着重要影响的自然资源。森林作为生物圈的组成部分，在保护环境、稳定生态平衡和促进社会文化、经济、生活等方面有着多种功能，森林不仅可以生产木材，有着经济效益，更重要的是，森林具有生态效益，可以发挥防止水土流失、调节空气、净化环境、保存物种等作用。森林的生态效益使森林的经营具有公益性，破坏森林使森林的生态效益遭受损失，也是对社会公益的严重损害。森林是一种可再生资源，森林被砍伐后，可以通过人工或者天然的更新营造，再次生长出来。所以，只要遵循森林的生长规律，森林就可以被人类社会永续利用。

（二）森林法概述

森林资源不仅提供木材和森林产品满足人们的需要，而且它能涵养水源、保持水土、消除污染、净化空气、调节气候、降低噪音、美化大地、防风固沙，还是野生动物的栖息地。但是森林资源是极其有限的，人们对木材的需求往往会导致对森林的过度采伐，各种病虫害、火灾等也会造成森林面积的大量减少。保护森林资源，是关系到农业乃至整个国民经济发展的大事。

为了合理开发、利用和保护森林资源，1979 年 2 月 23 日，全国人大常委会通过了《中华人民共和国森林法(试行)》，经过 5 年的试行和反复修改，1984 年 9 月 20 日，全国人大又通过了正式的《中华人民共和国森林法》。1986 年 4 月，经国务院批准，林业部又颁布了《中华人民共和国森林法实施细则》，《中华人民共和国森林法实施条例》于 2000 年 1 月 29 日中华人民共和国国务院令第 278 号公布，自公布之日起施行，同时废止《中华人民共和国森林法实施细则》。1988 年 1 月国务院发布了《森林防火条例》，2008 年 11 月 19 日国务院第 36 次常务会议修订通过，2009 年 1 月 1 日开始施行。1987 年 9 月制定了《森林采伐更新管理办法》，经过二十多年的实施和反复修改，《森林采伐更新管理办法（征求意见稿）》于 2009 年 4 月发布，同时废止 1987 年的《森林采伐更新管理办法》。1989 年 11 月制定了《森林病虫害防治条例》等，形成了我国比较完整的森林资源保护法律体系。

（三）森林资源保护的相关规定

1. 植树造林制度

我国《农业法》第六十条规定:“国家实行全民义务植树制度。各级人民政府应当采取措施，组织群众植树造林，保护林地和林木，预防森林火灾，防治森林病虫害，制止滥伐、盗伐林木，提高森林覆盖率。”全民义务植树制度，是指全体公民都有植树造林的义务，植树造林、保护森林资源是全体公民应尽的义务。各级人民政府应当按照《国务院关于开展全民义务植树运动的实施办法》的规定，组织全民义务植树。

2. 护林防火制度

森林防火制度包括火灾预防和扑救。

（1）规定森林防火期和防火区地方人民政府应当组织和划定森林防火责任区，确定森林防火责任单位，建立防火责任制和军民联防制。森林所在地县以上地方人民政府在当年高温、干旱和大风等高火险天气出现时，可宣布森林防火期开始并划定森林防火区，规定防火戒严期。防火期内禁止在林区野外用火；因特殊情况需要用火的必须经过特别批准，并严格遵守有关规定。在森林防火期内，对林区作业和进入林区的各种机动车辆规定必须安设防火装置，并采取各种有效措施严防火灾；对铁路沿线有引火危险地段要开设防火隔离带，在林区野外操作机械设备必须遵守防火安全规程。防火期内，禁止在林区使用枪械狩猎。进行实弹演习、爆破、勘察和施工等活动，必须经过特别批准，并采取防火措施，做好灭火准备。森林防火戒严期内，在林区严禁一切野外用火，并对可能引起火灾的机械和居民生活用火，严格管理。

（2）加强森林防火设施建设。各级人民政府应当组织有关单位有计划地进行林区森林防火设施建设，设置火情瞭望台；在重点部位开设防火隔离带或营造防火林带；在重点林区，修筑防火道路，建立防火物资储备仓库；配备防火交通运输工具及探火、灭火器械、通信器材等。

（3）建立森林火险监测和预报系统。气象部门和林业主管部门，应当联合建立森林火险监测和预报站（点），气象部门应做好森林火险天气预报，特别是高火险天气预报。报纸、广播、电视部门应当及时发布森林火险天气预报和高火险天气警报。

（4）森林火灾扑救的法律规定。主要有：①任何单位和个人一旦发现森林火灾必须立即扑救，并应及时向当地人民政府或森林防火指挥部报告。②扑救森林火灾，由当地人民政府或者森林防火指挥部统一组织和指挥。接到扑火命令的单位或个人，必须迅速赶赴指定地点，投入扑救。③在扑救森林火灾时，气象、铁路、交通、民航、邮电、民政、公安、商业、供销、粮食、物资和卫生等部门，应当做好相应工作。

3. 森林病虫害防治制度

森林病虫害防治，是指对森林、林木、林木种苗及木材、竹材的病害和虫害的预防和除治。国务院于 1989 年 11 月制定了《森林病虫害防治条例》，共 5 章 30 条。第一章总则主要规定了森林病虫害防治应实行“预防为主，综合治理”的基本方针，规定了“谁经营谁防治”的防治责任制，规定了国务院林业主管部门、地方林业主管部门和地方各级人民政府对森林病虫害防治的主管职责和具体组织职责等。第二章森林病虫害预防，规定了预防森林病虫害的多种法律措施。主要有：森林病虫害检疫、发挥生物防治作用、森林病虫害调查测报、森林病虫害综合治理、防治设施建设等。第三章森林病虫害的除治，规定了发现严重森林病虫害的单位和个人的及时报告义务，人民政府或林业主管部门组织除治的职责，规定了森林施药的限制和有关部门的配合，规定了森林病虫害除治费用保障等。第四章奖励和惩罚，规定了对森林病虫害防治做出成绩的单位和个人的奖励办法，规定了对违反森林病虫害防治义务的单位和个人的处罚措施。第五章是附则。

4. 森林资源合理采伐制度

森林资源合理采伐制度，主要包括森林采伐更新制度、森林采伐限额制度、森林采伐许可制度。构成这些制度的法规主要有林业部为贯彻执行《森林法》制定发布的《森林采伐更新管理办法》《制定年森林采伐限额暂行规定》《关于加强森林采伐许可证管理的通知》等。所谓森林采伐更新，是指在森林采伐后必须及时进行森林更新，并且根据树种的生态特性和不同土地条件采取相应的更新措施，以保证森林的合理采伐，及时更新采伐迹地，实现青山常在、永续利用。限额采伐，是国家根据合理经营、永续利用原则，对森林资源采伐或消耗的总量规定控制指标，作为年合理采伐量，按限定的采伐量进行采伐则为限额采伐。森林采伐许可证制度是指为了科学合理地采伐利用森林、采伐单位和个人都必须持有林业主管部门或其授权单位核发的采伐许可证，并在许可范围内采伐。没有许可证或不在许可证许可范围采伐的，则属违法采伐，应受法律追究。

四、草原资源保护政策与法规

（一）草原资源概述

1. 草原概念

根据《中华人民共和国草原法》，草原是指天然草原和人工草地。天然草原是指一种土地类型，它是草本和木本饲用植物与其所着生的土地构成的具有多种功能的自然综合体。人工草地是指选择适宜的草种，通过人工措施而建植或改良的草地。

草原是指生长草本植物或者饲用灌木植物为主，用于或者可以用于畜牧业和割草的土地。

2. 草原分类

我国的草原主要有呼伦贝尔东部草原、伊犁草原、锡林郭勒草原、鄂尔多斯大草原、川西高寒草原、那曲高寒草原、祁连山草原等。根据生物学和生态特点，可划分为四个类型：

（1）草甸草原：草原中最喜湿润的类型。建群种为中旱生的多年生草本植物；常混生大量中生或旱中生植被，主要是杂草类，其次为根茎禾草与丛生苔薹草，典型旱中生丛生禾草仍起一定作用。草甸草原地区的土壤主要为黑钙土。草甸草原地区年降水量350~500毫米，主要植物有：贝加尔针茅、大针茅、羊草等。草丛高度为40~80厘米，覆盖度为80%~90%。每公顷可产干草1600~2400公斤，因而是温带草原中产量最高的一种类型。这类草原是发展牛、马等大家畜较好的畜牧业基地，也是草原生态旅游极好的去处。但是这类草原自然条件较好，因而被开垦作农田，种植春小麦、油菜的面积较大。也正由于如此，草甸草原保存面积不大。而一旦被开垦为农田，则严重退化现象将不可避免地发生。

（2）平草原(典型草原)：建群种由典型旱生植物组成，以丛生禾草为主，伴有中旱生杂类草及根茎薹草，有时还混生旱生灌木或小半灌木。分布典型草原的地区属于温带半干旱大陆性气候，降水量约为250~450毫米。典型草原主要由针茅、羊草、隐子草等禾草，伴生中旱生杂草、灌木及半灌木组成，草丛一般高30~50厘米。在我国，典型草原主要分布在呼伦贝尔高原西部、锡林郭勒高原大部及鄂尔多斯高原东部等地。

（3）荒漠草原：为草原中最旱生的类型。建群种由旱生丛生小禾草组成，常混生大量旱生小半灌木，并在群落中形成稳定的优势层片。荒漠草原属于自然带的一种，主要是受自然环境影响形成的。地理位置处于大陆内部，年降水量≤200毫米。气候干燥，少雨，属于大陆气候。其次是受人类活动的影响。人类不合理的放牧和开垦以及开采矿物，直接导致草原荒漠化的进程。荒漠草原主要分布于亚洲大陆内部，如内蒙古西部和新疆就有荒漠草原分布。荒漠草原以荒漠为主，生长的植物主要是一些耐旱、叶小而少而且根深的植物。原因是叶小而少可以减少蒸发，根深可以充分吸取底下水分。

（4）高寒草原：中国草原群落的一种植被类型。分布在海拔4000米以上的草原。高

寒地带气候寒冷而潮湿，日照强烈，紫外线作用增强，空气中二氧化碳含量降低，空气稀薄，土壤温度高于空气温度，温度变化剧烈，昼夜温差极大，年平均温度不到 1℃，生长季短，仅 120 天，年降水量约 400 毫米，相对湿度 70% 以上。植物多低矮丛生，叶面积缩小，叶片内卷，气孔下陷，机械组织与保护组织发达，根系较浅，植株形成密丛，基部常为宿存的枯叶鞘所包围，起保护更新芽越冬的作用。有以营养繁殖为主的多年生草本、垫状小灌木或垫状植物。如针茅属紫花针茅、座花针茅，以及克氏羊茅、假羊茅，还有莎草科硬叶薹草，小半灌木有藏籽蒿、藏南蒿、垫状蒿等。垫状植物有垫状驼绒藜、垫状点地梅、垫状棘豆、垫状蚤缀等。我国高寒草原主要分布在青藏高原中部和南部、帕米尔高原及天山、昆仑山和祁连山等亚洲中部高山。

3. 草原作用

我国的草原资源非常丰富，拥有天然和人工的草地 60 多亿亩，草原面积占国土面积的 40%，相当于耕地面积的 3.7 倍，是我国最大的可更新资源。草原上生长着多种优良牧草，是重要的畜牧业基地。此外，草原植被还蕴藏着许多药用植物，可采收利用。

草原是一种宝贵的自然资源，它不仅是畜牧业生产的基本条件，而且能够涵养水源，保持水土，调节气候，改善生态环境。草原是一种可再生资源，但是如果自然条件恶化，或者受到人类活动的干扰，就会使其生态系统遭受破坏，导致草原资源的退化、衰竭甚至消失。因此，加强对草原资源的保护非常重要。

（1）防风固沙。草地植被能有效地降低风速，寸草挡大风。美国在北部干旱草原区建立与风向垂直的高原草障，两草障之间的风速与无草障相比，降低 19%~85%。我国利用草本植物固沙，特别是在干旱区草原飞播沙蒿固沙，取得了举世瞩目的成效。有些草地灌木，如沙棘、沙拐枣、柠条等，是治理沙化土地的适宜植物。加强和加快草原的保护与建设力度，增大草地植被的覆盖度，增加国土绿色屏障面积，以增强草地的总体防风固沙能力，就可以最大限度地控制土地荒漠化进程，减少沙尘和沙尘暴的危害，促进我国整体生态环境的优化。

（2）涵养水源，防止水土流失。天然草地植被可以减少降水对地表土壤的冲刷，截留可观的降水量。据美国试验，蓝茎冰草对降水的截留量可达 50%，草原土壤比无植被的空旷地对水分有较高的渗透率，对涵养土壤水分有积极作用。草地植物根系致密，其强大的根系对土壤有较强的吸附力和黏着力，对防止土壤侵蚀、减少地表径流效果非常显著。特别要指出，草地防止水土流失的能力高于灌丛和森林，生长 7~8 年的森林，拦蓄地表径流的能力为 34%，而生长两年的草地拦蓄地表径流的能力为 54%，高于森林 20%。草地可减少径流中的含沙量 70.3%，而森林仅能减少径流中的含沙量 37.3%。种草的成本更比植树造林成本低若干倍。种草当年或第二年即见效，而种树要 5~10 年才能郁闭成林，对一些贫瘠、陡坡、土壤砾石含量高、蓄水力低的土地，种草是恢复植被覆盖率最好的途径。

（二）草原法概述

草原是一种草本植被类型的自然资源，是畜牧业的重要生产资料，是各种野生动物的栖息场所。同时草原有涵养水分、保持水土、调节气候、防治土地风蚀、改善生态环境的作用。

我国于1985年6月颁布，2002年12月修订了《中华人民共和国草原法》；1988年颁布，1997年修订了《草原治虫灭鼠实施规定》；1993年制定了《草原防火条例》等保护草原的法律措施。另外，一些省、自治区还制定了地方性的草原保护法规。

（三）草原资源保护的相关规定

1. 合理利用草原

各级人民政府应当加强对草原保护、建设和利用的管理，将草原的保护、建设和利用纳入国民经济和社会发展计划。国家对草原实行以草定畜、草畜平衡制度。县级以上地方人民政府草原行政主管部门应当按照国务院草原行政主管部门制定的草原载畜量标准，结合当地实际情况，定期核定草原载畜量。各级人民政府应当采取有效措施，防止超载过牧。

2. 草原植被保护

严格保护草原植被，禁止开垦和破坏。对水土流失严重、有沙化趋势、需要改善生态环境的已垦草原，应当有计划、有步骤地退耕还草，已造成沙化、盐碱化、石漠化的，应当限期治理。

在草原上从事采土、采砂、采石等作业活动，应当报县级人民政府草原行政主管部门批准，开采矿产资源的，并应当依法办理有关手续。禁止在荒漠、半荒漠和严重退化、沙化、盐碱化、石漠化、水土流失的草原以及生态脆弱区的草原上采挖植物和从事破坏草原植被的其他活动。

在草原上开展经营性旅游活动，应当符合有关草原保护、建设、利用规划，并事先征得县级以上地方人民政府草原行政主管部门的同意，方可办理有关手续。

除抢险救灾和牧民搬迁的机动车辆外，禁止机动车辆离开道路在草原上行驶，破坏草原植被；因从事地质勘探、科学考察等活动确需离开道路在草原上行驶的，应当向县级人民政府草原行政主管部门提交行驶区域和行驶路线方案，经确认后执行。

3. 防治草原鼠虫害

县级以上地方人民政府应当做好草原鼠害、病虫害和毒害草防治的组织管理工作。县级以上地方人民政府草原行政主管部门应当采取措施，加强草原鼠害、病虫害和毒害草监测预警、调查以及防治工作，组织研究和推广综合防治的办法。

4. 加强草原防火

草原火灾是指由自然或人为原因引起的失去人力控制并对草原造成危害的草原植被

燃烧现象，它是破坏草原的重大灾害。草原防火工作贯彻预防为主、防消结合的方针。各级人民政府应当建立草原防火责任制，规定草原防火期，制定草原防火扑火预案，切实做好草原火灾的预防和扑救工作。

五、渔业资源保护政策与法规

（一）渔业资源概述

渔业资源是自然资源的重要组成部分。渔业资源亦称水产资源，是指水域中蕴藏的具有经济、社会、美学价值，现在或将来可以通过渔业得以利用的生物资源。它不仅包括水域中蕴藏的各种鱼类和水生经济动植物的种类和数量，还包括所有与渔业生产和环境有关的水生野生动物、水生饵料生物等的种类和数量。20 世纪 70 年代以来，世界上一些传统的渔业资源出现了衰退，渔业的可持续发展受到了严重的挑战。

渔业资源自身具有自然再生产和经济再生产的双重性。在适宜的条件下，渔业资源可以在一定的时间和空间内自律更新、繁衍后代。在渔业资源的自然再生产过程中，人类的生产生活应当为其创造相应的条件，尊重渔业资源的自身特点和生长规律，满足其对客观环境的要求。渔业资源既是重要的自然资源，又是自然环境要素的重要组成部分。它对于社会经济发展，满足和改善人们的物质生活，保持水生生态的平衡，都有着十分重要的意义。

我国海域辽阔，海岸线总长度达 3.2 万多公里，其中大陆岸线 1.8 万多公里。海洋渔场面积有 150 多万平方公里，有经济价值的鱼、虾 1500 多种。沿岸有 2000 多万亩的滩涂，可以发展海水养殖业。内陆江河及湖库池塘可以发展淡水养殖的水面有 8000 多万亩。

（二）渔业法概述

1986 年 1 月 20 日通过，2000 年 10 月 31 日第一次修正，2004 年 8 月 28 日第二次修正了《中华人民共和国渔业法》。另外还制定了《中华人民共和国渔业法实施细则》《中华人民共和国水产资源繁殖保护条例》《水生野生动物保护实施条例》《渔业捕捞许可证管理办法》《远洋渔业管理规定》《水产养殖质量管理规定》等配套法规，以及一些地方性法规。《中华人民共和国渔业法》是渔业资源保护的主要法律依据。

（三）渔业资源保护的相关规定

1. 渔业资源保护

渔业资源的发展和保护与水、水域是密切相关的，但水、水域不是渔业的独占性资源，而是被多种行业、经济活动影响的具有多种功能的资源。《渔业法》为了保护渔业资源，对可能造成不利渔业资源的有关行业与经济活动进行了一定限制：在鱼、虾、蟹、贝幼苗的重点产区直接引水、用水的单位和个人，应当采取避开幼苗的密集期、密集区，或者设置网栅等保护措施。在鱼、虾、蟹洄游通道建闸、筑坝，对渔业资源有严重影响的，建设单位应当建造过鱼设施或者采取其他补救措施。用于渔业并兼有调蓄、灌溉等功能的水体，有关主管部门应当确定渔业生产所需的最低水位线。禁止围湖造田。沿海滩涂未经县级以上人民政府批准，不得围垦；重要的苗种基地和养殖场所不得围垦。进行水下爆破、勘探，施工作业，对渔业资源有严重影响的，作业单位应当事先同有关县级以上人民政府渔业主管部门协商，采取措施，防止或减少对渔业资源的损害。

2. 渔业捕捞的禁止与限制

（1）禁渔事项。禁渔事项，是指与保护渔业资源有关的禁渔区、禁渔期、禁用渔具、禁用渔法、禁捕苗种等事项。禁止在禁渔区、禁渔期进行捕捞；禁止炸龟、毒鱼、电鱼等破坏渔业资源的方法进行捕捞；禁止制造、销售、使用禁用的渔具；禁止使用小于最小网口尺寸的网具进行捕捞；禁止捕捞有经济价值的水生苗种。

（2）特别捕捞。因养殖或者其他特殊需要使用禁止使用的渔法、渔具，在禁渔区、禁渔期进行捕捞，特别捕捞须经特别批准。《渔业法实施细则》规定两种特殊捕捞及其批准权限，第一种情况是因科学研究等特殊需要，在禁渔区、禁渔期捕捞，或者使用禁用的渔具、捕捞方法，或者捕捞重点保护的渔业资源品种，应当经省级以上人民政府渔业行政主管部门批准。第二种情况是因养殖或者其他特殊需要，捕捞鳗鲡、鲥鱼、中华绒螯蟹、真鲷、石斑鱼等有重要经济价值的水生动物苗种或者禁捕的怀卵亲体的，必须经国务院渔业行政主管部门或者省、自治区、直辖市人民政府渔业行政主管部门批准，并领取专项许可证件，方可在指定区域和时间内，按照批准限额捕捞。捕捞其他有重要经济价值的水生动物苗种的批准权，由省、自治区、直辖市人民政府渔业行政主管部门规定。

3. 捕捞作业的特殊限制

（1）建造人工鱼礁的限制。设置人工鱼礁，应当经过环境影响评价和增殖效果评估，并应避开主要航道和重要锚地。大型人工鱼礁建设，须经国务院渔业行政主管部门批准，其他人工鱼礁建设，由省级渔业行政主管部门批准。具体管理办法由国务院渔业行政主管部门制定。

（2）定置渔业的限制。定置渔业不得跨县作业。海洋定置渔业，不得越出“机动渔船底拖网禁渔区线”。县级以上人民政府渔业行政主管部门应当限制其网桩数量、作业场所。

动动脑

1. 什么是农业自然资源？
2. 什么是森林资源？森林资源保护的相关规定有哪些？
3. 什么是水资源？水资源保护的相关规定有哪些？
4. 什么是草原资源？草原资源保护的相关规定有哪些？
5. 什么是渔业资源？渔业资源保护的相关规定有哪些？

第三节　农业环境保护的政策与法规

案例导入

湖南省农业环境保护案例

湖南省农业环境的现状不容乐观。湖南省农业环境虽然局部有所改善，但整体仍在恶化。主要表现在：一方面是农业资源日趋减少、退化，生态平衡失调。据统计，全省耕地面积比新中国成立初期减少了1072万亩，减少近1/5，且耕地日趋贫瘠化；农业珍稀有益生物减少，导致农业生产成本逐年提高，农业经济损失逐年加大，自80年代以来，全省每年仅因鼠害就损失粮食达1.5亿~2.5亿公斤；水生生物资源衰退，天然水域水生生物种类和数量及天然鱼苗和鱼类产卵场急剧衰减，很多珍贵种类已难觅踪迹。另一方面农业环境污染严重，农产品产地生态环境呈恶化趋势。2002年全省有1/4的耕地、农田灌溉水和农田大气均受到不同程度污染；同时湖南省农村剧毒、高毒、高残留农药使用比例高，加之过量施用化肥和不合理使用非环保型农用地膜，不仅降低了农产品质量安全水平，而且造成土壤板结、地力下降和水体富营养化，直接影响农业生态系统平衡。在这种环境中生产出来的农产品，质量安全得不到保障，消费者担心，流通受阻，卖不到好价钱，农民收入上不去。

湖南省农业环境污染源点多面广。据了解，湖南省农业环境面临着农业外部污染和农业自身污染，随着“农村工业化”步伐的加快，城市工业向农村转移以及乡村工业遍地开花，在发展了经济的同时也带来了污染。目前，全省农业环境的污染源主要有以下几个方面：一是工业“三废”和城市生活垃圾污染。主要包括废水污染、废气污染、固体废物堆放处置污染等几种类型。据统计，2009年全省工业和城市生活废水排放总量为22.02亿吨；工业废气排放总量为4189.6亿标立方米；工业固体废弃物产生量为2434.4万吨。尤其是乡镇工业的废水污染处理率仅为15%；废气污染大部分未处理。如湘潭竹埠港地区化工企业集中，产生的废水和废气污染了周围荷塘乡三个村的近1000亩农作物。衡南县川口钨矿排放的废水对花桥镇川口村和豹泉村造成直接污染的稻田面积达1496亩，损失稻谷18.9万公斤，经济损失19.27万元。二是畜禽粪便污染。湖南省规模畜禽养殖带来的污染问题日渐突出，据统计，2008年全省畜禽养殖排粪量达1.58亿吨，比上年增加了0.27亿吨。按照专家折算，一头猪的日排泄量最低相当于7个人的日排泄量，最高可达15个人的排泄量。由于绝大多数养殖场没有污水处理设施，直接超标排入农业环境，畜禽污染造成了水体富营养化，水质恶化，致使土壤板结和盐渍化。郴州市某万头猪场，排放的粪便造成265亩农田受到污染，水稻贪青，病虫害严重，损失减产30%以上。邵东县某养猪场排放的猪粪尿污染稻田30亩，其中10亩失收。三是农业固体废弃物污染。湖南省是全国种植业主要生产区之一，尤其是多熟农作物种植面积大，产生的秸秆较多，加之农业机械化程度越来越高，秸秆还田的比例降低，秸秆焚烧和随意丢弃现象尤为突出。益阳市赫山区白石塘镇的双季稻作区稻草用于还田量只占到50%，其余被焚烧，不仅对大气造成污染，有时还引发交通事故。四是农药、化肥等农用化学物质污染。农业生产中氮肥的利用率为30%~35%，磷肥利用率为10%~25%，大部分氮、磷等营养元素流失，给农村生产和生活用水安全造成严重威胁。而农药化肥的使用量很大，2001年，全省化肥使用量达184.25万吨，全省农药使用量为8.56万吨。如石门县一园艺场使用劣质化肥，造成近100亩柑橘死亡，经济损失惨重。桃源县每亩耕地农药年施用量达到4公斤，化肥年使用量达到85公斤。

湖南省打响农业环境“保卫战”。面对这样的现状，湖南省农业环保部门加大了农业环境污染事故的调查处理力度。据调查，全省有近2000家企业对农业环境产生污染，主要以小冶炼厂、水泥厂和砖厂污染为主。今年上半年全省各级农业环保部门共查处各类农业环境污染事故169起。污染事故造成污染土地面积3.5万亩，经济损失776万元，农业环保部门为农民索赔损失407万元。其中，邵阳市查处了27起农业环境污染事故，为农民挽回经济损失132万元。全省通过农业环境污染事故的查处，不仅维护了农民的合法利益，而且净化了农产品产地环境，产生了较大的社会反响。同时，湖南省还创建了长沙、慈利、浏阳、南县等4个国家级和桃源、沅江、邵东等6个省级生态农业示范县，生态农业示范推广面积达到800多万亩；加强无公害农产品标准化生产示范基地建设，推广无公害生产技术，杜绝使用高毒、高残留农药、激素等农业投入品，重点建设了一批无公害农产品生产示范基地（县），示范面积达到530万亩。

（**资料来源**：湖南省环保厅网站，2013年10月15日）

案例思考

湖南省农业环境保护可以采取哪些经济手段进行环境治理？

一、农业环境概述

农业环境是指以农作物、畜禽和鱼类等农业生物为中心的周围事物的总和，包括大气、水体、土地、光、热以及农业生产者劳动和生活的场所（农区、林区、牧区等）。农业环境是自然环境的一个重要组成部分，既包括一部分原始的自然环境，又包括一部分经过改造的人工环境。农业环境由农业自然环境和农业社会环境组成，农业资源是构成农业环境的要素之一，农业资源和农业环境是有机联系的统一整体。

目前，我国农业环境十分严峻。许多地方水、气、土壤环境污染严重，农村环境质量有所下降，农业环境问题已成为制约农业和农村经济发展的重要因素。据统计，我国每年因农业环境污染造成农作物减产损失150亿元，农畜产品污染损失160亿元，每年超过食品卫生标准的农畜产品总量达1535万吨。这些经济损失主要是指直接经济损失，如果再考虑到间接经济损失，农业环境污染已经对我国农业生产带来巨大影响。

农业环境保护就是利用法律的、经济的、技术的各种手段，使农业环境质量和生态状况维持良好的状态，防止其遭受污染和生态破坏。农业环境是整体环境的重要组成部分，主要包括土地、森林、草原、水资源、空气等，具有广泛性、整体性、区域性的特点，是农业的基本物质条件。农业环境保护不仅对发展农业生产至关重要，而且在整个环境保护工作中也占有极为重要的地位。生态破坏和环境污染是当前中国农业环境的两个突出问题。农业资源衰退，自然灾害加剧，水土流失、沙漠化、土壤次生盐渍化等问题日益严重。农业环境遭到不同程度的破坏，已成为农业发展的制约因素。农田、牧场受工业（包括乡镇企业）“三废”污染严重。不合适地大量使用农药，造成土壤、水体污染和农畜产品有害物质残留；过量和不合理地施用化肥，引起蔬菜、地下水硝酸盐积累和水体富营养化等现象比较普遍。农业环境恶化危害人体健康，危害农业生产，导致农业减产、绝产和农产品质量下降。农业环境破坏还会降低农业环境的生产力及抗御自然灾害的能力，而且会对气候产生不利的影响，导致旱涝灾害频繁发生，进而危害农业生产和人民生命财产安全。保护和改善农业环境的主要措施有：①强化农业环境管理，制定保护和改善农业环境、防止污染和生态破坏的法规，建立健全农业环境管理体制。②积极防治工矿企业（包括乡镇企业在内）的“三废”污染。③防治农药、化肥污染，积极推广综合防治病虫害技术，大力发展有机肥、复合肥，合理施用化肥，提高化肥的利用率。④制定有利于农业综合开发的技术经济政策。⑤加强农业环境监测网建设。

二、环境保护法律制度

所谓环境保护法律制度，是指为实现环境立法的目的，遵循环境保护的基本原则而制定于国家环境污染防治法律之中，以及由环境污染防治单项法规或规章所具体表现的对国家环境污染防治具有重大、普遍和指导意义，由环境行政主管部门来监督实施，并且对法律关系的参加者直接具有约束力的同类法律规范的总称。

（一）环境标准制度

环境标准是为防治环境污染、维护生态平衡、保护人身健康，对需要统一的各项技术规范和技术要求做出的量值规定。环境标准制度则是关于环境标准的分类、分级、制定和实施的规定。根据 2014 年的《中华人民共和国环境保护法》以及 1999 年的《环境标准管理办法》，环境标准分为国家标准、地方标准和国家环境保护部标准。国家环境标准包括国家环境质量标准、国家污染物排放标准（或控制标准）、国家环境监测方法标准等五类。地方环境标准只有环境质量标准和污染物排放标准（或控制标准）。

（二）环境监测和报告制度

环境监测是运用化学、物理学、生物学和医学等方法，对环境中污染物的性质、数量、影响范围及其后果等，进行调查和测定的活动。其主要任务是：对环境中各项要素进行经常性监测，掌握和评价环境质量状况及发展趋势；对各单位排放污染物的情况进行监视性监测；为环境管理工作提供准确、可靠的监测数据和资料。环境监测实行日报、月报、年报和定期编报环境质量报告的制度。国家和省级环保部门每年6月都发布环境状况公报。此外，在自然资源和生态保护方面也实行监测制度，如水资源监测，水土保持监测，湿地水禽监测，草原生产、生态监测等。

（三）环境资源规划制度

环境资源规划，是国家和地方各级人民政府对一定时期内环境保护和资源合理利用的目标以及实现目标的措施和手段所作的总体安排。环境资源规划制度是关于这种规划的编制、内容、执行等事项的法律规定。国家制定的环境保护规划必须纳入国民经济和社会发展计划。国家还发布了《环境保护规划管理办法》。

（四）环境保护目标责任制度和城市环境综合整治定量考核制度

环境保护目标责任制度，是以签订责任书的形式具体落实地方各级人民政府及其有关部门和有污染的单位对环境保护负责的行政管理制度。责任者是地方各级政府的首长、各有关部门领导和企业的法人代表。上级政府确定环境保护目标，通过与下级政府、各有关部门和企业签订责任书，层层分解环境保护责任，明确各方职责、权利和义务，将环境保护任务落到实处。其法律依据是环境保护法关于地方各级政府对其辖区环境质量负责的规定和产生污染的单位应建立环境保护责任制度的规定。

（五）环境影响评价制度

环境影响评价，是指对规划和建设项目实施后可能造成的环境影响进行分析、预测和评估，提出预防或者减轻不良环境影响的对策和措施，进行跟踪监测的方法与制度。

（六）“三同时”制度

“三同时”制度，是指建设项目的环境保护设施必须与主体工程同时设计、同时施工、同时投产使用的制度。这是我国独创的，与建设项目环境影响评价制度相衔接的，预防产生新的环境污染和破坏的重要制度。该制度适用于新建、扩建、改建项目，技术改造项目和一切可能对环境造成污染和破坏的建设项目。《建设项目环境保护管理条例》对这项制度的有关事项作了具体规定。另外，《中华人民共和国水土保持法》规定，建设项目中的水土保持、设施，必须与主体工程同时设计、同时施工、同时投产使用;《中华人民共和国水法》规定，新建、扩建、改建建设项目的节水设施，应当与主体工程同时设计、同时施工、同时投产使用。

三、农村环境保护政策

（一）政策体系

目前国家级专门的农村环保法律、法规较为缺乏，只有针对畜禽养殖污染的部门规章，化肥、农药、农膜等还没有具体的专门制度。2013 年修订的《农业法》强调了对农业资源和农业环境的保护，为地方政府制定地方农业农村环境保护法规、规范环境执法行为提供了法律依据。其他直接相关的政策多以规范性文件的形式出现，如《秸秆禁烧和综合利用管理办法》（1999）、《关于实行“以奖促治”加快解决突出的农村环境问题的实施方案》（2009）等。从我国各阶段国家环境保护规划来看，农业农村环境问题得到重视始于“九五”期间，“十一五”期间提出“到 2015 年，农村人居环境和生态状况明显改善，农业和农村面源污染加剧的势头得到遏制，到 2020 年，资源节约型、环境友好型农业生产体系基本形成，农村人居和生态环境明显改善，可持续发展能力不断增强”的目标。“十二五”环境保护规划中对农村规模化畜禽养殖污染防治、提高农村环境保护水平、推进农业面源污染治理等方面提出要求。但另一方面，基于促进粮食增产农民增收的客观需求，长期以来，农业政策仍在一定程度上鼓励了农药、化肥等化学品的使用，在一定程度上推进了农村生态环境退化。主流的环境保护政策在农业农村领域尚缺乏足够的关注和投入。

从环境保护法律政策的具体内容看，我国与水环境保护相关的法律中缺少对农村环境和农业污染的关注。《水法》（2002）主要目标是水资源保护以及合理分配，除对围湖造地行为有所限制外，对农业和农村方面没有特别的规定。《水土保持法》（1991）主要目标为预防水土流失，注重对相关林地、草地的种植和保护。

（二）政策手段

按照管制程度的高低，环境政策手段可以分为命令控制型、经济激励型和劝说鼓励型手段三类。我国目前应用于环境保护领域的政策手段仍以命令控制型为主。命令控制型政策体系发展相对较完善，在工业污染防治领域发挥了较大的作用。命令控制型的政策手段的特点是确定性强，要求管理对象明确，但实施成本较高，在农业农村环境保护领域适用范围较有限，仅适用于影响较大，需要严格控制的问题，如规定禁用存在安全问题的农药。

目前我国已出台了一些包括农村污染处理设施建设和运营方面的税收优惠政策，如新的《企业所得税法》规定从事农村污染处理符合条件的企业，可以享受税收优惠政策，降低相关建设和运营成本。还有“以奖促治”“以奖代补”方式促进农村环境污染整治。这些政策在一定程度上激励了农村管理人员、乡镇企业和农户的环保积极性。

动动脑

1. 什么是农业环境？

2. 保护和改善农业环境的措施有哪些？

3. 环境保护法律制度有哪些？

链接案例

从“吃干榨尽”到“藏粮于地”

——《全国农业可持续发展规划（2015—2030 年）》政策解读

“农为邦本”。农业可持续发展，一方面要确保我国粮食安全保障能力可持续；另一方面，要确保我国农业资源永续利用。当前，我国水土资源约束日益趋紧，农业面源污染加重，农业生态系统退化明显，水土资源管理、生态补偿等体制机制还不健全，传统的农业发展方式已难以为继。《全国农业可持续发展规划（2015—2030 年）》在众多期待中正式发布，着力让现代农业发展插上可持续的翅膀。农业部部长韩长赋对规划做出了解读。

亮点一：农业发展尽快转到注重提高质量和效益的集约经营上来

韩长赋表示，党中央、国务院高度重视农业可持续发展。按照国务院部署，农业部会同国家发展改革委、科技部、财政部、国土资源部、环境保护部、水利部、林业局等部门，在深入基层调研、组织专家论证的基础上，共同编制了《全国农业可持续发展规划（2015—2030 年）》。这是今后一个时期指导农业可持续发展的重要文件。

“《规划》明确了农业可持续发展的指导思想，就是要加快发展资源节约型、环境友好型和生态保育型农业，切实转变农业发展方式，从依靠拼资源消耗、拼农资投入、拼生态环境的粗放经营，尽快转到注重提高质量和效益的集约经营上来。”韩长赋说。

《规划》明确了五条基本原则，就是要坚持生产发展与资源环境承载力相匹配；坚持创新驱动与依法治理相协同；坚持当前治理与长期保护相统一；坚持试点先行与示范推广相统筹；坚持市场机制与政府引导相结合。

亮点二：2030 年农业可持续发展的新格局基本确立

怎么看《规划》中说的“农业可持续发展新格局”？

韩长赋表示，《规划》对未来一个时期农业可持续发展做了整体的宏观设计，既有时间表，又有路线图；既有阶段性目标，又有区域性布局。

到 2020 年，农业可持续发展取得初步成效，经济、社会、生态效益明显。农业发展方式转变取得积极进展，农业综合生产能力稳步提升，农业结构更加优化，农产品质量安全水平不断提高，农业资源保护水平与利用效率显著提高，农业环境突出问题治理取得阶段性成效，森林、草原、湖泊、湿地等生态系统功能得到有效恢复和增强，生物多

样性衰减速度逐步减缓。

到 2030 年，农业可持续发展取得显著成效。供给保障有力、资源利用高效、产地环境良好、生态系统稳定、农民生活富裕、田园风光优美的农业可持续发展新格局基本确立。

亮点三：农业可持续发展将分区域布局、梯次推进、分类施策

农业可持续发展为什么要分区域布局和推进？

韩长赋介绍说，《规划》要求根据各地农业可持续发展面临的问题，综合考虑各地农业资源承载力、环境容量、生态类型和发展基础等因素，将全国划分为优化发展区、适度发展区和保护发展区。要按照因地制宜、梯次推进、分类施策的原则，确定不同区域的农业可持续发展方向和重点。

优化发展区包括东北区、黄淮海区、长江中下游区和华南区，是我国大宗农产品主产区，农业生产条件好、潜力大，但也存在水土资源过度消耗、环境污染、农业投入品过量使用、资源循环利用程度不高等问题。要坚持生产优先、兼顾生态、种养结合，在确保粮食等主要农产品综合生产能力稳步提高的前提下，保护好农业资源和生态环境，实现生产稳定发展、资源永续利用、生态环境友好。

适度发展区包括西北及长城沿线区、西南区，农业生产特色鲜明，但生态脆弱，水土配置错位，资源性和工程性缺水严重，资源环境承载力有限，农业基础设施相对薄弱。要坚持保护与发展并重，立足资源环境禀赋，发挥优势、扬长避短，适度挖掘潜力、集约节约、有序利用，提高资源利用率。

保护发展区包括青藏区和海洋渔业区，在生态保护与建设方面具有特殊重要的战略地位。青藏区是我国大江大河的发源地和重要的生态安全屏障，高原特色农业资源丰富，但生态十分脆弱。海洋渔业区发展较快，也存在着渔业资源衰退、污染突出的问题。要坚持保护优先、限制开发，适度发展生态产业和特色产业，让草原、海洋等资源得到休养生息，促进生态系统良性循环。

亮点四：明确了农业可持续发展的五大任务

根据《规划》，未来一个时期，我们要重点推进和完成五项主要任务，如何来完成？

韩长赋说，《规划》明确提出农业可持续发展的五大任务，优化发展布局，稳定提升农业产能。保护耕地资源，促进农田永续利用。节约高效用水，保障农业用水安全。治理环境污染，改善农业农村环境。修复农业生态，提升生态功能。

五项任务的首项是优化发展布局，稳定提升农业产能，这个任务应如何完成呢？

韩长赋说，按照“谷物基本自给、口粮绝对安全”的要求，坚持因地制宜，宜农则农、宜牧则牧、宜林则林，逐步建立起农业生产力与资源环境承载力相匹配的农业生产新格局。充分发挥科技创新驱动作用，实施科教兴农战略，加强农业科技自主创新、集成创新与推广应用，力争在种业和资源高效利用等技术领域率先突破。优化调整种养业结构，促进种养循环、农牧结合、农林结合。

"总体上说，完成《规划》中提出的五项重点建设任务，将以最急需、最关键、最薄弱的环节和领域为重点，统筹安排中央预算内投资和财政资金，调整盘活财政支农存量资金，安排增量资金，积极引导带动地方和社会投入，同时组织实施一批重大工程，全面夯实农业可持续发展的物质基础。"韩长赋说。

（**资料来源**：人民网，2015 年 5 月 29 日）

复习思考题

1. 我国农业可持续发展的政策目标是什么？
2. 农业资源包括哪些内容？
3. 我国水资源保护的法规有哪些？有哪些具体规定？
4. 简述我国环境保护法律制度。

第七章

农业科技与农业教育政策与法规

学习目标

1. 了解我国农业科技政策的内容和农业教育政策内容；

2. 理解农业技术的特点和农业科技在农业中的地位与作用；

3. 理解农业教育、农民工培训对农业发展、农民工就业和城乡一体化发展的作用；

4. 理解农村文化建设在农村发展中的作用。

本章提示

农业科学技术是推动农业发展最关键的要素，要全面提升农业科技自主创新能力，加快发展现代农业，需要有力的农业科技政策进行支撑和推进。本章第一节是对农业科学政策的阐述，主要介绍了农业科学技术的内容及其特点、农业科学技术在农业中的地位和作用、农业科学技术政策的概念和内容，我国农业科技发展政策的指导思想和目标、农业科技发展的重点和保障措施等，以及农业技术推广的政策法规，包括农业技术推广概述、农业技术推广与应用的法律规定以及我国农业技术推广政策的变迁等内容。第二节是对农业教育政策与法规的介绍，主要包括农业教育和农民工培训等内容。第三节是对我国农村文化建设政策的介绍，从政策的变迁到当前农村文化建设的政策内容等方面做了详细说明。

第一节　农业科学政策与法规

案例导入

袁隆平为超级稻“百千万”高产攻关点赞

2015年10月9日上午9时30分，85岁高龄的中国科学院院士袁隆平来到位于南昌的江西成新农场超级杂交稻“百千万”高产攻关示范工程的稻田。

袁隆平仔细察看了百亩片、千亩片、万亩片超级杂交稻的长势情况后欣喜地表示：“今年，百亩片1000公斤是比较有把握的，如果能实现1067公斤，我要请农业部的水稻专家和全国水稻主产区的专家来总结经验。”作为江西人，袁隆平的家乡情结是很浓的，“江西是新中国成立以来从未间断输出商品粮的两个省份之一，如果在推广超级杂交稻上加把劲，就能为国家粮食安全做出新的贡献。”

成新农场超级杂交稻“百千万”高产攻关示范工程的稻田，是全国第四个、江西省唯一一个超级稻“百千万”高产攻关工程示范基地。

（**资料来源**：中国农业新闻网，2015年10月12日）

案例思考

习近平主席曾说：“农业出路在现代化，农业现代化关键在科技进步。我们必须比任何时候都更加重视和依靠农业科技进步，走内涵式发展道路。”政府如何推动农业科技进步？农业科技政策要关注哪些方面？农业技术的推广需要什么样的政策支持？

“科学技术是第一生产力”，农业科学技术是推动农业发展最关键的要素。随着全球科学技术的迅速发展，更多地依靠科学技术进步不仅是农业结构演变的趋向和特征，也是实现农业可持续发展及其增长方式转变的基本要求，科技兴农对从根本上解决关系国家兴衰的农业问题凸显出了重要意义。

一、农业科学技术政策概述

（一）农业科学技术概述

1. 农业科学技术的内容及其特点

科学技术是科学和技术的总称，包括科学和技术两个方面。农业科学技术是揭示农

业生产领域发展规律的知识体系及其在生产中应用成果的总称，包括农业科学和农业技术两个方面。农业科学是指探索农业领域中自然规律和经济规律的经验总结和知识体系，大致可分为农业基础科学、农业环境科学和农业技术科学。农业技术是指应用于种植业、林业、畜牧业、渔业的科研成果和实用技术，包括良种繁育、施用肥料、病虫害防治、栽培和养殖技术，农副产品加工、保鲜、储运技术，农业机械技术和农业航空技术，农田水利、土壤改良与水土保持技术，农村供水、农村能源利用和农业环境保护技术，农业气象技术及农业经营管理技术等。农业技术是农业科学产生和发展的重要基础，农业科学是农业技术进步的基本前提。

农业生产是自然再生产与经济再生产紧密结合的特点决定了农业科学技术的研究和应用具有与其他领域科学技术所不同的特点。

（1）农业技术具有不同程度的公共产品特性和外部性。许多农业技术具有公共产品的特征。大多数农业技术在不同程度上具有一般公共产品的两大特征：非排他性与非竞争性。由于多数农产品的生产是生物产品的生产，而生物生产的一个重要特征在于可以进行自我繁殖，所以农民可以利用生物的自我繁殖反复利用和传播农业技术。露天的大田农业生产和分散的生产者使得生产过程中的所有技术要点都是公开的，保密性差，易于被模仿。例如农业新技术一经采用，就会普及推广，变成常规技术。同时，一些农民对某种农业技术的采用不会限制其他农民对该技术的采用。这些都导致大部分农业科技产品不同程度地具有一般公共产品的两大特征：非排他性与非竞争性。而且，很多农业技术都具有较强的生态保护功效，例如节水灌溉技术、沙地绿化技术等。农业技术的使用不仅是采纳者受益，也是全社会受益的过程，具有较强的正外部性；病虫害防治技术，一个农户防治病虫害而其他相邻农户不进行防治将影响到其防治效果。农业科技的这两个特征，说明市场无法提供最优状态的科技投资量，即市场失灵，私人与企业很难进入该产品的市场，必须由公共投资。

（2）农业科学技术的周期长。农业是利用动植物的生长繁殖来获得产品的物质生产部门，农业生产以生命有机体为劳动对象，其生态因子具有空间分布的地域性和时间变化的季节性、周期性特点。植物和动物都是有生命的物体，都有自己的生活规律，如地理分布、新陈代谢、遗传、异化，以及生长、发育、繁殖死亡等，因而农业生产过程作为生物再生产的过程，必然受到生物生长发育规律的限制，具有周期长和季节性强的特点。农业生产的特点直接影响到农业科学技术的研究和开发，使得农业科学技术从研究到推广应用，需要经历较长的过程。为此，应该努力做好农业科研的长期规划，准确地选择重大科研项目。

（3）农业科学技术适用的区域性强。土地是农业生产的基本资料，其使用价值同光、热、水、气和其他自然要素相互结合的形式有关，生产力具有空间分布的地域性，农业生产不能不受地理环境的影响。在地理位置、地貌形态、气候条件、湖泊水系分布、土壤发育程度、植被类型等组成自然环境的各要素存在着空间上的地域性差异和经济条件、开发历史等多种因素影响下，土地的水、热、肥等因素的组合和土地生产能力，在空间和时间上具有很大差别，因而农业生产因地域不同而具有不同的自然、经济条件，生长着与周围环境相适应的不同类别、不同品种的农作物。无论农业生产技术发展到何种程度，农业生产都离不开地理环境这个大自然的基础。必须要遵循因地制宜的原则，根据地域状况来进行农业科学技术的研究与应用，新技术的开发和推广一定要按照当地实际情况来选择有效的适用技术，防止盲目追求不适合当地生产的高新技术。

（4）农业科学技术的综合性强。农业生产既要受到生物本身生长规律、自然环境条件的影响，又要受到社会经济因素的制约以及农业生产对象的多样性和生产条件的复杂性，决定了农业科学的范围广泛和门类繁多。在农业生产发展需要的推动下，农业科学技术的发展必然要和其他相关学科的相互渗透和相互发展联系在一起，要求多学科、多专业的配合，不断拓展和扩大新的研究领域和学科内容范围，农业科学技术在不断细分的基础上体现出很强的综合性。一项新的农业科技成果的推广应用，也往往要求相关学科的发展与之相适应。比如农业化学在作物栽培中的应用，导致了化学肥料工业的建立和植物生理学、植物营养学的发展，作物栽培技术也因而更加科学化。

（5）农业科技成果应用的分散性。农业生产依赖于土地，其规模受到土地经营规模的制约。在我国实行家庭联产承包经营的条件下，土地经营存在规模小、经营分散的特点，这在一定程度上削弱了科学技术成果转化为生产力的能力，也给农业科技推广工作带来了困难。农业经营与劳动的分散性，决定了对分散的农业劳动者进行技术培训、技术指导和咨询服务工作的重要性，要求农业科学技术推广与技术培训必须紧密结合。

（6）农业技术应用风险性大。在农业生产中可能会出现农业技术应用实际收益与预期收益发生背离的技术风险。农业技术大多以知识形态而存在，即使以实物形态存在的，如作物品种或牲畜品种也很难直观地辨别其优劣，这使得文化程度低的农民采用新技术失败的可能性加大。科技成果在实现商品化的过程中，由于项目本身的难度与复杂性和外部环境的不确定性的影响，农户在事先无法预料的情况下，可能发生实际收益与预期收益的偏离或背离而蒙受经济损失。

农业技术对外界自然环境和社会环境的适应性也会形成技术风险，比如遇到气候等自然条件发生变化不能满足其技术要求，则技术优势不能显现，其收益可能与预期的相去甚远。我国旱涝灾害性天气和地质灾害发生频率高，农业生产对气候变化的依赖性很强。因而农业技术应用后成功与否，不仅取决于技术本身的风险和市场风险，如农业生产调整的弹性较低，对市场信息的反应往往滞后于生产者依据现时生产信号所做出的生产决策，待产品产出后，市场行情可能已经变化，再加上大部分农产品不耐储藏，因而市场的风险较大。同工业技术创新显著不同的是，农户的素质及使用技术的水平普遍偏低，在技术路径选择上更趋于保守等，农民在迫切需要掌握农业生产新技术的同时，也害怕随着新技术采用后所带来的增产不增收甚至减收的风险。而且由于农产品获得过程的自然再生产属性，自然风险也是一个不容忽视的因素。

2. 农业科学技术在农业中的地位和作用

农业科学技术产生于农业生产，又通过自身的发展来带动和影响生产力和经济发展，农业生产每一阶段的进步都离不开科学技术。传统农业向现代农业的转化，就体现为以高科技为主导的高能量、高物质投入代替经验型的简单体力劳动，所以说农业科学技术的发展是农业生产进步的前提。

（1）提高资源利用效率，促进农业可持续发展。将农业科技应用于农业生产实践，能提高农业资源的利用效率。我国是农业自然资源极度贫乏的国家，人均耕地和水资源占有量均低于世界平均水平，农业资源相对贫乏，生态环境脆弱。在农业生产中引入科技会有效地改善制约农业发展的资源状况，促进和实现农业可持续发展。如以提高水资源利用率的喷灌、滴灌等各种灌溉技术，大大降低水资源的耗用，使农业在持续发展过程中对水的需要得以满足；中低产田综合开发技术、各种土地改良技术、化肥使用技术可以改善土地质量、培肥地力、提高土地产出率，使土地资源总量能保持动态平衡，保证农业持续发展对土地的需要；开发农村沼气、生物质能、太阳能可以缓解农村地区能源短缺的状况，保护和改善生态环境；在水利科技推动下的农田水利化，可以有效地提高水资源的利用率、变水害为水利、降低水的耗用、保护水质、良化水源等。

（2）推动农业资源向广度与深度开发。农业科学技术的进步会促使新的劳动工具的产生和生产方式的改进，极大地改善农业生产条件，使有限的资源生产出不断增加的产品。农业科技的推广及应用过程是通过科学技术影响农业生产过程的各个要素，促进农业资源向深度与广度开发的过程，每一项农业科技成果在农业生产中的合理使用，无疑都提高了农业资源的转化效率，以致使一些原来不能利用的资源得以利用，原来利用程度较低的资源利用程度提高，显著地提高了资源的产出率。如盐碱地的改造技术可以使荒地变成粮仓，沙漠的综合开发可以形成沙产业；设施农业、集约化种养技术，打破了自然条件的限制，使农、畜、水产品的周年生产成为可能，极大地提高了产品产出率；海水、淡水养殖技术的进步，使沿海滩涂变成水产品养殖场；地膜覆盖技术使光热得以充分利用，二年三季的地区可以变成一年两季等。

（3）引导农业结构优化调整。农业新技术革命优化了农业原来的产业结构、产品结构、技术结构，使农业的内涵由农、林、牧、渔等第一产业向第二、第三产业扩展。现代生物技术拓宽了培育新物种、创造新产品的途径，信息技术和遥感技术在改进生产管理、合理调配农业资源、优化农业结构、发展区域农业和特色农业方面发挥着越来越重要的作用。比如德国对甜菜、马铃薯、油菜、玉米等进行定向选育，从中制取乙醇、甲烷，成功地研制出了“绿色能源”。

（4）加快农业现代化，提高农业生产效益。农业现代化的中心是农业科学化，生产技术科学、生产过程科学、生产管理科学，农业科学技术的应用为农业现代化和生产效率的提高创造了条件，如农业机械化的实现使农业劳动生产率大大提高，农业作业环境人为改善，农业作业过程更加精细、标准和规范，从而增加农业产出，提高农业效益等等。农业科学化水平越高，则农业现代化实现的基础越好，农业生产效益提高的空间越大。比如在种植业领域，通过基因的转移和重组，作物育种已转向优质、高产、超高产、多抗等多目标性状改良，在多种目标性状的遗传改良中已取得了突出成就，并先后选育出超级稻、专用小麦、优质特用玉米、抗虫棉等农作物，在抗（耐）逆性育种方面，主要是作物抗（耐）寒冷、高温、湿渍、干旱、盐碱、土壤重金属元素等品种选育。农业科学家还应用基因技术使棉花朝一个方向生长，使棉叶在收获以前全部脱落，联合收割机可以采摘得干干净净的棉花，不粘有棉叶等杂质。

袁隆平超级稻亩产破 1690 斤　刷新梅州晚稻纪录

昨日上午，位于兴宁市新陂镇新全村的超级稻示范基地热火朝天，“华南双季超级稻年亩产三千斤技术模式攻关”首年晚季测产验收在这里举行。在国家、省、市农业专家和高校学者的见证下，“华南双季超级稻年亩产三千斤技术模式攻关”采用的“超优 1000”晚稻最高亩产达 1694.6 斤，刷新梅州晚稻亩产纪录。

今年是“华南双季超级稻年亩产三千斤技术模式攻关”试点探索的第一年，该项目由省农业厅、国家杂交水稻工程技术研究中心和华南农业大学共同组织，兴宁市农业局负责实施，力争在三年内达到双季超级稻年亩产三千斤的攻关目标，届时有望创造水稻年亩产量最高的世界纪录。

该模式攻关的核心技术是采用“超优 1000 超级稻强源活库优米栽培技术”的良种、良法相配套。“超优 1000”是袁隆平科研团队继“吨粮”Y 两优 900 后推出的第五期超级稻，在华南地区以双季稻的形式开展技术攻关，梅州也成为国内唯一的“超优 1000”双季稻示范基地。

测产验收现场，专家们首先考察了 110 亩试验基地种植情况，并划定测产田。据专家介绍，与今年早稻生长情况相比，晚稻生长期间天气较好，呈现结实率高且颗粒饱满的喜人长势。据现场代表田块机割实测和测算，最高亩产干谷 1694.6 斤，加权平均亩产则达 1519.4 公斤，达到了单产 1500 斤 / 亩的目标，比兴宁晚稻平均产量增加 420 斤左右。

由于今年上半年早稻生长关键期遭遇异常天气，且提前一周收割，早稻平均亩产只有 1407.8 斤。综合早晚稻产量，双季超级稻年亩产 2927.2 斤，距离 3000 斤目标仅有 72.8 斤的距离，项目攻关成功在望。

（**资料来源**：中华人民共和国农业部网站，2015 年 11 月 19 日）

（5）提高农业生产者的技能水平。承担农业劳动的农业生产者是农业科技成果应用的主体，其生产技能水平和素质的高低直接影响到先进的农业科学技术能否转化为现实生产力，直接影响到农业生产效率的高低。随着科学技术的进步和推广使用，农业生产者的生产技能也相应地不断提高。

（6）保障国家食物安全，巩固和提高农业综合生产能力。人口增长、资源约束、人民生活质量提高和农村劳动力转移，对农业生产能力提出更高的要求，主要农产品需求增长的压力将长期存在。因此，要确保农产品有效供给，提高品质和质量，保障农产品质量安全，必须依靠科技创新，深入挖掘生物遗传潜力，创新种养模式，大幅度提高土地生产率，为现代农业发展提供物质技术保证。

（7）提高农业抗风险能力。随着农业生产中科学技术的应用，农业的自然风险可以得到减轻甚至消除，农业生产摆脱"靠天吃饭"的困境。比如温室技术的出现，就结束了农业生产属于生物过程而不能摆脱自然气候条件制约的历史，开始了按人类的意志决定生产成果的时代。通过提高农产品的加工储藏技术，利用现代信息技术使农民及时掌握第一手的市场信息等，能提高农民抵御市场风险的能力。比如美国农业部的经济研究体和美国农业部的世界展望局每年定期公布60多个国家、120多个品种的市场信息，实际上是运用一系列的技术手段，包括卫星图片的分析、遥感技术、传统的抽样调查、计算机模拟分析等。通过这些技术手段，美国农业部会测算每一个具体的农产品的供给量、需求量和价格，给农民一种非常准确的全面市场预测，引导农业生产。

（二）农业科学技术政策概述

农业科技政策是一个国家或政党在一定历史阶段为保证农业科技的发展和应用，使科技更好地服务于农业经济和社会发展而规定的指导方针和行动准则。[①]

农业科学技术政策的主要内容包括农业科技发展政策、农业技术推广政策等。

农业科技发展政策是指农业科技发展的战略决策，即总目标、总任务、总方针，包括科技体制，科技的投资、结构和发展重点，智力开发，农业生产布局等方面政策。

农业技术推广政策包括农业科学研究政策和农业技术政策两个方面。农业科学研究政策是指科技活动中涉及的所有关于农业科技组织管理的政策，诸如经费、人员、设备、成果、信息等管理方面的各种政策。农业技术政策是指与农业有直接关系的各种农业应用技术政策，包括技术引进政策、技术转让政策、能源政策、环境保护政策及技术推广政策。

二、农业科技发展政策

为全面部署"十二五"农业科技工作，充分发挥科技在农业农村经济发展中的支撑和引领作用，根据《中华人民共和国国民经济和社会发展第十二个五年规划纲要》《国家中长期科学和技术发展规划纲要（2006—2020年）》《全国农业和农村经济发展第十二个五年规划》和《农业科技发展规划（2006—2020年）》，农业部编制了《农业科技发展"十二五"规划》。

① 钟甫宁．农业政策学．北京：中国农业出版社，2003

（一）农业科技发展政策的指导方针和目标

以邓小平理论和“三个代表”重要思想为指导，深入贯彻落实科学发展观，坚持“自主创新，加速转化，提升产业，率先跨越”指导方针，围绕保障粮食等主要农产品有效供给、促进农民增收和农业可持续发展等重大战略目标，以促进农业发展方式转变为主线，着力调整技术路径、完善服务方式、创新组织管理，优化产业技术结构，提升农业科技服务水平，提高农业科技管理效能，加快构建新型农业科技体系，走中国特色农业科技发展道路，为农业农村经济发展提供强有力的支撑。

调整技术路径：适应现代农业发展的新形势和转变农业发展方式的新要求，把创新目标从提高土地产出率为主导，转向提高土地产出率、劳动生产率和资源利用率并重，把技术创新方向从以生物技术为主体，转向生物技术与机械化技术相结合，提高我国农业产业发展水平。

完善服务方式：适应农业生产主体新变化和经营方式新要求，把服务环节由产中为主拓展到生产经营的全过程，把服务内容由单一技术服务为主延伸到农业综合服务，不断增强农业公共服务能力，提高专业化、社会化服务水平，促进家庭经营集约化、土地经营规模化。

创新组织管理：适应农业产业发展的客观要求，遵循农业科技发展的客观规律，把科技力量配置由重复分散转向科学分工与联合协作相结合，把科技投入由过度竞争转向稳定支持与适度竞争相结合，推进以产业发展为导向的科技要素优化组合，打造合力，激发活力，提升农业科技创新效率。

“十二五”时期农业科技发展的总目标是：高产优质、轻简高效、环境友好的技术体系构建取得突破性进展，农业科技成果转化应用水平显著提高，农业科技管理体制机制创新不断深化，农业人才培养与教育培训取得显著成绩，科技对主要农产品有效供给的保障能力、对农民增收的支撑能力、对转变农业发展方式的引领能力明显增强，农业科技进步贡献率超过55%。具体发展目标为：

（1）具有重大应用价值和自主知识产权的品种培育取得重大突破，农作物种业核心竞争力明显提高。培育一批适应机械化作业、设施化栽培、高产、优质、多抗、广适的主要农作物新品种和主要畜禽、水产养殖新品种（系），企业科技创新能力显著增强。

（2）农机农艺融合关键技术取得明显突破。主要农作物耕种收综合机械化水平达到60%以上，水稻机插和玉米、棉花、油菜、甘蔗机收技术攻关取得突破，主要农作物生产全程机械化、畜牧水产养殖关键环节机械化水平显著提高。

（3）农业科技防灾减灾能力显著增强。突破应对生物灾害和自然灾害重大关键技术，建立起农作物重大病虫害统防统治体系和灾害预警监测体系，提高农业应对灾害的能力，提升农业防灾减灾水平。

（4）农业资源利用和生态环境保护显著加强。主要农作物秸秆综合利用率达到80%

以上，畜禽养殖废弃物资源化利用率达 60% 以上，全国沼气用户占适宜农户的 50% 以上，农业生态环境显著改善。

（5）自主知识产权总量快速增加。植物新品种权年度申请量和授权量居世界前列。到 2015 年，品种权年申请量达到 1400 件、年授权总量达到 1000 件，农产品地理标志登记保护超过 800 件。农业领域专利、商标、版权等知识产权数量不断增长。

（6）农业人才队伍建设水平显著提高。选拔培养 300 名农业科研杰出人才，打造一批农业科研创新团队；培养 1 万名基层农业技术推广骨干，选拔一批高校涉农专业毕业生充实到基层农技推广队伍，农技人员素质不断提高；培养 2500 万名职业农民，培育 50 万名农业规模生产主体和经营服务组织带头人。

（7）科技基础条件显著改善。科研基础设施和仪器装备水平稳步提高，以“学科群”为核心的农业实验室体系逐渐形成，农业科技基础条件平台和试验基地的支撑更加有力。建设 30 个以上综合性农业部重点实验室，170 个以上的专业性（区域性）农业部重点实验室和 200 个以上农业科学观测实验站。

（8）农业科技体制机制更加完善。农业科技体制改革取得新突破，形成上中下游贯通、产前产中产后衔接的新型农业科技体系。国家现代农业产业技术体系和地方创新团队的引领、支撑作用进一步发挥，农业科研院所和涉农院校的科技创新与社会服务能力明显增强。以公益性农技推广机构为主导的多元化农技推广服务体系进一步完善。

（二）农业科技发展的重点任务

1. 农业科技创新

加大公益性行业（农业）科研专项实施力度，强化现代农业产业技术体系支撑，继续实施转基因生物新品种培育重大专项，促进各类科技计划向农业领域倾斜。着力突破良种良法配套重大关键技术、提升种业科技创新水平，突破农机农艺融合重大关键技术、提升农业机械化水平，突破应对农业灾害重大关键技术、提升防灾减灾技术水平，突破节本增效关键技术、提升农业可持续发展水平。

2. 农业科技推广与应用

深入推进基层农技推广体系改革与建设，加快乡镇农技推广机构条件建设进度，着力加大防灾减灾稳产增产重大技术推广力度，提升基层农技推广服务能力和服务水平。适应生产环节、农时季节需求，开展关键农时、关键环节的技术服务，全面推进农业科技进村入户，提升农业科技成果的入户率、到位率和覆盖率。

3. 农业人才培养与教育培训

大力实施现代农业人才支撑计划、农村劳动力培训阳光工程、农技人员知识更新培训工程、基层农技推广特岗计划、百万中专生计划等人才培养工程，加强农业科研人才、技术推广人才和农村实用人才等三支人才队伍建设，为现代农业发展提供智力支撑和人才保障。

4. 农业科技体制改革与机制创新

深化农业科技体制改革，遵循农业科技发展规律，完善科研立项、评价、投入与联合协作机制，提高科技管理与资源利用效率，以管理创新促进农业科技创新。

（三）农业科技发展的保障措施

1. 加强组织领导，建立统筹协调机制

坚持科教兴农战略，把农业科技摆在重要位置，加强各级政府对农业科技的组织领导。构建农业科技发展部际工作协调机制，建立中央与地方信息沟通平台，形成高效协同机制，统筹配置农业科技资源。明确各级各类农业科研教学推广单位的责任，强化联合协作，形成工作合力。

2. 健全法律、法规，加强农业科技执法

修订《农业技术推广法》，为农技推广工作提供强有力的法制保障。修改完善农业转基因生物安全法律、法规，健全植物新品种保护及农业知识产权保护体系。加强《植物新品种保护条例》《农业转基因生物安全管理条例》《野生植物保护条例》等科技执法工作。

3. 加大财政投入，提高资金使用效益

加大各级财政对农业科技的投入力度，确保农业科技投入增长速度高于财政经常性支出的增长速度。加强公益性科研院所、技术推广服务机构以及农民培训机构的条件能力建设。鼓励社会力量投入农业科技，引导农业龙头企业加大技术研发投入强度。加强经费监管，规范经费使用，提高农业科技经费的使用效益。

4. 营造创新环境，加强创新文化建设

完善成果收益分配与税收优惠政策，保护科研机构和科技人员的切身利益。加强创新文化建设，弘扬甘于寂寞、勇攀高峰的科学精神和艰苦奋斗、献身农业的奉献精神。加强宣传引导，表彰奖励农业科技优秀人才，营造全社会关心支持农业科技发展的良好氛围。

三、农业技术推广政策与法规

（一）农业技术推广概述

为了加强农业技术推广工作，促使农业科研成果和实用技术尽快应用于农业生产，保障农业的发展，实现农业现代化，1993 年 7 月我国颁布并实施《中华人民共和国农业技术推广法》。该法实施多年后，根据 2012 年 8 月 31 日第十一届全国人民代表大会常务委员会第二十八次会议《关于修改〈中华人民共和国农业技术推广法〉的决定》进行了修正，并于 2012 年 8 月 31 日公布施行。

《中华人民共和国农业技术推广法》第二条第一款规定：农业技术，是指应用于种植

业、林业、畜牧业、渔业的科研成果和实用技术，包括良种繁育、栽培、肥料施用和养殖技术；植物病虫害、动物疫病和其他有害生物防治技术；农产品收获、加工、包装、贮藏、运输技术；农业投入品安全使用、农产品质量安全技术；农田水利、农村供排水、土壤改良与水土保持技术；农业机械化、农用航空、农业气象和农业信息技术；农业防灾减灾、农业资源与农业生态安全和农村能源开发利用技术及其他农业技术。

该法第二条第二款规定：农业技术推广，是指通过试验、示范、培训、指导以及咨询服务等，把农业技术普及应用于农业产前、产中、产后全过程的活动。

农业技术推广具有以下特征：①广泛性和分散性。农业技术推广与其他技术推广不同，其服务对象非常广泛且分散，涉及从事农业生产的千家万户的广大农民。同时，从事农业技术推广的组织和人员较多，不仅包括政府的专职农技推广机构，还包括农业科研单位和农业院校、农业生产企业、农业专业公司、有关的社会团体和协会、大众传媒等。农业技术推广活动的主要场所在农村，下乡对农民进行技术指导是基层农业技术推广人员的主要工作。这决定了农业技术推广的广泛性和分散性。②与农民的技术需求相联系。农业技术推广是促进技术成果转化为现实生产力的重要环节，农民的技术需求是决定农业技术推广能否成功的重要因素。农民对新技术的需求特征是所采用的技术一定要比原已采用的技术好。这里的新技术包括从未采用过的技术和对其业已采用技术的改进等。如果新推广技术不会给农民的生产带来产量或者收益方面的提高，农民将不会采用这些技术。当然，这些技术的来源可以是技术推广部门，也可以是公司或者农户。③所推广的技术必须是新技术。农民生产上已经普遍采用的已经成熟的技术无须技术推广机构过多地投入精力与人员。所推广的技术必须使农民能够对原有的技术进行改进，这就要求技术推广人员必须随时进行技术与知识更新。④新技术必须经过试验与示范。由于农业生产的生产与生态区域性很强，很多在一些地区表现很好的技术引进新的地区后则可能表现很差，因此，引进与推广的技术必须首先经过当地的适应性试验与生产示范。同时，由于农业生产的周期性很长，同一区域年度间也有差异，对农业生产影响较大的气候条件又存在着多变和不确定性，这就决定了农业生产和技术推广活动存在着风险，技术引进试验与示范必须较长时间或者长期进行。

秸秆反应堆技术走进科尔沁区蔬菜种植户

秸秆反应堆技术是秸秆和发酵料在微生物菌种的作用下，转化生成植物生长所需的有机和无机营养，同时放出二氧化碳和热量，提高土壤温度，增加土壤有机质，提高温室二氧化碳浓度，减少化肥的投入，进而实现作物优质、高产和高效生产的温室生产实用技术。

受通辽市设施农业服务中心委托，科尔沁区农牧业局设施农业办公室开始进行温室蔬菜秸秆反应堆技术的推广实验工作，本次实验经过仔细考察筛选，在科尔沁区敖力布皋镇西辽河村、清河镇周家村和木里图镇公司村的十个具有代表性的农户的温室内进行。经过通辽市设施农业服务中心与科尔沁区农牧业局设施农业办公室共同对农户进行的实验结果进行验收。结果表明，严格按照秸秆反应堆技术规程实施生产的农户，温室地温平均提高 2℃ ~3℃，温室气温平均提高 3℃ ~5℃，番茄增产 15% 以上，甜瓜增产 20% 以上。使用秸秆反应堆技术生产的甜瓜和番茄口感好，上市早，价格高，果形周正，果色艳丽，商品果率较一般生产提高 20% 以上。

为了巩固和扩大这项技术的推广面积，2015 年科尔沁区农牧业局设施农业办公室继续在钱家店镇戴家村和木里图镇公司村进行温室蔬菜秸秆反应堆技术的推广实验工作。使用过该技术的菜农对此都非常认可，带动了这项技术在设施农业生产中的推广应用，为今后在广大温室蔬菜种植户的推广打下了良好基础。

（**资料来源**：中国农业推广网，2015 年 12 月 16 日）

（二）农业技术推广与应用的法律规定

《中华人民共和国农业技术推广法》第五十条规定：国家扶持农业技术推广事业，建立政府扶持和市场引导相结合，有偿与无偿服务相结合，国家农业技术推广机构和社会力量相结合的农业技术推广体系，促使先进的农业技术尽快应用于农业生产。

第五十一条规定：国家设立的农业技术推广机构应当以农业技术试验示范基地为依托，承担公共所需的关键性技术的推广和示范等公益性职责，为农民和农业生产经营组织提供无偿农业技术服务。

县级以上人民政府应当根据农业生产发展需要，稳定和加强农业技术推广队伍，保障农业技术推广机构的工作经费。

各级人民政府应当采取措施，按照国家规定保障和改善从事农业技术推广工作的专业科技人员的工作条件、工资待遇和生活条件，鼓励他们为农业服务。

第五十二条规定：农业科研单位、有关学校、农民专业合作社、涉农企业、群众性科技组织及有关科技人员，根据农民和农业生产经营组织的需要，可以提供无偿服务，也可以通过技术转让、技术服务、技术承包、技术咨询和技术入股等形式，提供有偿服务，取得合法收益。农业科研单位、有关学校、农民专业合作社、涉农企业、群众性科技组织及有关科技人员应当提高服务水平，保证服务质量。

对农业科研单位、有关学校、农业技术推广机构举办的为农业服务的企业，国家在税收、信贷等方面给予优惠。

国家鼓励和支持农民、供销合作社、其他企业事业单位等参与农业技术推广工作。

《中华人民共和国农业技术推广法》第十条规定：农业技术推广，实行国家农业技术推广机构与农业科研单位、有关学校、农民专业合作社、涉农企业、群众性科技组织、农民技术人员等相结合的推广体系。国家鼓励和支持供销合作社、其他企业事业单位、社会团体以及社会各界的科技人员，开展农业技术推广服务。第十一条规定：各级国家农业技术推广机构属于公共服务机构，履行各级人民政府确定的关键农业技术的引进、试验、示范；植物病虫害、动物疫病及农业灾害的监测、预报和预防；农产品生产过程中的检验、检测、监测咨询技术服务；农业资源、森林资源、农业生态安全和农业投入品使用的监测服务；水资源管理、防汛抗旱和农田水利建设技术服务；农业公共信息和农业技术宣传教育、培训服务；法律、法规规定的其他职责等公益性职责。

（三）农业技术推广与应用主体

1. 农业技术推广机构及人员

《中华人民共和国农业技术推广法》第十三条规定：国家农业技术推广机构的人员编制应当根据所服务区域的种养规模、服务范围和工作任务等合理确定，保证公益性职责的履行。

国家农业技术推广机构的岗位设置应当以专业技术岗位为主。乡镇国家农业技术推广机构的岗位应当全部为专业技术岗位，县级国家农业技术推广机构的专业技术岗位不得低于机构岗位总量的 80%，其他国家农业技术推广机构的专业技术岗位不得低于机构岗位总量的 70%。

第十四条规定：国家农业技术推广机构的专业技术人员应当具有相应的专业技术水平，符合岗位职责要求。国家农业技术推广机构聘用的新进专业技术人员，应当具有大专以上有关专业学历，并通过县级以上人民政府有关部门组织的专业技术水平考核。自治县、民族乡和国家确定的连片特困地区，经省、自治区、直辖市人民政府有关部门批准，可以聘用具有中专有关专业学历的人员或者其他具有相应专业技术水平的人员。

国家鼓励和支持高等学校毕业生和科技人员到基层从事农业技术推广工作。各级人民政府应当采取措施，吸引人才，充实和加强基层农业技术推广队伍。

2. 农业技术推广服务组织

《中华人民共和国农业法》第五十二条第一款规定：农业科研单位、有关学校、农民专业合作社、涉农企业、群众性科技组织及有关科技人员，根据农民和农业生产经营组织的需要，可以提供无偿服务，也可以通过技术转让、技术服务、技术承包、技术咨询和技术入股等形式，提供有偿服务，取得合法收益。农业科研单位、有关学校、农民专业合作社、涉农企业、群众性科技组织及有关科技人员应当提高服务水平，保证服务质量。

《中华人民共和国农业技术推广法》第十五条规定：国家鼓励和支持村农业技术服务站点和农民技术人员开展农业技术推广。对农民技术人员协助开展公益性农业技术推广活动，按照规定给予补助。农民技术人员经考核符合条件的，可以按照有关规定授予相应的技术职称，并发给证书。国家农业技术推广机构应当加强对村农业技术服务站点和农民技术人员的指导。村民委员会和村集体经济组织，应当推动、帮助村农业技术服务站点和农民技术人员开展工作。

3. 群众性科技组织

《中华人民共和国农业技术推广法》第十八条规定：国家鼓励和支持发展农村专业技术协会等群众性科技组织，发挥其在农业技术推广中的作用。

4. 农业科研单位和教育部门

《中华人民共和国农业技术推广法》第二十条规定：农业科研单位和有关学校应当把农业生产中需要解决的技术问题列为研究课题，其科研成果可以通过有关农业技术推广单位进行推广或者直接向农业劳动者和农业生产经营组织推广。国家引导农业科研单位和有关学校开展公益性农业技术推广服务。

5. 其他机构和人员

《中华人民共和国农业技术推广法》第十七条规定：国家鼓励农场、林场、牧场、渔场、水利工程管理单位面向社会开展农业技术推广服务。

（四）农业技术推广与应用

1. 农业技术推广

《中华人民共和国农业技术推广法》规定：重大农业技术的推广应当列入国家和地方相关发展规划、计划，由农业技术推广部门会同科学技术等相关部门按照各自的职责，相互配合，组织实施。

农业科研单位和有关学校应当把农业生产中需要解决的技术问题列为研究课题，其科研成果可以通过有关农业技术推广单位进行推广或者直接向农业劳动者和农业生产经营组织推广。国家引导农业科研单位和有关学校开展公益性农业技术推广服务。

向农业劳动者和农业生产经营组织推广的农业技术，必须在推广地区经过试验证明具有先进性、适用性和安全性。

2. 农业技术应用

《中华人民共和国农业技术推广法》规定：国家鼓励和支持农业劳动者和农业生产经营组织参与农业技术推广。农业劳动者和农业生产经营组织在生产中应用先进的农业技术，有关部门和单位应当在技术培训、资金、物资和销售等方面给予扶持。农业劳动者和农业生产经营组织根据自愿的原则应用农业技术，任何单位或者个人不得强迫。推广农业技术，应当选择有条件的农户、区域或者工程项目，进行应用示范。

县、乡镇国家农业技术推广机构应当组织农业劳动者学习农业科学技术知识，提高其应用农业技术的能力。教育、人力资源和社会保障、农业、林业、水利、科学技术等部门应当支持农业科研单位、有关学校开展有关农业技术推广的职业技术教育和技术培训，提高农业技术推广人员和农业劳动者的技术素质。国家鼓励社会力量开展农业技术培训。

各级国家农业技术推广机构应当认真履行本法第十一条规定的公益性职责，向农业劳动者和农业生产经营组织推广农业技术，实行无偿服务。

国家鼓励和支持农民专业合作社、涉农企业，采取多种形式，为农民应用先进农业技术提供有关的技术服务。

国家鼓励和支持以大宗农产品和优势特色农产品生产为重点的农业示范区建设，发挥示范区对农业技术推广的引领作用，促进农业产业化发展和现代农业建设。

各级人民政府可以采取购买服务等方式，引导社会力量参与公益性农业技术推广服务。

（五）农业技术推广与应用的原则

《中华人民共和国农业技术推广法》第四条规定：①有利于农业、农村经济可持续发展和增加农民收入；②尊重农业劳动者和农业生产经营组织的意愿；③因地制宜，经过试验、示范；④公益性推广与经营性推广分类管理；⑤兼顾经济效益、社会效益，注重生态效益。第二十二条规定：国家鼓励和支持农业劳动者和农业生产经营组织参与农业技术推广。农业劳动者和农业生产经营组织在生产中应用先进的农业技术，有关部门和单位应当在技术培训、资金、物资和销售等方面给予扶持。农业劳动者和农业生产经营组织根据自愿的原则应用农业技术，任何单位或者个人不得强迫。推广农业技术，应当选择有条件的农户、区域或者工程项目，进行应用示范。

（六）农业技术推广的保障措施

1. 资金保障

《中华人民共和国农业技术推广法》第二十八条规定：国家逐步提高对农业技术推广的投入。各级人民政府在财政预算内应当保障用于农业技术推广的资金，并按规定使该资金逐年增长。各级人民政府通过财政拨款以及从农业发展基金中提取一定比例的资金的渠道，筹集农业技术推广专项资金，用于实施农业技术推广项目。中央财政对重大农业技术推广给予补助。县、乡镇国家农业技术推广机构的工作经费根据当地服务规模和绩效确定，由各级财政共同承担。任何单位或者个人不得截留或者挪用用于农业技术推广的资金。

2. 人力保障

《中华人民共和国农业技术推广法》第二十九条规定：各级人民政府应当采取措施，保障和改善县、乡镇国家农业技术推广机构的专业技术人员的工作条件、生活条件和待遇，并按照国家规定给予补贴，保持国家农业技术推广队伍的稳定。对在县、乡镇、村从事农业技术推广工作的专业技术人员的职称评定，应当以考核其推广工作的业务技术水平和实绩为主。第三十一条规定：农业技术推广部门和县级以上国家农业技术推广机构，应当有计划地对农业技术推广人员进行技术培训，组织专业进修，使其不断更新知识、提高业务水平。

3. 物质保障

农业技术推广需要一定的物质条件作为保障，比如必要的工作条件、生产资料、实验基地等。《中华人民共和国农业技术推广法》第三十条规定：各级人民政府应当采取措施，保障国家农业技术推广机构获得必需的试验示范场所、办公场所、推广和培训设施设备等工作条件。

地方各级人民政府应当保障国家农业技术推广机构的试验示范场所、生产资料和其他财产不受侵害。

（七）农业技术推广的鼓励和处罚规定

1. 对农业技术推广的鼓励和奖励

《中华人民共和国农业技术推广法》第八条规定：对在农业技术推广工作中做出贡献的单位和个人，给予奖励。第三十三条规定：从事农业技术推广服务的，可以享受国家规定的税收、信贷等方面的优惠。

2. 违反农业技术推广法相关规定的法律责任

《中华人民共和国农业技术推广法》第三十六条规定：违反本法规定，向农业劳动者、农业生产经营组织推广未经试验证明具有先进性、适用性或者安全性的农业技术，造成损失的，应当承担赔偿责任。第三十七条规定：违反本法规定，强迫农业劳动者、农业生产经营组织应用农业技术，造成损失的，依法承担赔偿责任。第三十八条规定：违反本法规定，截留或者挪用用于农业技术推广的资金的，对直接负责的主管人员和其他直接责任人员依法给予处分；构成犯罪的，依法追究刑事责任。

动动脑

1. 要实现农业科技政策目标，需要构建哪些政策工具？
2. 如何评价农业技术推广政策的效果？

第二节　农业教育政策与法规

案例导入

重庆市今年将实施农民工培训补贴直补个人政策

2月10日，记者从市人社局、市就业局了解到，今年（2015年）重庆市将实施农民工培训补贴直补个人政策，农民工可根据个人需要自由选择培训机构和培训课程，并按规定享受相应补贴。

市人社局相关负责人称，根据上月市政府办公厅发布的《关于进一步做好新形势下农民工工作的通知》，今年我市将继续加大财政培训资金投入，合理确定培训补贴标准，实施培训补贴直补个人政策，形成培训机构平等竞争、农民工自主参加培训、政府购买服务的机制。

“也就是说，农民工可根据自身需要自由选择培训机构和培训课程，通过相关考试取得证书后按规定报销培训费用。”市就业局负责人介绍，培训补贴直补个人政策的出台，建立起以获取国家职业资格证书和是否实现就业为主要评价依据的政府购买培训成果新机制，实现了直补个人、直补企业和职业培训机构的政府培训补贴新方式，有效地将职业培训与市场岗位需求紧缺程度和就业结合起来。

该负责人表示，新的培训补贴政策将按照“需求引导培训，补贴对应等级”的原则，适时向社会公布培训专业成本和市场需求程度，并依据岗位“非常紧缺、紧缺、一般紧缺”的分类，按照100%、80%、60%给予补贴，引导职业培训机构按照市场岗位需求开设专业，劳动者根据市场需求自主选择培训专业。目前，市就业局已发布88个职业工种的培训成本和市场需求程度目录。（记者颜若雯　实习生李俊立）

（**资料来源：**重庆日报，2015年2月11日）

案例思考

农民工培训政策主要包括哪些方面？这些政策的实施对我国农民工就业和城乡一体化发展有什么样的意义？

一、改革开放以来我国农村教育政策变迁

（一）1978—1984年农村教育的政策重心和政策目标

“文化大革命”结束后，我国通过制度恢复与政策的重新调整和变革开始农村教育领域的拨乱反正。

1. 恢复农村中小学正常教学秩序

1977年恢复高考，这对恢复基础教育的教学秩序产生了积极影响。同时，教育部及时发布了《关于实行全日制中学暂行工作条例（试行草案）》《全日制小学暂行工作条例（试行草案）》等文件，有力地推动了中小学教学秩序更好地步入常态化、规范化。

2. 高度重视

农村教育发展的首要目标是普及农村小学教育。1980年12月《中共中央、国务院关于普及小学教育若干问题的决定》中指出，在20世纪80年代，全国应基本实现普及小学教育的历史任务，有条件的地区还可以进而普及初中教育。小学教育是整个教育的基础，要提高教育质量，提高全民族的科学文化水平，必须从小学抓起。并应切实办好公社中心小学，使之成为农村学校的骨干，起到以点带面的作用。

1983年5月《中共中央、国务院关于加强和改革农村学校教育若干问题的通知》中提出普及初等教育，并要求农村小学的办学形式要灵活多样，各类小学的教学内容，都要注意联系农村生产、生活的实际，考虑学生的接受能力和多数教师经过努力所能达到

的水平，进行必要的调整和修改；高年级应适当增加农村应用知识和技能的内容，教学应讲究质量、注意学生的全面发展。

3. 改革农村中等教育结构，发展职业技术教育

1983 年 5 月《中共中央、国务院关于加强和改革农村学校教育若干问题的通知》提出要改革农村中等教育结构，发展职业技术教育。指出各地要根据本地区的实际需要与可能，统筹规划，有步骤地增加一批农业高中和其他职业学校。除在普通高中增设职业技术课，开办职业技术班，把一部分普通高中改办为农业中学或其他职业学校外，还要根据可能，新办一些各类职业学校。力争 1990 年，农村各类职业技术学校在校学生数达到或略超过普通高中。

4. 稳定、合格的教师队伍建设

1983 年 5 月《中共中央、国务院关于加强和改革农村学校教育若干问题的通知》提出为鼓励教师到农村，特别是到老、少、山、边、穷地区任教，除荣誉鼓励外，要适当增加生活补贴，还可保留城市户口，定期轮换。对坚持在上述地区任教 20 年以上、业务水平高的教师，各地在可能条件下，还可给予某些特殊照顾。对民办教师应逐步实行社队统筹工资制，有条件的地区还应建立民办教师的福利基金，解除他们的后顾之忧。根据国家财力物力的状况，每年安排一定的劳动指标，在考核合格的民办教师中，转一部分为公办教师。

5. 加强对农民的扫盲教育和农业技术教育

1980 年 12 月教育部印发《全国农民教育座谈会纪要》，对农民教育的基本要求做出了政策性规定。重点是继续加强对农民的扫盲教育和农民中广泛开展农业技术教育 。

（二）1985—2002 年农村教育的政策重心和政策目标

这一阶段，农村教育政策重心是教育管理体制改革和农村教育结构改革。

1. 农村教育管理体制改革

1985 年 5 月 27 日，中共中央发布《关于教育体制改革的决定》，指出教育体制改革的根本目的是提高民族素质，多出人才，出好人才。提出把发展基础教育的责任交给地方，有步骤地实行九年制义务教育。为了保证地方发展教育事业，除了国家拨款以外，地方机动财力中应有适当比例用于教育，乡财政收入应主要用于教育。地方可以征收教育费附加，此项收入首先用于改善基础教育的教学设施，不得挪作他用。

1986 年 4 月我国出台《中华人民共和国义务教育法》，进一步明确了义务教育在国务院领导下，实行地方负责，分级管理的体制，并规定了义务教育经费的投入与筹措。

1987 年 6 月，国家教委、财政部发布了《关于农村基础教育管理体制改革若干问题的意见》。基础教育实行地方负责以后，省、地（市）、县、乡四级都要明确各自的职责。对农村基础教育，省、地（市）必须加强领导，同时，应把县、乡两级职责权限的划分作为工作重点。指出县财政拨款仍是当时农村基础教育经费的主要来源，要充分发挥县

在管理农村基础教育方面的重要作用。扩大乡一级管理农村学校的职责权限，并且要注意发挥村在解决危房、改善办学条件、提高教师待遇、筹措解决民办教师的工资、管好学校财产、维护学校权益、动员适龄儿童入学、参与监督学校工作等方面的作用。

1993 年 2 月发布的《中国教育改革和发展纲要》提出积极推进农村教育、城市教育和企业教育综合改革，促进教育同经济、科技的密切结合。县、乡两级政府要把教育纳入当地经济、社会发展的整体规划，分级统筹管理基础教育、职业技术教育、成人教育，统筹规划经济、科技、教育的发展，促进“燎原计划”与“星火计划”、“丰收计划”的有机结合，落实科教兴农战略。

2001 年，国务院发布的《关于基础教育改革与发展的决定》中明确，进一步完善农村义务教育管理体制。实行在国务院领导下，由地方政府负责，以县为主的体制。

2001 年，国家明确提出对中西部农村地区义务教育阶段家庭经济困难学生，实施免杂费、免费提供教科书、补助住宿生活费的“两免一补”政策。

2002 年 5 月，国务院办公厅下发的《关于完善农村义务教育管理体制的通知》中强调农村义务教育实行“在国务院领导下，由地方政府负责、分级管理、以县为主”的体制。县级人民政府对农村义务教育负有主要责任，省、地（市）、乡等地方各级人民政府承担相应责任，中央政府给予必要的支持。

2. 农村教育结构改革

（1）建立农村教育综合改革实验区。从 20 世纪 80 年代中期开始，我国农村教育就开始了“突围”行动，明确提出农村教育要为农村经济和社会发展服务，开展了农村教育综合改革实验，目的是尽快提高农民素质，帮助农民寻找致富之路，实现农村教育和经济协调发展。1987 年 2 月，国家教委与河北省政府决定，在阳原、完县 、青龙三县建立农村教育综合改革实验区，尝试着促进基础教育、职业教育、成人教育的协调发展（简称“三教统筹”）和促进农业、科技和教育力量结合起来（简称“农科教结合”)，这逐渐成为农村教育综合改革的重要创举。1988 年，经国务院批准，国家教委部署实施“燎原计划”，实质是要通过改革和发展农村教育，大面积提高农村劳动者的素质，增强农村吸收和运用科学技术的能力，提高农村经营管理水平，促进农业生产、农村经济的发展和社会主义精神文明建设。1989 年 5 月，国家教委发布了《关于在全国建立“百县农村综合改革实验区”的通知》，决定在实施“燎原计划”的县中首先重点抓好约 100 个县，作为全国“百县农村教育综合改革实验区”。1990 年 7 月，国家教委印发了《全国农村教育综合改革实验区工作指导纲要（试行）（1990—2000 年）》，进一步明确阐明了农村教育综合改革的方针和任务。1995 年 6 月，国家教委发出《关于深入推进农村教育综合改革的意见》，进一步明确农村教育综合改革的指导思想是坚持建设有中国特色社会主义理论的指导下，认真落实全国教育工作会议的精神和实施《纲要》，全面贯彻教育方针，使农村教育转到主要为当地经济建设和社会发展服务的轨道上来，调动农村干部、群众办学和送子女上学的积极性，提高农村劳动者的素质。坚持“点上深化，面上推广”的工作方针，落实教育优先发展的战略地位，在各级政府和教育主管部门的领导下，进一步调整和优化农村教育结构，坚持“三教统筹”和“农科教结合”，促进“燎原计划”与“星火计划”“丰收计划”的有机结合，使农村教育与农村经济、社会协调发展，使农村劳动者素质有较大提高，为当地建设培养所需要的中、初级专业人才，逐步形成适应现代化建设需要的农村教育体系。

（2）实施“燎原计划 ”。1988 年 5 月，国家教委提出了《关于组织实施“燎原计划”的意见》，指出“燎原计划 ”的主要任务是在做好普及义务教育工作的基础上，充分发挥农村各级各类学校的智力、技术的相对优势，积极开展与当地建设密切结合的实用技术和管理知识的教育，培养大批新型的农村建设者。并积极配合农业和科技等部门，开展以推广当地实用技术为主的实验示范、技术培训信息服务等多种形式的活动，促进农业的发展。1995 年 12 月，国家教委发布《关于实施“燎原计划百、千、万”工程的意见》，提出以“科教兴国”的战略思想为指导，以大面积提高农村劳动者素质，加快农村实用技术的推广普及、促进农村经济发展为目的，在积极抓好农村“两基”工作的同时，坚持从实际出发，因地制宜，讲求实效的原则，利用广播电视等多种教育手段，尽快把先进的农村实用技术送到乡、村、农户手中，促进农民致富。

（3）推进“农科教结合”。1989 年 8 月，农业部、国家教委等单位联合下发《关于农科教结合，共同促进农村、林区人才开发与技术进步的意见（试行）的通知》，指出实行农科教结合，要以发展农村、林区生产和精神文明建设为中心，坚持科技、教育必须为农村、林区社会主义建设服务，农村、林区社会主义建设必须依靠科技、教育的原则；要齐心协力，因地制宜，把农村、林区人才开发和技术开发、推广密切结合起来，以加速文化科学知识的普及和技术成果的推广，促进农村、林区经济的发展和社会主义文明新风的建设，并提出了农科教结合的主要任务。1992 年 2 月，《国务院关于积极实行农科教结合推动农村经济发展的通知》，指出实行农科教结合，主要目的是推动农业、科技、教育事业的结合，建立相互促进、协调发展的运行机制，逐步实现农业和农村经济的现代化。加强政府统筹是推动农科教结合的关键，农科教结合要以县、乡为重点。①

（三）2003 年以来农村教育的政策重心和政策目标

2003 年以来，我国农村教育政策的重点集中在深化农村教育改革，加快农村教育发展方面。

2003 年 9 月，国务院发布《关于进一步加强农村教育工作的决定》，明确指出把农村教育作为教育工作的重中之重，一手抓发展，一手抓改革，促进农村各级各类教育协调发展，更好地适应全面建设小康社会的需要。提出：①加快推进“两基”攻坚，巩固提高普及义务教育的成果和质量；②坚持为“三农”服务的方向，大力发展职业教育和

① 张乐天 . 我国农村教育政策 30 年的演进与变迁 . 南京师范大学学报（社会科学版），2008（6）：80–85

以农民培训为重点的成人教育，深化农村教育改革；③落实农村义务教育“以县为主”管理体制的要求，加大投入，完善经费保障机制；④建立健全资助家庭经济困难学生就学制度，保障农村适龄少年儿童接受义务教育的权利；⑤加快推进农村中小学人事制度改革，大力提高教师队伍素质；⑥实施农村中小学现代远程教育工程，促进城乡优质教育资源共享，提高农村教育质量和效益；⑦切实加强领导，动员全社会力量关心和支持农村教育事业。

2004 年 3 月，教育部下发《关于印发农村劳动力转移培训计划的通知》，要求各地充分利用职业教育与成人教育资源，全力推进农村劳动力转移培训工作。2005 年 3 月，教育部发布的《关于实施农村实用技术培训计划的意见》中提出以服务为宗旨，以需求为导向，动员组织农村各级各类学校，特别是职业学校和成人学校，在大力开展农村劳动力转移培训的同时，对在乡农村劳动力普遍开展适合当地生产需求的实用技术培训。

2004 年 4 月 7 日，由农业部、财政部、劳动保障部、教育部、科技部、建设部共同组织实施的“农村劳动力转移培训阳光工程”正式启动。“阳光工程”由政府公共财政支持，以粮食主产区、劳动力主要输出地区、贫困地区和革命老区为重点，以市场需求为导向，以受训农民转移就业为目标，开展农村劳动力转移前的职业技能培训。按照“政府推动、学校主办、部门监管、农民受益”的原则组织实施。目的是提高农村劳动力素质和就业技能，促进农村劳动力向非农产业和城镇转移，实现稳定就业和增加农民收入，推动城乡经济社会协调发展。

（**资料来源**：中国教育新闻网，2015 年 4 月 7 日）

2005 年 5 月，教育部发布《关于进一步推进义务教育均衡发展的若干意见》，涉及农村教育发展的内容有：①进一步调整教育经费支出结构，重点支持农村地区、贫困地区、少数民族地区的义务教育发展，加大对经济困难地区的教育专项转移支付，督促辖区内中小学生均公用经费基本标准和预算内生均公用经费拨款标准的落实。②统筹教师资源，加强农村学校和城镇薄弱学校师资队伍建设。③要大力推动现代教育技术在教学中的应用，中西部地区要先行普及以教学光盘应用为主的多媒体辅助教学，全面提高农村学校的教师素质和教育教学质量。④要认真做好农村义务教育阶段免费教科书政府采购工作，努力降低成本，确保按时发放，同一区域内应使用相同质量版本的教材。建立有效机制，切实落实对农村义务教育阶段贫困家庭学生免除杂费和提供必要寄宿生生活补助的经费。还要以公办学校为主，认真做好进城务工农民子女义务教育工作，切实落实收费“一视同仁”的政策。

2005 年 10 月，国务院发布的《关于大力发展职业教育的决定》中提出职业教育要为建设社会主义新农村服务。继续强化农村“三教”统筹，促进“农科教”结合，实施农村实用人才培训工程，充分发挥农村各类职业学校、成人文化技术学校以及各种农业技术推广培训机构的作用，大范围培养农村实用型人才和技能型人才，大面积普及农业先进实用技术，大力提高农民思想道德和科学文化素质。

2006 年 1 月，国务院发布《关于解决农民工若干问题的意见》中提出要加强农民工职业技能培训。2006 年修订后的《中华人民共和国义务教育法》中提到，国务院和县级以上地方人民政府应当合理配置教育资源，促进义务教育均衡发展，改善薄弱学校的办学条件，并采取措施，保障农村地区、民族地区实施义务教育，保障家庭经济困难的和残疾的适龄儿童、少年接受义务教育。此外还提出国务院和县级以上地方人民政府根据实际需要，设立专项资金，扶持农村地区、民族地区实施义务教育。这些法律规定为农村义务教育的发展提供了有力支持和保障。

2009 年 2 月，教育部《关于切实做好返乡农民工职业教育和培训等工作的通知》指出要积极开展返乡农民工职业教育和技能培训。

2010 年 1 月，国务院发布《关于进一步做好农民工培训工作的指导意见》，指出要按照培养合格技能型劳动者的要求，搞好培训工作统筹规划，建立规范的培训资金管理制度，充分发挥企业培训促进就业的作用，努力提高培训质量，强化培训能力建设以及加强组织领导，逐步建立统一的农民工培训项目和资金统筹管理体制，使培训总量、培训结构与经济社会发展和农村劳动力转移就业相适应。2010 年 7 月，中共中央、国务院印发的《国家中长期教育改革和发展规划纲要（2010—2020 年）》中提出教育公平的重点是促进义务教育均衡发展和扶持困难群体，根本措施是合理配置教育资源，向农村地区、边远贫困地区和民族地区倾斜，加快缩小教育差距。并指出农村教育的发展任务是重点发展农村学前教育和加快发展面向农村的职业教育。要完成农村教育改革和发展的任务：①以农村教师为重点，提高中小学教师队伍整体素质；②逐步实行城乡统一的中小学编制标准，对农村边远地区实行倾斜政策；③进一步加大农村、边远贫困地区、民族地区教育投入。[①]

2011 年 10 月，教育部等九部门联合下发的《关于加快发展面向农村的职业教育的意见》，强调了农村职业教育要以推动县域经济社会发展为目标，坚持学校教育与技能培训并举、全日制与非全日制并重，大力开发农村人力资源，逐步形成适应县域经济社会发展要求，体现终身教育理念的现代农村职业教育体系。

2011 年 11 月，国务院办公厅发布《关于实施农村义务教育学生营养改善计划的意见》，规定从 2011 年秋季学期起，在集中连片特殊困难地区启动农村（不含县城）义务教育学生营养改善计划试点工作。主要是中央财政为试点地区农村义务教育阶段学生提供营养膳食补助，标准为每生每天 3 元（全年按照学生在校时间 200 天计算），所需资金全部由中央财政承担。

2012 年 9 月，国务院办公厅颁布《关于规范农村义务教育学校布局调整的意见》，

---

① 杨润勇 . 我国十年农村教育政策进展与分析 . 国家教育行政学院学报，2013（12）：39.

为进一步规范农村义务教育学校布局调整，提出农村义务教育学校布局要努力满足农村适龄儿童少年就近接受良好义务教育需求。

2014 年 5 月，国务院发布的《关于加快发展现代职业教育的决定》中强调推进农民继续教育工程，加强涉农专业、课程和教材建设，创新农学结合模式，还要加大对农村和贫困地区职业教育支持力度。

2015 年 11 月，国务院印发《关于进一步完善城乡义务教育经费保障机制的通知》，提出整合农村义务教育经费保障机制和城市义务教育奖补政策，建立城乡统一、重在农村的义务教育经费保障机制。

二、当前我国农业教育政策内容

（一）制定农业教育发展规划

《中华人民共和国农业法》第四十八条规定：国务院和省级人民政府应当制定农业科技、农业教育发展规划，发展农业科技、教育事业。县级以上人民政府应当按照国家有关规定逐步增加农业科技经费和农业教育经费。国家鼓励、吸引企业等社会力量增加农业科技投入，鼓励农民、农业生产经营组织、企业事业单位等依法举办农业科技、教育事业。

（二）发展农业教育事业

《中华人民共和国农业法》根据发展农业教育的要求，对农业专业技术人员继续教育、农村义务教育、农业职业教育和农民技术培训等内容做了规定。

（1）国家建立农业专业技术人员继续教育制度。县级以上人民政府农业行政主管部门会同教育、人事等有关部门制定农业专业技术人员继续教育计划，并组织实施。

（2）国家在农村依法实施义务教育，并保障义务教育经费。国家在农村举办的普通中小学校教职工工资由县级人民政府按照国家规定统一发放，校舍等教学设施的建设和维护经费由县级人民政府按照国家规定统一安排。

（3）国家发展农业职业教育。早在 2006 年，《国务院关于解决农民工问题的若干意见》就提出大力发展面向农村的职业教育。指出农村初、高中毕业生是我国产业工人的后备军，要把提高他们的职业技能作为职业教育的重要任务。支持各类职业技术院校扩大农村招生规模，鼓励农村初、高中毕业生接受正规职业技术教育。通过设立助学金、发放助学贷款等方式，帮助家庭困难学生完成学业。加强县级职业教育中心建设。有条件的普通中学可开设职业教育课程。加强农村职业教育师资、教材和实训基地建设。

2012 年修订的《中华人民共和国农业法》中也规定：国务院有关部门按照国家职业资格证书制度的统一规定，开展农业行业的职业分类、职业技能鉴定工作，管理农业行业的职业资格证书。

2014 年，《国务院关于进一步做好为农民工服务工作的意见》提出加快发展农村新成长劳动力职业教育。努力实现未升入普通高中、普通高等院校的农村应届初高中毕业生都能接受职业教育。全面落实中等职业教育农村学生免学费政策和家庭经济困难学生资助政策。鼓励各地根据需要改扩建符合标准的主要面向农村招生的职业院校、技工院校，支持没有职业院校或技工院校的边远地区各市（地、州、盟）因地制宜建立主要面向农村招生的职业院校或技工院校。加强职业教育教师队伍建设，创新办学模式，提高教育质量。积极推进学历证书、职业资格证书双证书制度。（教育部、人力资源社会保障部会同发展改革委、财政部、扶贫办负责）

（4）开展农民技术培训。《农业法》规定：国家采取措施鼓励农民采用先进的农业技术，支持农民举办各种科技组织，开展农业实用技术培训、农民绿色证书培训和其他就业培训，提高农民的文化技术素质。

2014 年，农业部、财政部启动实施新型职业农民培育工程，探索构建“三位一体、三类协同、三级贯通”的新型职业农民培育制度，培养一支有文化、懂技术、会经营的新型职业农民队伍。为了抓好新型职业农民培育工作，促进新型职业农民培训标准化、规范化、制度化建设，农业部办公厅发布《农业部办公厅关于推介发布〈新型职业农民培训规范（第一批）〉的通知》，按照产业分类和社会化分工，系统梳理提出了 148 种培训规范（生产经营型 77 种、专业技能型的 47 种、社会服务型的 24 种），并计划统一编制其中 70 种通用性较强的培训规范。该通知推介发布了第一批 20 种生产经营型职业农民培训规范。要求各地按照培训规范要求组织开展培训工作，并根据产业特点和农民实际需要抓紧编制地方培训规范，促进培训工作规范有序开展。2015 年，《农业部办公厅关于发布〈新型职业农民培训规范（第二批）〉的通知》，发布第二批 30 种新型职业农民培训规范。

（5）农民工培训。农业劳动力向非农产业和城镇转移，是世界各国工业化、城镇化的普遍趋势，也是农业现代化的必然要求。我国农村劳动力数量众多，在工业化、城镇化加快发展的阶段，越来越多的富余劳动力将逐渐转移出来，大量农民工在城乡之间流动就业。为统筹城乡发展，保障农民工合法权益，改善农民工就业环境，引导农村富余劳动力合理有序转移，推动全面建设小康社会进程，国务院在 2006 年发布《国务院关于解决农民工问题的若干意见》，针对农民工在进入城市就业后面临技能水平不能满足市场需求，技能结构与行业需求脱节的现实困境，为了提高农民工技能水平和就业能力，促进农村劳动力向非农产业和城镇转移，推进城乡经济社会发展一体化进程，提出①加强农民工职业技能培训。各地要适应工业化、城镇化和农村劳动力转移就业的需要，大力开展农民工职业技能培训和引导性培训，提高农民转移就业能力和外出适应能力。扩大农村劳动力转移培训规模，提高培训质量。继续实施好农村劳动力转移培训阳光工程。完善农民工培训补贴办法，对参加培训的农民工给予适当培训费补贴。推广“培训券”等直接补贴的做法。充分利用广播电视和远程教育等现代手段，向农民传授外出就业基本知识。重视抓好贫困地区农村劳动力转移培训工作。支持用人单位建立稳定的劳务培训基地，发展订单式培训。输入地要把提高农民工岗位技能纳入当地职业培训计划。要研究制定鼓励农民工参加职业技能鉴定、获取国家职业资格证书的政策。②落实农民工培训责任。完善并认真落实全国农民工培训规划。劳动保障、农业、教育、科技、建设、财政、扶贫等部门要按照各自职能，切实做好农民工培训工作。强化用人单位对农民工的岗位培训责任，对不履行培训义务的用人单位，应按国家规定强制提取职工教育培训费，用于政府组织的培训。充分发挥各类教育、培训机构和工青妇组织的作用，多渠道、多层次、多形式开展农民工职业培训。建立由政府、用人单位和个人共同负担的农民工培训投入机制，中央和地方各级财政要加大支持力度。

这一意见与《国务院办公厅转发农业部等部门2003—2010年全国农民工培训规划的通知》（国办发［2003］79号）为指导农民工培训工作提供了政策依据，农民工培训工作取得显著成效，政策措施逐步完善，培训力度不断加大，农民工职业技能明显提高。为提高农民工技能水平和就业能力，促进农村劳动力向非农产业和城镇转移，推进城乡经济社会发展一体化进程，2010年国务院办公厅发布《国务院办公厅关于进一步做好农民工培训工作的指导意见》。指出要按照统筹规划、分工负责，整合资源、提高效益，政府支持、市场运作以及突出重点、讲求实效等原则，按照培养合格技能型劳动者的要求，逐步建立统一的农民工培训项目和资金统筹管理体制，使培训总量、培训结构与经济社会发展和农村劳动力转移就业相适应；到2015年，力争使有培训需求的农民工都得到一次以上的技能培训，掌握一项适应就业需要的实用技能。要做好农民工培训工作，需要：①培训工作统筹规划；②建立规范的培训资金管理制度；③充分发挥企业培训促进就业的作用；④努力提高培训质量；⑤强化培训能力建设；⑥加强组织领导。

2014年，国务院发布的《国务院关于进一步做好为农民工服务工作的意见》中提出实施农民工职业技能提升计划。加大农民工职业培训工作力度，对农村转移就业劳动者开展就业技能培训，对农村未升学初高中毕业生开展劳动预备制培训，对在岗农民工开展岗位技能提升培训，对具备中级以上职业技能的农民工开展高技能人才培训，将农民工纳入终身职业培训体系。加强农民工职业培训工作的统筹管理，制定农民工培训综合计划，相关部门按分工组织实施。加大培训资金投入，合理确定培训补贴标准，落实职业技能鉴定补贴政策。改进培训补贴方式，重点开展订单式培训、定向培训、企业定岗培训，面向市场确定培训职业（工种），形成培训机构平等竞争、农民工自主参加培训、政府购买服务的机制。鼓励企业组织农民工进行培训，符合相关规定的，对企业给予培训补贴。鼓励大中型企业联合技工院校、职业院校，建设一批农民工实训基地。将国家通用语言纳入对少数民族农民工培训的内容。

动动脑

1. 如何提高农业教育的政策效果？

2. 农民工培训与城镇职工职业培训如何实现政策上的统一？

3. 对农民工二代和农民工一代来说，培训政策的针对性、重点内容、培训方式等会不会有所不同？

第三节　农村文化建设政策与法规

案例导入

文化创意村引领乡村蝶变

农村文化建设历来是党和政府农村工作的重中之重，在省农村文化建设专项补助民生工程政策的扶持下，近年来，安徽省合肥市庐阳区三十岗乡崔岗村在农村文化建设方面自成特色、脱颖而出。崔岗文化创意村蓬勃发展，不仅为艺术家带来了灵感，给农民增添了收入，更盘活了当地旅游产业。

近年来，在庐阳区委区政府的大力扶持下，开村近两年的崔岗文化创意村已初具规模。截至目前，已有53位艺术家签订合同，42位艺术家正式入驻，16户房屋基本改造完成并可对外开放。艺术家的入驻在丰富村民精神文化生活的同时，也悄无声息地提升着当地的文化品位，改变着村民的生活方式和理念。更重要的是，农村的田园美景和村民们的劳作场景也成为艺术家们创作的源泉。

打造崔岗文化创意村，庐阳区委区政府的科学引导和政策扶持是“催化剂”。据了解，庐阳区秉承政府负责村子“大环境”，艺术家负责“小环境”的理念。即当地政府建设污水管网、绿化等配套公共基础设施。同时区政府专门出台补贴政策，对愿意把房屋租给艺术家们的农户一次性给予8万元补贴，并限定每个院落租金的最高价格和租期，保证村民和艺术家的双方利益。在此基础上，政府从上海请来规划设计专家，对崔岗文化创意村进行深层次景观规划。

（**资料来源**：合肥在线，2015年10月27日）

案例思考

农村文化建设作为农村工作的一项重要内容，在农村社会发展中发挥着什么作用？如何将农村文化建设同其他农村建设有机结合，从而进一步推动农村社会发展？

一、改革开放以来我国农村文化建设政策变迁①

（一）农村精神文明建设初期阶段（1978—1995年）

1979年9月，党的十一届四中全会通过《中共中央关于加快农业发展若干问题的决定》，提出各级党委要继续引导广大干部和农民学习大寨的基本经验，即坚持政治挂帅、思想领先的原则，自力更生、艰苦奋斗的精神，爱国家、爱集体的共产主义风格。1987年1月，中共中央政治局通过的《把农村改革引向深入》，指出经过整党，充分发挥党支

① 王盛开，孙华雨. 改革开放以来中国共产党农村文化政策的历史考察 . 新视野，2012（4）：35-39.

部的核心作用和党员的先锋模范作用，带头遵纪守法，带领群众搞好改革，搞好两个文明建设。还针对改革开放和商品经济对农村文化思想带来的冲击，提出要因势利导，加强坚持四项基本原则的教育，用社会主义思想占领农村阵地，引导农民逐渐摆脱小农经济思想的束缚，克服封建的、资产阶级的腐朽思想影响。要提倡民主和法制，反对以权谋私和违法乱纪行为；提倡科学和文明，克服迷信和愚昧；提倡勤俭节约，反对奢侈浪费。强调分年度提出物质文明和精神文明的建设任务，每年办几件实事，如学习训练、乡村建设、计划生育、环境卫生、移风易俗等。1991 年 11 月，十三届八中全会通过《中共中央关于进一步加强农业和农村工作的决定》，指出社会主义思想教育是全面推进农村社会主义建设和改革的战略任务，是发动和组织农民实现第二步战略目标的一项基础工作，对于加强和改善党对农村工作的领导，提高干部和群众的社会主义觉悟，密切党与农民群众的关系，促进农村物质文明和精神文明建设，巩固农村社会主义阵地，具有深远的意义。并明确了社会主义思想教育的基本任务是深入开展爱国主义、集体主义和社会主义教育，全面贯彻党的基本路线和党在农村的方针政策，推动农村经济发展。此外，文件还提出要抓好经常性思想政治工作，加强社会主义精神文明建设，努力造就一代有理想、有道德、有文化、有纪律的新型农民。要重视农村社会主义文化阵地建设。开展农民喜闻乐见的健康有益的文娱、体育活动，办好农村广播，做好电影下乡和电视转播工作。

1995 年 10 月，中宣部、农业部发布的《关于深入开展农村社会主义精神文明建设活动的若干意见》指出，加强农村精神文明建设要以培养有理想、有道德、有文化、有纪律的社会主义新型农民为根本目标，坚持重在建设，持之以恒，贵在落实，务求实效，不断提高农民思想道德和科学文化素质，为农村现代化建设提供思想保证、精神动力和智力支持。并指出农村精神文明建设最根本的是要加强对农民的思想教育。

（二）农村社会主义文化建设时期（1996—2005 年）

这个阶段农村文化政策在强调社会主义价值观占领农村阵地的基础上，开始更加注重农村文化建设。文化、科技、卫生“三下乡”活动在全社会关注下展开，标志着党的农村文化政策由农村社会主义精神文明建设逐渐转向农村社会主义文化建设。

1995 年，中宣部会同农业部、文化部等部门开始组织“文化下乡”活动；1996 年，增加了科技、卫生的内容，拓展为文化科技卫生“三下乡”。1998 年 10 月，《中共中央关于农业和农村工作若干重大问题的决定》指出，农村精神文明建设的根本任务是全面提高农民的思想道德素质和科学文化素质，为农村经济社会发展提供强大的精神动力、智力支持和思想保证。农村精神文明建设要坚持以邓小平理论为指导，紧紧围绕发展经济、建设小康的目标，同农村经济工作、基层民主政治建设和社会治安综合治理相结合，以创建“文明户”“文明村镇”为主要形式，依靠群众，立足基层，狠抓落实，讲求实效。对农民进行爱国主义、集体主义和社会主义教育，进行党的基本路线和方针政策教育，进行社会公德、职业道德、家庭美德教育。思想道德教育要贯穿到群众性创建精神文明的各项活动中去。加强农村文化设施建设，扩大广播、电视覆盖面，组织好文化、科技、卫生“三下乡”，鼓励和支持农民业余文化体育活动。

1998 年 11 月，文化部出台《关于进一步加强农村文化建设的意见》，该文件是第一次比较系统地针对农村文化建设发布的专门性文件，指出农村文化建设的目标是培养有理想、有道德、有文化、有纪律的社会主义新型农民，建设富庶、文明的社会主义现代化新农村。

为了促进农村文化和经济、政治、社会协调发展，2005 年中共中央办公厅、国务院办公厅发布《关于进一步加强农村文化建设的意见》，对农村文化建设的目标、建设内容、组织管理等方面做出了详细规定。指出农村文化建设的目标任务是按照建设社会主义新农村的要求，经过 5 年的努力，基本形成适应社会主义市场经济体制、符合社会主义精神文明建设规律的农村文化建设新格局。县、乡、村文化基础设施相对完备，公共文化服务切实加强。农村文化工作体制机制逐步理顺，现有文化资源得到有效利用。文化队伍不断壮大，农民自办文化更加活跃。文化产业较快发展，看书难、看戏难、看电影难、收听收看广播电视难的问题基本解决。农村文明程度和农民整体素质有所提高，文化在促进农村生产发展、生活宽裕、乡风文明、村容整洁、管理民主等方面发挥重要作用。

（三）城乡文化一体化发展阶段（2006 年至今）

2006 年中央一号文件《中共中央国务院关于推进社会主义新农村建设的若干意见》中特别提到要繁荣农村文化事业。指出各级财政要增加对农村文化发展的投入，加强县文化馆、图书馆和乡镇文化站、村文化室等公共文化设施建设，继续实施广播电视“村村通”和农村电影放映工程，发展文化信息资源共享工程农村基层服务点，构建农村公共文化服务体系。推动实施农民体育健身工程。积极开展多种形式的群众喜闻乐见、寓教于乐的文体活动，保护和发展有地方和民族特色的优秀传统文化，创新农村文化生活的载体和手段，引导文化工作者深入乡村，满足农民群众多层次、多方面的精神文化需求。此外还要扶持农村业余文化队伍，鼓励农民兴办文化产业，加强农村文化市场管理，抵制腐朽落后文化。

2008 年 10 月，中国共产党十七届三中全会通过的《中共中央关于推进农村改革发展若干重大问题的决定》中明确提出繁荣发展农村文化。指出社会主义文化建设是社会主义新农村建设的重要内容和重要保证，坚持用社会主义先进文化占领农村阵地，满足农民日益增长的精神文化需求，提高农民思想道德素质；扎实开展社会主义核心价值体系建设，坚持用中国特色社会主义理论体系武装农村党员、教育农民群众，引导农民牢固树立爱国主义、集体主义、社会主义思想。①推进广播电视村村通、文化信息资源共享、乡镇综合文化站和村文化室建设、农村电影放映、农家书屋等重点文化惠民工程，建立稳定的农村文化投入保障机制，尽快形成完备的农村公共文化服务体系。②扶持农

村题材文化产品创作生产，开展农民乐于参与、便于参与的文化活动，建立文化科技卫生“三下乡”长效机制，支持农民兴办演出团体和其他文化团体，引导城市文化机构到农村拓展服务。重视丰富农民工文化生活，帮助他们提高素质。③广泛开展文明村镇、文明集市、文明户、志愿服务等群众性精神文明创建活动，倡导农民崇尚科学、诚信守法、抵制迷信、移风易俗，遵守公民基本道德规范，养成健康文明生活方式，形成男女平等、尊老爱幼、邻里和睦、勤劳致富、扶贫济困的社会风尚。④加强农村文物、非物质文化遗产、历史文化名镇名村保护。⑤发展农村体育事业，开展农民健身活动。

2011 年 2 月，中共中央办公厅、国务院办公厅下发《关于进一步加强新形势下农村精神文明建设工作的意见》，要求加强新形势下农村精神文明建设工作。在新形势下，按照社会主义新农村建设“生产发展、生活宽裕、乡风文明、村容整洁、管理民主”的总体要求，突出抓好群众性精神文明创建活动，着力培育新农民、倡导新风尚、发展新文化，着力提高农民思想道德文化素质和农村社会文明程度，推动农村精神文明建设迈上新台阶，为建设社会主义新农村、促进农村经济社会又好又快发展提供思想保证、精神动力和文化环境。指出加强农村公共文化服务体系建设，兴办更多符合农民需要的文化服务网点，努力为农民提供更多更好的精神文化产品和服务。加强农村思想文化阵地建设，继续实施广播电视村村通、乡镇综合文化站、文化信息资源共享、农村电影放映、农家书屋等重点文化惠民工程，整合利用现有文化设施和资源，不断拓展农村精神文明建设的阵地与渠道。

2011 年 10 月，中国共产党十七届六中全会通过《中共中央关于深化文化体制改革推动社会主义文化大发展大繁荣若干重大问题的决定》，强调要加快城乡文化一体化发展。2012 年 11 月 8 日，在中国共产党第十八次代表大会上，中共中央总书记胡锦涛作了题为《坚定不移沿着中国特色社会主义道路前进为全面建成小康社会而奋斗》的报告。报告提出扎实推进社会主义文化强国建设。要坚持面向基层、服务群众，加快推进重点文化惠民工程，加大对农村和欠发达地区文化建设的帮扶力度，继续推动公共文化服务设施向社会免费开放。

2013 年 4 月，为了贯彻落实党的十七届六中全会精神，进一步支持农村文化事业发展，中央财政设立农村文化建设专项资金。为了规范和加强专项资金管理，提高资金使用效益，财政部制定并发布了《中央补助地方农村文化建设专项资金管理暂行办法》，对中央补助地方文化建设专项资金的支出范围与标准、申报与审批、管理与使用、监督检查等方面做出了规定。

二、当前我国城乡文化一体化发展政策内容

（一）城乡文化一体化发展的指导思想和目标任务

城乡文化一体化发展是深化文化体制改革，推动社会主义文化大发展大繁荣的重要

内容。城乡文化一体化发展需要按照社会主义文化建设的指导思想和目标任务来推进。

1. 指导思想

坚持中国特色社会主义文化发展道路，深化文化体制改革，推动社会主义文化大发展大繁荣，必须全面贯彻党的十七大精神，高举中国特色社会主义伟大旗帜，以马克思列宁主义、毛泽东思想、邓小平理论和“三个代表”重要思想为指导，深入贯彻落实科学发展观，坚持社会主义先进文化前进方向，以科学发展为主题，以建设社会主义核心价值体系为根本任务，以满足人民精神文化需求为出发点和落脚点，以改革创新为动力，发展面向现代化、面向世界、面向未来的，民族的科学的大众的社会主义文化，培养高度的文化自觉和文化自信，提高全民族文明素质，增强国家文化软实力，弘扬中华文化，努力建设社会主义文化强国。

建设社会主义文化强国，就是要着力推动社会主义先进文化更加深入人心，推动社会主义精神文明和物质文明全面发展，不断开创全民族文化创造活力持续迸发、社会文化生活更加丰富多彩、人民基本文化权益得到更好保障、人民思想道德素质和科学文化素质全面提高的新局面，建设中华民族共有精神家园，为人类文明进步做出更大贡献。

2. 发展目标

按照实现全面建设小康社会奋斗目标新要求，到2020年，文化改革发展奋斗目标是：社会主义核心价值体系建设深入推进，良好思想道德风尚进一步弘扬，公民素质明显提高；适应人民需要的文化产品更加丰富，精品力作不断涌现；文化事业全面繁荣，覆盖全社会的公共文化服务体系基本建立，努力实现基本公共文化服务均等化；文化产业成为国民经济支柱性产业，整体实力和国际竞争力显著增强，公有制为主体、多种所有制共同发展的文化产业格局全面形成；文化管理体制和文化产品生产经营机制充满活力、富有效率，以民族文化为主体、吸收外来有益文化、推动中华文化走向世界的文化开放格局进一步完善；高素质文化人才队伍发展壮大，文化繁荣发展的人才保障更加有力。全党全国要为实现这些目标共同努力，不断提高文化建设科学化水平，为把我国建设成为社会主义文化强国打下坚实基础。

（二）城乡文化一体化发展内容

（1）增加农村文化服务总量，缩小城乡文化发展差距，对推进社会主义新农村建设、形成城乡经济社会发展一体化新格局具有重大意义。

（2）要以农村和中西部地区为重点，加强县级文化馆和图书馆、乡镇综合文化站、村文化室建设，深入实施广播电视村村通、文化信息资源共享、农村电影放映、农家书屋等文化惠民工程，扩大覆盖、消除盲点、提高标准、完善服务、改进管理。

（3）要加大对革命老区、民族地区、边疆地区、贫困地区文化服务网络建设支持和帮扶力度。

（4）深入开展全民阅读、全民健身活动，推动文化科技卫生“三下乡”、科教文体法

律卫生“四进社区”“送欢乐下基层”等活动经常化。

（5）引导企业、社区积极开展面向农民工的公益性文化活动，尽快把农民工纳入城市公共文化服务体系。

（6）建立以城带乡联动机制，合理配置城乡文化资源，鼓励城市对农村进行文化帮扶，把支持农村文化建设作为创建文明城市基本指标。

（7）鼓励文化单位面向农村提供流动服务、网点服务，推动媒体办好农村版和农村频率频道，做好主要党报党刊在农村基层发行和赠阅工作。

（8）扶持文化企业以连锁方式加强基层和农村文化网点建设，推动电影院线、演出院线向市县延伸，支持演艺团体深入基层和农村演出。

（9）中央、省、市三级设立农村文化建设专项资金，保证一定数量的中央转移支付资金用于乡镇和村文化建设。

从 2005 年第一家在甘肃建成，到如今全国已拥有 60 多万家农家书屋。这项重大文化惠民工程历史性地解决了长期困扰我国农村的读书看报难的问题。通过这一“家门口的图书馆”，无数散发着墨香的书报像一股股清泉在 960 万平方公里的国土上静静流淌，终将汇成壮阔的文化海洋。

毛泽东同志曾说：“中国的问题，关键在农民。”但长期以来，我国农村文化资源匮乏。2004 年，农村识字者家庭中有 45% 基本没有藏书。不包括学生的课本，农民人均拥有图书量仅为 0.1 册。

2006 年，农家书屋工程被写入《国家“十一五”时期文化发展规划纲要》，2007 年，作为全国公共文化服务体系建设的五项重大工程之一在全国全面推开。2012 年 8 月，原新闻出版总署宣布，农家书屋工程提前 3 年竣工，共建成农家书屋 600 449 家，覆盖了全国有基本条件的行政村。全国累计投入资金 120.24 亿元，其中中央财政下拨资金 58.56 亿元。全国共计配送图书 9.4 亿册、报刊 5.4 亿份，音像和电子出版物 1.2 亿张，农民人均图书拥有量增长到人均 1.13 册。

2014 年中国新闻出版研究院第十一次全国国民阅读调查结果显示，33.3% 的村民使用过农家书屋，15.6% 的村民每月至少使用一次农家书屋，人均每年使用农家书屋 5.55 次，农民对农家书屋的满意率达到 63.6%。

（**资料来源**：人民日报海外版，2015 年 11 月 20 日）

（三）农村文化建设资金

2013 年 4 月，财政部下发《中央补助地方农村文化建设专项资金管理暂行办法》，对中央补助地方农村文化建设专项资金的管理做出了规定。

1. 资金来源

《办法》指出：专项资金由中央财政设立，用于支持农村公共文化事业发展，保障基层农村群众基本文化权益。专项资金管理和使用坚持中央补助、分级负责、合理安排、专款专用的原则。专项资金实行定额补助和因素分配相结合的分配方法。专项资金管理和使用应当接受财政、审计等部门的监督检查。

2. 资金支出范围与标准

（1）资金支出范围。专项资金包括补助资金和奖励资金，其中补助资金主要用于补助行政村文化设施维护和开展文化体育活动等支出，包括全国文化信息资源共享工程村级基层服务点运行维护和开展宣传培训等支出；农家书屋出版物补充及更新支出；农村电影公益放映场次补贴支出；行政村组织开展各类文化体育活动支出。奖励资金主要用于鼓励地方开展农村特色文化体育活动、加强农村基层文化体育人才队伍建设、丰富农民群众文化体育生活等。

（2）资金支出标准。行政村文化设施维护和开展文化体育活动等支出基本补助标准为每个行政村每年 1 万元，其中全国文化信息资源共享工程村级基层服务点每村每年 2000 元；农家书屋出版物补充及更新每村每年 2000 元；农村电影公益放映活动按照每村每年 12 场，每场平均 200 元的补助标准，每年 2400 元；农村文化活动每村每年 2400 元；农村体育活动每村每年 1200 元。

中央财政对东部地区、中部地区、西部地区分别按照基本补助标准的 20%、50%、80% 安排补助资金，其余部分由地方统筹安排。地方可以根据实际情况提高补助标准，所需经费由地方自行负担。对党中央、国务院文件规定的比照享受中部政策的东部地区，中央财政按照基本补助标准 50% 的比例安排补助资金；比照享受西部政策的东中部地区，中央财政按照基本补助标准 80% 的比例安排补助资金。

（3）奖励资金分配。奖励资金实行因素分配法，根据各省（自治区、直辖市、计划单列市、兵团）区域内农村基本情况、财政文化投入水平、农村文化体育活动开展情况等因素进行分配，具体因素和权重如下：①自然因素（权重 20%），其中农村人口（10%），行政村数量（10%）。②投入因素（权重 30%），其中公共财政文化体育与传媒支出水平（15%），指某省公共财政文化体育与传媒支出占该省公共财政支出的比例；公共财政文化体育与传媒支出增长率（15%），指某省公共财政文化体育与传媒支出比上年增长比例。③工作因素（权重 30%），其中全国文化信息资源共享工程村级基层服务点年均服务人次（6%），行政村年均电影公益放映场次（6%），农家书屋出版物年均补充及更新数量（6%），行政村年均组织开展文化活动、举办文化类培训班及讲座次数（6%），行政村年均组织开展体育活动次数（6%）。④管理因素（权重 20%）。考核各省农村获得国家级奖励情况（荣誉称号如全国文明村、文化示范村等），村级公共文化服务设施运行管理机制是否科学合理、农村文化建设各项财政资金管理制度是否健全、监督措施是否到位，上报材料是否及时、数据是否准确，是否存在违规问题等。

3. 资金管理与使用

省级财政部门收到中央财政专项资金预算后，应当及时商同级相关主管部门，制定

专项资金分配使用方案，并于60日内将专项资金预算按照规定程序下达到县级财政部门。其中专项资金中的补助资金，应当按照基本补助标准及各县行政村数量，下达到县级财政部门。专项资金中的奖励资金，由省级财政部门商省级相关主管部门根据本地农村文化建设情况统筹安排，不得用于抵顶基本补助标准中应由地方财政负担的资金。需要省级或者市级相关部门集中采购的，应当按照政府采购有关规定办理。

县级财政部门应当会同相关主管部门完善专项资金管理和使用有关规定，按照“村级申报、乡镇初审、县级审核拨付”的方法，确保专项资金落到实处。

专项资金的分配和使用应当符合本办法规定，做到分配合理、使用规范，不得用于村办公场所建设、村委会办公经费等超出规定范围的其他支出，不得平衡预算、截留和挪用。专项资金支付按照财政国库集中支付管理制度规定执行。省级财政部门在每年报送专项资金申请报告时应当同时将上一年度专项资金分配和使用情况报财政部。逾期未报送的，财政部将适当核减其当年奖励资金。

4. 监督检查

各级财政部门应当会同同级相关主管部门建立健全专项资金监督检查和绩效评价机制。财政部将会同相关主管部门对专项资金管理使用情况进行检查，检查结果作为以后年度分配专项资金的重要参考依据。对于违反本办法规定截留、挪用专项资金或者报送虚假材料骗取专项资金等行为，依照《财政违法行为处罚处分条例》等规定追究责任。

动动脑

1. 农村文化建设的目的是什么？
2. 如何评价农村文化建设的政策效果？

链接案例

杨凌：突破农业科技成果转化“最后一公里”

我国设在陕西杨凌的唯一一个国家农业高新技术产业示范区，通过示范基地、产业链推广、科技特派员、农高会等模式，突破农业科技成果转化“最后一公里”。目前，杨凌已在全国18个省区的140个市县建立了198个农业科技示范推广基地，年示范推广总效益达到112.7亿元，年培训农民3.2万人次，推广国内外动植物良种1700多个，面积超过2亿亩，转化推广农业先进适用技术1000多项，使干旱半干旱地区5000多万农民从中受益。

据介绍，在科技部、农业部、财政部等部委支持下，从2004年开始，杨凌示范区和西北农林科技大学在借鉴国外农业科技推广经验的基础上，结合我国农业发展实际，首次提出和实施“政府推动下，以大学为依托、基层农技力量为骨干”的大学推广模式。在有关省区，杨凌建立了23个永久性试验示范站、37个专家大院和一批科技示范基地。

这些试验站（基地）功能实现了教学、科研、推广“三位一体”，多学科、多专业、多层次人才联动，科技成果与地方产业有效对接，建立起了“大学＋试验站＋示范户＋农户”科技进村入户的快捷通道。800多名专家常年依托试验示范基地，在农业生产一线开展科技服务，累计推广新品种、新技术400多项，培养了一大批农技骨干和新型农民，有效解决了农业科技转化“最后一公里”的问题，带动了产业升级，促进了农民增收。

同时，近年来，该示范区探索推动以企业为主体的产业链推广模式，以企业为主体，产业为纽带，市场为导向，随着产业链的延伸，布局建设标准化生产示范基地，推广新品种、新技术，实现产业扩张与技术扩散同步推进。全区发展产业链推广企业28家，先后在埃及、斐济等国和国内5个省区建成利用产业链推广模式的科技示范推广基地52个，到2012年，示范推广面积达1810万亩，推广效益达到30.1亿元。

此外，在科技部、农业部等部委支持下，杨凌示范区还开展面向旱区的科技特派员农村科技创业行动，出台了《杨凌示范区科技特派员农村科技创业试点工作实施意见》以及杨凌示范区技术创业实施意见和优惠政策，建立了创业服务、企业孵化、金融支撑的技术创业工作体系，鼓励科技人员、大学毕业生、归国留学人员等创办、领办企业，促进了科技、资金、人才、信息、管理等生产要素向农业领域聚集，全区培训认定个人科技特派员1013名，发展法人科技特派员34家，命名科技特派员创业（实训）基地23个，创建科技特派员创业链4条。全区招引技术创业团队164个，这些创业团队已成为示范区创新驱动、内生发展的新亮点，成为科技成果转化和示范推广的生力军。杨凌建立的全国独有的农民技术职称评审标准体系，如今在北方12个省、35个地市、104个县评定了5900多名获得杨凌示范区农民技术职称证书的农技能手，他们成为活跃在田间地头的“永久牌”土专家、科技“二传手”。

（**资料来源**：人民日报，2014年9月1日）

复习思考题

1. 农业科学技术政策有哪些特点？
2. 农业科学技术在农业生产中发挥着什么样的作用？
3. 简述我国农业科技推广政策。
4. 农民工培训政策对农民工就业、城乡一体化有什么样的意义？

第八章

农业金融、财政、保险政策与法规

学习目标

1. 了解农业金融、财政和保险政策在农业中的作用；
2. 掌握农业金融、财政和保险政策目标和政策手段；
3. 理解我国现行的农业金融、财政和保险政策措施。

本章提示

本章对农业金融、财政、保险以及一些惠农增收政策进行阐述讲解。本章讲解了农业金融政策、财政政策和保险政策的政策目标和政策手段，并对我国相关政策的历程进行了梳理，重点讲述目前我国相关的法规和政策措施。最后，对新出台的惠农增收政策进行了讲解。通过本章的学习，要求掌握农业金融、财政和保险政策的政策目标和政策手段以及我国现行的政策措施。

第一节　农业金融政策与法规

案例导入

总结试验区经验　深入推进农村金融改革

6月15日至16日，农业部在广西壮族自治区田东县召开农村改革试验区农村金融专题座谈交流会。农业部总农艺师、农村改革试验区办公室主任孙中华在座谈会上强调，要认真总结农村改革试验区农村金融改革的阶段性成果，归纳提炼试点地区可推广复制的经验做法，找准农村金融改革的突破口，争取在更大范围内推动农村金融改革。

2011年，为深入推进农村金融改革发展，中央农村工作领导小组批准设立以金融为主题的农村改革试验区，目前分别在广西壮族自治区田东县、北京市大兴区、河北省玉田县、吉林省九台市、福建省沙县、湖南省沅陵县、安徽省金寨县等7个县市开展改革试验创新，试验区的农村金融改革创新受到了社会各界的广泛关注。

……

（**资料来源**：中国农业新闻网，农民日报，2015年6月18日）

案例思考

我国农村金融现状如何？有哪些相关政策？

农业金融是指农村货币资金的融通。它是以资金为实体、信用为手段、货币为表现形式的农村资金运动、信用活动和货币流通三者的统一（钟甫宁，2012）。农业金融政策是指国家运用金融手段控制、调节农业经济活动所遵循的准则和方略。

《中华人民共和国农业法》第四十五条规定：国家建立健全农村金融体系，加强农村信用制度建设，加强农村金融监管。有关金融机构应当采取措施增加信贷投入，改善农村金融服务，对农民和农业生产经营组织的农业生产经营活动提供信贷支持。农村信用合作社应当坚持为农业、农民和农村经济发展服务的宗旨，优先为当地农民的生产经营活动提供信贷服务。国家通过贴息等措施，鼓励金融机构向农民和农业生产经营组织的农业生产经营活动提供贷款。

一、农业金融政策的目标

农业金融政策的目标是政府通过鼓励农业金融机构加强农业融资力度和引导农业金融资金的合理运用，为农业发展提供必要的资金保障，以促进农民增收、农业增产、农业生产率提高等目标的顺利实现。一般情况，农业金融政策的目标与农业财政政策的目标是基本一致的，但农业金融政策的目标相对侧重于生产与流通领域的发展目标。

（1）支持农业生产，尤其是粮、棉、油等关系国计民生的主要农产品生产。

（2）加强农业基础设施的建设，改善农业生产条件，提高农业抵御风险的能力。政府通过在金融上采取优先考虑的政策来加强农业基础设施的建设，如建立农业水利专项建设基金，开辟长期水利建设贷款等，可以对农田水利设施等基本项目建设起到重要的作用。

（3）促进农产品流通，保证农民的经济收益，保护农民生产积极性，即国家通过金融政策调节流通中的货币量，稳定货币的购买力，从而稳定农产品价格、保证农民的经济收益，保护农民的生产积极性。

（4）区域发展目标。通过制定优惠的农业金融政策，如低息甚至贴息的贷款来扶持某些特殊区域，比如贫困地区和老少边穷地区的经济发展。

（5）为农业生产调节资金余缺。农业具有明显季节性，农业生产的资金需求也表现出明显的季节性，有效的农业金融政策可以顺利解决这个问题。

二、农业金融政策的主要手段

（一）宏观层面的主要手段

从宏观层面来看，农业金融政策的主要手段包括：

1. 构建农业金融体系

许多国家（地区）通过发展多元的农业金融主体，拓宽农业金融渠道，来保障农业金融。这些金融主体通常包括政府组建的政策性金融机构、商业性金融机构、农业合作金融组织等。

2. 健全农业金融体制

为提高农业金融服务效率，充分发挥农业金融政策的功能，不断地改革和健全农业金融体制是必需的。如改善农业政策性金融机构的经营管理水平、促进各农业金融机构之间形成良好的分工合作与竞争关系。

3. 拓宽农业金融资金筹集通道

为增加农业金融资金，单靠政府财政资金是有限的，为此要注重开辟较新的农业金融资金筹集渠道，如利用金融市场发行金融债券、利用国外金融机构吸收国外资本等。

（二）操作层面的主要手段

如果具体到金融操作层面，农业金融政策手段主要包括农业金融规模政策、农业金融结构政策、农业金融优惠政策、农业金融条件、利率政策等。

1. 农业金融规模政策

农业金融规模也可叫作农业金融总量，通过对农业金融资金总量的调控，使得农业金融总量稳定在一个适宜的水平上，从而与整个国民经济的发展相适应。常用的调整农业金融规模的手段有农业法定存款准备金率。收缩银根时，央行就会提高法定存款准备金率，反之，则会降低。采用何种形式的农业金融政策，不仅取决于农业本身法制化状况和国家产业政策，而且取决于整个国民经济的形势和国家金融规模和金融结构的总政策。

2. 农业金融优惠政策

主要包括利率调整、贴息、提供担保和豁免债务等。

利率政策主要包括两方面：一方面通过低利率政策来促进农业金融活动，从而促进农业经济的发展；另一方面通过差别利率政策来调节农业金融活动，优化农业生产结构，合理配置农业资源。

贴息政策：一般来说，贴息政策是由政府与银行协议发放的，对农民或农业单位取得贷款提供一部分的利息补贴，从而降低其利用贷款的成本。通过贴息政策还可以引导更多的金融资金投向农业，是政府筹措农业资金扶持农业生产的有效措施之一。

提供担保：农业经营者一般经营资本数额较小，并且承担着来自市场和自然的双重风险，因此“信誉”较低，不易在商业银行中取得贷款。因此，为了帮助农业经营者提高信用度，需要政府以自己的信誉为农民提供担保。

债务豁免：在农业经营者遇到天灾或其他不可抗力因素影响时，将无法按期偿还债务，对于此种情形，国家为其豁免债务，减轻农业经营者的负担，维持农业再生产。

三、中国的农业金融政策

中国的农业金融政策由农村产业贷款政策、农村区域贷款政策和农村贷款利率政策等共同组成。

农村产业贷款政策是指国家依据农村产业政策和农村发展计划制定的金融扶持的产业和产品序列，对农村金融机构的贷款在贷款投向和投量方面进行规范和引导，以调整农村产业的发展方向，推动农业产业结构合理化而制定的原则和措施。目前我国在农村产业贷款政策方面遵循的主要原则是扶持第一产业的法制化，发展以农副产品加工为主导的农村第二产业，推动以农产品产前、产中、产后“一条龙”服务为主的农村第三产业的发展。

农村区域贷款政策是指以经济区域为对象，按照各个经济区域的经济特点以及发展方向来确定农村贷款的贷款投向、投量以及利率等相关内容的贷款政策。目前我国农村区域贷款政策主要指导思想是：在经济发达及开放地区，农业贷款政策要支持创汇农业，形成具有较强市场竞争力的特色产品，同时，利用当地旅游资源，发展第三产业。在大中城市郊区，农业贷款政策重点是要支持都市现代农业的发展。在国家的重点农业区，农业贷款政策的重点是要支持重点农业区利用各自自然资源，同时，发展农业生产，逐步建设成为各具特色、现代化的农产品生产基地。在贫困地区，主要是帮助当地群众解决温饱问题。

农村贷款利率政策是指充分发挥贷款利率的杠杆作用，调节农业贷款的投向、投量和贷款期限，以促进农村经济发展的原则和措施的总称。我国目前的农村贷款利率政策的主要措施包括实行差别利率，优惠利率和加息、罚息利率并存等。

中国农业金融政策对农业发展的作用越来越明显，主要表现在一方面农业金融为农业的发展提供了大量的资金，另一方面我国农业金融体系已经逐步建立和完善，支持范围涉及农业的各个领域。

四、我国农村金融组织体系

我国农村金融机构主要由四个方面组成：政策性金融机构，以农发行为代表；商业性金融机构，以农业银行为代表；合作性金融机构，主要是农商行（农村商业银行）、农合行（农村合作银行）、农信社；以及各种新型农村金融机构。

1. 政策性金融机构

中国农业发展银行是农村金融体系中的政策性银行，农发行（简称）在 1994 年成立，实行自主经营，独立核算，其职责是负责商业性金融机构所不愿涉及的农业政策相关金融业务，服务农村经济的发展，促进农村金融机构的业务开展。尽管我国农业发展银行目前发展态势良好，但我国仍需建立和完善政策性的金融机构促进农村经济的可持续性发展。

2. 商业性金融机构

中国邮政储蓄银行和中国农业银行属于农村金融体系的商业金融机构。中国农业银行在新中国成立初期成立，1996 年与农信社脱离了行政隶属关系，税前利润在全球银行中排名第五。中国邮政储蓄银行在 1990 年开始自办阶段，2004 年扩大了业务范围，发展开始多元化，2007 年起，中国邮政储蓄银行的运营模式实行了银行与公司化结合，按照商业银行管理模式开始运作。

3. 合作性金融机构

农商行（农村商业银行）、农合行（农村合作银行）、农信社（农村信用社）是我国的三种农村合作性的金融组织。农信社从 1951 年开始实行试点，经历了 60 余年的不断发展。农商行和农合行是在农信社的基础上建立起来的，其网点多且机构分布较广，填补了农村金融机构在农村地区的空白乡镇，也承担了部分国家政策的补助资金发放等工作，为“三农”的发展做出了贡献。截至 2013 年末，我国共有农合行 122 家，农商行 468 家，农信社 1803 家。

4. 新型农村金融机构

我国的新型农村金融机构从 2007 年开始兴建，分别为农村贷款公司、村镇银行、农村资金互助社。2006 年银监会放宽了金融机构在农村地区的准入门槛后，新型的农村金融机构不断兴起，主要由农村小额贷款公司、农村资金互助社和村镇银行三类组成，扩大了农村金融机构在农村地区的覆盖，填补了部分农村地区的金融空白，经营方式灵活简单，极大地促进了农村经济的发展。截至 2011 年底，全国组建的新型农村金融机构数量为 786 家，2012 年末，我国的 242 家银行机构已经共设立了村镇银行 1072 家，贷款公司 10 家，农村资金互助社 50 家。

五、我国农村金融发展历程

新中国成立以来，我国的农业金融制度经历了几次大的制度变革，对农业与农村经济的发展起到了一定的促进作用。我国农业金融制度变迁大致可以划分为四个阶段：

1. 第一阶段：新中国成立初期农业金融制度的形成和初步发展（1949—1957 年）

这一时期，是我国农业和农村经济恢复与初步发展的时期。国家为了支持农业和农村经济的发展，创建了以中国人民银行县及县以下分支机构为主体的国家农业金融组织机构体系，农业（合作）银行两次设立并很快被撤销，农村信用社经试办后有了初步发展，我国的农业金融制度初步形成。

2. 第二阶段：人民公社时期农业金融制度的反复（1958—1978 年）

这一时期，在人民公社体制下，由于“大跃进”等一系列政治运动和“文化大革命”的影响，我国农业金融制度出现了多次反复，农业银行第三次成立但很快又因缺乏生存基础而被撤销，农村信用社失去其民办特性而成为国家银行的基层机构，农业金融业务的开展最终依附于高度集中的大一统银行体制。

3. 第三阶段：农业金融制度的重构与发展（1979—1997 年）

为适应新的形势，国家对计划经济体制下的农业金融管理体制做出调整，恢复建立了中国农业银行，并在 1994 年新组建了中国农业发展银行，这一阶段前期形成了以农业银行为主体、农村信用社为其基层机构的农业金融供给体系，农业发展银行组建后，初步形成了农业银行、农业发展银行、农村信用社三足鼎立的局面，为农业和农村经济的发展奠定了良好基础。

4. 第四阶段：市场化农业金融制度实质性发展阶段（1998 年至今）

尽管从 1994 年起，我国就开始了社会主义市场经济体制建设，但国家对银行的总金融规模仍然实行严格的指令性计划控制，金融机构的金融行为依然是非市场化的。直到 1998 年，我国取消了对金融机构的金融规模计划管理模式，金融计划由指令性计划转变

为指导性计划，央行公布的金融指导性计划不再具有强制性，仅作为金融机构经营和中央银行调控的参考指标，央行对金融规模的调控由直接调控为主转向间接调控为主。这一重大变革，标志着我国农业金融制度进入市场化实质性发展阶段。在新形势下，为适应市场经济条件下农业和农村经济的发展要求，我国的农业金融制度也相应做出了重大变革：中国农业银行开始全面向国有商业银行转轨，从 1998 年开始大规模地从农村地区撤并营业网点，离农倾向严重；农村信用社真正确立了独立经营的地位，并逐渐恢复具有独立法人地位的合作金融组织性质，进入全面改革时期，伴随着国有商业银行在农村地区收缩经营网点，其在农业金融市场上的主力军位置进一步确立并得到巩固；农业发展银行 1998 年 4 月从新划定了业务范围，自此进入封闭运营时期，尽管其经营效益得到改善，但改革的呼声越来越高；邮政银行以及新型小额金融组织的出现为农业金融供给注入了新的力量，并将逐渐改变农业金融市场的竞争格局。整体来看，现阶段，尽管我国的农业金融制度依然存在着众多问题，但已呈现出良好的改革和发展前景。

近年来，银监会不断完善农村金融服务体系，积极引导改进农村金融服务，重视对合作社等新型农业经营主体的金融服务。2009 年，银监会、农业部印发《关于做好农民专业合作社金融服务工作的意见》，明确了加强和改进对合作社的金融服务措施。2012 年以来，银监会启动实施农村中小金融机构“金融服务进村入社区”“阳光信贷”和“富民惠农金融创新”三大工程，引导农村中小金融机构积极探索量体裁衣式的涉农金融产品和服务方式。2014 年，银监会、农业部印发《关于金融支持农业规模化生产和集约化经营的指导意见》，引导金融机构重点满足新型农业经营主体服务需求，提高授信额度，创新信贷模式。

（1）免税政策

财政部、国家税务总局联合发布《关于延续并完善支持农村金融发展有关税收政策的通知》（财税［2014］102 号），自 2014 年 1 月 1 日至 2016 年 12 月 31 日，对农户小额贷款的利息收入免征营业税；对农户小额贷款的利息收入在计算应纳税所得额时，按 90% 计入收入总额；对保险公司为种植业、养殖业提供保险业务取得的保费收入，在计算应纳税所得额时，按 90% 计入收入总额。

（2）支持规模化生产的金融政策

2014 年下半年，国家有关部门发布了金融支持农业规模化生产和集约化经营的指导意见，主要内容包括：加大对农业规模化生产和集约化经营的信贷投入。将各类农业规模经营主体纳入信用评定范围，建立信用档案，提高授信额度，支持农业产业化龙头企业依法通过兼并、重组、收购、控股等方式组建大型农业企业集团，合理运用银团贷款方式，满足农业规模经营主体大额资金需求。围绕地方特色农业，以核心企业为中心，捆绑上下游企业、农民合作社和农户，开发推广订单融资、动产质押、应收账款保理和厂商银等多种供应链融资产品。探索以厂商、供销商担保或回购等方式，推进农用机械设备抵押贷款业务。稳妥推动开展农村土地承包经营权抵押贷款试点，探索土地经营权抵押融资业务新产品，支持农业规模经营主体通过流转土地发展适度规模经营。强化对农业规模化生产和集约化经营重点领域的支持。在产业项目方面，重点支持农业科技、现代种业、农机装备制造、设施农业、农业产业化、农产品精深加工等现代农业项目。在农业基础设施方面，重点支持耕地整理、农田水利、商品粮棉生产基地和农村民生工程建设。在农产品流通领域，重点支持批发市场、零售市场和仓储物流设施建设。

（3）发展新型农村合作金融组织政策

2015 年，国家继续支持农民合作社和供销合作社发展农村合作金融，选择部分地区进行农民合作社开展信用合作试点，丰富农村地区金融机构类型。国家将推进社区性农村资金互助组织发展，这些组织必须坚持社员制、封闭性原则，坚持不对外吸储放贷、不支付固定回报。国家还将进一步完善对新型农村合作金融组织的管理体制，明确地方政府的监管职责，鼓励地方建立风险补偿基金，有效防范金融风险。

（4）各种涉农贷款项目

国家为了支持农业发展，在金融方面出台很多贷款政策，包括一般贷款、土地经营权抵押贷款、农房抵押贷款等。

六、我国目前农村金融政策

1. 小额贷款

农业银行、邮政储蓄银行、信用社和其他各类商业银行都开展小额信贷业务。以农村信用社为例，农户可以持《贷款证》及有效身份证件，直接到农村信用社申请办理。农村信用社在接到贷款申请时，要对贷款用途及额度进行审核，一般额度控制在 5 万 ~10 万元以内，具体额度因地而异。信用社还有农民联保贷款，三五户农民组成联保小组，相互为彼此贷款担保。有联保的贷款额度比个人信用贷款额度相对高一些。

2. 合作社贷款

农民专业合作社及其成员贷款可以实行优惠利率，具体优惠幅度由各地结合当地情况确定。经工商行政管理部门核准登记，取得农民专业合作社法人营业执照；有固定的生产经营服务场所，依法从事农民专业合作社章程规定的生产、经营、服务等活动；具有健全的组织机构和财务管理制度，能够按时向农村信用社报送有关材料；在申请贷款的银行开立存款账户，自愿接受信贷监督和结算监督；无不良贷款及欠息；银行规定的其他条件。

3. 家庭农场贷款

农业银行对家庭农场贷款额度最高为 1000 万元，除了满足购买农业生产资料等流动资金需求，还可以用于农田基本设施建设和支付土地流转费用，贷款期限最长可达 5 年。

4. 土地经营权抵押贷款

农村土地承包经营权抵押贷款是指农户或合作社将合法的农村土地承包经营权向金融机构申请做抵押的贷款。土地贷款需提交的资料：身份证明或其他证明材料；土地经营权权属证明资料；农村土地经营权抵押登记申请书；农村土地经营权抵押登记证；土地经营权抵押承诺书；抵押贷款申请书；银行要求的其他材料。

5. 林权抵押贷款

贷款人开展林权抵押贷款业务，要建立抵押财产价值评估制度，对抵押林权进行价值评估。对于贷款金额在 30 万元以下的林权抵押贷款项目，贷款人要参照当地市场价格自行评估，不得向借款人收取评估费。抵押贷款程序如下：①权利人提交新版《林权证》；②权利人提交书面抵押申请（内容包括个人基本情况、林权情况、贷款额、金融资信证明等）；③权利人是个人的，提交个人身份证复印件；是单位的提交法人身份证复印件和单位资质证明复印件；④乡镇林业站在书面抵押申请上签署初审意见；⑤县林业规划调查设计队现场评估，制作评估报告；⑥提供金融部门的贷款协议；⑦金融部门提供单位注册复印件和法人身份证复印件；⑧缴费，办理他项权证。

6. 农房抵押贷款

2015 年中央发布农房抵押贷款的全国性指导文件，因此备受关注。农房抵押贷款流程：贷款人获得农房产权证—向农商行提出贷款申请—双方实地确认房产价值—签订抵押合同—村委会同意集体土地上房屋抵押登记的证明—房屋抵押权登记—贷款发放。参考抵押物的市场价值、变现能力等，确定贷款抵押率，一般为抵押房产评估价值的 50%~70%；贷款期限以短期（一年之内）为主，利率根据贷款户信用等级、经营状况而定，一般在基准利率上上浮 50%，特别优质的客户还可以适当下浮。

动动脑

1. 我国农业金融改革历程是怎么样的？
2. 目前我国农业金融创新应该从几个方面进行？

第二节　农业财政政策与法规

案例导入

2014 年中央财政支出 7.4 万亿元

财政部部长楼继伟 28 日介绍，2014 年，中央一般公共预算支出 74 161.11 亿元，完成预算的 99%，增长 8.3%。

受国务院委托，楼继伟 28 日向十二届全国人大常委会第十五次会议作 2014 年中央决算报告时做出上述表述。

从主要支出项目看，农林水支出 6474.26 亿元，完成预算的 99.8%。社会保障和就业支出7066.11亿元，完成预算的98.8%，低于预算主要是据实结算的特大自然灾害救济费、优抚对象补助经费减少。医疗卫生与计划生育支出2931.26亿元，完成预算的96.5%，低于预算主要是据实结算的城乡居民医疗保险等支出以及根据医改工作进程安排的公立医院改革支出减少。教育支出4101.59亿元，完成预算的99.2%。

楼继伟说，2014年，安排下达中央基建投资4576亿元，主要用于保障性安居工程和城镇基础设施建设、“三农”建设、重大基础设施建设、边疆少数民族地区发展、自主创新和结构调整、社会事业和社会治理、节能环保与生态建设、中央本级建设等项目。

（**资料来源**：新华网2015年6月28日）

案例思考

我国财政支农政策有哪些？

农业财政是指国家在农业领域参与社会产品的分配和再分配形成的分配关系和经济活动，简单地说，它就是农业中财政分配关系的总称。在一定时期内，国家会根据经济发展的需要，对农业发展提出一定的目标，然后通过制定一系列的农业财政原则和措施来促进目标的实现，这就是农业财政政策。

国家逐步提高农业投入的总体水平。中央和县级以上地方财政每年对农业总投入的增长幅度应当高于其财政经常性收入的增长幅度。

各级人民政府在财政预算内安排的各项用于农业的资金应当主要用于：加强农业基础设施建设；支持农业结构调整，促进农业产业化经营；保护粮食综合生产能力，保障国家粮食安全；健全动植物检疫、防疫体系，加强动物疫病和植物病、虫、杂草、鼠害防治；建立健全农产品质量标准和检验检测监督体系、农产品市场及信息服务体系；支持农业科研教育、农业技术推广和农民培训；加强农业生态环境保护建设；扶持贫困地区发展；保障农民收入水平等。

县级以上各级财政用于种植业、林业、畜牧业、渔业、农田水利的农业基本建设投入应当统筹安排，协调增长。

国家为加快西部开发，增加对西部地区农业发展和生态环境保护的投入。

一、农业财政政策目标

国家制定、执行农业财政政策的基本目标是在稳定、发展农业的同时，协调工农、城乡的关系，最终实现农业同国民经济其他部门协调统一发展。农业财政政策的具体目标表现为以下几个方面：

（一）稳定并促进农业发展

农业是国民经济的基础。但由于农业的产业特性，农业发展中经常面临着资金短缺的困难，这就要求政府通过国家财政给予农业必要的资金支持，促进农业的发展。

（二）调节农业收入分配

农业财政是将一部分集中的国民收入用于农业发展，是调节国家、农业集体和农民三者之间的利益关系。财政通过“取”和“予”来实现其对政府与农民、城市居民与农民、农民与农民之间的利益格局调整的目标。“取”就是国家将农业集体或农民生产的部分产品以税收的形式收缴集中到国家手中；“予”就是国家将集中的一部分国民收入直接或者间接返还到农业集体或农民手中。当财政“取”大于“予”时实质上是农民支援政府和其他产业；反之，当财政“予”大于“取”时实质上是政府和其他产业支援农民。在经济发展的不同阶段，“取”与“予”之间的关系不同。同样，在农业内部，也可以通过对不同地区农民、同一地区不同农民实施不同的农业财政政策，调节农民的收入分配，实现收入分配的公平化。

（三）调节优化农业生产结构

在农业生产中，不可避免地会与国民经济的发展出现相互矛盾、相互抵触的地方，政府通过采用财政手段对农业进行调节，可以促使农业生产结构与国民经济发展和社会对农业产品的需求相适应。通常采用的是扩张和紧缩两种农业财政政策，对于不适应市场需求的农产品项目实行减少投资，增加税收等紧缩政策，而对于市场需求较好的农业产品项目采取增加投资，减免税收等扩张措施。通过不同的财政政策调节农业生产各部门、各生产中资金流量，从而实现对农业生产结构的调控。通过农业财政政策的调节和引导，将农业生产结构按照国民经济发展的需要进行调节和优化，从而促进整个国民经济的协调健康发展。

（四）调节城乡、工农关系

政府运用适当的财政支出政策和税收政策可以调节城乡、工农关系。例如，政府可以通过减免农业税的措施来减轻农业发展的负担；政府可以通过对农业生产的补贴使城市居民获得低价的食品消费；通过低税或者减免税政策可以使农产品加工业得到有限的发展等。

二、农业财政政策的政策手段

农业财政政策对农业实施宏观调控的政策手段主要包括农业税收政策和财政支农政策。

（一）税收政策

税收政策主要是通过税目的增减、税率的升降以及税收的附加、加成和减免的实施发挥作用。农业财政政策的作用是通过税收政策调节农业生产结构和农村收入分配。如通过对农业实施轻税甚至免税政策，使农业休养生息，调动农民的生产积极性，促进农业的发展。通过对贫困地区和灾区减免税收调节农村收入分配等。经济发达国家农业税收政策运用得非常广泛。经济发达国家在农业生产及农业投资方面均提供税收优惠，如美国采取现金收支延期纳税、资本开支和资本收益税额减免等措施来减轻农业负担；此外，经济发达国家对农业征税主要在农业流通环节，而不是生产环节，相应的，在一线生产的农民税负很轻；经济发达国家的农业税收政策体现了对中小农场的保护。

（二）财政支农政策

财政支出按照经济性质分类可以分为购买性支出和转移性支出。购买性支出中涉及农业的包括支援农村生产支出和水利气象等各项农业事业费、农村基本建设投资、科技三项事业费等。转移性支出包括农产品价格补贴、农业贷款贴息、农村救济等。具体而言，有以下几种主要形式：

对农业无偿的财政拨款：国家对农业基本建设的财政拨款；国家对农业事业费的财政拨款；国家对国有农业企业的流动资金拨款（1983 年后改为银行贷款）；对贫困地区的财政补助等。

对农产品收购和农用工业品销售等方面给予价格补贴。

对银行发放的农业贷款实行财政贴息。

三、中国农业财政政策历史和现状

（一）农业税收政策

下面就新中国成立以来农业税收政策做一简述。

1. 新中国农业税制建立阶段

新中国农业税制度的初步建立。新中国成立初期，中国农业税制度建设的主要任务是，根据中央政府规定的原则和各地的具体情况，逐步建立健全农业税的各项制度，适当减轻农民负担，促进农业生产发展。1950 年颁布的《新解放区农业税暂行条例》规定，新解放区的农业税以户为单位，按照农业人口每人平均的农业收入计征。农业收入的计算，以土地的常年应产量为标准，以市斤为单位。不同来源的收入计算方法不同。每户农业人口全年平均农业收入不超过 150 斤主粮者免征，超过者按照 3%~42%（后来逐步调整为 7%~30%）的 40 级全额累进税率计征，农业税地方附加不得超过正税的 15%。荒地，以试验为目的的农场、林场，经过县（市）以上人民政府批准的学校、孤儿院、养老院、医院自耕的土地，机关、部队的农业生产收入已经向国家缴纳生产任务的，可以免征农业税。垦种荒地、轮歇地，可以定期免征农业税。遭受自然灾害者和特别贫困者，经过批准可以减征、免征农业税。为了建立健全农业税制度，政务院、财政部陆续制定了一系列相关配套措施，包括《关于农业税土地面积及常年应产量订定标准的规定》《农

业税灾歉减免办法（草案）》《农业税查田定产工作实施纲要》《受灾农户农业税减免办法》等。在这一时期，农业税负担的基本政策是全国统一的。但具体的征收办法，各地区不尽相同。在牧业税方面，中央人民政府没有做出统一的规定，而是授权各有关省的人民政府自行拟定征收办法，报请省人民政府或者军政委员会核准以后，转报政务院备案。

2. 新中国农业税制度的统一和调整阶段

1958 年 6 月 3 日，一届人大常委会第九十六次会议通过了《中华人民共和国农业税条例》，即日起施行。国务院于同日发布了《关于各省、自治区、直辖市农业税平均税率的规定》，规定各省、自治区、直辖市农业税的平均税率从 13%（新疆维吾尔自治区）到 19%（黑龙江省）不等，西藏地区征收农业税的办法由西藏自治区筹备委员会自行规定。农业税的纳税人为从事农业生产、有农业收入的单位和个人，征税对象为粮食作物、经济作物、园艺作物等类收入，以粮食作物的常年产量为基本计算标准。农业税实行地区差别比例税率，全国的平均税率规定为常年产量的 15.5%，县以上人民委员会对所属地区规定的税率最高不得超过 25%。对于个体农民可以按照应纳税额加征一至五成（缺乏劳动力、生活困难者除外）。此外，各省、自治区、直辖市经过本级人民代表大会通过，可以随同农业税征收地方附加，附加率一般不得超过 15%，最高不得超过 30%。对于纳税人在山地上新垦植或者垦复经济林木取得的收入，定期免征农业税。在牧业税方面，中央继续明确实行轻税政策，以扶持畜牧业生产的发展。1961 年 12 月 6 日，中共中央转发了《西北地区第一次民族工作会议纪要》，提出要继续实行轻税政策，取消草场税，牧业税的税率应当控制在牧业总收入的 3% 以内。

3. 改革开放后农业税制度的调整

改革开放以后农业税制度调整的主要内容，一是对贫困地区采取了大量的减免税措施，二是逐步地建立了对于农业特产品征税的制度。1994 年 1 月 30 日，国务院发布了《关于对农业特产收入征收农业税的规定》，即日起施行。农业特产税的纳税人为在中国境内生产农业特产品的单位和个人；征税对象为国务院和各省、自治区、直辖市人民政府规定的农业特产收入；全国统一的税目有烟叶产品、园艺产品、水产品、林木产品、牲畜产品、食用菌、贵重食品等 7 个，税率从 8% 至 31% 不等，其他农业特产税的税率从 5% 至 20% 不等。农业科研机构和农业院校进行科学试验取得的农业特产收入；在新开发的荒地、荒山、滩涂、水面上生产农业特产品的；老革命根据地、少数民族地区、边远地区、贫困地区和其他地区中温饱问题尚未解决的贫困农户，纳税确有困难的；因自然灾害造成农业特产品歉收的，可以享受一定的减税、免税待遇。

4. 稳定农业税政策的阶段

为了坚持十一届三中全会以来关于农村工作的一系列方针、政策，正确处理新时期的农民问题，维护农民的合法权益，减轻农民负担，中共中央、国务院和财税部门采取了一系列减轻农民负担的措施，其中重要内容之一就是稳定农业税收政策。1996 年 12 月 30 日，中共中央、国务院发布了《关于切实做好减轻农民负担工作的决定》。决定规定：国家的农业税收政策不变。第九个五年计划期间（即 1996—2000 年），国家对农业生产不开征新税种，国家规定的农业税税率不再提高。任何地方无权设立税种，提高税率，非法设立的税种和擅自提高的税率一律取消。农业特产税必须据实征收，不得向农民下指标，不得按照人头、田亩平摊。农业税、农业特产税不得重复征收。

5. 农村税费改革阶段

2001 年 3 月 24 日，国务院下发《关于进一步做好农村税费改革试点工作的通知》。通知提出：要进一步完善农村税费改革的有关政策，包括合理确定农业税计税土地、常年产量和计税价格，采取有效措施均衡农村不同从业人员的税费负担，调整农业特产税政策（特别要减轻生产环节的税收负担），在不增加农民负担的前提下妥善解决村干部报酬、村办公经费、“五保户”供养经费开支，妥善解决取消统一规定的劳动积累工、义务工以后出现的问题，保障农村义务教育经费投入；认真做好农村税费改革试点的各项配套工作，包括改革和精简机构、压缩人员、节减开支，加大中央和省两级财政转移支付力度（有条件的市级政府也应当安排一定的资金支持这项改革）；严格规范农业税征收管理，建立健全村级“一事一议”的筹资筹劳管理制度，建立有效的农民负担监督管理机制，妥善处理乡村不良债务。2002 年 3 月 27 日，国务院办公厅发出了《关于做好 2002 年扩大农村税费改革试点工作的通知》。通知确定了 2002 年扩大农村税费改革试点的范围（其中河北、内蒙古、黑龙江、吉林、江西、山东、河南、湖北、湖南、重庆、四川、贵州、陕西、甘肃、青海、宁夏等 16 个省、自治区、直辖市为国务院确定的试点地区；上海、浙江、广东等沿海经济发达省、直辖市，如果条件基本成熟，可以自费进行扩大改革试点）；规定了中央财政专项转移支付资金包干使用的办法。2003 年 3 月 5 日，国务院在充分肯定了 2000 年以来农村税费改革试点取得的成绩，并提出在 2003 年这项工作要在总结经验、完善政策的基础上在全国范围内推开。

6. 取消农业税阶段

2005 年，随着全国人大常委会关于废止《中华人民共和国农业税条例》的决定高票通过，自 2006 年 1 月 1 日起，我国全面免征农业税，9 亿农民彻底告别了“皇粮国税”，迎来“后农业税时代”。

7. 我国现行农业产品税现状

我国 2006 年起全面取消了农业税。而现在的农业税收减免政策所指的农业税收是农产品税。即购买和销售农产品时缴纳的增值税和所得税的减免。

农业产品的税收优惠概括起来就是三个方面：

（1）农业产品增值税的法定税率为 13%。

（2）农业生产者销售的自产农产品免征增值税；财税［2008］81 号文件规定，对农民专业合作社销售本社成员生产的农业产品，视同农业生产者销售自产农业产品免征增值税。财税［2008］81 号文件规定，农民专业合作社向本社成员销售的农膜、种子、种苗、化肥、农药、农机，免征增值税。

（3）企业从事农、林、牧、渔业项目可以免征、减征企业所得税。对适用免征、减征的项目，税收法规采用了项目列举法。免征企业所得税：①蔬菜、谷物、薯类、油料、豆类、棉花、麻类、糖料、水果、坚果的种植；②农作物新品种的选育；③中药材的种植；④林木的培育和种植；⑤牲畜、家禽的饲养；⑥林产品的采集；⑦灌溉、农产品初加工、兽医、农技推广、农机作业和维修等农、林、牧、渔服务业项目；⑧远洋捕捞。减半征收企业所得税：①花卉、茶以及其他饮料作物和香料作物的种植；②海水养殖、内陆养殖。

（二）财政支农政策

1. 新中国成立以来财政支农的历史回顾

（1）财政农业投入政策的初始阶段（1950—1962 年）

这一阶段是国民经济的恢复和发展时期，国家财政支持的重点是工业，特别是投入规模大、建设时间长的重工业，而对农业的投入相对较少。不仅如此，国家还通过采取农产品的统购统销等政策将农业的剩余转移到工业，以满足工业发展的资金需要。在财政农业投入政策上，投入重点放在农业基本建设和农林水气象等事业费支出方面。财政农业投入资金的来源主要由国家财政预算内安排，以地方财政投入和农民投工投劳为主，中央财政投入为辅。这一阶段，国家财政对农业的投入总额为 399.2 亿元，占国家财政总支出的 9.94%，年均投入 30.707 亿元。在投入总额中，中央财政投入为 77.92 亿元，占 19.5%；地方财政投入为 321.28 亿元，占 80.5%。国家财政对农业基本建设的投入总规模为 171.37 亿元，占国家财政农业投入总额的 42.9%；对农林水气象事业的投入为 96.55 亿元，占国家财政农业投入总额的 24.18%；而直接投入到农村生产方面的财政资金仅为 60.38 亿元，占国家财政农业投入总额的 15.6%，其中，1950—1953 年国家没有投入。期间，正逢中国参与朝鲜战争及 1958—1960 年三年“困难时期”，国家对大面积兴修水利等农业基本建设的资金投入非常有限，主要依赖农民的投工投劳。据测算，这一阶段农民的投工投劳折价按当时的不变价格计算约为 350 亿元。由于农村劳动力集中投放于水利等基础设施建设，加之农村积累资金缺乏及国家财政对农村生产性投入较少（其间中央财政未投入任何资金，地方财政累计也仅投入 62.38 亿元），使得农业生产受到较大影响，导致以粮食为主的农产品供给严重短缺。

（2）财政农业投入政策的弱化阶段（1963—1977 年）

这一阶段是国民经济的调整时期和“文化大革命”时期，国民经济与社会处于调整、动荡过程中，经济增长基本处于停滞状态，社会发展严重滞后，财政收入增长缓慢。国家财政对农业的资金投入一直保持在较低的水平上，农业发展主要依赖“人民公社”体制下的共同劳动和集中分配制度，其特征是低投入、低产出、低效率和低积累，但农业仍然是国民经济与社会发展的稳定器。国家在没有大幅增加对农业投入的前提下，还不断通过统购统销、实物缴纳农业税等方式取得农业的剩余。这一阶段，国家财政对农业的投入总额为1027.26亿元，年均投入68.484亿元，占年均财政支出总额的11.05%。国家财政投入主体仍然以地方财政为主，地方财政共投入955.09亿元，占92.97%；中央财政共投入72.17亿元，仅占7.03%。财政对农业的投入重点仍然是农业基本建设，15年间国家财政共投入374.1亿元，占财政对农业投入总额的36.42%。由于国家财政对农业的投入不足及政府向农业过多的取得，使本来就落后的农业因积累率一直难以提高而失去自身的发展活力，农业生产的物质、技术条件长期得不到改善，农民收入一直处于较低水平。

（3）财政农业投入政策的结构性调整阶段（1978—1985年）

随着国民经济的恢复与发展，国家财政收入不断增加，财政支出也随之增加。在农业支出方面也有所增加，8年间，国家财政对农业的投入总额达到1133.28亿元，年均141.66亿元，较上一阶段年均增加73.176亿元，年均增长51.66%。在投入结构上，由过去注重农业基本建设，开始向农村生产（主要是支持乡镇企业）和农林水利气象事业费支出转移，其中对农村生产的投入总额达到307.62亿元，占国家财政农业投入总额的27.14%；用于农林水利事业费的支出总额达378.61亿元，占国家财政农业投入总额的33.41%；对农业基建的投入320.71亿元，占国家财政农业投入总额的28.30%。财政投入主体仍以地方财政为主，但中央财政投入比例有所提高。8年间，地方财政共投入979.92亿元，占86.47%；中央财政共投入153.36亿元，占13.53%。

（4）财政农业投入政策的整固阶段（1986—1995年）

这一阶段，国家财政对农业投入在总量上有大幅增加，10年间共投入3340.64亿元，年均投入334.064亿元，是上一阶段的2.36倍。但由于财政支出总规模扩大，财政农业投入额占国家财政投入总额的比重不仅没有提高，相反还有所下降，由上一阶段的10.74%下降为8.72%，下降了2.02个百分点。在投入主体方面，中央财政农业投入额有较大增加，10年间共投入665.33亿元，占国家财政农业投入总额的19.92%；地方财政农业投入2675.31亿元，占80.08%。在投入政策上，重点投向与农业生产关系密切的重要环节和重要方面。主要有：①改善农业生产条件，主要是对大江大河的治理和中低产田的改造。②支持粮食生产，重点支持粮食等大宗农作物的生产。③支持抗灾救灾，重点支持农业防洪抗灾，草原防火治虫，农作物、森林和畜牧的病虫害防治。④支持农业社会化服务体系建设。1992年开始在全国80多个县、200多个乡、500多个行政村进行农业社会化服务体系建设的试点，至1995年大部分地区农业社会化服务体系已初步建成。⑤支持农业科技推广。10年间国家财政用于农业科技研究、引进和推广的投入为31.37亿元。⑥支持产粮大县的财源建设。针对产粮主产县“粮食大县、工业小县、财政穷县”的状况，为增强产粮大县的财政实力，中央财政于1991年开始集中财力在13个产粮大县开展财源建设试点工作。⑦支持乡镇企业发展。国家财政除采取税收减免等优惠政策外，还投入资金予以扶持。

（5）财政农业投入政策的强化阶段（1996—2000年）

这一阶段，国家实施积极财政政策，实施西部大开发为主要内容，通过增加发行国债和吸引外资等方式，扩大财政投入比重，重点是基础设施建设、农业基础产业的发展和西部基础设施建设与西部资源的开发与利用，以及生态工程建设和农村税费改革。6 年间国家财政对农业的投入达到 6 364.38 亿元，占国家财政总支出的 21.27%，其中 1998—2000 年国家财政用于水利、农业、林业、气象、粮库的基建投入达到 1236 亿元，其资金有 2/3 以上来源于国债。从 2000 年开始，国家为减轻农民负担，在全国 20 个省市自治区开展农村税费改革的试点工作，国家财政每年为此投入 400 多亿元转移支付资金专门用于弥补乡村基层政权组织运转所需经费缺口。这一阶段，国家财政试图通过增加对农业的投入，优化支出结构，达到促进农业和农村经济发展的目的。其主要财政政策包括：①加强对林业重点生态工程的建设，改善农业生态环境。②支持抗灾救灾，重点是防汛抗旱、动物疫病防治和农业税的灾歉减免。③支持农业结构战略性调整，提高农产品质量和农业效益。主要通过支持农业科技成果转化，重点是支持农业新品种、新技术和新产品的区域试验与示范、中试或生产性试验，以提高农业科技含量；通过农业产业化经营，以提高农业经营效益；通过支持农村小型公益设施建设，以改善农民生产生活条件。④加大扶贫开发的力度。⑤支持推进农村税费改革。

（6）财政农业投入政策的调整阶段（2001 年至今）

中央决定从 2000 年起进行农村税费改革，实行了“三取消、两调整、一改革”政策。改革率先在安徽全省试点，到 2002 年试点范围扩大到全国 20 个省，其他 11 个省也继续在部分县（市）试点，试点地区农业人口达 6.2 亿，占全国农业人口总额近 3/4。为了促进和支持农村税费改革，弥补基层财政因降低农业税而减少的财政收入，中央和地方设立了专项转移支付，其中 2000 年为 19.7 亿元，2001 年为 99.35 亿元，2002 年为 334.63 亿元，从而确保了改革的顺利推进和基层的平稳运转。

2003 年是具有里程碑意义的一年，党中央提出了“统筹城乡发展”的方略，提出要把“三农”问题作为全党工作的重中之重，我国财政支农政策开始实现战略性的转变。2004 年以来，中央连续出台了 5 个一号文件，实施了以“四减免”（农业税、牧业税、农业特产税和屠宰税）、“四补贴”（种粮直补、农资综合直补、良种补贴和农机具购置补贴）为主要内容的支农惠农政策，中央对农业投入的力度进一步加大，财政支农工作的指导思想也发生了根本性转变，农民与政府的“取”、“予”关系发生根本性改变。从政策层面上，把财政支农的重点由原来的以促进农业生产为目标，转向以促进农业农村的全面发展为目标；把整合财政支农资金，发展现代农业，统筹城乡发展作为财政支农新的着力点。2006 年，我国取消了农业税这一存在了多年的古老税种，进一步减轻了农民的生活生产负担。2006 年中央一号文件规定要对国民收入的分配格局开展进一步的调整，国家财政支出对农业和农村的投入要进一步增强，重点支持我国农业及农村经济的快速发展。政策出台后，国家财政支农资金当年的绝对增长量，以及用于农村建设的资金份额比 2005 年均有大幅度的增长。2008 年中央一号文件对未来我国农业和农村工作提出了明确的政策诉求，未来一段时期，我国财政农业投入的重点将集中在农业基础设施建设、农业加工及物流、财政农村公共服务投入、农村医疗及教育等相关领域。2008 年的统计数据显示，中央财政对农业、农村、农民的投入资金规模超过了亿元，我国财政支持农业的力度不断增强，为农村经济的快速发展做出了巨大贡献。2015 年财政支农坚持把农业农村作为各级财政支出的优先保障领域，加快建立投入稳定增长机制，持续增加财政农业农村支出，中央基建投资继续向农业农村倾斜。要提高农业补贴政策效能，保持农业补贴政策连续性和稳定性，逐步扩大“绿箱”支持政策实施规模和范围，调整改进“黄箱”支持政策，充分发挥政策惠农增收效应。选择部分地方开展改革试点，提高补贴的导向性和效能。创新涉农资金运行机制，充分发挥财政资金的引导和杠杆作用。改革涉农转移支付制度，下放审批权限，有效整合财政农业农村投入。创新投融资机制，加大资金投入，集中力量加快建设一批重大引调水工程、重点水源工程、江河湖泊治理骨干工程。

2. 我国现行的财政支农政策

（1）农业补贴：

实行“一卡通”发放，目前 20 项。

粮食补贴类：粮食直接补贴。以农业税计税面积为依据，补助标准不低于 10 元 / 亩，15 元左右，各乡镇不一样。100 亩以上种粮户补贴实行 10 元 / 亩的标准。

种粮农民农资综合直接补贴，以实际粮食播种面积为依据，补贴给种粮农户，补助标准 60 元 / 亩。

良种补贴，包括水稻、小麦、棉花、玉米、大豆、油菜良种补贴，都是以实际农作物良种购买数量折算播种面积为基础。水稻、棉花的补贴标准为每亩 15 元，其他每亩 10 元。

（2）社保类

农村五保户补助。农村五保户是指老年、残疾或者未满 16 岁的村民，无劳动能力、无生活来源又无法定赡养、抚养、扶养义务人，或者其法定赡养、抚养、扶养义务人无赡养、抚养、扶养能力的农村居民。

按照民政部门的规定，通过调查、摸底、核实、公示、审批等环节最终予以确认，农村五保供养标准不得低于当地村民的平均生活水平，并根据当地村民平均生活水平的提高适时调整。

抚恤（优抚）资金。

农村居民最低生活保障资金。农村居民最低生活保障制度，是指对农村家庭人均收入低于当地农村低保标准的贫困居民给予差额补助的救助制度。

有下列情况，不列入保障范围：家庭成员有使用摩托车等非基本生活必需品的，两年内购买商品房或高标准装修现有住房的，经常出入餐饮、娱乐等场所的，因赌博、吸毒等行为而造成生活困难且尚未改正的；在法定劳动年龄内有劳动能力，但无正当理由不参加生产劳动者。

（3）林业工程类

退耕还林粮食补助资金，每年每亩补助原粮 300 斤，折成现金 210 元。经济林补助 5 斤，生态林补助 8 斤。

退耕还林现金补助每亩补助现金 20 元。

森林生态效益补偿资金。

完善退耕还林政策补助。

（4）计划生育类

农村计划生育家庭资金扶助，扶助对象具备以下条件：本人及配偶均为农业户口；1973 年至 2001 年期间没有违反计划生育政策规定生育；现存一个子女或现存两个女孩或子女死亡现无子女；1933 年 1 月 1 日以后出生，年满 60 周岁。

（5）农机具购置类

农机具购置补贴，农民购买补贴机具时（补贴机具农机局每年都公示），通过乡镇农机站向县农机局提出申请，审查合格并公示后，与购机者签订“购机补贴协议”，农机部门与财政部门联合核实后，再通过“一卡通”方式发放补贴。补贴按不超过机具价格的 30%，且年机补贴额原则上不超过 3 万元。

（6）库区扶持类

对纳入扶持范围的移民每人每年补助 600 元。对 2006 年 6 月 30 日前搬迁的纳入扶持范围的移民，自 2006 年 7 月 1 日起，再扶持 20 年。对 2006 年 7 月 1 日以后搬迁的纳入扶持范围的移民，从搬迁之日起扶持 20 年。

（7）生猪养殖类

能繁母猪保险及补贴资金，建立能繁母猪保险制度，中央财政补贴 50%，省财政补贴 21%，市县财政 9%，农户自筹 20%。建立母猪饲养补贴制度，以参保母猪数量为依据，对饲养农户给予 50 元补贴。

（8）其他类

村组干部固定报酬和误工补贴，目前村干部固定报酬实行打卡发放，正村级 400 元 / 月，其余村干部按 350 元 / 月发放，误工补贴采取村级报账方法。

政策性农业保险理赔，城乡医疗救助等其他补贴。

动动脑

1. 我国农业金融改革历程是怎么样的？

2. 目前我国农业金融创新应该从几个方面进行？

第三节　农业保险政策与法规

案例导入

探访江苏徐州农业保险：最大限度让利于民

农业保险是现代农业发展的三大支柱之一，也是化解农业风险的保护伞。作为国民经济的基础产业——农业，真的很需要这样一把“保护伞”来为农业发展保驾护航。

我国从2004年开始建立政策性农业保险制度，并进行试点。2007年中央财政开始对农业保险实施保费补贴。江苏省徐州市的农业保险工作，长期处在江苏省的领先地位，发挥着典型示范作用。记者近日专程到徐州市铜山区采访，探究当地农业保险为农业保驾护航的奥秘。

……

（**资料来源**：央广网，2015年10月21日）

案例思考

我国农业保险主要保什么？如何投保？

进入2004年，根据保监会安排，在普遍调研基础上，确定了由商业保险公司经营政策性农业保险业务试点，开始了新一轮的农业保险试点。通过政策性农业保险，可以在世贸组织规则允许的范围内，代替直接补贴对我国农业实施合理有效的保护，减轻加入世贸组织带来的冲击，减少自然灾害对农业生产的影响，稳定农民收入，促进农业和农村经济的发展。在中国，农业保险是解决“三农”问题的重要组成部分之一。

《中华人民共和国农业法》第四十六条规定：国家建立和完善农业保险制度。国家逐步建立和完善政策性农业保险制度。鼓励和扶持农民和农业生产经营组织建立为农业生产经营活动服务的互助合作保险组织，鼓励商业性保险公司开展农业保险业务。农业保险实行自愿原则。任何组织和个人不得强制农民和农业生产经营组织参加农业保险。

一、农业保险的定义和功能

1. 农业保险的定义

农业保险的概念有狭义和广义的区分。狭义的农业保险，即仅指对种植业和养殖业的保险，是保险公司为农民在从事种植业和养殖业的农业生产过程中，遭受自然灾害或意外事故所造成的经济损失提供经济补偿的制度安排（庹国柱，2005）。广义的农业保险除了对种植业、养殖业的保险外，还包括农村居民的人身保险和农场其他财产（如农房、农业机械）的保险。本书论述的范围限定在狭义的农业保险。农民通过支付保险费，将

生产过程中因灾害造成的财产损失转移给保险人，获得了对未来可能发生的经济损失补偿的保障。

2. 农业保险的功能

（1）农业保险具有分散、转移农业风险的功能

单个农民在生产经营中抵抗风险的能力较弱，但是通过参加农业保险、支付一定的保费，可以将风险转移给保险公司，在出现灾害损失的情况下，全部损失由保险人分摊风险。作为事前防范风险的制度，农业保险使农民避免了因灾致贫，有利于恢复农业生产，减缓灾害对农业的影响。

（2）农业保险具有收入转移和政府支持农业的功能

大部分国家实行的农业保险是政策性保险，政府为农业保险提供保费补贴，对保险公司给予税收优惠和经营补助，农业保险成为国家利用财政资金向农业部门进行转移支付的重要措施。政府通过推行多风险农作物保险计划，降低农业生产风险，稳定农民收入，促进了农业生产的恢复和发展。农业保险也是 WTO 规则允许、保护农业的“绿箱政策”。在世界贸易组织要求各国降低对农业生产和价格扭曲的程度，削减农业补贴措施的情况下，农业保险成为保护农业的重要工具，为促进农村经济发展和农民安居乐业发挥“稳定器”和“安全网”的功能。

二、农业保险政策目标

农业保险作为宏观经济政策的重要组成，要反映和服务于宏观经济政策目标和要求。农业保险政策目标可以设定为对效率的追求，在一定程度上克服失灵而提升农业效率，从而通过制度设计达到促进农业发展的目的；如果农业保险的目标是基于分配公平的考量，意味着农业保险能够保护作为弱势产业的农业以及作为弱势群体的农民的福利。因此各国开办农业保险的政策目标主要有两大类：一类是推进农村的社会保障制度建设，提高农民的社会福利待遇兼顾农业发展；另一类是稳定和促进农业生产。发达国家农业保险一般为前者，发展中国家多为后者。

因此，考虑到我国目前的实际情况，近期我国农业保险更多追求的是公平的目标，即防范农业风险和稳定农业生产。

具体而言，建立健全政策性农业保险工作长效机制，提高农户投保率、政策到位率和理赔兑现率，实现“尽可能减轻农民保费负担”“尽可能减少农民因灾损失”的目标要求，推动政策性农业保险又好又快发展。

三、农业保险政策内容

1. 农业保险模式

目前，世界上大约有四十多个国家举办农业保险，这些国家由于经济发展水平不同，社会制度各异，其举办农业保险的社会背景与政策目标也不相同，因而形成了不同的农

业保险制度模式。国外农业保险制度模式主要有以美国、加拿大等国为代表的政府主导型模式、以日本等国为代表的政府支持型相互保险模式、以西欧国家为代表的民办公助模式以及以亚洲部分发展中国家为代表的政府重点选择性扶植模式等四种。

2013 年 3 月实施的《农业保险条例》为中国农业保险设计出“政府与市场合作”，即“PPP（Public-Private Partnerships）”制度模式。该条例的第三条规定，“国家支持发展多种形式的农业保险，健全政策性农业保险制度。”“农业保险实行政府引导、市场运作、自主自愿和协同推进的原则。”

这个条款规定，中国发展的农业保险既包括商业性保险也包括政策性农业保险，而且这种保险是由政府政策支持的，并得到各有关部门的共同协助。后面的条款还规定，农业保险主要由保监会来监管。这从制度和体制上确立了我们的农业保险制度模式。

2. 农业保险种类

我国农业保险的种类、品种在不断变化中，表 8-1 是我国现行的农业保险品种，以及政府相关补贴情况。

表 8-1　我国农业保险品种与政府相关补贴情况

保险种类	保险品种	补贴地区	中央财政补贴占保费收入的比例（%）	省级财政补贴占保费收入的比例（%）
种植业保险	玉米、水稻、小麦、棉花、油料作物、	中部地区和西部省区	40	至少 25
		东部地区	35	至少 25
		新疆生产建设兵团、黑龙江农垦总局、中国储备粮管理总公司北方公司、中国农业发展集团公司	65	至少 25
	马铃薯	四川、内蒙古、河北、陕西、宁夏	40	
	天然橡胶	海南、广东农垦	65	
	青稞	四川、青海、云南、甘肃、西藏		
养殖业保险	能繁母猪、育肥猪	中部地区和西部省区	50	至少 30
		东部地区	40	至少 30
		中央单位	80	0
	奶牛	中部地区和西部省区	30	至少 30
		东部地区	40	至少 30
		新疆建设兵团和中央直属垦区	80	0
	牦牛和藏系羊	四川、青海、云南、甘肃、西藏	40	至少 25

续　表

保险种类	保险品种	补贴地区	中央财政补贴占保费收入的比例（%）	省级财政补贴占保费收入的比例（%）
森林保险	森林	在江西、湖南、福建、山西、内蒙古、吉林、甘肃、青海、大连、宁波、青岛、广东、四川、广西	30（商品林）	至少 25（商品林）
			50（公益林）	至少 40（公益林）
		大兴安岭林业集团	90（公益林）	
		大兴安岭林业集团	55（商品林）	

资料来源：根据历年一号文件和中央财政农业保险保费补贴工作有关事项的通知整理而得。

2015 年，国家将进一步加大农业保险支持力度，提高中央、省级财政对主要粮食作物保险的保费补贴比例，逐步减少或取消产粮大县县级保费补贴，不断提高稻谷、小麦、玉米三大粮食品种保险的覆盖面和风险保障水平；鼓励保险机构开展特色优势农产品保险，有条件的地方提供保费补贴，中央财政通过以奖代补等方式予以支持；扩大畜产品及森林保险范围和覆盖区域；鼓励开展多种形式的互助合作保险。中央财政农业保险保费补贴政策覆盖全国，地方可自主开展相关险种。

中国农业保险市场正进入加速扩张阶段。2014 年，我国已经成为全球第二、亚洲第一的农业保险市场。

中央财政保费补贴范围已由最初试点的 6 省（区）扩大到全国，补贴品种由最初的 5 个种植业品种扩大至种植、养殖、林业 3 大类 15 个品种，基本覆盖了主要的大宗农产品，各级财政合计保费补贴比例平均达到 75%~80%，较试点初期大幅提高。

3. 农业保险参保对象

农业保险主要保险责任为人力无法抗拒的自然灾害，如暴雨、洪水、内涝、风灾、雹灾、冻灾、重大疫病等。凡在从事农业生产的种植场(户)或养殖场(户)均可参加农业保险。

4. 农业保险的投保和理赔程序

农业保险的投保和索赔程序简单、便捷。

投保农业保险的农场（户）可自行向保险机构或通过镇村农业服务中心或服务站统一向保险机构提出投保申请，经保险机构实地验标确认后，填写投保单，并交付保险费，由保险机构出具保险单，即完成投保。由镇村统一组织投保的，在出具保险单的同时，由保险机构制作投保清单，并通过农民一点通平台进行承保情况公示。

当投保标的遭受灾害损失后，被保险人应及时将遭受灾害的受损情况向保险机构报案，保险机构接到报案后会指派理赔人员（必要时，可会同农业技术部门的相关人员）进行现场查勘，定责定损，一旦确定具体的损失情况，被保险人填制相关的索赔单证，送交保险机构，保险机构在收到索赔单证后的 10 个工作日内，将赔款划付至被保险人账上。由镇村统一组织投保的，由保险机构通过农民一点通平台进行定损、理赔情况公示，公示期分别为 2 天和 7 天。

5. 农业保险承保机构

经营农业保险的机构，从最初的中国人民财产保险公司独家经营，目前已发展和形成了以专业性和综合性农业保险公司为主的多种经营机构，组成了基本覆盖全国各省区的经营网络。

2004 年 9 月 9 日，我国第一家专业性农业保险公司——上海安信农业保险公司成立；同年 10 月国际农业保险经营较为成功的法国安盟保险公司成都分公司获准开业，成为第一家进入中国农业保险领域的外资保险公司；同年 12 月 30 日，吉林安华农业保险股份有限公司正式挂牌成立，这是东北地区的第一家专业性股份制农业保险公司。

2005 年 1 月我国第一家相互制保险公司——黑龙江阳光农业相互保险公司正式开业，在黑龙江农垦系统实践了十多年的风险互助合作转变成公司化运作。随后，江苏、湖北、北京等地区纷纷建立农业保险组织。部分省区还成立了渔业互保协会、谷物、果树协会等风险互助协会。宜安、江太、长城等保险经纪公司为农业保险经营机构、农民合作社和农户提供业务咨询和风险管理等服务。

2009 年保险经营机构的农业保险业务扩展到包括中西部地区的全国各省市，推动了农业保险的迅速发展。

四、我国农业保险发展历程

从新中国成立到 2003 年，我国农业保险走过了试办、整顿与探索、停办、恢复、滑坡的曲折道路，农业保险一直处于需求和供给双不足的状态。随着 2004 年新一轮政策性农业保险试点在全国展开，农业保险迅速推进，各地积极探索和建立适合本地的农业保险制度，在我国上海、吉林、黑龙江、浙江、新疆、四川以及江苏和北京等省、市、区，形成了多种各具特色的政策性农业保险发展模式。

2003 年 10 月，十六届三中全会提出探索建立“政策性农业保险制度”，尤其是 2007 年中央财政实施对试点地区进行保费补贴的政策以后，各地积极开展农业保险试点，推动了全国农业政策性农业保险工作的蓬勃发展。

2004 年以后我国开展农业保险试点的地区逐渐扩大。2004 年，我国黑龙江、吉林、上海、新疆、内蒙古、湖南、安徽、四川、浙江 9 个省、自治区、直辖市的农业保险试点工作全面启动，掀起了新一轮农业保险试验。随后各地纷纷开展农业保险试验，

2007 年河北、河南等中部省份和陕西、甘肃、青海等西部省市开始建立农业保险制度。到 2010 年农业保险基本覆盖了全国各省区。

2008 年扩大了中央财政补贴的试点区域，增加了农业保险的补贴品种，提高了中央财政的补贴比例。2010 年政府进一步扩大了农业保险补贴的品种和补贴地区。

中央财政自 2007 年开始实施农业保险费补贴政策。此后，全国农业保险得到飞速发

展，2007—2012 年的 6 年里，平均增长速度达到 95%。我国农业保险保费规模从 2008 年起一直稳居全球第二。2007—2012 年，中央财政累计拨付农业保险保费补贴资金 361 亿元，全国农业保险累计保费收入近 850 亿元，为 7.65 亿户次农户提供风险保障 2.68 万亿元，有数千万户次的受灾农户获得农业保险的损失补偿。2013 年的保险费收入达到 306.6 亿元，比 2012 年增长 27.4%，承保的农作物面积也超过 10 亿亩，约为播种面积的 42%。向 3177 万受灾农户支付赔款 208.6 亿元，同比增长 41%。有的省，例如黑龙江，赔付率超过 100%，支付赔款 27 亿元。索赔数额最多的农户获得赔款 352 万元。（庹国柱，2014）

从 2013 年 3 月起，《农业保险条例》开始实施，我国农业保险进入了规范发展的新阶段。实践证明，在我国现代农业加快发展的条件下，政策性农业保险制度是我国管理农业风险的有效手段。加快政策性农业保险制度建设，促进农业保险更加广泛的发展是众望所归。中共中央十八届三中全会的决定中，提出要“完善农业保险制度”。2014 年中共中央国务院一号文件，再次对完善农业保险制度和加快农业保险发展提出了一系列的重要指导意见。2014 年 8 月国务院发布《国务院关于加快发展现代保险服务业的若干意见》，同样明确提出了中央支持保大宗、保成本，地方支持保特色、保产量，有条件的保价格、保收入的原则，鼓励农民和各类新型农业经营主体自愿参保，扩大农业保险覆盖面，提高农业保险保障程度。 2015 年，中央一号文件明确提出要帮助农民降成本、控风险。发挥保险机制的作用继续成为我国发展农业的重要部署和中央战略。

2015 年一号文件对保险提出的要求包括：

完善支持农业对外合作的投资、财税、金融、保险、贸易、通关、检验检疫等政策，落实到境外从事农业生产所需农用设备和农业投入品出境的扶持政策。

完善农产品价格形成机制。积极开展农产品价格保险试点。

强化农业社会化服务。加大中央、省级财政对主要粮食作物保险的保费补贴力度。

将主要粮食作物制种保险纳入中央财政保费补贴目录。

中央财政补贴险种的保险金额应覆盖直接物化成本。

加快研究出台对地方特色优势农产品保险的中央财政以奖代补政策。

扩大森林保险范围。

动动脑

1. 国家为什么要实施农业保险？

2. 农业保险的作用是什么？

第四节　新惠农增收政策

案例导入

泸西县向阳乡:“大喇叭”宣传支农惠农政策

“向阳乡财政所与各村小组联合开通了村里的‘大喇叭’，通过它宣传支农惠农政策，效果非常明显”，泸西县向阳乡财政所职工黄慧高兴地说。

今年以来，泸西县向阳乡按照“抓惠农政策落实，就是抓农民增收、抓农村发展、抓农村和谐稳定”的思想，把提高群众对惠农政策的知晓率作为落实惠农政策的前提，采取媒体宣传、标语宣传、公示宣传、入户宣传、加强村干部培训等多种有效形式宣传，努力提高农村群众惠农政策的知晓率和透明度，使惠农政策深入人心、家喻户晓。

……

（**资料来源**：人民网，2015 年 9 月 29 日）

案例思考

我国出台惠民政策的目的是什么？有哪些具体政策？

惠农政策指政府为了支持农业的发展、提高农民的经济收入和生活水平、推动农村的可持续发展而对农业、农民和农村给予的政策倾斜和优惠。

2015 年中央发布了 50 项惠农增收政策。

1. 种粮直补政策

中央财政将继续实行种粮农民直接补贴，补贴资金原则上要求发放给从事粮食生产的农民，具体由各省级人民政府根据实际情况确定。2014 年 1 月份，中央财政已向各省 (区、市) 预拨 2015 年种粮直补资金 151 亿元。

2. 农资综合补贴政策

2015 年 1 月份，中央财政已向各省 (区、市) 预拨农资综合补贴资金 1071 亿元。

3. 良种补贴政策

小麦、玉米、大豆、油菜、青稞每亩补贴 10 元。其中，新疆地区的小麦良种补贴 15 元；水稻、棉花每亩补贴 15 元；马铃薯一、二级种薯每亩补贴 100 元；花生良种繁育每亩补贴 50 元、大田生产每亩补贴 10 元。

4. 农机购置补贴政策

中央财政农机购置补贴资金实行定额补贴，即同一种类、同一档次农业机械在省域内实行统一的补贴标准。

5. 农机报废更新补贴试点政策

农机报废更新补贴标准按报废拖拉机、联合收割机的机型和类别确定，拖拉机根据马力段的不同补贴额从 500 元到 1.1 万元不等，联合收割机根据喂入量(或收割行数)的不同分为 3000 元到 1.8 万元不等。

6. 新增补贴向粮食等重要农产品、新型农业经营主体、主产区倾斜政策

国家将加大对专业大户、家庭农场和农民合作社等新型农业经营主体的支持力度，实行新增补贴向专业大户、家庭农场和农民合作社倾斜政策。

7. 提高小麦、水稻最低收购价政策

2014 年生产的小麦(三等)最低收购价提高到每 50 公斤 118 元，比 2013 年提高 6 元，提价幅度为 5.4%；2014 年生产的早籼稻(三等，下同)、中晚籼稻和粳稻最低收购价格分别提高到每 50 公斤 135 元、138 元和 155 元，比 2013 年分别提高 3 元、3 元和 5 元，提价幅度分别为 2.3%、2.2% 和 3.3%。2015 年，继续执行玉米、油菜籽、食糖临时收储政策。

8. 产粮(油)大县奖励政策

常规产粮大县奖励标准为 500 万～8000 万元，奖励资金作为一般性转移支付，由县级人民政府统筹使用，超级产粮大县奖励资金用于扶持粮食生产和产业发展。在奖励产粮大县的同时，中央财政对 13 个粮食主产区的前 5 位超级产粮大省给予重点奖励，其余给予适当奖励，奖励资金由省级财政用于支持本省粮食生产和产业发展。

油菜籽增加奖励系数 20%，大豆已纳入产粮大县奖励的继续予以奖励；入围县享受奖励资金不得低于 100 万元，奖励资金全部用于扶持油料生产和产业发展。

9. 生猪大县奖励政策

依据生猪调出量、出栏量和存栏量权重分别为 50%、25%、25% 进行测算。中央财政继续实施生猪调出大县奖励。

10. 农产品目标价格政策

2015 年，启动东北和内蒙古大豆、新疆棉花目标价格补贴试点，探索粮食、生猪等农产品目标价格保险试点，开展粮食生产规模经营主体营销贷款试点。

11. 农业防灾减灾稳产增产关键技术补助政策

中央财政安排农业防灾减灾稳产增产关键技术补助 60.5 亿元，在主产省实现了小麦“一喷三防”全覆盖。

12. 深入推进粮棉油糖高产创建支持政策

2013 年，中央财政安排专项资金 20 亿元，在全国建设 12 500 个万亩示范片，并选择 5 个市(地)、81 个县(市)、600 个乡(镇)开展整建制推进高产创建试点。2015 年，国家将继续安排 20 亿元专项资金支持粮棉油糖高产创建和整建制推进试点，并在此基础上开展粮食增产模式攻关，集成推广区域性、标准化高产高效技术模式，辐射带动区域均衡增产。

13. 园艺作物标准园创建支持政策

2015 年，继续推进园艺作物标准园创建工作，并已按照 2013 年资金规模的 70% 拨付地方。

14. 测土配方施肥补助政策

2015 年，中央财政安排测土配方施肥专项资金 7 亿元。2015 年，农作物测土配方施肥技术推广面积达到 14 亿亩；粮食作物配方施肥面积达到 7 亿亩以上；免费为 1.9 亿农户提供测土配方施肥指导服务，力争实现示范区亩均节本增效 30 元以上。

15. 土壤有机质提升补助政策

2015 年，中央财政安排专项资金 8 亿元，继续在适宜地区推广秸秆还田腐熟技术、绿肥种植技术和大豆接种根瘤菌技术，同时，重点在南方水稻产区开展酸化土壤改良培肥综合技术推广，在北方粮食产区开展增施有机肥、盐碱地严重地区开展土壤改良培肥综合技术推广。

16. 做大做强育繁推一体化种子企业支持政策

农业部会同有关部委继续加大政策扶持力度，推进育繁推一体化企业做大做强。一是强化项目支持。二是推动科技资源向企业流动。三是优化种业发展环境。

17. 农产品追溯体系建设支持政策

经国家发改委批准，农产品质量安全追溯体系建设正式纳入《全国农产品质量安全检验检测体系建设规划(2011—2015 年)》，总投资 4985 万元，专项用于国家农产品质量安全追溯管理信息平台建设和全国农产品质量安全追溯管理信息系统的统一开发。

18. 农业标准化生产支持政策

中央财政继续安排 2340 万财政资金补助农业标准化实施示范工作，在全国范围内，依托“三园两场”“三品一标”集中度高的县(区)创建农业标准化示范县 44 个。

19. 畜牧良种补贴政策

生猪良种补贴标准为每头能繁母猪 40 元；奶牛良种补贴标准为荷斯坦牛、娟姗牛、奶水牛每头能繁母牛 30 元，其他品种每头能繁母牛 20 元；肉牛良种补贴标准为每头能繁母牛 10 元；羊良种补贴标准为每只种公羊 800 元；牦牛种公牛补贴标准为每头种公牛 2000 元。2014 年国家将继续实施畜牧良种补贴政策。

20. 畜牧标准化规模养殖扶持政策

从 2007 年开始，中央财政每年安排 25 亿元在全国范围内支持生猪标准化规模养殖场(小区)建设；支持资金主要用于养殖场(小区)水电路改造、粪污处理、防疫、挤奶、质量检测等配套设施建设等。2015 年国家继续支持畜禽标准化规模养殖。

21. 动物防疫补贴政策

2015 年，中央财政将继续实施动物防疫补助政策。

22. 草原生态保护补助奖励政策

中央财政按照每亩每年 6 元的测算标准对牧民给予补助，初步确定 5 年为一个补助

周期；中央财政对未超载的牧民按照每亩每年 1.5 元的测算标准给予草畜平衡奖励；给予牧民生产性补贴，包括畜牧良种补贴、牧草良种补贴（每年每亩 10 元）和每户牧民每年 500 元的生产资料综合补贴。2015 年，国家继续在 13 省（区）实施草原生态保护补助奖励政策。

23. 振兴奶业支持苜蓿发展政策

中央财政每年安排 3 亿元支持高产优质苜蓿示范片区建设，片区建设以 3000 亩为一个单元，一次性补贴 180 万元（每亩 600 元），重点用于推行苜蓿良种化、应用标准化生产技术、改善生产条件和加强苜蓿质量管理等方面，2015 年继续实施“振兴奶业苜蓿发展行动”。

24. 渔业柴油补贴政策

根据《渔业成品油价格补助专项资金管理暂行办法》规定，渔业油价补助对象包括：符合条件且依法从事国内海洋捕捞、远洋渔业、内陆捕捞及水产养殖并使用机动渔船的渔民和渔业企业。2015 年继续实施这项补贴政策。

25. 渔业资源保护补助政策

2013 年落实渔业资源保护与转产转业转移支付项目资金 4 亿元，其中用于水生生物增殖放流 30 600 万元，海洋牧场示范区建设 9400 万元。2015 年该项目继续实施。

26. 以船为家渔民上岸安居工程

2013 年开始，中央对以船为家渔民上岸安居给予补助，无房户、D 级危房户和临时房户户均补助 2 万元，C 级危房户和既有房屋不属于危房但住房面积狭小户户均补助 7500 元。2015 年国家继续实施这一政策。`

27. 海洋渔船更新改造补助政策

中央投资按每艘船总投资的 30% 上限补助，且原则上不超过渔船投资补助上限。2015 年该项目将继续实施。

28. 国家现代农业示范区建设支持政策

对农业改革与建设试点示范区给予 1000 万元左右的奖励。力争国家开发银行、中国农业发展银行 2015 年对示范区建设的贷款余额不低于 300 亿元。

29. 农村改革试验区建设支持政策

2015 年的农村改革试验区工作，以启动第二批农村改革试验区和试验项目、组织召开农村改革试验区工作交流会、完成改革试验项目中期评估三大工作为重点。

30. 农产品产地初加工支持政策

2015 年，继续组织实施农产品产地初加工补助项目，按照不超过单个设施平均建设造价 30% 的标准实行全国统一定额补助。

31. 鲜活农产品运输绿色通道政策

对目录范围内的鲜活农产品与目录范围外的其他农产品混装，且混装的其他农产品不超过车辆核定载质量或车厢容积 20% 的车辆，比照整车装载鲜活农产品车辆执行，对超限超载幅度不超过5%的鲜活农产品运输车辆，比照合法装载车辆执行。

32. 生鲜农产品流通环节税费减免政策

继续对鲜活农产品实施从生产到消费的全环节低税收政策，将免征蔬菜流通环节增值税政策扩大到部分鲜活肉蛋产品。2015年国家继续实行生鲜农产品流通环节税费减免政策。

33. 农村沼气建设政策

2015年，因地制宜发展户用沼气和规模化沼气。

34. 开展农业资源休养生息试点政策

规划中的农业环境治理措施主要包括：

一是开展耕地重金属污染治理。

二是开展农业面源污染治理。

三是开展地表水过度开发和地下水超采治理。

四是开展新一轮退耕还林还草。在25度以上陡坡耕地、严重沙化耕地和15~25度重要水源地实行退耕。

五是开展农牧交错带已垦草原治理。

六是开展东北黑土地保护。

七是开展湿地恢复与保护。

35. 开展村庄人居环境整治政策

推进新一轮农村环境连片整治，重点治理农村垃圾和污水。规模化畜禽养殖区和居民生活区的科学分离，引导养殖业规模化发展，支持规模化养殖场畜禽粪污综合治理与利用。引导农民开展秸秆还田和秸秆养畜，支持秸秆能源化利用设施建设。

36. 培育新型职业农民政策

2015年，农业部将进一步扩大新型职业农民培育试点工作，使试点县规模达到300个，新增200个试点县，每个县选择2~3个主导产业，重点面向专业大户、家庭农场、农民合作社、农业企业等新型经营主体中的带头人、骨干农民。

37. 基层农技推广体系改革与示范县建设政策

2015年，中央财政安排基层农技推广体系改革与建设补助项目26亿元，基本覆盖全国农业县。

38. 阳光工程政策

2015年，国家将继续组织实施农村劳动力培训阳光工程，以提升综合素质和生产经营技能为主要目标，对务农农民免费开展专项技术培训、职业技能培训和系统培训。

39. 培养农村实用人才政策

2015年依托培训基地举办117期示范培训班，通过专家讲课、参观考察、经验交流等方式，培训8700名农村基层组织负责人、农民专业合作社负责人和3000名大学生村干部。选拔50名左右优秀农村实用人才，每人给予5万元的资金资助。

40. 加快推进农业转移人口市民化政策

十八届三中全会明确提出要推进农业转移人口市民化，逐步把符合条件的农业转移人口转为城镇居民。政策措施主要包括三个方面：一是加快户籍制度改革。二是扩大城镇基本公共服务覆盖范围。三是保障农业转移人口在农村的合法权益。

41. 发展新型农村合作金融组织政策

2015 年，国家在管理民主、运行规范、带动力强的农民合作社和供销合作社基础上，培育发展农村合作金融，选择部分地区进行农民合作社开展信用合作试点，丰富农村地区金融机构类型。国家将推进社区性农村资金互助组织发展，这些组织必须坚持社员制、封闭性原则，坚持不对外吸储放贷、不支付固定回报。国家还将进一步完善对新型农村合作金融组织的管理体制，明确地方政府的监管职责，鼓励地方建立风险补偿基金，有效防范金融风险。

42. 农业保险支持政策

对于种植业保险，中央财政对中西部地区补贴 40%，对东部地区补贴 35%，对新疆生产建设兵团、中央单位补贴 65%，省级财政至少补贴 25%。对能繁母猪、奶牛、育肥猪保险，中央财政对中西部地区补贴 50%，对东部地区补贴 40%，对中央单位补贴 80%，地方财政至少补贴 30%。对于公益林保险，中央财政补贴 50%，对大兴安岭林业集团公司补贴 90%，地方财政至少补贴 40%；对于商品林保险，中央财政补贴 30%，对大兴安岭林业集团公司补贴 55%，地方财政至少补贴 25%。中央财政农业保险保费补贴政策覆盖全国，地方可自主开展相关险种。

43. 村级公益事业一事一议财政奖补政策

村级公益事业一事一议财政奖补，是对村民一事一议筹资筹劳建设项目进行奖励或者补助的政策。

44. 扶持家庭农场发展政策

推动落实涉农建设项目、财政补贴、税收优惠、信贷支持、抵押担保、农业保险、设施用地等相关政策，帮助解决家庭农场发展中遇到的困难和问题。

45. 扶持农民合作社发展政策

2015 年，除继续实行已有的扶持政策外，农业部按照中央的统一部署和要求，配合有关部门选择产业基础牢、经营规模大、带动能力强、信用记录好的合作社，按照限于成员内部、用于产业发展、吸股不吸储、分红不分息、风险可掌控的原则，稳妥开展信用合作试点。

46. 发展多种形式适度规模经营政策

对有条件的地方，可对流转土地给予奖补。

47. 健全农业社会化服务体系政策

明确政府购买社会化服务的具体内容、衡量标准和运作方式，提出支持具有资质的经营性服务组织从事农业公益性服务的具体政策措施。

48. 完善农村土地承包制度政策

2015 年，选择 3 个省作为整省推进试点，其他省（区、市）至少选择 1 个整县推进试点。

49. 推进农村产权制度改革政策

根据一号文件的要求，国家有关部门将深入研究新型集体经济组织主体地位、产权交易、股权的有偿退出和抵押、担保、继承等重大问题。

50. 农村、农垦危房改造政策

2015 年计划完成农村危房改造任务 260 万户左右。拟按照东、中、西部垦区每户补助 6500 元、7500 元、9000 元的标准，改造农垦危房 24 万户；同时按照中央投资每户 1200 元的补助标准，支持建设农垦危房改造供暖、供水等配套基础设施建设。

动动脑

1. 国家为什么要实行惠农增收政策?
2. 新时期的惠农增收政策有哪些特点?

链接案例

打造财政金融支农新样本

——中国农业产业发展基金的市场化支农探索

2015 年，中国农业产业发展基金又完成了一个大手笔。

以 5 亿元人民币投资中国民营远洋渔业龙头企业——福建省平潭县远洋渔业集团有限公司，积极引领中国农业“走出去”的新趋势。

中国农业产业发展基金董事长吴文军介绍，基金成立于 2012 年，截至 2013 年底，共投资 9 个项目，总投资额近 16 亿元。2013 年基金所投企业的营业收入较上年总体增长 18.55%，净利润较上年总体增长 54.45%。据此估算，基金 2013 年年度投资账面年化收益率约为 9.43%，增值率约为 34.17%，设立首年即实现盈利。在经济不景气的大背景下，2014 年基金砥砺而行，仍然严格控制风险，从近 400 个项目中选择 4 个项目投资，投资总额 10 亿元。经审计后的财报显示：基金 2014 年再次实现盈利 5000 多万元。

中国农业产业发展基金不仅创造了农业投资领域的良好业绩，更值得称道的是，作为财政部主导下的“中”字头基金，中国农业产业发展基金秉承服务“三农”的宗旨，实现了政策导向与市场经营的有机结合，创新了金融支农的新机制。

创新农村金融体制

中国农业产业发展基金正式成立于 2012 年 12 月 18 日。基金经国务院批准，由财政部联合中国农业发展银行、中国信达资产管理股份有限公司、中国中信集团有限公司 3

家国有金融机构共同发起设立，其中中央财政出资10亿元，体现了政府的引导作用。

中国农业发展基金的成立与中央一号文件有着极深的渊源。

2010年中央一号文件提出，要提高农村金融服务质量和水平，建立农业产业发展基金。为创新财政支持金融支农方式，积极发挥财政资金的引导作用，财政部根据中央一号文件的要求，研究提出了“设立中国农业产业发展基金的方案”。之后经国务院批准，财政部牵头完成了基金管理人及托管人选聘、基金发起文件起草和修订等各项工作。2012年12月，基金各发起人首期出资到位，4家发起人各出资10亿元，基金首期规模为40亿元。

“基金设立的基本目标是实现政策导向与市场经营有机结合，通过市场化经营，重点投资于成长型农业产业化企业和农村发展项目，带动和引导社会资金投向‘三农’。”吴文军表示，基金强调以服务“三农”为前提，坚持市场化运作和政企分开的原则，切实规范管理，把握好投资方向，确保充分发挥基金的积极作用。

为体现国家对农业领域的政策扶持，基金坚持“安全、稳健”的投资理念，以价值型投资为主，追求长期增值，主要采取多轮次的组合投资方法，以股权投资的形式投资于农业产业化龙头企业、农业流通等重点农村服务业企业、农业和农村配套服务与建设项目以及农业保险公司、涉农担保公司等，采取二级市场退出的方式实现短期收益。此外，还可以进行少量非股权投资。

带动农业发展创新

基金以服务“三农”为前提，综合运用多种金融工具，引导社会资金进入农村，培育农业产业化龙头企业，并以龙头企业为支点，带动一个产业、一个行业的发展，推动一个区域、一个领域农业经济的繁荣，充分发挥基金的辐射效应。

近日，中国农业产业发展基金联合陕西省政府所属陕西金融控股集团与陕西海升果业发展股份有限公司在西安签署战略合作协议，共同出资组建陕西苹果产业发展集团。

作为集团发起人之一，陕西海升果业股份有限公司是目前全球最大的浓缩苹果汁制造企业，近年来发展领域已向苗木培育、苹果种植等延伸，在千阳县等地建立了十余个种植基地，已成为矮砧密植现代化苹果种植的领先者。根据合作协议，三方通过投资组建产业集团，利用现代企业管理制度，推广应用矮砧苹果等优良品种和生产技术，推动陕西省苹果产业转型升级，示范带动陕西全省果业发展。

对福田雷沃重工的投资亦是如此。

作为农机行业的领军企业，福田雷沃重工董事长王桂民说，雷沃重工每年投入大量资金用于新产品的开发，逐渐形成了真正意义上具有全球竞争力的技术能力。

吴文军表示，基金投资雷沃重工就是看中了它的创新能力。基金对公司的投资重点支持其进行基础研发，同时带动了工商银行等社会资本支持其融资租赁业务。

吴文军认为，传统的财政资金对农业的投入多是“撒胡椒面”式的。中国农业产业发展基金既不是完全着眼于利润最大化的纯商业投资，也不是无偿的财政投入，完全市场化的运作不仅保证了财政资金的使用效率，更可以得到资本市场的充分认可。

助推农业走出去

在“海洋强国”和“一带一路”的战略方针下，中国农业基金投资全国第一大民营远洋渔业公司，具体用于其渔船的升级改造以及发展下游加工业，扩大其船队规模、延长其产业链条，帮助企业走上可持续发展的道路。该笔投资以远洋渔业为切入点，探索并引领中国农业“走出去”可持续发展新路。

从投资的角度看，远洋渔业也面临着诸多潜在风险。最主要的风险即来自入渔国的政权、政策的变化。其次，由于其主要生产资料（渔船）在外，国内核查存在地理局限，存在潜在的财务风险。中国农业基金本着审慎的决策原则，聘请了专业中介机构，对公司业务、财务、法律做了详尽的尽职调查。从技术层面上看，远洋渔船虽在外，但农业部对其均有登记、渔获在外靠岸经手入渔国海关、运回国内经手国内港口海关，是一个完全公开、透明、信息数据可查证的运行流程，可以说是国内农业领域唯一一个依靠国家力量形成可追溯体系的行业。从财务表现上看，入渔国风险作为行业的主要风险，不可回避。

“我们不能被风险吓倒，因为我们能看到中国与东盟尤其是中国与印尼的合作的大趋势。祖国的强大是中国民营企业走出去的坚强后盾，他们会受到祖国的保护。我们也要给这些勇敢走出去的民营企业以资金及智力支持，助其扬帆海上丝绸之路”。吴文军表示。

据悉，今年基金在项目选择上会有一些新的亮点，包括协助国内农业企业参与海外并购、引入海外先进种植模式、组成投资联合体引导更多社会资金进入农业领域以及在土地集约化方面的投资创新等；在投资合作方面，争取联合产业投资人或知名股权投资基金共同投资；对于发展势头较好的已投项目，可以通过多轮次投资帮助其做大做强做优。

（**资料来源：**人民日报海外版，2015 年 3 月 4 日）

复习思考题

1. 农业财政政策的目标和基本政策手段是什么？
2. 农业金融政策的目标和基本政策手段是什么？
3. 我国农业保险政策的目标是什么？目前农业保险基本运行情况是什么？
4. 我国目前有哪些惠农支农政策？这些政策运行效果如何？

农村社会保障政策是以法律为依据，以国家、集体、农民投入为主体，对暂时或永久丧失劳动能力或因意外事故而在生活上发生困难的农民给予物质帮助的制度。它是一个国家农村社会政策的非常重要的组成部分。

一般而言，农村社会保障由农村社会保险、农村社会救济、农村社会福利、农村优抚安置等几个方面组成。

农村社会保险是农村社会保障的核心内容，现阶段我国的农村社会保险主要包括新

型农村合作医疗和农村社会养老保险。

农村社会救济是指国家和社会通过物质的形式，向农村中因自然灾害、意外事故等原因而无力维持基本生活的个人和家庭提供帮助的一种农村社会保障方式。

农村社会福利是指国家依法为农村居民普遍提供旨在保证一定生活水平和尽可能提高生活质量的资金和服务的社会保障方式，具体包括对那些生活在农村的、能力较弱的儿童、老人、母子家庭、残疾人、慢性精神病人等提供社会照顾和社会服务，使其在生活、教育、医疗、交通、文娱、体育、欣赏等方面的待遇逐步提高。

农村优抚安置主要是对于农村退出现役军人及其家属、烈士家属、伤残军人的优待、抚恤和安置，国家给予这一特殊群体物质和精神上的扶持和补助。

《中华人民共和国宪法》第四十五条规定，中华人民共和国公民在年老、疾病或丧失劳动能力的情况下，有从国家和社会获得物质帮助的权利。因此，我国每个公民都有权利在特定的条件下得到国家和社会的物质帮助；政府应采取多种措施，使公民依法享受社会保障。

我国现行的有关农村社会保障的政策法规主要是，国务院的通知、国务院制定的条例、中央部委及各省、自治区、直辖市等制定的地方法规、规章等。经过长期的探索和实践，具有中国特色的农村社会保障体系框架已初步形成。农村社会保障政策的总体目标是建立适应我国经济发展状况和农民保障需要的、城乡统一的基本生活保障制度，使广大农民老有所养、病有所医，基本生活得到保障。

《中华人民共和国社会保障法》于 2010 年 10 月 28 日由中华人民共和国第十一届全国人民代表大会常务委员会第十七次会议通过，2011 年 7 月 1 日起开始施行。这部法律的实施对于建立覆盖城乡居民的社会保障体系，更好地维护公民参加社会保险和享受社会保险待遇的合法权益，使公民共享发展成果，促进社会主义和谐社会建设，具有十分重要的意义。

第九章

农村社会保障政策与法规

学习目标

1. 了解农村社会保障的基本概念和类型；
2. 掌握农村社会保障政策的目标和手段；
3. 理解我国现行农村社会保障政策措施和相关法律、法规。

本章提示

本章对农村社会保障政策和法规的相关理论和实践问题进行阐述。本章分别讲解了农村最低保障政策、新型农村社会养老保险政策、新型农村合作医疗政策和自然灾害生活救助政策的政策目标、政策手段以及目前我国实施的基本情况。通过本章的学习，要求掌握农业社会保障政策的目标和手段，以及我国相关法规和具体政策措施。

第一节　农村最低生活保障政策与法规

案例导入

北京城市低保标准上调 60 元　农村低保上调 110 元

据北京市民政局消息，2015 年北京社会救助相关标准调整，城市低保标准从家庭月人均 650 元调整为 710 元，上调 110 元。

据悉，农村低保最低标准从家庭月人均 560 元调整为 670 元，上调 110 元，调整幅度为 19.64%。各区县政府在此基础上制定本区县农村低保标准调整方案。城乡低收入家庭认定标准从家庭月人均 850 元调整为 930 元，上调 80 元，调整幅度为 9.41%。调整后的社会救助相关标准于 2015 年 1 月起实施。

截至 2014 年 12 月，本市城乡低保共有 8.57 万户、14.31 万人，其中城市低保对象 8.76 万人，农村低保对象 5.55 万人。

北京市民政局称，本次社会救助相关标准调整，主要以统计部门提供的本市居民基本食品费用支出和其他生活必需品费用支出为基础进行测算，并综合考虑了公共交通价格、生活必需品价格等因素。社会救助标准的调整将进一步缩小城乡低保标准差距，加大对低收入家庭的救助力度，有利于更好地保障困难家庭的基本生活。

（**资料来源：**人民论坛网，2015 年 2 月 11 日）

案例思考

我国农村低保政策是什么？如何进行申请？

一、农村最低生活保障制度及特征

目前，贫困问题已经成为一个世界性的难题。贫困是社会发展和进步的最大敌人，其往往与政治问题、民族问题、平等问题、教育问题等交织在一起，成为阻碍一个国家发展和壮大的顽疾。最低生活保障制度，简称“低保”，正是为了解决贫困问题而产生发展起来的。最低生活保障制度是中国特有的称法。世界各国对实质意义上的最低生活保障制度的称法各不相同，如英国称为国民救助、补充救济，美国为公共救助，日本是生活保护制度，以及德国低收入家庭救助和特殊困难家庭救助等等。这些制度在国际上统称为“社会救助制度”（Social Assistance Program）。

在我国，最低生活保障制度作为社会救助体系的一个部分，农村最低生活保障制度是指对家庭人均收入低于最低生活保障标准的农村贫困人口按最低生活保障标准实行差额补助的制度。这是对家庭人均收入低于当地最低生活保障标准的贫困人口，实行差额补助的一种新型社会救助制度。实际操作中，最通常的做法是：根据维持最起码的生活需求的标准设立一条最低生活保障线，每一个公民，当其实际收入水平低于最低生活保障线而生活发生困难时，都有权利得到国家和社会按照明文规定的法定程序和标准提供的现金和实物的差额补助救助。

（1）低保体系的开放性。随着环境变化，最低生活保障制度的目标、对象、范围和标准适时地做出调整。如对突然遭遇重大灾害而陷入生活困境的人，政府应及时将其纳入低保体系提供救助，以保障其生存权利；对经过一段时间的救助，因疾病好转或已得到稳定的经济来源的对象，应及时让其脱离低保。

（2）权利、义务的单向性。最低生活保障制度强调的是国家和社会的责任。享受低保的受救助者只要符合救助条件就有权利申请救助，享受的仅是单纯的权利，不需要承担相应的义务，也不需要缴纳任何费用。

（3）救助目标的低层次性。最低生活保障制度的目标是克服贫困，而非改善或提高福利或生活质量，从而处于现代社会保障体系的最低或最基本的层次。

（4）救助资金运动的单向性。最低生活保障制度的资金主要来源于政府的财政资金，是国民收入在社会成员之间通过政府来进行横向调剂，且救助金无须偿还。

二、农村最低生活保障政策目标

我国于2007年发布了《国务院关于在全国建立农村最低生活保障制度的通知》，其中明确规定了我国农村最低生活保障政策的目标。

建立农村最低生活保障制度的目标是：通过在全国范围建立农村最低生活保障制度，将符合条件的农村贫困人口全部纳入保障范围，稳定、持久、有效地解决全国农村贫困人口的温饱问题。

建立农村最低生活保障制度，实行地方人民政府负责制，按属地进行管理。各地要从当地农村经济社会发展水平和财力状况的实际出发，合理确定保障标准和对象范围。同时，要做到制度完善、程序明确、操作规范、方法简便，保证公开、公平、公正。要实行动态管理，做到保障对象有进有出，补助水平有升有降。要与扶贫开发、促进就业以及其他农村社会保障政策、生活性补助措施相衔接，坚持政府救济与家庭赡养扶养、社会互助、个人自立相结合，鼓励和支持有劳动能力的贫困人口生产自救，脱贫致富。

三、农村最低生活保障制度的内容

1. 农村最低生活保障标准

农村低保标准，是由各县（市、区）民政部门会同财政、物价、统计等部门，根据当地维持农村居民基本生活所必需的衣、食、住的费用，适当考虑用电、取暖、未成年人教育等所需费用确定，经同级政府部门批准后执行。农村低保标准根据当地经济发展水平、财政负担能力、农村居民生活水平、物价指数等因素的变化适时调整。

2015年以来，在四大直辖市和27个省会城市中，多数城市上调了城乡低保标准。其中，上海市的城乡低保标准最高，为每人每月790元；北京次之，为每人每月710元；尚未“并轨”的天津，其城市低保标准也超过了700元，为每人每月705元。

一些尚未“并轨”城市的城乡低保标准之间的差距比较明显。譬如，天津农村低保标准为540元，与城市低保标准相差165元；郑州自7月1日起将全市城市低保标准调整为每人每月520元，农村低保标准调整为每人每月290元，两者差距多达230元。

而在城乡低保的调整频次上，一些地区城乡低保标准调整动作较慢，而有的地区则建立了自然增长机制。今年3月份，银川下发的《关于建立银川市城乡居民最低生活保障标准自然调整机制意见》提出，城乡低保标准按照上年度城乡居民人均生活消费支出30%～35%比例确定，并随着生活必需品的价格变化和人民生活水平的提高适时调整。

各地城乡居民最低生活保障标准

地　区	城市低保标准（元）	农村低保标准	调整日期
北京	710	710	2015年7月1日
上海	790	790	2015年4月1日
南京	700	700	2015年7月1日
重庆	365~385	215~225	2014年10月1日
天津	705	540	2015年4月1日
太原	450~505	288~505	2015年1月1日
杭州	660	660	2014年12月1日
石家庄	500	2700元/年	2013年12月
呼和浩特	515~565	3644元/年	2015年1月1日
武汉	580	320	2015年1月1日
长沙	450	450	2015年7月1日
广州	600	560~600	2014年1月1日
南宁	250	103	2014年1月1日
海口	450	360	2013年7月1日
成都	400~500	400~500	2014年11月1日
贵阳	425~530	200~530	2015年1月1日
昆明	475~530	215~295	2015年4月1日
拉萨	640	2450元/年	2015年
西安	480~510	255~265	2014年10月
兰州	387~515	2453元/年	2015年5月30日前
西宁	373	2345元/年	2015年1月1日
银川	380	2400元/年	2015年
乌鲁木齐	380	195	2015年
沈阳	505~580	295~355	2015年7月1日

续　表

地　区	城市低保标准（元）	农村低保标准	调整日期
长春	350~435	2650~2700 元 / 年	2014 年 10 月 1 日
哈尔滨	510	3000 元 / 年	2014 年 10 月 1 日
合肥	510	510	2015 年 1 月 1 日
福州	最低工资标准的 36%~40%	不低于 2300 元 / 年	—
南昌	450~480	280	2015 年 1 月 1 日
济南	500~550	300	2015 年 4 月 1 日
郑州	520	290	2015 年 7 月 1 日

制表人：李金磊　单位：元 / 月　根据公开资料整理

2. 农村最低生活保障对象

凡共同生活的家庭成员年人均纯收入低于户籍所在地的农村低保标准、持有本地居民常住户口的农村居民均属保障范围。无当地常住户口的人员不享受当地农村低保待遇（不含已迁往学校的大中专在校学生）。

其中，家庭成员是指具有法定赡养、扶持或抚养关系的人员，主要包括：祖父母（外祖父母）、父母（岳父母或公婆）、配偶、子女、孙子女（外孙子女）以及其他具有法定赡养、扶养或抚养义务关系的直系亲属。

农村居民家庭收入是指共同生活的家庭成员全年的货币收入和实物收入的总和。主要包括：从事农副业生产的劳动收入；外出务工、自谋职业等获得的劳务、经营、管理等收入；出租或变卖家庭财产获得的收入；法定赡养人、扶养人或抚养人应当给付的赡养费、扶养费或抚养费；依法继承的遗产或接受的赠与；受灾户领取的救济款物；其他应计入的收入等。

3. 农村最低生活保障申请、审批程序

（1）申请。凡申请享受农村低保待遇的，应按属地管理原则，以家庭为单位，由户主或委托村民小组向户口所在地的村委会提出书面申请，填写《农村居民最低生活保障待遇申请书》，同时提交居民户口本、居民身份证、收入证明以及其他相关证明材料。贫困户所在村的村民委员会每年向乡镇政府出具申请低保待遇贫困户的收入及其他证明。

（2）受理。村民委员会对申请人的家庭收入和实际情况进行调查、核实，提请村民代表会议评议，经评议符合低保条件的申请对象，在村务公开栏公示 7 日以上，对无异议和虽有异议但经村委会复审确认符合条件的，在《农村居民最低生活保障待遇申请书》上签署意见，同时将所有相关证明材料报乡镇政府。对经评议或公示后复审不符合低保条件的，要在其《农村居民最低生活保障待遇申请书》上签署意见后备案，并将所有证明材料退还给申请者本人，同时要做好解释工作。

（3）审核。乡镇农村低保评审小组要通过入户调查核实，邻里走访及家庭收入计算等办法，在 10 个工作日内完成申请人基本情况和相关证明的审核和报批工作，对符合条件的要在《农村居民最低生活保障待遇申请书》上签署意见，并填写《农村居民最低生活保障待遇申请人员家庭情况调查表》，同时将相关证明材料报县（市、区）民政部门审批。经评审不符合低保条件的，要在其《农村居民最低生活保障待遇申请书》上签署意见，登记后将《农村居民最低生活保障待遇申请书》及其所有证明材料退回村委会，做好解释和答复工作。

（4）审批。县（市、区）民政局要在10个工作日内完成对乡镇政府审批的农村低保对象材料的审核，符合低保条件的，核定其享受低保待遇标准，并委托村委会再次公示3日。经公示无异议的，填写《农村居民最低生活保障待遇审批表》，发放《农村居民最低生活保障金领取证》；不符合低保条件的，要在其《农村居民最低生活保障待遇申请书》上签署意见，登记后将《农村居民最低生活保障待遇申请书》及其所有证明材料退回乡镇人民政府。

四、资金筹集与管理

低保资金主要来源于财政预算资金、农村低保资金财政账户所形成的利息收入、社会捐赠资金、按规定可用于农村低保的其他资金。低保资金以县（市、区）财政每年将农村低保资金列入财政预算，具体数目是由民政部门会同财政部门确定，报同级政府和人民代表大会批准后执行；省、市、县（市、区）财政预算资金要定期拨付；市、县（市、区）民政部门要定期向同级财政部门和上级民政部门报送预算执行情况。

农村低保资金发放方案由县（市、区）民政部门会同财政部门制定。县（市、区）财政部门要按年度农村低保资金发放方案将低保资金拨付到乡镇政府，由乡镇政府按季发放到低保对象手中；实行社会化发放的地方可以由县（市、区）财政按低保户名单直接划拨经办金融机构设立的低保对象个人账户；对行动不便的低保对象，可由乡镇政府送达或委托邮局发放。

动动脑

1. 农村低保政策出台的背景是什么？
2. 如果你是农村低保人员，你将如何申请低保？

第二节　新型农村社会养老保险政策与法规

案例导入

“养儿防老”观念淡化　农村老人养老有了新保障

国庆长假，记者回到菏泽老家，适逢镇里正在缴收养老保险，邻里乡亲也对这个话题谈论较多，特地去了解调查一番。

据了解，2013年，菏泽市人民政府确定将新型农村社会养老保险制度与城镇居民社会养老保险制度合并实施，建立城乡居民基本养老保险制度。按照规定，城乡居民养老保险基金由个人缴费、集体补助和其他资助、政府补贴构成。养老金待遇上，由基础养老金和个人账户养老金组成，支付终身。

……

（**资料来源**：舜网，2015年10月7日）

案例思考

什么是新型农村养老政策？具体有哪些规定？

《中华人民共和国社会保障法》第二十条规定：国家建立和完善新型农村社会养老保险制度。新型农村社会养老保险实行个人缴费、集体补助和政府补贴相结合。第二十一条规定：新型农村社会养老保险待遇由基础养老金和个人账户养老金组成。参加新型农村社会养老保险的农村居民，符合国家规定条件的，按月领取新型农村社会养老保险待遇。这两条是指导我国农村养老保险制度建设的基本法律依据。

一、农村社会养老保险制度的含义和原则

农村社会养老保险是指由政府、集体或社区组织实施，凡是符合投保条件的农村居民都可以参加，在年老时按养老保险费缴纳状况享受基本养老保险待遇的一种福利性养老保险，其重要的特点是养老保险费由政府、集体、个人等多方负担。在我国，各级劳动和社会保障部门是农村社会养老保险的主管部门，负责养老保险的收取、建档、汇总、发放等具体管理业务。

在我国，农村社会养老保险的基本原则是：保障水平与农村生产力发展和各方面承受能力相适应；养老保险与家庭赡养、土地保障以及社会救助等形式相结合；权利与义务相对等；效率优先，兼顾公平；自我保障为主，集体（含乡镇企业、事业单位）调剂为辅，国家给予政策扶持；政府组织与农民自愿相结合。最终实现在农村人口老龄化高峰到来之前，在农村普遍建立起与农村经济发展和社会进步相适应的具有中国特色的农村社会养老保险制度。

我国农村社会养老保险的工作方针是：摸清底数，夯实基础，理清思路，稳定队伍，强化监督，规范管理，积极稳妥地将业已开展的农村社会养老保险工作推向前进。

二、我国农村社会养老保险制度的发展

我国农村社会养老保险制度在工作布局和推进方式上，采取“因地制宜，分类指导，突出重点，稳步推进”。①因地制宜，要求各地开展农村社会养老保险工作要从实际出发，不能强求一致，不能齐头并进，不下硬指标，不搞一刀切。②分类指导，即根据不

同情况，制定不同目标。对于富裕地区和富裕群体，政府要加大行政推力，争取做到广覆盖面、高参保率，建立较为规范的农村社会养老保险制度；对于较富裕地区和小康群体，政府组织引导农民参保，积极扩大覆盖面、提高参保率，建立农村社会养老保险制度；对于中等富裕地区和温饱群体，政府组织引导和农民自愿相结合，逐步扩大覆盖面、提高参保率，基本建立农村社会养老保险制度；对于欠富裕地区，在条件较好的乡（镇）和群体开展农村社会养老保险工作，逐步建立农村社会养老保险制度；贫困乡村暂不开展农村社会养老保险工作，贫困农民暂不参保。各地要从实际出发，规定分类指导的量化指标。凡是有条件的地方，都要做到适度发展。③突出重点，要通过抓好重点地区和重点群体，发挥其导向作用、示范作用和推动作用。④稳步推进，即在老龄化高峰到来之际，我国农村将普遍建立与农村经济发展和社会进步相适应的社会养老保险制度。

我国农村社会养老保险制度的主要特点体现为：①基金筹集以个人缴费为主、集体补助为辅、国家政策扶持，明确了个人、集体和国家三者的责任，突出自我保障为主的原则，不给政府背包袱；②实行储备积累，建立个人账户，农民个人缴费和集体补助全部记在个人名下，属于个人所有。个人领取养老金的多少取决于个人缴费的多少和积累时间的长短；③农村务农、经商等各类从业人员实行统一的社会养老保险制度，便于农村劳动力的流动；④采取政府组织引导和农民自愿相结合的工作方法。这是我国农村经济发展很不平衡所决定的过渡时期的工作方法，随着农村经济的发展，在有条件的地区将逐步加大政府推动的力度，以体现社会保险的特性。

1992年，在总结试点经验的基础上，制订下发了《县级农村社会养老保险基本方案》（民办发［1992］2号），并在全国逐步推广。《基本方案》包括农村社会养老保险的指导思想和基本原则；保险对象及缴纳、领取保险费的年龄；保险资金的筹集；交费标准、支付及变动；基金的管理与保值增值；立法、机构、管理和经费；理顺关系，稳妥处理与部分现行养老办法的衔接等内容。但随着经济和社会的发展暴露出许多弊端，越来越不适应形势的需要。

因此，在建设社会主义新农村中，建立新型的社会养老保险制度，实现城乡统筹，减轻人口老龄化高峰带来的养老压力，越来越显得急迫。

2002年11月，党的十六大明确提出："在有条件地方探索建立农村社会养老保险制度。"2006年初，党中央、国务院以科学发展观统领经济社会发展全局，按照统筹城乡社会保障制度建设的要求，在《中共中央、国务院关于推进社会主义新农村建设的若干意见》《国务院关于解决农民工问题的若干意见》和国家"十一五"规划纲要中，都把建立与农村经济发展水平相适应、与其他保障措施相配套的农村社会养老保险制度作为推进社会主义新农村建设的重要内容，摆在了突出位置。2004年出台的《国务院关于深化改革严格土地管理的决定》，2006年出台的《国务院关于加强土地调控有关问题的通知》《国务院办公厅转发劳动保障部关于做好被征地农民就业培训和社会保障工作指导意见的通知》，以及2004年出台的《中共中央国务院转发国家发展和改革委员会关于上半年经济形势和

做好下半年经济工作的建议的通知》等文件对被征地农民的社会保险工作做了重要部署。

根据党的十七大和十七届三中全会精神，国务院决定，从2009年起开展新型农村社会养老保险（以下简称新农保）试点，颁布了《国务院关于开展新型农村社会养老保险试点的指导意见》。

三、新型农村养老社会保险政策的目标和原则

建立个人缴费、集体补助、政府补贴相结合的新农保制度，实行社会统筹与个人账户相结合，与家庭养老、土地保障、社会救助等其他社会保障政策措施相配套，保障农村居民老年基本生活。

新农保试点的基本原则是"保基本、广覆盖、有弹性、可持续"。一是从农村实际出发，低水平起步，筹资标准和待遇标准要与经济发展及各方面承受能力相适应；二是个人（家庭）、集体、政府合理分担责任，权利与义务相对应；三是政府主导和农民自愿相结合，引导农村居民普遍参保；四是中央确定基本原则和主要政策，地方制订具体办法，对参保居民实行属地管理。

2009年试点覆盖面为全国10%的县（市、区、旗），以后逐步扩大试点，在全国普遍实施，2020年之前基本实现对农村适龄居民的全覆盖。

四、新型农村养老社会保险政策的内容

《指导意见》从我国国情和农村实际出发，为建立新型农村社会养老保险制度提供了政策依据，是开展农村社会养老保险工作必须遵循的具有行政规章性质的文件，有较强的操作性。

1. 保险对象

年满16周岁（不含在校学生）、未参加城镇职工基本养老保险的农村居民，可以在户籍地自愿参加新农保。

2. 保险资金的筹集

《指导意见》规定，新农保基金由个人缴费、集体补助、政府补贴构成。

个人缴费。参加新农保的农村居民应当按规定缴纳养老保险费。缴费标准目前设为每年100元、200元、300元、400元、500元5个档次，地方可以根据实际情况增设缴费档次。参保人自主选择档次缴费，多缴多得。国家依据农村居民人均纯收入增长等情况适时调整缴费档次。

集体补助。有条件的村集体应当对参保人缴费给予补助，补助标准由村民委员会召开村民会议民主确定。鼓励其他经济组织、社会公益组织、个人为参保人缴费提供资助。

政府补贴。政府对符合领取条件的参保人全额支付新农保基础养老金，其中中央财政对中西部地区按中央确定的基础养老金标准给予全额补助，对东部地区给予50%的补助。

地方政府应当对参保人缴费给予补贴，补贴标准不低于每人每年30元；对选择较高

档次标准缴费的，可给予适当鼓励，具体标准和办法由省（区、市）人民政府确定。对农村重度残疾人等缴费困难群体，地方政府为其代缴部分或全部最低标准的养老保险费。

国家为每个新农保参保人建立终身记录的养老保险个人账户。个人缴费，集体补助及其他经济组织、社会公益组织、个人对参保人缴费的资助，地方政府对参保人的缴费补贴，全部记入个人账户。个人账户储存额目前每年参考中国人民银行公布的金融机构人民币一年期存款利率计息。

3. 养老金领取

年满 60 周岁、未享受城镇职工基本养老保险待遇的农村有户籍的老年人，可以按月领取养老金。养老金待遇由基础养老金和个人账户养老金组成，支付终身。

新农保制度实施时，已年满 60 周岁、未享受城镇职工基本养老保险待遇的，不用缴费，可以按月领取基础养老金，但其符合参保条件的子女应当参保缴费；距领取年龄不足 15 年的，应按年缴费，也允许补缴，累计缴费不超过 15 年；距领取年龄超过 15 年的，应按年缴费，累计缴费不少于 15 年。

中央确定的基础养老金标准为每人每月 55 元。地方政府可以根据实际情况提高基础养老金标准，对于长期缴费的农村居民，可适当加发基础养老金，提高和加发部分的资金由地方政府支出。国家根据经济发展和物价变动等情况，适时调整全国新农保基础养老金的最低标准。

个人账户养老金的月计发标准为个人账户全部储存额除以 139（与现行城镇职工基本养老保险个人账户养老金计发系数相同）。参保人死亡，个人账户中的资金余额，除政府补贴外，可以依法继承；政府补贴余额用于继续支付其他参保人的养老金。

4. 基金的管理与监督

建立健全新农保基金财务会计制度。新农保基金纳入社会保障基金财政专户，实行收支两条线管理，单独记账、核算，按有关规定实现保值增值。试点阶段，新农保基金暂实行县级管理，随着试点扩大和推开，逐步提高管理层次；有条件的地方也可直接实行省级管理。

各级人力资源社会保障部门要切实履行新农保基金的监管职责，制定完善新农保各项业务管理规章制度，规范业务程序，建立健全内控制度和基金稽核制度，对基金的筹集、上解、划拨、发放进行监控和定期检查，并定期披露新农保基金筹集和支付信息，做到公开透明，加强社会监督。财政、监察、审计部门按各自职责实施监督，严禁挤占挪用，确保基金安全。试点地区新农保经办机构和村民委员会每年在行政村范围内对村内参保人缴费和待遇领取资格进行公示，接受群众监督。

省（区、市）人民政府要根据本指导意见，结合本地区实际情况，制定试点具体办法，并报国务院新农保试点工作领导小组备案；要在充分调研、多方论证、周密测算的基础上，提出切实可行的试点实施方案，按要求选择试点地区，报国务院新农保试点工作领导小组审定。试点县（市、区、旗）的试点实施方案由各省（区、市）人民政府批准后实施，并报国务院新农保试点工作领导小组备案。

五、城乡养老保险制度并轨

《中华人民共和国社会保障法》第二十二条规定：国家建立和完善城镇居民社会养老保险制度。2014 年 2 月 7 日国务院常务会议决定合并新型农村社会养老保险和城镇居民社会养老保险，建立全国统一的城乡居民基本养老保险制度。

会议决定，在已基本实现新型农村社会养老保险、城镇居民社会养老保险全覆盖的基础上，依法将这两项制度合并实施，在全国范围内建立统一的城乡居民基本养老保险制度，并在制度模式、筹资方式、待遇支付等方面与合并前的新型农村社会养老保险和城镇居民社会养老保险保持基本一致。基金筹集采取个人缴、集体助、政府补的方式，中央财政按基础养老金标准，对中西部地区给予全额补助，对东部地区给予50%的补助。地方政府为重度残疾人等缴费困难群体代缴部分或全部最低标准的养老保险费，鼓励公益慈善等社会组织为参保人缴费提供资助。

动动脑

1. 为什么叫新型农村养老社会保险？与以前的有什么区别？
2. 国务院为什么要将城乡养老社会保险合并？

第三节　新型农村合作医疗政策与法规

案例导入

富蕴县农牧民在家门口看病不是梦

“有啥也别有病，以前我们最怕的就是生病，医院是最花钱的地方，有病也只好拖着。现在好了，看病有政府买单，大病有医保。”新疆富蕴县吐尔洪乡吐尔洪村的马强动情地说起了自己的感受。2015 年 2 月，他不幸摔伤了胳膊，住院花费了 2900 元，由于政府买单参加了新农合，出院没几天就拿到了报销款，减轻了家庭的经济负担。

富蕴县新型农村合作医疗实施 10 年来，全县农牧民都纳入新型农村合作医疗范围。对于低保户、贫困户，政府买单，他们无须缴纳一分钱就可以成为新农合的一员。

“治疗感冒总共花了 86 元钱，我一分钱都没有掏，全是免费。”吐尔洪牧民定居村的牧民吾兰别克说。对于年满 60 岁以上的老人，富蕴县每月免费体检并治疗。

……

（**资料来源**：阿勒泰新闻网，2015 年 3 月 30 日）

案例思考

什么是新农合政策？具体有哪些规定？

《中华人民共和国农业法》第八十四条规定：国家鼓励、支持农民巩固和发展农村合作医疗和其他医疗保障形式，提高农民健康水平。

一、新型农村合作医疗的涵义

2002 年 10 月《中共中央国务院关于进一步加强农村卫生工作的决定》（中发［2002］13 号）明确提出各级政府要积极引导农民建立以大病统筹为主的新型农村合作医疗制度（以下简称“新农合”），到 2010 年，这一制度基本覆盖农村居民。建立新型农村合作医疗制度是党中央、国务院从全面建设小康社会、落实科学发展观、统筹城乡经济社会协调发展的高度做出的一项重大决策，是社会主义新农村建设的重要内容和基础性工作，它充分反映了农民的意愿，关系到农民的切身利益和农村的长期稳定与发展。新农合制度是中国政府为提高农民的健康和医疗保障水平而进行的积极探索，作为国家“十一五”发展规划的约束性指标，受到各级政府的高度重视。

新型农村合作医疗制度，是指在政府组织、引导、支持下，农民自愿参加个人集体和政府多方筹资，以县为单位统筹管理，以大病统筹为主的农民医疗互助共济的制度。新型农村合作医疗是一项以减轻农民医疗负担为目的的互助共济制度，是面向农民的初级医疗保障组织。新型农村合作医疗制度，实行“政府负责、农民参与、民办公助、县办县管”的工作方针；坚持自愿参加、多方筹资、以收定支、保障适度、科学管理、民主监督的原则。合作医疗形式以大病住院统筹为主，着力缓解农民住院费用承载压力的原则。

政府对新型合作医疗的主导体现为：①中央政府对合作医疗的原则、组织管理、筹资、资金管理、服务管理和组织实施等都做出了明确的规定，省级人民政府还制定了具体的管理办法，从而规范了新型合作医疗的基本框架。②中央政府和各级地方政府对合作医疗提供补助资金。按规定，各级政府提供的补助的额度在中西部农村已占到合作医疗基金的 2/3，接近了城镇职工基本医疗保险中财政或企业的出资比例。③省、市（地）、县政府成立管理机构，县级成立了专门的经办机构，具体操作合作医疗的运行。这也与城镇职工基本医疗保险类似。同时，政府既对医疗服务提供方给以财政支持，又对合作医疗（即需求方）进行补助，从而使政府能对合作医疗施以足够的影响。

二、新型农村合作医疗政策的内容

1. 参与对象

凡是居住在辖区内的所有农村居民，均可参加新型农村合作医疗制度。农民参与合

作医疗以户为单位，家庭成员（含出县外务工人员等）必须全部参加，按规定履行缴费义务。符合条件的参合农民，大病统筹和基本医疗必须同时参加。参加合作医疗的农户，均由各乡镇、村按照县合管中心的有关规定为其办理参与手续，同时建立合作医疗参合人员花名册。合作医疗为每年元月 1 日正式启动，一年为一周期，当年参合，当年受益。启动之前农民住院医疗费用不予补助，启动后原则上不中途办理参合手续（复退军人除外）。县合管中心为参加合作医疗的农户发放《合作医疗证》，由农户保管，并建立合作医疗档案，对农民缴纳的合作医疗资金费用补助等进行逐项登记。

参加新型农村合作医疗的农民，应履行以下义务：①遵守当地合作医疗章程和规章制度；②按规定标准按时缴纳个人合作医疗资金；③妥善保管合作医疗的有关文书、凭证；④举报违反合作医疗规定的行为。

参加新型农村合作医疗的农民，享有以下权利：①在缴费的当年，享受定点医疗机构提供的各项医疗、卫生服务，获得部分减免和补偿的医疗费用；②对当地合作医疗实施方案提出建议和意见，对合作医疗的管理提出批评和建议；③有权监督合作医疗资金的管理使用情况。

2. 组织机构及其职责

各省市政府建立“县乡两级、以乡为主”的管理与服务分离的管理体制，成立由卫生、体改、财政、农村工作、劳动和社会保障、民政、审计等部门组成的新型农村合作医疗的领导协调小组，负责统筹规划、政策制定、指导推动和监督检查等工作；县政府成立新型农村合作医疗协调管理领导小组，负责领导指挥全县合作医疗工作，组织、协调、管理、监督、检查合作医疗工作的开展。在县卫生局成立县新型农村合作医疗管理中心（以下简称合管中心），为合作医疗经办机构，具体负责统筹资金的调度、审批、支付使用，全面负责合作医疗的业务工作；乡镇要成立由乡镇长为组长的合作医疗协调管理领导小组，下设办公室，由主管卫生的负责人担任办公室主任，乡镇财政、民政、经管、卫生等部门组成，负责落实本乡镇合作医疗工作的各项事宜；行政村要明确一名主要负责人协助抓好合作医疗工作；乡镇成立农村合作医疗监督机构，由人大、监察负责人和参加合作医疗的农民代表组成的农村合作医疗监督小组，负责监督本乡镇合作医疗经费的管理使用情况，及时反映村民意见，提出合理的建议。

在“县乡两级、以乡为主”的管理与服务分离的管理体系中，县市级政府、新农合管理委员会、经办机构、县卫生部门、县财政部门、县民政部门以及乡镇、村级新农合管理机构等分别承担了不同职责。

（1）县市人民政府及其职责。县市人民政府是我国新型农村合作医疗全面工作的领导者，其主要职责是：决定并领导建立合作医疗制度，制定合作医疗发展规划和实施办法，建立合作医疗经办机构，宣传、动员农民参加合作医疗；提供应由县市级财政负担的合作医疗补助资金和经办机构人员、工作经费，适当提供合作医疗启动经费；检查、督导新型农村合作医疗制度的贯彻运行、监管合作医疗资金的筹集与运用等。

（2）县市新型农村合作医疗管理委员会及其职责。县市人民政府成立新型农村合作医疗管理委员会，代表政府领导、管理合作医疗。合作医疗管理委员会的成员组成应包括：县（市）长或常务副县（市）长或主管副县（市）长，卫生、财政、农业、民政、发改委、审计、食品药品监管、中医药、扶贫等部门的负责同志，乡（镇）长和参加合作医疗的农民代表等。

新农合管理委员会的主要职责比较广泛，涉及决策、管理、协调等多个方面。具体应包括：制定新型合作医疗实施方案和各项管理规章制度，对所在区域范围内的农户进行广泛的组织宣传与发动；确定农民参加合作医疗的个人缴费标准、合作医疗基金支付范围和补偿办法；指导财政部门在指定的代理银行设立基金专用账户，确保合作医疗基金的专户储存、专款专用；定期检查、监督合作医疗基金的筹集与运用，保持基金的收支平衡；及时解决合作医疗运行中的问题，维护参加农民权益；建立合作医疗信息网络和统计报告制度，及时收集、汇总、整理、分析、贮存、传递、反馈、上报合作医疗信息；进行年度工作考核、总结，表彰先进，惩处违规行为；定期向政府汇报工作，主动接受政府的监督。

（3）县市合作医疗经办机构及其职责。在县市人民政府的主导下，设立合作医疗经办机构，一般称为新型农村合作医疗管理办公室（简称合医办或农医办），也有县市称为新型农村合作医疗管理局（简称合医局），经办机构要求精简高效，合理配备专业人员，其工作经费应列入同级年度财政预算，不得从新型农村合作医疗基金中提取。

这里需要明确的是，经办机构应是具有独立法人资格的事业单位，以独立的法人资格的身份承办合作医疗工作，其编制由政府从现有编制中进行调剂。它是负责具体业务工作的办事机构，并非卫生行政部门的内部科室。一旦将合作医疗经办机构作为卫生行政部门的一个职能科室，经办机构在推行合作医疗过程中就会缺乏独立性，不适应合作医疗工作的开展。

经办机构的主要职能是负责合作医疗的具体业务管理工作，具体包括：执行政府、管理委员会的决议、决定及有关政策，执行合作医疗实施方案；审定定点医疗机构；协同财政部门严格管理合作医疗基金；审核合作医疗医药报销经费；监督检查定点医疗卫生机构的服务行为和执行合作医疗管理制度情况；提供合作医疗基金的具体收支和运用情况；管理参合人员的参合资料；承办合作医疗各种统计报表的登记、填写和上报工作等。

（4）县市卫生行政部门及其职责。县市卫生行政部门是县市合作医疗的主管部门，是管理机构，负责合作医疗的管理工作，对经办机构执行合作医疗政策、规定和制度情况进行督导、检查。其主要职责是：负责新型农村合作医疗的综合管理和协调；开展基线调查，草拟合作医疗实施方案；培训合作医疗管理人员；制定合作医疗规章制度和管理规定；检查、督导经办机构执行合作医疗政策规定和管理制度；对定点医疗机构执行合作医疗规章制度和提供医疗服务情况进行检查监督，规范服务，严肃查处违规违纪行为；配合新型农村合作医疗制度的推广，搞好农村卫生服务体系建设；及时研究分析和解决合作医疗运行中存在的问题；收集、汇总、统计、分析合作医疗信息并及时上报；定期向合作医疗管理委员会、卫生行政部门汇报合作医疗运行情况等。

（5）县财政部门及其职责。县财政部门负责合作医疗基金管理，包括：根据省政府确定的县财政合作医疗补助标准，安排本级财政新型农村合作医疗补助资金预算，负责向上级财政申请合作医疗补助资金；安排合作医疗经办机构的人员经费、工作经费预算，保证工作需要；在指定的合作医疗代理银行设立基金专用账户；管理合作医疗基金收入和支出，监督合作医疗基金使用情况。

（6）县民政部门及其职责。县民政部门负责农村医疗救助制度中与新型农村合作医疗有关的工作。具体包括：资助农村五保户、农村贫困户等救助对象缴纳个人应负担的全部或部分资金，参加当地合作医疗享受合作医疗待遇；对因患大病经合作医疗补助后个人负担医疗费用依然过高、危及家庭基本生活的农民，再给予适当医疗救助的优惠政策。

（7）其他县级相关部门及职责。农业部门负责配合，做好新型农村合作医疗的宣传推广和综合管理，协助筹资管理；食品药品监管部门建立与健全新型农村合作医疗药品的流通、供应网络，加强农村药品监管；物价部门负责农村医药价格的管理与监督；审计部门负责定期对合作医疗基金筹集、管理和使用情况进行审计，并提交审计报告。

（8）乡（镇）、村级合作医疗管理机构及其职责。乡（镇）政府设立新型农村合作医疗管理领导小组：以乡（镇）政府领导任主要责任人，以乡镇有关部门负责人、村民委员会主任和农民代表为构成成员，主要负责宣传合作医疗的意义、政策、规定和实施方案，组织发动农民积极参加合作医疗；在农民自愿参加的前提下，委托乡（镇）财税部门代收农民参合资金，或采取其他符合农民意愿的方式，组织收缴农民参合资金，并及时存入合作医疗基金专户。条件允许的村，也可成立农村合作医疗管理小组，由村民委员会主任任组长，村委会委员和农民代表为成员，宣传动员农民参与新农合，协助上级部门的协调管理工作，反映农民的意愿和建议，组织农民参与新农合的监督。

3. 筹资与管理

资金来源主要包括农民个人缴费、各级政府财政补助以及基金利息收入，同时鼓励社会团体、企业、个人资助新型农村合作医疗制度。目前，一般以县为单位进行统筹，农村居民以家庭为单位自愿参加，实行个人缴费、集体扶持、政府资助相结合的筹资机制，按照以收定支、收支平衡和公开、公平、公正的原则进行管理，必须专款专用，专户储存，不得挤占或挪用。新型农村合作医疗资金实行多方筹资，资金来源主要包括中央和地方财政资助资金、农村居民个人缴费，以及乡村集体、社会团体和个人资助的资金。

2015 年，各级财政对新农合的人均补助标准在 2014 年的基础上提高 60 元，达到 380 元，其中：中央财政对 120 元部分的补助标准不变，对 260 元部分按照西部地区 80%、中部地区 60% 的比例进行补助，对东部地区各省份分别按一定比例补助。农民个人缴费标准在2014年的基础上提高30元，全国平均个人缴费标准达到每人每年120元左右。

中央和地方财政资助的合作医疗资金和向农村居民筹集的个人缴费，以及其他渠道筹措的合作医疗经费，要及时划入县（市、区）合作医疗管理中心开设的农村合作医疗基金专用账户。其中，农村居民缴纳的参加合作医疗的费用应建立家庭账户，专款专用，不得挤占挪用。农村合作医疗专项资金以县管为主，必须存入农村合作医疗指定商业银行或农村信用社，专户储存，独立建账，由具有上岗资格的专、兼职财会人员对资金进行会计核算，专款专用，严禁侵占挪用，严禁用于放贷、投资。农村合作医疗经办机构的人员经费和工作经费不得从农村合作医疗基金中提取，由县级财政列入年度预算。

农村合作医疗基金主要补助参加新型农村合作医疗农村居民的大额医疗费用或住院医疗费用。农村居民在定点医疗服务机构就诊发生的减免费用，由医疗服务机构向县（市、区）合作医疗管理中心报账；按规定转诊上级医院就诊发生的减免费用，由患者持医疗费用结算票据到县（市、区）管理中心报账。各地要合理地确定农村合作医疗保障金收取标准和报销比例，以收定支，量入为出。农村合作医疗经办机构要定期向农村合作医疗管理委员会汇报农村合作医疗资金的收支、使用情况；结合政务公开，采取张榜公布等措施，定期向社会公布农村合作医疗资金的具体收支、使用情况和统计结果，接受社会的监督，保证参加合作医疗农民的参与、知情和监督的权利。审计部门要定期对农村合作医疗资金收支和管理情况进行审计。

4. 基金管理与补偿

农村合作医疗基金用于补助参加新型农村合作医疗农民的医疗费用，重点对大额医疗费用或住院医疗费用进行补助。

2012年根据《中共中央、国务院关于深化医药卫生体制改革的意见》（中发［2009］6号）和《“十二五”期间深化医药卫生体制改革规划暨实施方案》（国发［2012］11号），对新农合支付方式进行了改革。

通过推行按病种付费、按床日付费、按人头付费、总额预付等支付方式，将新农合的支付方式由单纯的按项目付费向混合支付方式转变，促使医疗机构调整医药费用收入结构，控制过度用药、过度检查等，实现规范服务、控制费用的目标。其主要内容包括门诊费用支付改革和住院费用支付改革。

（1）基金分配。新型农村合作医疗基金主要分为统筹基金、家庭账户基金和风险基金。统筹基金主要用于住院医疗补偿、门诊医疗补偿以及健康体检。建立门诊家庭账户的地区，基金主要划分为家庭账户基金、门诊统筹基金、住院统筹基金和风险基金；建立门诊统筹的地区，基金主要划分为门诊统筹基金、住院统筹基金和风险基金。风险基金的规模应保持在年筹资总额的10%，风险基金达到规定数量后不再继续提取。

（2）基金使用。住院统筹基金主要用于参合农民的住院医药费用补偿。门诊统筹基金用于参合农民患一般疾病的门诊医药费用补偿；在建立门诊家庭账户的地区，要研究制定方案，将患重大慢性非住院疾病（如肾病、肝炎、肿瘤化疗、糖尿病、高血压）等的门诊治疗费用纳入统筹基金补偿。对当年未享受医疗费用补偿的参合农民可进行一次常规健康体检，并建立相应的健康档案。家庭账户基金主要用于参合农民个人的门诊医药费用报销，可以由家庭内参合成员共同使用；结余资金可结转到下年度继续使用，但不能充抵下一年度农民参合应缴纳资金。

（3）基金补偿。根据“以收定支、保障适度、收支基本平衡、大病补偿为主，兼顾受益面”的补偿原则，各县市根据当地经济条件和农民参与情况，合理确定补偿标准。以北京市延庆县为例，其新型农村合作医疗报销标准如表 9-1 所示。

表 9-1　延庆县新型农村合作医疗的分级、分段、累计报销标准

门诊费（元）	报销比例（%）	住院费	定点医疗机构	报销比例（%）
1000—5000	35	2000 元以下的部分费用	县内社区卫生服务中心	45
5000—10000	45		县内二级医院	35
10000—30000	55		市内三级医院	20
30000 以上	65	2000—5000（含）元以内部分费用	县内社区卫生服务中心	50
			县内二级医院	40
			市内三级医院	30
		5000—10000（含）元以内部分费用	县内社区卫生服务中心	60
			县内二级医院	50
			市内三级医院	40
		10000—30000（含）元以内部分费用	县内社区卫生服务中心	70
			县内二级医院	60
			市内三级医院	50
		30000 元以上部分费用	县内社区卫生服务中心	80
			县内二级医院	70
			市内三级医院	60

备注：最高报销封顶 12 万元。

资料来源：《延庆县人力资源规划》（2008—2015 年）

北京市 2015 年新农合支付标准

（一）大病统筹支付标准：①起付线：定点一级医疗机构 300 元、二级医疗机构 1000 元、三级医疗机构 1300 元，第二次及以后住院同级别医院起付线减半。因急诊在非定点医疗机构起付线 3000 元。门诊特殊病起付线一年最多 1300 元。②封顶线：

18 万元。③报销比例：首先扣除自费部分和起付线，累计 5 万元以下报销 60%，5 万元以上报销 70%。④符合急诊在非定点医院治疗并经审核同意支付的费用：扣除自费部分和起付线后，报销 50%。⑤ 18 岁以下学生及非在校少年儿童，起付线为 650 元，即在一个保险年度内，第一次及以后住院的起付标准均为 650 元；报销比例 70%；封顶线 18 万元。

（二）基本医疗支付标准：①起付线：社区卫生服务中心（站）100 元，二级以上医疗机构 550 元。②报销比例：社区卫生服务站 55%、社区卫生服务中心 50%、二级以上医院 35%。③封顶线：3000 元。④参合农民因急诊或经过转诊可以在朝阳区域内定点社区卫生服务中心（站）异地就医，享受本乡基本医疗同等报销政策。

（三）药品报销范围和负担比例执行《北京市基本医疗保险药品目录》，对标有部分负担的药品个人先负担 10%（个别药品为 50%），其余费用再纳入报销范围。对标有“适”字的药品只能在规定的适应征（或病种）范围内使用，若超范围使用，不予支付。

参合农民在当地（县及县以下）定点医疗机构就诊（包括门诊和住院）后的医药费用补偿，原则上实行医疗机构垫付制。垫付费用经县（市、区）合管办和财政部门审核后，由财政部门从新型农村合作医疗基金专户中直接拨付给定点医疗机构。

参合农民在县（市、区）以上医疗机构就诊住院和在外地就诊住院，自己先行支付全部医药费用，然后持合医证、收据、住院费用清单等到县（市、区）合管中心审核后直接报销，或持上述凭证回户口所在地的定点医疗机构报销。具体采取何种方式，由各县（市、区）确定。

（4）大病保险制度

2015 年，各地要全面推开利用新农合基金购买大病保险工作，尽早启动大病保险补偿兑付。2015 年底前，以省（区、市）为单位实现城乡居民大病保险的统一政策，统一组织实施，提高抗风险能力。要建立健全招标机制，以地市或省为单位委托有资质的商业保险机构承办大病保险。要根据新农合基金规模、基本医疗保障范围与保障水平、高额医疗费用人群分布等影响因素，科学调整大病保险筹资标准。健全以保障水平和参保人员满意度等为主要内容的商业保险机构考核评价机制，激励商业保险机构发挥专业优势，规范经办服务行为。鼓励各地在委托商业保险机构承办大病保险业务的基础上，将新农合基本保障经办服务工作委托商业保险公司一并负责，打通基本医保和大病保险经办服务通道，实现“一站式”全流程服务。2015 年底前，将儿童先天性心脏病等重大疾病以按病种付费方式纳入新农合支付方式改革，先执行新农合报销政策，再按大病保险有关规定予以报销。

动动脑

1. 什么是新型农村合作医疗保险?

2. 新型农村合作医疗在哪些方面可以进一步改进?

第四节　自然灾害生活救助政策与法规

案例导入

省财政下达“6·22”暴雨洪涝灾害生活救助资金 1.21 亿元

6 月 22 日以来，我省局部地区出现大到暴雨，引发了洪涝、泥石流等灾害，给人民群众带来严重损失。为支持受灾地区开展自然灾害救助工作，在 6 月 30 日紧急预拨自然灾害救助资金 0.15 亿元基础上，近日，省财政紧急下拨中央和省级自然灾害生活救助资金 1.21 亿元，用于受灾群众紧急转移安置、过渡性生活救助、倒损住房恢复重建和向因灾死亡人员家属发放抚慰金等。

（**资料来源**：四川省人民政府网站，2015 年 8 月 19 日 ）

案例思考

自然灾害生活救助对象是什么？资金如何发放？

自然灾害救助是指国家和社会在公民遭受自然灾害袭击，生命财产和生活资料毁损时，提供物资和资金援救、扶持灾民的一种措施。自然灾害救助是社会救助的一种，它必须在自然灾害发生并给公民造成灾荒时才发生。

新中国成立以来，我国自然灾害救助工作取得了举世瞩目的成就，形成了完善的法律、法规体系：1997 年 12 月《中华人民共和国防震减灾法》、1998 年 1 月《中华人民共和国防洪法》、1998 年 3 月《中华人民共和国防震减灾法》。针对灾害的应急管理也有具体的法规条文：2006 年 1 月国务院颁布《国家自然灾害救助应急预案》《国家地震应急预案》。

《中华人民共和国农业法》第四十七条规定：各级人民政府应当采取措施，提高农业防御自然灾害的能力，做好防灾、抗灾和救灾工作，帮助灾民恢复生产，组织生产自救，开展社会互助互济；对没有基本生活保障的灾民给予救济和扶持。

根据民政部、财政部《关于进一步加强灾款使用管理工作的通知》（民救发［1999］7 号）文件规定，“依靠群众、依靠集体、生产自救、互助互济，辅之以国家必要的救济和扶持”作为我国救灾工作方针。根据财政部、民政部关于印发《自然灾害生活救助资金管理暂行办法的通知》（财社［2011］6 号），自然灾害生活救助工作坚持“政府主导、分级管理、社会互助、生产自救”的方针，受灾群众的生活困难，应主要通过灾区群众自力更生、生产自救和互助互济以及政府帮扶等方式加以解决。

一、自然灾害生活救助政策目标

当自然灾害发生后，中央和地方财政安排的自然灾害生活补助资金，主要用于解决遭受自然灾害地区的农村居民无力克服的衣、食、住、医等临时困难，紧急转移安置和抢救受灾群众，抚慰因灾遇难人员家属，恢复重建倒损住房，以及采购、管理、储运救灾物资等。

受灾群众的生活困难应主要通过灾区群众自力更生、生产自救和互助互济，以及地方政府帮扶等方式加以解决。

地方各级财政、民政部门应根据本地区经济发展水平和财力可能，确定对受灾群众的救助项目和补助标准，保障受灾群众的基本生活。对遭受特大自然灾害的省（自治区、直辖市，包括计划单列市和新疆生产建设兵团，以下简称省），中央财政给予适当补助，受灾群众生活救助资金由中央和地方按比例承担。

二、自然灾害生活救助补助项目和补助内容

补助项目主要有六大项：灾害应急救助、遇难人员家属抚慰、过渡性生活救助、倒塌及损坏住房恢复重建补助、旱灾临时生活困难救助、冬春临时生活困难救助。

灾害应急救助，用于紧急抢救和转移安置受灾群众，解决受灾群众灾后应急期间无力克服的吃、穿、住、医等临时生活困难。

遇难人员家属抚慰，用于向因灾死亡人员家属发放抚慰金。

过渡性生活救助，用于帮助“因灾房屋倒塌或严重损坏无房可住、无生活来源、无自救能力”的受灾群众，解决灾后过渡期间的基本生活困难。

倒塌、损坏住房恢复重建补助，用于帮助因灾住房倒塌或严重损坏的受灾群众重建基本住房，帮助因灾住房一般损坏的受灾群众维修损坏住房。

旱灾临时生活困难救助，用于帮助因旱灾造成生活困难的群众解决口粮和饮水等基本生活困难。

冬春临时生活困难救助，用于帮助受灾群众解决冬令春荒期间的口粮、衣被、取暖等基本生活困难。

三、自然灾害生活救助救灾资金发放

1. 救济标准确定

各级民政、财政部门在审批发放救灾资金前，要认真调查核实灾情，严格把关，认真核实救济对象和困难程度，确定救济标准和救济项目，做到对象准确、额度适当。区县（自治县）财政、民政部门应根据本区县（自治县）经济发展水平和财力可能，确定对受灾群众的救助项目和救助标准，保障受灾群众的基本生活。

2. 救灾资金发放

区县（自治县）要规范自然灾害生活救助资金分配发放程序。基层发放严格按照灾民申请、民主评议、登记造册、张榜公布、公开发放的工作规程，通过“户报、村评、

乡审、县定”四个步骤确定救助对象。发放过程中，坚持建立“一账一册一卡”（即建立需救助人口台账、资金发放花名册、灾民救助卡）和“四公开”（即公开发放标准、发放程序、发放对象、发放金额）制度。

采取现金救助形式的，应遵守财务管理有关规定，有条件的区县（自治县）应将自然灾害生活救助资金纳入“一卡（折）通”发放；采取实物救助形式的，要严格按政府采购管理有关规定，及时采购救助物资并发放到受灾群众手中。

自然灾害生活救助资金用于灾民倒损房集中恢复重建，应实行项目管理，可按施工进度安排资金，但应一次性将救灾补助资金额度告知到户。对于分散建房的，救灾补助资金要按户一次性落实到位。

四、自然灾害生活救助救灾资金分担比例

遭受特大自然灾害地区所需自然灾害生活救助资金，由中央财政与地方财政共同负担，具体分担比例根据各地经济发展水平、财力状况和自然灾害特点等因素确定。

北京、天津、上海、江苏、浙江、广东以及大连、青岛、宁波、厦门和深圳：中央负担 50%、地方负担 50%；

辽宁、福建、山东：中央负担 60%、地方负担 40%；

河北、山西、吉林、黑龙江、安徽、江西、河南、湖北、湖南、海南、内蒙古、广西、重庆、四川、贵州、云南、西藏、陕西、甘肃、青海、宁夏和新疆：中央负担 70%、地方负担 30%。

中央财政对新疆生产建设兵团原则上按中央补助项目和补助标准，以及核定的灾情予以补助，不适用按比例分担办法。

动动脑

1. 为什么要实行自然灾害生活救助？
2. 哪些人在什么情况下可以获得自然灾害生活救助？

第五节　其他农村社会保障政策与法规

案例导入

河津 700 余农村“五保户”生活得保障

今年以来，河津市紧紧围绕“以民为本，为民解困，为民服务”的工作宗旨，通过实行动态管理制度、提高农村五保供养标准、缴纳新农合医疗保险、开展“送医送药送

健康”活动等措施，全面推进农村五保供养工作，700余农村“五保户”基本生活得到保障。

在推进农村五保供养工作中，河津市通过认真落实上级有关政策，按照个人申请、村评议、乡镇审核、局审批的程序，对农村五保对象实行动态管理，去年，共取消死亡、到龄等五保户30人，新增30人，目前享受五保供养人员共764人，其中，集中供养160人。

在提高农村五保对象生活质量方面，河津市积极争取上级资金支持，提高了农村五保供养标准，农村五保集中供养标准提高为每人每年5100元，分散供养标准提高为每人每年3400元。同时，他们还为农村五保供养对象缴纳了2015年新型农村合作医疗保险68 760元；与河津市圣济医院联合开展了为期3个月的农村五保对象“送医送药送健康”关爱活动，为五保对象住院治疗提供医疗救助。

（**资料来源**：黄河新闻网，2015年5月5日）

案例思考

河津市政府采取哪些措施提高五保户生活质量？

除了以上四节介绍的农村社会保障政策以外，国家还实施农村“五保户”供养政策。

《中华人民共和国农业法》第八十三条规定：国家逐步完善农村社会救济制度，保障农村五保户、贫困残疾农民、贫困老年农民和其他丧失劳动能力的农民的基本生活。

《农村五保供养工作条例》经国务院第121次常务会议通过，由国务院于2006年1月21日颁布，2006年3月1日起实施。

农村“五保户”供养，是指按照规定，在吃、穿、住、医、葬等方面给予村民的生活照顾和物质帮助。

一、“五保户”供养对象

老年、残疾或者未满16周岁的村民，无劳动能力、无生活来源又无法定赡养、抚养、扶养义务人，或者其法定赡养、抚养、扶养义务人无赡养、抚养、扶养能力的，享受农村五保供养待遇。

二、“五保户”供养内容

农村五保供养包括五项内容：供给粮油、副食品和生活用燃料；供给服装、被褥等生活用品和零用钱；提供符合基本居住条件的住房；提供疾病治疗，对生活不能自理的给予照料；办理丧葬事宜。

农村五保供养对象未满16周岁或已满16周岁仍在接受义务教育的，应当保障他们依法接受义务教育所需费用。

农村五保供养对象的疾病治疗，应当与当地农村合作医疗和农村医疗救助制度相衔接。

三、"五保户"供养标准和形式

农村五保供养标准不得低于当地村民的平均生活水平，并根据当地村民平均生活水平的提高适时调整。

农村五保供养对象可以在当地的农村五保供养服务机构集中供养，也可以在家分散供养。农村五保供养对象可以自行选择供养形式。

集中供养的农村五保供养对象，由农村五保供养服务机构提供供养服务；分散供养的农村五保供养对象，可以由村民委员会提供照料，也可以由农村五保供养服务机构提供有关供养服务。

四、"五保户"供养资金来源

农村五保供养资金，在地方人民政府财政预算中安排。有农村集体经营等收入的地方，可以从农村集体经营等收入中安排资金，用于补助和改善农村五保供养对象的生活。农村五保供养对象将承包土地交由他人代耕的，其收益归该农村五保供养对象所有。具体办法由省、自治区、直辖市人民政府规定。

中央财政对财政困难地区的农村五保供养，在资金上给予适当补助。

农村五保供养资金，应当专门用于农村五保供养对象的生活，任何组织或者个人不得贪污、挪用、截留或者私分。

动动脑

1. 什么是五保户？认定标准是什么？

2"五保户"供养资金来源有哪些？

链接案例

社会保障体系平等保护城乡居民权利

社会保障权利是公民应享有的一项重要人权。中国政府2012年6月发布的《国家人权行动计划（2012—2015年）》，将"完善各类社会保险制度，促进社会救助制度城乡均等覆盖，提高社会保障水平"作为人权发展事业的首要规划目标之一。《中共中央关于全面深化改革若干重大问题的决定》明确提出，要"建立更加公平可持续的社会保障制度"。围绕这一目标，中国政府积极稳妥地推进社会保障体系改革，全面建立城乡基本养老保险制度，健全全民医疗保险制度体系，加快建设社会救助制度体系，初步建立了世界上规模最大的符合现阶段中国社会实际的社会保障体系。

统一城乡居民基本养老保险制度，养老覆盖面和保障水平不断提高。2014 年，国务院发布了《关于建立统一的城乡居民基本养老保险制度的意见》，强化了城镇和农村居民养老保障一体化平等保护的基本理念，用统一的城乡居民基本养老保险制度取代原有新型农村社会养老保险和城镇居民社会养老保险，着力解决了劳动者特别是农民工参加基本养老保险的制度衔接问题。通过城镇职工基本养老保险和城乡居民基本养老保险，中国社会养老保险的覆盖人口已超过 8.4 亿人，形成了世界覆盖人口最多的养老保险网络。为进一步提高养老保险的公平性，扩大保险覆盖面，国务院印发《关于机关事业单位工作人员养老保险制度改革的决定》，改革现行机关事业单位工作人员的退休制度，逐步建立起独立于机关事业单位之外、资金来源多渠道、保障方式多层次、管理服务社会化的养老保险体系。同时，统一提高了全国城乡居民基本养老保险基础养老金最低标准，再次提高全国企业退休人员基本养老金标准，使广大企业退休人员和城乡居民得以共同享受社会经济发展的成果。

深化构建全民医疗保障体系，充分保障公民的健康权利需求。医疗保障体系不仅为“人人有权享有能达到的最高的体质和心理健康的标准”（《经济、社会、文化权利国际公约》第十二条）提供了物质保障，也是避免公民因病致贫、因病返贫，保障人民免于贫困的权利和适当生活水准权的制度支撑。从 2009 年“新医改”开展以来，中国政府一直坚持医疗卫生服务的公共产品属性，积极构建覆盖全民的医疗保障体系，为广大城乡居民的医疗和基本公共卫生服务需求提供经费支持。经过这些年的努力，中国已经建立起以城镇职工医疗保险、城镇居民基本医疗保险、新型农村合作医疗保险（简称“新农合”）为骨干的，基本覆盖全民的基本医疗保障体系。政府不断加大对医疗保障经费的投入，2014 年城镇居民基本医疗保险和新农合的财政补贴标准提高到 320 元，占筹资来源的绝大部分。新农合已经改变了以往主要依靠参合农民自愿合作筹资的合作医疗性质，成为以政府财政投资为主的基本医疗保障制度。在基本医疗保障的基础上，积极开展城乡居民大病保险和重特大疾病医疗救助试点工作，提高大病报销比例，对于重特大疾病患者给予救助，在提高医疗服务的可及性的同时，避免重大疾病给患者及其家属的生活带来不利影响。

完善社会救助制度，保障困难公民基本生活。《社会救助暂行办法》于 2014 年 2 月由国务院颁布，并于同年 5 月 1 日起施行。该办法初步构建起包括最低生活保障、特困人员供养、受灾人员救助、医疗救助、教育救助、住房救助、就业救助、临时救助在内的，以托底线、救急难、可持续为特征的社会救助体系，并与其他社会保障制度充分衔接。对于家庭成员收入低于当地最低收入水平的家庭，通过最低生活保障确保其获得基本生活来源，并在教育、医疗、住房、就业等方面为其提供特殊支持，使其得以保持适当的生活水准。对于因自然灾害、火灾、交通事故以及家庭成员突发疾病等原因造成的突发性、紧迫性、临时性生活困难，通过建立和实施受灾人员救助和临时救助，及时、

有效解决他们暂时性、阶段性基本生活困难。对于缺少赡养、扶养和抚养的老年人、残疾人和未成年人，通过特困人员供养，为其提供基本生活、医疗等条件。对于生活无着落的流浪、乞讨人员进行救助，提供食宿、就医等援助。社会救助制度作为社会保障底线性、基础性、补救性制度的地位和作用得到明确与强化。

落实城乡社会保障一体化，平等保护城乡居民社会保障权利。长期以来，中国在社会保障中形成了城乡二元化格局，城乡居民之间在社会保障的覆盖面、保障水平、服务内容等方面存在巨大差异，影响了城乡居民享受社会保障的平等权利。同时，原有的城乡保障体制之间存在着制度运行不能衔接、资源分配不够均衡、保障信息不能共享的问题，加剧了城乡分割，不能适应人口流动性和农村城镇化发展的需求，制约了全国统一的劳动力和资源市场的形成。《中共中央关于全面深化改革若干重大问题的决定》将健全城乡发展一体化机制体制作为全面深化改革的重要目标，提出“稳步推进城镇基本公共服务常住人口全覆盖，把进城落户农民完全纳入城镇住房和社会保障体系，在农村参加的养老保险和医疗保险规范接入城镇社保体系”。根据《决定》的要求，中国政府积极推进养老、医疗、工伤等各项社会保障制度的城乡一体化建设。在养老保险方面，建立了统一的城乡居民基本养老保险制度。在医疗保障方面，全国试点地区积极推进城乡医疗保障的统筹化、一体化，目前已有多个省份或社会保障统筹地区实现了城镇居民医疗保险和新农合的并轨，代之以覆盖城乡的居民基本医疗保险。2015 年两会期间国家卫计委有关负责人指出，年内“两保”将在全国范围内实现并轨。《社会救助暂行办法》则规定了城乡统一的特困人员供养制度，取代了实施多年的城市“三无”人员救助和农村“五保户”供养制度。这些制度的落实，使城乡居民的社会保障权利日益均等化，提高了农村居民社会保障水平，全面改善了社会保障对于流动人口的覆盖。

（**资料来源**：光明日报，2015 年 6 月 9 日）

复习思考题

1. 简述“新型农村合作医疗”制度的内涵、内容与目标。
2. 简述我国新型农村养老保险政策的内涵、目标与内容。
3. 简述农村最低生活保障制度的内涵、目标和内容。
4. 简述“五保户”供养制度。

第十章

农民权益保护政策与法规

学习目标

1. 农民权益的法律保护的主要内容；

2. 了解农民工权益的法律保护的主要内容；

3. 了解农村劳动力的就业政策。

本章提示

本章从收费、罚款和摊派，集资、达标及筹资筹劳，土地权利保护，接受服务的权利，请求权的保护等多方面详细介绍了农民权益保护的政策与法规；从劳动合同、农民工工资、农民工工伤保险和农民女工权益等多方面详细介绍了农民工权益的法律保护的政策与法规。

第一节　农民权益的法律保护

案例导入

侵权事件频发　村民叫苦不迭

6月初，记者在安徽省阜阳市采访时，一个县的群众反映，在没有获得征地批文的情况下，他们的承包地被政府强行征收了，“圈”了约三年后，才把地出让给企业搞商业开发。“地方政府为了大开发，给我们的农地补偿还不到每亩4万元，而一转手给开发商就超过了100万元。”一些村民对记者说，找镇上、县上反映没人理，谁来替农民维权？

记者采访中发现，侵害农民权益的现象时有发生，甚至像农村低保金这样的“小钱”，也会有人“打主意”。记者采访湖南省耒阳市了解到，该市披露了长坪乡谭南村原村支书黄国华，把不符合低保条件的妻子、哥哥等办理成低保对象，竟然连其去世多年的父亲也在领取低保金。此外，黄国华等三人还通过篡改民主评议会议记录，添加低保对象名单的方式骗取农村低保金。

中国农业大学教授安玉发指出，近年来，中央出台一系列惠农政策，包括征地补偿、低保、宅基地等，体现党和国家对农民权益的保护。但是，这些政策在执行过程中走了样，自然损害了党和政府的形象。

（**资料来源：**新华网，2014年6月15日）

一、有关收费、罚款和摊派的规定

（1）任何机关或者单位向农民或者农业生产经营组织收取行政、事业性费用必须依据法律、法规的规定。收费的项目、范围和标准应当公布。没有法律、法规依据的收费，农民和农业生产经营组织有权拒绝。

（2）任何机关或者单位对农民或者农业生产经营组织进行罚款处罚必须依据法律、法规、规章的规定。没有法律、法规、规章依据的罚款，农民和农业生产经营组织有权拒绝。

农民和农业生产经营组织依照法律、行政法规的规定承担纳税义务。税务机关及代扣、代收税款的单位应当依法征税，不得违法摊派税款及以其他违法方法征税。

（3）任何机关或者单位不得以任何方式向农民或者农业生产经营组织进行摊派。除法律、法规另有规定外，任何机关或者单位以任何方式要求农民或者农业生产经营组织

提供人力、财力、物力的，属于摊派。农民和农业生产经营组织有权拒绝任何方式的摊派。

二、有关集资、达标及筹资筹劳的规定

（1）各级人民政府及其有关部门和所属单位不得以任何方式向农民或者农业生产经营组织集资。

（2）没有法律、法规依据或者未经国务院批准，任何机关或者单位不得在农村进行任何形式的达标、升级、验收活动。

（3）农村集体经济组织或者村民委员会为发展生产或者兴办公益事业，需要向其成员（村民）筹资筹劳的，应当经成员（村民）会议或者成员（村民）代表会议过半数通过后，方可进行，但不得超过省级以上人民政府规定的上限控制标准，禁止强行以资代劳。

对涉及农民利益的重要事项，应当向农民公开，并定期公布财务账目，接受农民的监督。

（4）农村义务教育除按国务院规定收取的费用外，不得向农民和学生收取其他费用。禁止任何机关或者单位通过农村中小学校向农民收费。

三、农民土地权利的保护

国家依法征用农民集体所有的土地，应当保护农民和农村集体经济组织的合法权益，依法给予农民和农村集体经济组织征地补偿，任何单位和个人不得截留、挪用征地补偿费用。

各级人民政府、农村集体经济组织或者村民委员会在农业和农村经济结构调整、农业产业化经营和土地承包经营权流转等过程中，不得侵犯农民的土地承包经营权，不得干涉农民自主安排的生产经营项目，不得强迫农民购买指定的生产资料或者按指定的渠道销售农产品。

四、农民接受服务的权利保护

任何单位和个人向农民或者农业生产经营组织提供生产、技术、信息、文化、保险等有偿服务，必须坚持自愿原则，不得强迫农民和农业生产经营组织接受服务。

农产品收购单位在收购农产品时，不得压级压价，不得在支付的价款中扣缴任何费用。法律、行政法规规定代扣、代收税款的，依照法律、行政法规的规定办理。

农业生产资料使用者因生产资料质量问题遭受损失的，出售该生产资料的经营者应当予以赔偿，赔偿额包括购货价款、有关费用和可得利益损失。

五、农民请求权的保护

（1）农产品收购单位与农产品销售者因农产品的质量等级发生争议的，可以委托具有法定资质的农产品质量检验机构检验。

（2）农民或者农业生产经营组织为维护自身的合法权益，有向各级人民政府及其有关部门反映情况和提出合法要求的权利，人民政府及其有关部门对农民或者农业生产经营组织提出的合理要求，应当按照国家规定及时给予答复。

（3）违反法律规定，侵犯农民权益的，农民或者农业生产经营组织可以依法申请行政复议或者向人民法院提起诉讼，有关人民政府及其有关部门或者人民法院应当依法受理。人民法院和司法行政主管机关应当依照有关规定为农民提供法律援助。

动动脑

农民权益有哪些？

第二节　农民工权益的法律保护

案例导入

谁来保障农民工的法律权利？

当前，越来越多的农村富余劳动力进城务工。然而，在实际工作中却常常遭到不公平的待遇，合同欺诈、拖欠工钱、增加劳动强度、延长劳动时间等侵犯农民工合法权益的现象却时有发生。如何保障农民工的合法权益成为社会普遍关注的热点话题。

（**资料来源**：新华网，2014 年 12 月 19 日）

农民工是指在本地乡镇企业或者进入城镇务工的农业户口人员，农民工是我国特有的城乡二元体制产物，是我国在特殊的历史时期出现的一个特殊的社会群体。农民工有广义和狭义之分：广义的农民工包括两部分人，一部分是在本地乡镇企业就业的离土不离乡的农村劳动力，一部分是外出进入城镇从事第二、第三产业的离土又离乡的农村劳动力；狭义的农民工主要是指后一部分人。

党和国家非常重视农民工权益问题，《国务院关于解决农民工问题的若干意见》指出，要尊重和维护农民工的合法权益，消除对农民进城务工的歧视性规定和体制性障碍，使他们和城市职工享有同等的权利和义务。农民工权益问题主要体现在劳动合同、工资、工伤保险、女工权益等方面。

一、劳动合同

为了完善劳动合同制度，明确劳动合同双方当事人的权利和义务，保护劳动者的合法权益，构建和发展和谐稳定的劳动关系，中华人民共和国第十届全国人民代表大会常务委员会第二十八次会议于2007年6月29日通过公布了《中华人民共和国劳动合同法》，该法自2008年1月1日起正式施行。

（一）建立劳动关系

用人单位自用工之日起即与劳动者建立劳动关系。用人单位招用劳动者时，应当如实告知劳动者工作内容、工作条件、工作地点、职业危害、安全生产状况、劳动报酬，以及劳动者要求了解的其他情况；用人单位招用劳动者，不得扣押劳动者的居民身份证和其他证件，不得要求劳动者提供担保或者以其他名义向劳动者收取财物。

（二）订立书面劳动合同

建立劳动关系，应当订立书面劳动合同。已建立劳动关系，未同时订立书面劳动合同的，应当自用工之日起1个月内订立书面劳动合同。用人单位与劳动者在用工前订立劳动合同的，劳动关系自用工之日起建立。用人单位未在用工的同时订立书面劳动合同，与劳动者约定的劳动报酬不明确的，新招用的劳动者的劳动报酬按照集体合同规定的标准执行；没有集体合同或者集体合同未规定的，实行同工同酬。

（三）劳动合同的内容

①用人单位的名称，住所和法定代表人或者主要负责人；②劳动者的姓名、住址和居民身份证或者其他有效身份证件号码；③劳动合同期限；④工作内容和工作地点；⑤工作时间和休息休假；⑥劳动报酬；⑦社会保险；⑧劳动保护、劳动条件和职业危害防护；⑨法律、法规规定应当纳入劳动合同的其他事项。

除以上规定外，用人单位与劳动者还可以约定试用期、培训、保守秘密、补充保险和福利待遇等其他事项。

（四）试用期的规定

（1）劳动合同期限3个月以上不满1年的，试用期不得超过3个月；劳动合同期限1年以上不满3年的，试用期不得超过2个月；3年以上固定期限和无固定期限的劳动合同，试用期不得超过6个月。

（2）同一用人单位与同一劳动者只能约定一次试用期。以完成一定工作任务为期限的劳动合同或者劳动期限不满3个月的，不得约定试用期。试用期包含在劳动合同期限内。劳动合同仅约定试用期的，使用期不成立，该期限为劳动合同期限。

（3）劳动者在试用期的工资不得低于本单位相同岗位最低档工资或者劳动合同约定工资的80%，并不得低于用人单位所在地的最低工资标准。

（五）劳动合同无效或者部分无效

（1）以欺诈、胁迫的手段或者乘人之危，使对方在违背真实意思的情况下订立或者变更劳动合同的；

（2）用人单位免除自己的法定责任、排除劳动者权利的；

（3）违反法律、行政法规强制性规定的。对劳动合同的无效或者部分无效有争议的，由劳动争议仲裁机构或者人民法院确认。

劳动合同被确认无效，劳动者已付出劳动的，用人单位应当向劳动者支付劳动报酬。劳动报酬的数额，参照本单位相同或者相近岗位劳动者的劳动报酬确定。

（六）合同的履行和变更

（1）履行合同。用人单位应当按照劳动合同约定和国家规定，向劳动者及时足额支付劳动报酬。用人单位拖欠或者未足额支付劳动报酬的，劳动者可以依法向当地人民法院申请支付令，人民法院应当依法发出支付令。用人单位应当严格执行劳动定额标准，不得强迫或者变相强迫劳动者加班。用人单位安排加班的，应当按照国家有关规定向劳动者支付加班费。劳动者拒绝用人单位管理人员违章指挥、强令冒险作业的，不视为违反劳动合同。

（2）合同变更。用人单位变更名称、法定代表人、主要负责人或者投资人等事项，不影响劳动合同的履行。用人单位发生合并或者分立等情况，原劳动合同继续有效，劳动合同由承继其权利和义务的用人单位继续履行。用人单位与劳动者协商一致，可以变更劳动合同约定的内容。变更劳动合同，应当采取书面形式。变更后的劳动合同文本由用人单位和劳动者各执一份。

（七）劳动合同的解除和终止条款

用人单位与劳动者协商一致，可以解除劳动合同。劳动者提前30日以书面形式通知用人单位，可以解除劳动合同。劳动者在试用期内提前3日通知用人单位，可以解除劳动合同。

（1）劳动者单方解除劳动合同的情况。用人单位有下列情形之一的，劳动者可以解除劳动合同。

①未按照劳动合同约定提供劳动保护或者劳动条件的；②未及时足额支付劳动报酬的；③未依法为劳动者缴纳社会保险费的；④用人单位的规章制度违反法律、法规的规定，损害劳动者权益的；⑤因双方签订劳动合同无效的；⑥法律、行政法规规定劳动者可以解除劳动合同的其他情形。

用人单位以暴力、威胁或者非法限制人身自由的手段强迫劳动者劳动的，或者用人单位违章指挥、强令冒险作业危及劳动者人身安全的，劳动者可以立即解除劳动合同，不需事先告知用人单位。

（2）用人单位单方解除劳动合同的情况。劳动者有下列情形之一的，用人单位可以解除劳动合同。

①在试用期间被证明不符合录用条件的；②严重违反用人单位的规章制度的；③严重失职，营私舞弊，给用人单位造成重大损害的；④劳动者同时与其他用人单位建立劳动关系，对完成本单位的工作任务造成严重影响，或者经用人单位提出，拒不改正的；⑤因双方签订劳动合同无效的；⑥被依法追究刑事责任的。

（3）解除劳动合同的特殊情况。有下列情形之一的，用人单位提前30日以书面形式通知劳动者本人或者额外支付劳动者1个月工资后，可以解除劳动合同。

①劳动者患病或者非因工负伤，在规定的医疗期满后不能从事原工作，也不能从事由用人单位另行安排的工作的；②劳动者不能胜任工作，经过培训或者调整工作岗位，仍不能胜任工作的；③劳动合同订立时所依据的客观情况发生重大变化，致使劳动合同无法履行，经用人单位与劳动者协商，未能就变更劳动合同内容达成协议的。

（4）用人单位裁减人员的规定。劳动行政部门批准用人单位裁减人员方案后，用人单位可以裁减人员，裁减人员时，应当优先留用下列人员。

①与本单位订立较长期限的固定期限劳动合同的；②与本单位订立无固定期限劳动合同的；③家庭无其他就业人员，有需要扶养的老人或者未成年人的。

（5）用人单位不得单方解除劳动合同的情况。

①从事接触职业病危害作业的劳动者未进行离岗前职业健康检查，或者疑似职业病病人在诊断或者医学观察期间的；②在本单位患职业病或者因工负伤并被确认丧失或者部分丧失劳动能力的；③患病或者非因工负伤，在规定的医疗期内的；④女职工在孕期、产期、哺乳期的；⑤在本单位连续工作满15年，且距法定退休年龄不足5年的；⑥法律、行政法规规定的其他情形。

（6）劳动合同终止的情况。

①劳动合同期满的；②劳动者开始依法享受基本养老保险待遇的；③劳动者死亡，或者被人民法院宣告死亡或者宣告失踪的；④用人单位被依法宣告破产的；⑤用人单位被吊销营业执照、责令关闭、撤销或者用人单位决定提前解散的；⑥法律、行政法规规定的其他情形。

（7）用人单位应当向劳动者支付经济补偿的情况。

①劳动者依照本法规定解除劳动合同的；②用人单位依照本法规定向劳动者提出解除劳动合同并与劳动者协商一致解除劳动合同的；③用人单位依照本法规定解除劳动合同的；④除用人单位维持或者提高劳动合同约定条件续订劳动合同，劳动者不同意续订的情形外，依照本法规定终止固定期限劳动合同的；⑤依照本法规定终止劳动合同的；

⑥法律、行政法规规定的其他情形。

（8）经济补偿标准。经济补偿按劳动者在本单位工作的年限，每满 1 年支付 1 个月工资的标准向劳动者支付。6 个月以上不满 1 年的，按 1 年计算；不满 6 个月的，向劳动者支付半个月工资的经济补偿。劳动者月工资高于用人单位所在直辖市、设区的市级人民政府公布的本地区上年度职工月平均工资 3 倍的，向其支付经济补偿的标准按职工月平均工资 3 倍的数额支付，向其支付经济补偿的年限最高不超过 12 年。本条所称月工资是指劳动者在劳动合同解除或者终止前 12 个月的平均工资。

（八）非全日制用工条款

（1）非全日制用工，是指以小时计酬为主，劳动者在同一用人单位一般平均每日工作时间不超过 4 小时，每周工作时间累计不超过 24 小时的用工形式。

（2）非全日制用工双方当事人可以订立口头协议。

（3）从事非全日制用工的劳动者可以与一个或者一个以上用人单位订立劳动合同；但是，后订立的劳动合同不得影响先订立的劳动合同的履行。

（4）非全日制用工双方当事人不得约定试用期。

（5）非全日制用工双方当事人任何一方都可以随时通知对方终止用工。终止用工，用人单位不向劳动者支付经济补偿。

（7）非全日制用工小时计酬标准不得低于用人单位所在地人民政府规定的最低小时工资标准。非全日制用工劳动报酬结算支付周期最长不得超过 15 日。

二、农民工工资

（一）农民工最低工资保障

为了维护劳动者取得劳动报酬的合法权益，保障劳动者个人及其家庭成员的基本生活，中华人民共和国劳动和社会保障部制定并于 2004 年 3 月 1 日起施行《最低工资规定》。最低工资标准，是指劳动者在法定工作时间或依法签订的劳动合同约定的工作时间内提供了正常劳动的前提下，用人单位依法应支付的最低劳动报酬。本规定所称正常劳动，是指劳动者按依法签订的劳动合同约定，在法定工作时间或劳动合同约定的工作时间内从事的劳动。

《最低工资规定》适用于在中华人民共和国境内的企业、民办非企业单位、有雇工的个体工商户和与之形成劳动关系的劳动者。国家机关、事业单位、社会团体和与之建立劳动合同关系的劳动者，依照本规定执行。

《最低工资规定》要求各地要严格执行最低工资制度，合理确定并适时调整最低工资标准，制定和推行小时最低工资标准。制定相关岗位劳动定额的行业参考标准。用人单位不得以实行计件工资为由拒绝执行最低工资制度，不得利用提高劳动定额变相降低工资水平。严格执行国家关于职工休息休假的规定，延长工时和休息日、法定假日工作的，要依法支付加班工资。农民工和其他职工要实行同工同酬。劳动者依法享受带薪年休假、探亲假、婚丧假、生育（产）假、节育手术假等国家规定的假期间，以及法定工作时间内依法参加社会活动期间，视为提供了正常劳动。

（二）农民工工资拖欠

2004 年 9 月 10 日劳动和社会保障部、建设部发布《建设领域农民工工资支付管理暂行办法》，其规定如下。

（1）建立农民工工资支付保障制度。严格规范用人单位工资支付行为，确保农民工工资按时足额发放给本人，做到工资发放月清月结或按劳动合同约定执行。

建立工资支付监控制度和工资保证金制度，从根本上解决拖欠、克扣农民工工资问题。劳动保障部门要重点监控农民工集中的用人单位工资发放情况。对发生过拖欠工资的用人单位，强制在开户银行按期预存工资保证金，实行专户管理。加大对拖欠农民工工资用人单位的处罚力度，对恶意拖欠、情节严重的，可依法责令停业整顿、降低或取消资质，直至吊销营业执照，并对有关人员依法予以制裁。农民工有权举报企业。

发现企业有下列情形之一的：未按照约定支付工资的；支付工资低于当地最低工资标准的；拖欠或克扣工资的；不支付加班工资的；侵害工资报酬权益的其他行为；农民工有权向劳动和社会保障行政部门举报。

（2）加班工资的法律规定。1995 年 1 月 1 日施行的《工资支付暂行规定》对加班工资有明确规定。

①用人单位依法安排劳动者在日法定标准工作时间以外延长工作时间的，按照不低于劳动合同规定的劳动者本人小时工资标准的 150% 支付劳动者工资。

②用人单位依法安排劳动者在休息日工作，而又不能安排补休的，按照不低于劳动合同规定的劳动者本人日或小时工资标准的 200% 支付劳动者工资。

③用人单位依法安排劳动者在法定休假节日工作的，应另外支付劳动者按照不低于劳动合同规定的劳动者本人日或小时工资标准的 300% 的工资。

④实行计件工资的劳动者，在完成计件定额任务后，由用人单位安排延长工作时间的，应根据上述规定的原则，分别按照不低于其本人法定工作时间计件单价的 150%、200%、300% 支付其工资。实行不定时工时制度的劳动者除外。

（3）法律责任。用人单位有下列侵害劳动者合法权益行为的，由劳动行政部门责令其支付劳动者工资和经济补偿，并可责令其支付赔偿金：①克扣或者无故拖欠劳动者工资的；②拒不支付劳动者延长工作时间工资的；③低于当地最低工资标准支付劳动者工资的。

经济补偿和赔偿金的标准，按国家有关规定执行。

劳动者与用人单位因工资支付发生劳动争议的，当事人可依法向劳动争议仲裁机关申请仲裁。对仲裁裁决不服的，可以向人民法院提起诉讼。

三、农民工工伤保险

为了保障因工作遭受事故伤害或者患职业病的职工获得医疗救治和经济补偿，促进工伤预防和职业康复，分散用人单位的工伤风险，国务院制定了《工伤保险条例》，并于2010年12月8日修订，2011年1月1日起施行。

《工伤保险条例》规定，中华人民共和国境内的企业、事业单位、社会团体、民办非企业单位、基金会、律师事务所、会计师事务所等组织和有雇工的个体工商户（以下称用人单位）应当依照本条例规定参加工伤保险，并按时足额缴纳工伤保险费。未参加工伤保险的农民工发生工伤，由用人单位按照工伤保险规定的标准支付费用。建筑施工企业同时应为从事特定高风险作业的职工办理意外伤害保险。

1. 工伤认定

（1）职工有下列情形之一的可认定为工伤：①在工作时间和工作场所内，因工作原因受到事故伤害的；②工作时间前后在工作场所内，从事与工作有关的预备性或者收尾性工作受到事故伤害的；③在工作时间和工作场所内，因履行工作职责受到暴力等意外伤害的；④患职业病的；⑤因工外出期间，由于工作原因受到伤害或者发生事故下落不明的；⑥在上下班途中，受到非本人主要责任的交通事故或者城市轨道交通、客运轮渡、火车事故伤害的；⑦法律、行政法规规定应当认定为工伤的其他情形。

（2）视同工伤情况：①在工作时间和工作岗位，突发疾病死亡或者在48小时之内经抢救无效死亡的；②在抢险救灾等维护国家利益、公共利益活动中受到伤害的；③职工原在军队服役，因战、因公负伤致残，已取得革命伤残军人证，到用人单位后旧伤复发的。

（3）不得认定为工伤或者视同工伤情况：①故意犯罪的；②醉酒或者吸毒的；③自残或者自杀的。

（4）工伤认定申请材料：①工伤认定申请表；②与用人单位存在劳动关系（包括事实劳动关系）的证明材料；③医疗诊断证明或者职业病诊断证明书（或者职业病诊断鉴定书）。

包工头：5万元“买断”民工一双眼睛

我是重庆江津市农村的一名普通农民，1999年4月11日，重庆市长寿区一名叫陈本禹的包工头雇请我到他在广州承包的工地施工。

我们施工的工程位于广州市中大布料市场内，听说是陈本禹从巨海公司承包的。1999年4月23日，工程队在没有采取任何安全防护措施的情况下，实施工程爆破。炸药、碎石、泥土四处飞溅，将我的双眼弄伤。工友们当即将我送到广州医学院第二附属医院，医生诊断为碱性化学烧伤，后又在中国人民解放军第421医院住院治疗，该院诊断为双眼碱烧伤致失明。我从此告别了光明。

2000年8月31日，江津市残疾人联合会确认为一级残疾。1999年5月24日，巨海公司和陈本禹草拟了一份协议书，要求与我签订一次性补偿协议，补偿金额5万元。他们软硬兼施，骗我说医院已将我的双眼治好，只要保养一段时间就会痊愈。当时我信以为真，就在协议上签了字。但事后证明，那5万元远远不够支付继续治疗的费用。由于没有足够的医疗费，我的伤情不断恶化，眼部发炎浮肿，痛苦不堪。我曾四处求医，在广州、重庆的数家医院治疗，医疗费花了10多万元，但最终也没治愈。我曾数十次地找到巨海公司和陈本禹，要求对方承担医疗费，可他们都以一次性补偿完为由，拒绝了我的合理请求。

几年来，我一直活在黑暗中，承担着伤痛和家庭生活的双重折磨。双目失明后，我几乎丧失了劳动能力，生活起居全靠别人照顾，双眼伤口还时常复发。60多岁的父母为我长年牵肠挂肚，积劳成疾。父亲患有肺穿孔，母亲患有糖尿病，家里穷得揭不开锅，根本无钱治疗。妻子曾多次提出与我离婚，但最终没忍心抛弃我。我也曾多次萌生自杀的念头。

（**资料来源**：新华网重庆频道）

2. 劳动能力鉴定

劳动能力鉴定是指劳动功能障碍程度和生活自理障碍程度的等级鉴定。

（1）劳动功能障碍共分十个伤残等级，最重的为一级，最轻的为十级。

一级是指器官缺失或功能完全丧失，其他器官不能代偿，存在特殊医疗依赖，生活完全或大部分不能自理。

二级是指器官严重缺损或畸形，有严重功能障碍或并发症，存在特殊医疗依赖，或生活大部分不能自理。

三级是指器官严重缺损或畸形，有严重功能障碍或并发症，存在特殊医疗依赖，或生活部分不能自理。

四级是指器官严重缺损或畸形，有严重功能障碍或并发症，存在特殊医疗依赖，生活可以自理。

五级是指器官大部分缺损或明显畸形，有较重功能障碍或并发症，存在一般医疗依赖，生活能自理。

六级是指器官大部分缺损或明显畸形，有中等功能障碍或并发症，存在一般医疗依赖，生活能自理。

七级是指器官大部分缺损或明显畸形，有轻度功能障碍或并发症，存在一般医疗依赖，生活能自理。

八级是指器官部分缺损，形态异常，轻度功能障碍，有医疗依赖，生活能自理。

九级是指器官部分缺损，形态异常，轻度功能障碍，无医疗依赖，生活能自理。

十级是指器官部分缺损，形态异常，无功能障碍，无医疗依赖，生活能自理。

（2）生活自理障碍分为三个等级。

①生活完全不能自理，是指生活不能自理，进食、翻身、大小便、穿衣洗漱、自我移动共 5 项均不能自理的情形。

②生活大部分不能自理，是指进食、翻身、大小便、穿衣洗漱、自我移动共 5 项中有 3 项不能自理的情形。

③生活部分不能自理，是指进食、翻身、大小便、穿衣洗漱、自我移动共 5 项中有 1 项不能自理的情形。

3. 工伤保险待遇

（1）治疗费用规定

①职工因工作遭受事故伤害或者患职业病进行治疗，享受工伤医疗待遇。

②治疗工伤所需费用符合工伤保险诊疗项目目录、工伤保险药品目录、工伤保险住院服务标准的，从工伤保险基金支付。

③职工住院治疗工伤的伙食补助费，以及经医疗机构出具证明，报经办机构同意，工伤职工到统筹地区以外就医所需的交通、食宿费用从工伤保险基金支付。

④工伤职工到签订服务协议的医疗机构进行工伤康复的费用符合规定的，从工伤保险基金支付。

⑤工伤职工因日常生活或者就业需要，经劳动能力鉴定委员会确认，可以安装假肢、矫形器、假眼、假牙和配置轮椅等辅助器具，所需费用按照国家规定的标准从工伤保险基金支付。

（2）停工留薪待遇

①职工因工作遭受事故伤害或者患职业病需要暂停工作接受工伤医疗的，在停工留薪期内，原工资福利待遇不变，由所在单位按月支付。

②停工留薪期一般不超过 12 个月。伤情严重或者情况特殊，经设区的市级劳动能力鉴定委员会确认，可以适当延长，但延长不得超过 12 个月。工伤职工评定伤残等级后，停发原待遇，按照本章的有关规定享受伤残待遇。工伤职工在停工留薪期满后仍需治疗的，继续享受工伤医疗待遇。

③生活不能自理的工伤职工在停工留薪期需要护理的，由所在单位负责。

（3）生活护理规定

①工伤职工已经评定伤残等级并经劳动能力鉴定委员会确认需要生活护理的，从工伤保险基金按月支付生活护理费。

②生活护理费按照生活完全不能自理、生活大部分不能自理或者生活部分不能自理三个不同等级支付，其标准分别为统筹地区上年度职工月平均工资的 50%、40% 或者 30%。

（4）职工因工致残待遇

①职工因工致残被鉴定为一级至四级伤残的，保留劳动关系，退出工作岗位，享受以下待遇。

a. 从工伤保险基金按伤残等级支付一次性伤残补助金，标准为：一级伤残为 27 个月的本人工资，二级伤残为 25 个月的本人工资，三级伤残为 23 个月的本人工资，四级伤残为 21 个月的本人工资。

b. 从工伤保险基金按月支付伤残津贴，标准为：一级伤残为本人工资的 90%，二级伤残为本人工资的 85%，三级伤残为本人工资的 80%，四级伤残为本人工资的 75%。伤残津贴实际金额低于当地最低工资标准的，由工伤保险基金补足差额。

c. 工伤职工达到退休年龄并办理退休手续后，停发伤残津贴，按照国家有关规定享受基本养老保险待遇。基本养老保险待遇低于伤残津贴的，由工伤保险基金补足差额。职工因工致残被鉴定为一级至四级伤残的，由用人单位和职工个人以伤残津贴为基数，缴纳基本医疗保险费。

②职工因工致残被鉴定为五级、六级伤残的，享受以下待遇。

a. 从工伤保险基金按伤残等级支付一次性伤残补助金，标准为：五级伤残为 18 个月的本人工资，六级伤残为 16 个月的本人工资。

b. 保留与用人单位的劳动关系，由用人单位安排适当工作。难以安排工作的，由用人单位按月发给伤残津贴，标准为：五级伤残为本人工资的 70%，六级伤残为本人工资的 60%，并由用人单位按照规定为其缴纳应缴纳的各项社会保险费。伤残津贴实际金额低于当地最低工资标准的，由用人单位补足差额。

经工伤职工本人提出，该职工可以与用人单位解除或者终止劳动关系，由工伤保险基金支付一次性工伤医疗补助金，由用人单位支付一次性伤残就业补助金。一次性工伤医疗补助金和一次性伤残就业补助金的具体标准由省、自治区、直辖市人民政府规定。

③职工因工致残被鉴定为七级至十级伤残的，享受以下待遇。

a. 从工伤保险基金按伤残等级支付一次性伤残补助金，标准为：七级伤残为 13 个月的本人工资，八级伤残为 11 个月的本人工资，九级伤残为 9 个月的本人工资，十级伤残为 7 个月的本人工资。

b. 劳动、聘用合同期满终止，或者职工本人提出解除劳动、聘用合同的，由工伤保险基金支付一次性工伤医疗补助金，由用人单位支付一次性伤残就业补助金。一次性工伤医疗补助金和一次性伤残就业补助金的具体标准由省、自治区、直辖市人民政府规定。

④职工因工死亡，其近亲属按照下列规定从工伤保险基金领取丧葬补助金、供养亲属抚恤金和一次性工亡补助金。

a. 丧葬补助金为 6 个月的统筹地区上年度职工月平均工资。

b. 供养亲属抚恤金按照职工本人工资的一定比例发给由因工死亡职工生前提供主要

生活来源、无劳动能力的亲属。标准为：配偶每月40%，其他亲属每人每月30%，孤寡老人或者孤儿每人每月在上述标准的基础上增加10%。核定的各供养亲属的抚恤金之和不应高于因工死亡职工生前的工资。供养亲属的具体范围由国务院社会保险行政部门规定。

c. 一次性工亡补助金标准为上一年度全国城镇居民人均可支配收入的20倍。

d. 职工因工外出期间发生事故或者在抢险救灾中下落不明的，从事故发生当月起3个月内照发工资，从第4个月起停发工资，由工伤保险基金向其供养亲属按月支付供养亲属抚恤金。生活有困难的，可以预支一次性工亡补助金的50%。职工被人民法院宣告死亡的，按照本条例职工因工死亡的规定处理。

⑤工伤职工有下列情形之一的，停止享受工伤保险待遇。

a. 丧失享受待遇条件的；b. 拒不接受劳动能力鉴定的；c. 拒绝治疗的。

⑥用人单位分立、合并、转让的，承继单位应当承担原用人单位的工伤保险责任；原用人单位已经参加工伤保险的，承继单位应当到当地经办机构办理工伤保险变更登记。

用人单位实行承包经营的，工伤保险责任由职工劳动关系所在单位承担。

职工被借调期间受到工伤事故伤害的，由原用人单位承担工伤保险责任，但原用人单位与借调单位可以约定补偿办法。

企业破产的，在破产清算时依法拨付应当由单位支付的工伤保险待遇费用。

职工被派遣出境工作，依据前往国家或者地区的法律应当参加当地工伤保险的，参加当地工伤保险，其国内工伤保险关系终止；不能参加当地工伤保险的，其国内工伤保险关系不终止。

职工再次发生工伤，根据规定应当享受伤残津贴的，按照新认定的伤残等级享受伤残津贴待遇。

四、农民女工权益

为了减少和解决女职工在劳动中因生理特点造成的特殊困难，保护女职工健康，《女职工劳动保护特别规定》（国务院令第619号）已于2012年4月18日国务院第200次常务会议通过，现已公布。中华人民共和国境内的国家机关、企业、事业单位、社会团体、个体经济组织以及其他社会组织等用人单位及其女职工，适用本规定。农民女工同样适用本规定。

（一）女职工怀孕、生育、哺乳期间规定

（1）用人单位不得因女职工怀孕、生育、哺乳降低其工资、予以辞退、与其解除劳动或者聘用合同。

（2）女职工在孕期不能适应原劳动的，用人单位应当根据医疗机构的证明，予以减

轻劳动量或者安排其他能够适应的劳动。怀孕女职工在劳动时间内进行产前检查，所需时间计入劳动时间。

（3）对怀孕7个月以上的女职工，用人单位不得延长劳动时间或者安排夜班劳动，并应当在劳动时间内安排一定的休息时间。

（4）女职工生育享受98天产假，其中产前可以休假15天；难产的，增加产假15天；生育多胞胎的，每多生育1个婴儿，增加产假15天。女职工怀孕未满4个月流产的，享受15天产假；怀孕满4个月流产的，享受42天产假。

（5）对哺乳未满1周岁婴儿的女职工，用人单位不得延长劳动时间或者安排夜班劳动。

（6）用人单位应当在每天的劳动时间内为哺乳期女职工安排1小时哺乳时间；女职工生育多胞胎的，每多哺乳1个婴儿每天增加1小时哺乳时间。女职工比较多的用人单位应当根据女职工的需要，建立女职工卫生室、孕妇休息室、哺乳室等设施，妥善解决女职工在生理卫生、哺乳方面的困难。

（7）女职工产假期间的生育津贴，对已经参加生育保险的按照用人单位上年度职工月平均工资的标准由生育保险基金支付；对未参加生育保险的，按照女职工产假前工资的标准由用人单位支付。

女职工生育或者流产的医疗费用，按照生育保险规定的项目和标准，对已经参加生育保险的，由生育保险基金支付；对未参加生育保险的，由用人单位支付。

（8）在劳动场所，用人单位应当预防和制止对女职工的性骚扰。

（二）女职工禁忌从事的劳动范围

（1）女职工禁忌从事的劳动范围：①矿山井下作业；②体力劳动强度分级标准中规定的第四级体力劳动强度的作业；③每小时负重6次以上、每次负重超过20公斤的作业，或者间断负重、每次负重超过25公斤的作业。

（2）女职工在经期禁忌从事的劳动范围：①冷水作业分级标准中规定的第二级、第三级、第四级冷水作业；②低温作业分级标准中规定的第二级、第三级、第四级低温作业；③体力劳动强度分级标准中规定的第三级、第四级体力劳动强度的作业；④高处作业分级标准中规定的第三级、第四级高处作业。

（3）女职工在孕期禁忌从事的劳动范围：①作业场所空气中铅及其化合物、汞及其化合物、苯、镉、铍、砷、氰化物、氮氧化物、一氧化碳、二硫化碳、氯、己内酰胺、氯丁二烯、氯乙烯、环氧乙烷、苯胺、甲醛等有毒物质浓度超过国家职业卫生标准的作业；②从事抗癌药物、己烯雌酚生产，接触麻醉剂气体等的作业；③非密封源放射性物质的操作，核事故与放射事故的应急处置；④高处作业分级标准中规定的高处作业；⑤冷水作业分级标准中规定的冷水作业；⑥低温作业分级标准中规定的低温作业；⑦高温作业分级标准中规定的第三级、第四级的作业；⑧噪声作业分级标准中规定的第三级、第四级的作业；⑨体力劳动强度分级标准中规定的第三级、第四级体力劳动强度的作业；⑩在密闭空间、高压室作业或者潜水作业，伴有强烈振动的作业，或者需要频繁弯腰、攀高、下蹲的作业。

（4）女职工在哺乳期禁忌从事的劳动范围：①孕期禁忌从事的劳动范围的第一项、第三项、第九项；②作业场所空气中锰、氟、溴、甲醇、有机磷化合物、有机氯化合物等有毒物质浓度超过国家职业卫生标准的作业。

（三）纠纷处理

用人单位违反规定，侵害女职工合法权益的，女职工可以依法投诉、举报、申诉，依法向劳动人事争议调解仲裁机构申请调解仲裁，对仲裁裁决不服的，依法向人民法院提起诉讼。用人单位违反本规定，侵害女职工合法权益，造成女职工损害的，依法给予赔偿；用人单位及其直接负责的主管人员和其他直接责任人员构成犯罪的，依法追究刑事责任。

（1）用人单位违反前文“女职工怀孕、生育、哺乳期间规定”中第 (3)、(4)、(5) 条规定的，由县级以上人民政府人力资源社会保障行政部门责令限期改正，按照受侵害女职工每人 1000 元以上 5000 元以下的标准计算，处以罚款。

（2）用人单位违反女职工禁忌从事的劳动范围规定的，由县级以上人民政府安全生产监督管理部门责令限期改正，按照受侵害女职工每人 1000 元以上 5000 以下的标准计算，处以罚款。

（3）用人单位违反女职工在孕期和哺乳期禁忌从事的劳动范围规定的，由县级以上人民政府安全生产监督管理部门责令限期治理，处 5 万元以上 30 万元以下的罚款；情节严重的，责令停止有关作业，或者提请有关人民政府按照国务院规定的权限责令关闭。

动动脑

1. 怎样进行工伤认定？
2. 为什么要对农民女工进行特殊权益保护？

链接案例

宿迁市女性农民工劳动权益保障薄弱

劳动者依照我国《劳动法》的相关规定享有以下基本权益：①劳动者享有平等就业和选择职业的权利；②劳动者享有取得劳动报酬的权利（“劳动报酬”是指劳动者从用人单位得到的全部工资收入）；③劳动者享有休息休假的权利；④劳动者享有获得劳动安全卫生保护的权利；⑤劳动者享有接受职业技能培训的权利；⑥劳动者享有享受社会保险和福利的权利；⑦劳动者享有提请劳动争议处理的权利；⑧劳动者享有法律规定的其

他劳动权利。而对于女性劳动者而言，所享受的权益还包括妇女在经期、孕期、产期、哺乳期受特殊保护。为了更好地保障女性职工的劳动权益，国务院于2012年4月28日颁布了《女职工劳动保护规定》。虽然宿迁市政府也积极响应国务院的号召，主动维护女性职工的劳动权益，但是企业为了追求利益最大化、节约劳动成本，在一定程度上损害了女职工的劳动权益。

（一）社会保险部分缺失

我国《劳动法》规定："国家发展社会保险事业，建立社会保险制度，设立社会保险基金，使劳动者在年老、患病、工伤、失业、生育等情况下获得帮助和补偿。"但是在调查过程中我们发现，宿迁市女性农民工的社会保障权是局部缺失的，它难以得到相关的补助。22.1%的女性农民工参加了企业职工基本养老保险，15.6%的女职工参加了企业职工基本医疗保险，13.5%的女职工享受到工伤保险待遇，8%女性农民工参加失业保险，7.8%的女性农民工参加生育保险。由此可见，宿迁市女性农民工的社会保障权益缺失严重，急需社会广泛关注。

（二）职业培训效果差

《劳动合同法》第三条规定："劳动者享有接受职业技能培训的权利"。在调查中我们发现，21.6%的用人企业没有对女性农民工提供任何职业培训计划和措施。现实社会中，许多用工单位都希望招收到的工人都是熟练工，而不愿意去承担劳动力培训成本，这使很多女性农民工找不到工作，在职业岗位上也无法得到升迁的机会。同时，我们得知虽表面上参加过职业技术培训的女性农民工占总数的78.4%，但参加过培训的这78.4%的女性农民工中多达282人，总计有62.7%的人表示：培训往往只是一种形式，企业也只简单地给我们介绍一下工作事项以及一些注意点，而且时间短，基本无法学到什么专业技术。因此，女性农民工接受职业培训的权利亟待法律保护。

（三）定期体检被忽视

《劳动法》第五十二条规定："用人单位必须建立、健全劳动安全卫生制度，严格执行国家劳动安全卫生规程和标准，对劳动者进行劳动安全卫生教育，防止劳动过程中的事故，减少职业危害。"这就说明了定期体检对职工的重要性。但在我们调查的这些企业中，定期为女性农民工提供体检的企业仅占17%，也就是说，大半的企业对女性农民工的身体健康不重视。在调查中，我们观察到从事棉纺织业、服装加工业的女性农民工她们的工作环境较差，在这样的工作环境中噪音、粉尘、棉絮会损害人体健康。但是我们调查的31家企业中却存在着7家企业没有为企业员工提供一些必要的安全防护措施。因此，企业要提高自己的思想认识，通过实际行动——定期体检来为员工负责，用心呵护员工。

（四）女性农民工的劳动强度大

《劳动法》第三十六条规定："国家实行劳动者每日工作时间不超过八小时。平均每周工作时间不超过四十四小时的工时制度。"第三十八条的规定："用人单位应当保证劳动者每周至少休息一日。”但本次调查的企业中，57.2%的女性农民工每天的工作时间在8小时以上，并且35.2%的女性农民工工作中没有休息日。在生产旺季时为了赶产量，这些女性农民工甚至通宵达旦加班。但是对于女性农民工所关心的加班费，29.03%的企业为了节省生产成本会以计件工资作为规避加班加点工资的手段。由此可以看出，宿迁市的一些企业未能遵循《劳动法》的相关规定，往往为了自身的经济利益要求女性农民工加班加点，侵犯这些女性农民工的劳动权益。

（五）在“四期”中，女性农民工的特殊保护政策未能得到相应的实施

在关于宿迁市企业是否为“四期”女性农民工减少或安排其他劳动的问题中，虽然有50.5%的女性农民工选择了有，但是没有或者不了解的人数还是占到了30.3%和19.2%，这样的情况下，女性农民工的特殊保护状况令人担忧。同时在关于企业是否为处于哺乳期的女性农民工提供一天三次、每次不少于两小时的哺乳时间的调查中，我们发现32.8%的女性农民工认为企业未能给她们提供在哺乳期间一天三次、每次不少于两小时的哺乳时间。而有关于经期时是否减少劳动量的问题，我们并未得到一些实质性的回答。在有关于产假方面是否享受到90天的产假，在调查过程中我们发现：被调查者中有20.9%的女职工未能享受到90天的产假，54.4%的女性农民工了解企业应该提供不少于90天的产假，但很多只是听别人说并非亲自享受过。

（六）女性农民工对于自身的劳动权益条例知识知之甚少

在调查的574名女性农民工中，完全了解自身劳动权益保障内容的只有8个，只占1.4%，而不了解的人数占了54.7%，在大部分不了解和小部分了解中，我们经过交谈发现，她们对于自身的劳动权益保障条例也是一知半解。这样的状况，对于女性农民工的权益保障有着很大程度的妨碍。从企业方面来看，我们发现只要我们涉及劳动权益保障方面的问题，企业主大都会感到敏感而对此问题采取回避态度。一方面由于企业的不作为，另一方面由于女性农民工自身的局限性，这两方面综合导致了女性农民工对自身的劳动权益条例知之甚少。

（七）女性农民工受到权益侵害时产生错误反应

在被调查到关于自身权益受到侵害时该怎么办时，33.4%的女性农民工第一反应是和家人诉说，并由家人出面解决，紧随其后的就是23.3%的女性农民工选择忍气吞声，多一事不如少一事。只有22.6%的女性农民工们会选择通过法律途径进行解决。这种错误反应会导致女性农民工的权益得不到根本的保障，让一些公司可以继续肆无忌惮地去侵害她们的权益。在女性农民工看来妇联的工作不切实际，法律途径在她们眼中只是一个会浪费钱财、声誉的无用措施，受到权益侵害时就忍气吞声，多一事不如少一事。

（**资料来源**：劳动保障世界，2013年第4期）

第三节　农村劳动力政策

案例导入

发展壮大劳务经济　促进新农村建设

——山东省乐陵市人社局促进农村劳动力转移就业工作纪实

为促进本地剩余劳动力的转移，乐陵市建立了完善的就业工作机制，推行服务型管理、从完全自发外出向逐步有组织输出、从零散打工向劳务产业化发展，不仅引发了一场劳动力资源在地区间重新配置的社会大流动，而且对于促进农民增收，推动城乡经济社会发展起到了至关重要的作用。

多元化社会经济效益

2010劳务经济拉动全市农村人均增收2500元，劳务收入占到农民总收入的35%，已成为农民现金收入的重要来源。近年来全市有近3500名外出务工人员回乡创业，投资额近1亿元，创办较有影响的企业50家，劳务经济已成为我市经济的支柱产业和新的经济增长点。

提高了农民素质

乐陵市人社局实施的"全民技能提升工程"深入开展，有力提升了农村劳动力的整体素质和择业竞争力。同时，外出务工人员通过在发达地区打工，开阔了眼界、转变了观念、学到了技术、积累了经验，一批批懂生产、会经营的厂长经理和新一代产业工人脱颖而出，成为推动当地经济社会发展的主力军。

推动了农业产业化经营

通过农村劳动力转移就业，促进了土地有序流转和规模经营，积累了资金和技术，推动了农村产业结构调整，加快了农村特色优势农业的产业化开发步伐。

（**资料来源**：乐陵市人社局，2015年12月17日）

案例思考

为什么要促进农村劳动力转移就业？

目前，我国农村劳动力政策包括农村劳动力就业政策、农村劳动力转移政策、农村劳动力资源开发政策三个方面。

一、农村劳动力政策的目标

（一）积极引导，建立合理的劳动力就业结构

当前我国农村劳动力的就业途径主要有以下几种：农业就业、就地转移、跨地区就

业。农村劳动力就业的产业结构是指在各产业中农村劳动力就业的数量关系和所占比例。通过制定农村劳动力就业政策，实施农村劳动力就业、转移方向的优惠措施，提供给农村劳动力流动一个合理导向，从而建立合理的农村劳动力就业结构。

（二）创造新的就业机会

当前我国农村劳动力就业主要面临以下几个方面困难：

（1）农村劳动力人口基数大，每年还在不断新增大量的劳动力；

（2）劳动力的技能素质相对较低，缺乏劳动技能，就业难度大；

（3）劳动力市场不完善，导致就业环境相对不宽松，在求职、维权等方面遇到较大阻碍。

农村劳动力就业政策就是要解决农村劳动力在就业过程中面临的困难，提供更多的就业机会，提高农村劳动力素质，为农村劳动力的就业提供有力保障。

（三）维护农村劳动者的合法权益

农村劳动力就业过程中遇到的较大问题就是合法权益的保护问题，包括求职过程中和就业过程中的劳动者权益保障。通过相关政策的制定，一方面对农村劳动力就业权益保护提供方向指导，另一方面对农村劳动力的保护工作提供指导方向，从而实现农村劳动力的稳定转移。

二、农村劳动力资源开发政策及法规

（一）农村劳动力资源开发概述

劳动力资源是人类自身的社会生产所提供的作为经济资源的劳动力。农村劳动力资源是指蕴藏在农村劳动力身上的、能对生产发挥作用的能力。农村劳动力资源开发就是在对农村人口、资源、环境和经济等认真分析的基础上，以发掘、培养、发展和利用农村劳动力资源为主要内容，以提高农村劳动力的思想、文化、技术和身体素质为目的，对农村人口生育、医疗保健和教育培训等方面进行投资的一系列有计划的活动和过程，具体包括农业专业专门教育、农民素质教育、农村从业人员继续教育在内的教育、培训和智力开发以及农村从业人员的生命和健康保障。

（二）农村劳动力资源开发的原则

1. 超前性原则

劳动力资源开发需要一个漫长的过程，这就要求农村劳动力资源开发相对于当前的经济发展应具有一定的超前性，根据经济发展前景和产业结构变化的方向，加强劳动力资源开发的针对性。

2. 重复、不间断原则

劳动力是一种特殊资源，这种特殊性决定了农村劳动力资源开发不是一次性的，而是不断重复的、不间断地多次开发。

3. 阶段性原则

劳动力资源开发是一个长期的、渐进的过程，应根据经济发展和产业结构变动的客观要求，选择好不同阶段劳动力资源开发的重点，确定不同时期农村劳动力资源开发的重点。

4. 层次性原则

随着高新技术在农业生产上广泛地应用，加上农业生产的复杂性，不仅需要高层次的人才，而且需要不同水平的劳动者。因此，农村劳动力资源开发应因地制宜、因人而异，确定不同层次的劳动力资源开发数量，形成多层次的人才网络，使高、中、低档的人才结构合理化。

5. 效益性原则

农村劳动力资源开发需要花费一定的经济成本，要注意讲求经济效益。因此要注重开发的科学性，减少盲目性，把握农村劳动力资源开发的特殊规律，以避免不必要的损失和浪费。

（三）农业教育政策与法规

1. 农村义务教育政策与法规

实行义务教育是现代生产和现代社会生活的迫切需要，是现代文明的一个标志，也是提高全民族素质和培养现代化建设人才的奠基工程。义务教育是指依照法律规定，适龄儿童、青少年都必须接受国家、社会、家庭必须予以保证的国民教育。

2. 农业职业教育培训政策与法规

（1）政府主办的农业职业教育

①农业科学普通教育。主要包括高等农业教育和中等农业教育。高等农业教育要培养更多基层所需的农业专门人才；中等专业教育主要为基层服务体系培养大批中等技术人才。

②农业科技人员的继续教育。它是指在普通教育的基础上提高现有农业科技人员和农业科技管理人员的业务水平的更高层次教育。主要形式有：农业高等院校；中央及地方的干部管理学院等。

（2）集体经济组织、国有企事业单位和其他社会力量举办的教育事业

①农民文化技术学校。它由县办农民中等技术学校、乡（镇）办农民文化技术学校、村办农民业余文化技术学校三部分组成。

②农业科学技术推广普及教育。结合当地生产实际或农业推广项目，由农业推广人员利用培训班、现场会等形式直接向农村基层干部、农民技术员、科技示范户、专业户

和广大农民群众普及科学技术教育。

③农民专业技术协会教育。农民专业技术协会是农民群众根据需要自己组织技术交流，切磋技艺，或印发资料进行宣传，或请有关专业技术人员或专家教授给协会会员们讲课。

④农业函授教育与农业广播电视教育。农业远程教育突破了传统学校教育在时间、空间上的封闭性，具有投资少、效益高、容量大的优势。

⑤农业高等本、专科自学考试。目前已相继开考的有农学、果树、蔬菜和农业经济管理以及农业推广专业。农业推广专业自学考试开考为我国农业职业教育的发展与改革打开了一个新的局面。

3.“绿色证书”政策

“绿色证书”是农民从事某项农业技术工作所具备的知识、技能及其他条件的资格证明。“绿色证书”制度是通过立法、行政等手段，把农民从业的技术资格要求、培训、考核、发证等规定下来，并制定配套政策，成为农民就业和培训的规程。“绿色证书”制度的实施范围覆盖了种植业和畜牧兽医、水产、农业机械、农村合作经济管理、农村能源、农村环境保护等行业。“绿色证书”的培训对象主要是具有初、高中文化程度的乡、村农业社会化服务体系的人员、村干部、专业户、科技示范户和某些技术性较强岗位的从业农民。

（四）农村劳动力资源开发的注意事项

立足于我国国情和农村劳动力资源自身的特点，从优化农村劳动力资源配置角度出发，加强农村劳动力的培育和开发利用。

1. 积极发展农村教育，大力提高农村劳动力素质，以增加新型劳动力供给的后劲，发挥后备劳动力供给优势。

2. 提高农村劳动力的心理素质，促使传统农民向现代农民转变。一方面普及教育，另一方面要大力发展农村市场经济。努力使农村劳动力成为掌握现代农业科学技术、具有敏锐市场眼光、经得起市场风浪的现代农业劳动者。

3. 利用现有的组织资源引导农村劳动力资源的开发和利用，避免盲目性。利用现有的组织资源，传播信息，推广科技，引导农民自我开发并避免盲目性。

三、农村劳动力就业及转移政策和法规

（一）就业环境政策

1. 提高农村劳动者就业能力

（1）增加对农村劳动者培训投入。各级政府要将农村劳动力的培训工作列入年度工作考核的内容，结合本地区情况制定具体的实施计划和各阶段目标、任务和进度。

（2）制定激励政策，具备条件的教育培训机构，可以申请使用培训扶持基金。对于

参加培训的农村劳动者应进行补贴或者奖励，对符合条件的劳动者颁发相应的鉴定证书。

（3）加强农村劳动力培训服务和监督检查。加强农村劳动力培训的师资队伍建设工作，有针对性地编写和选用合适教材，做好跟踪服务和就业指导工作，做好监督检查工作，做到资金到位、工作有成效。

2. 为农村劳动力提供更多就业岗位政策

加大对农村基础设施投入，合理利用资源，增加农村劳动力就业数量。大力发展农产品加工业，引导农村劳动力合理有序转移。鼓励发展农村第三产业，充分发挥农村第三产业对农村劳动力的吸纳作用。

3. 鼓励自主创业政策

（1）完善企业法律体系，提高农村劳动力自主创业的可能性

2005 年修订的《公司法》尊重投资人的意见，公司设立注册资本等设立条件也相应地降低。2006 年修订的《合伙企业法》增加了合伙企业的形式，扩大了合伙企业投资人的资格范围。修订和完善后的企业法涉及的企业类型更加完善，市场准入的门槛相对较低，管理更加规范。

（2）实施自主创业的扶持政策，提高农村劳动力的就业积极性

①进一步降低创业门槛。放宽农村个体工商户、企业经营场所权属证明限制，拓宽农民出资渠道，放宽农村企业出资方式限制，实施农村小额信贷政策以及对农民自主创业实施各种税费减免的优惠政策与奖励政策等。

②加大对农村非公有制经济的扶持。鼓励院校毕业生、国有企业下岗职工、复转军人到农村创业，创办各类合伙企业，三年内免收等级注册费、个体工费、集贸市场管理费、合同示范文本工本费。

③对于农村劳动力创业进行资金扶持。各省市纷纷出台政策，加强对农村自主创业资金扶持。

浏阳专项资金　扶持农村党员创业

最近，作为浏阳市农村党员创业扶持专项资金的受益人之一，浏阳市张坊镇白石村党员张剑波高兴地从浏阳市农村合作银行获得了 3 万元贴息贷款。今年以来，该市有 75 名张剑波这样的农村党员获得了共计 225 万元的贴息贷款。

从 2009 年开始，浏阳市委组织部设立农村党员创业扶持专项资金，用以扶持有致富愿望但缺乏资金的农村党员创业。每名扶持对象根据扶持项目规模大小及市农村合作银行的授信等级，可享受 1 至 3 万元的贴息贷款，贴息贷款的时间为 1 年。4 年来，浏阳共发放 4 批农村党员创业扶持贷款，为 224 名农村党员发放贴息贷款 708 万元，培养了一批农村党员致富带头人。

（**资料来源：**湖南日报，2013 年 8 月 14 日）

（二）农村劳动力就业保障政策

《中华人民共和国劳动法》《中华人民共和国劳动合同法》（以下简称《劳动合同法》）等法律规范规定了劳动者享有的权利和维护权利的途径，同时规定了作为劳动者，如何确立与用人单位的劳动关系、如何签订劳动合同等问题。此外，国家还专门制定政策保证农村劳动者在就业过程中的平等地位和对农村劳动者就业的扶持机制。

各地应建立完善的工资支付机制，保证农村劳动者能按时足额地取得劳动报酬。要积极稳妥地解决农村劳动者社会保障问题，探索建立适合农村劳动者的工伤保险、医疗保险等社会保障服务体系，加强对农村劳动者就业条件的改善。特殊行业、特殊企业可根据自身的实际情况，有针对性地建立工资支付和劳动保障机制。同时，各地应建立长效的监督机制，保证上述政策能有效地实施。

（三）我国农村劳动力转移政策

1. 农村劳动力转移政策的内容

（1）鼓励农村人口转移就业，建立城乡统一的劳动力市场和平等的就业制度。统筹城乡就业，改革城乡分割的就业管理体制，建立城乡统一、平等竞争的劳动力市场，逐步形成市场经济条件下促进农村富余劳动力转移就业的机制，为城乡劳动者提供平等的就业机会和服务。

（2）解决农民工工资待遇偏低和劳动权益保障问题。健全劳动合同制，建立工资支付监控制度和工资保证金制度，合理确定并适时调整最低工资标准，严格执行国家关于职工休息休假的规定，建立企业工资集体协商制度，依法保障农民工职业安全卫生权益，禁止使用童工，依法保护女工的特殊权益。

（3）城乡公共服务平等惠及农村转移劳动力。把农村转移劳动力纳入城市公共服务体系，让其在就业服务、培训、子女教育、居住、疫病防治等方面共享公共服务。

（4）加强培训和职业教育，提高农村劳动力转移就业能力和素质。扩大农村劳动力转移培训规模，提高培训质量。实施好农村劳动力转移培训阳光工程，对参加培训的农民工给予适当培训费补贴。大力发展面向农村的职业教育，鼓励农村初、高中毕业生接受正规职业技术教育。

（5）积极稳妥构建农村劳动力的社会保障体系。所有用人单位必须及时为农民工办理参加工伤保险手续。养老保险实行低标准进入，保险关系和待遇能够转移接续，有条件的地方可直接将稳定就业的农民工纳入城镇职工基本养老保险。

（6）深化户籍制度改革，为在城市已有稳定职业和住所的农村转移劳动力创造条件，使之逐步转化为城市居民。中小城市和小城镇适当放宽农民工落户条件；大城市要积极稳妥地解决符合条件的农民工户籍问题，对农民工中的劳动模范、先进工作者和高级技工、技师以及其他有突出贡献者，应优先准予落户。

（7）健全维护农民工权益的保障机制。保障农民工依法享有的民主政治权利，健全劳动法规，加强和改进劳动争议调解、仲裁工作，把农民工列为法律援助的重点对象。工会要以劳动合同、劳动工资、劳动条件和职业安全卫生为重点，督促用人单位履行法律、法规规定的义务，维护农民工合法权益。

2. 农村劳动力转移政策的实施途径

（1）取消对农村劳动力转移的限制政策，培育和完善劳动力市场。坚持以市场配置劳动力资源的方向，尊重农村劳动力自主就业的权利；建立健全就业服务体系，为农民提供就业信息服务、职业介绍、技能培训、就业指导等社会化的全套就业服务，引导农村劳动力有序就业。

（2）促进农村劳动力转移就业。坚持市场导向、城乡统筹，引导各类企事业单位和社区提供更多的就业机会；加强培训工作力度，提高农村劳动者的就业竞争能力和创业能力；制定并完善社会保障制度，保证农村劳动力的生活水平。

（3）调整农业产业结构，大力发展乡镇企业。应给予乡镇企业更多的指导与扶持，促进乡镇企业调整升级，扶持农副产品加工业等劳动密集型产业，重点扶持区乡镇企业发展，应引导乡镇企业走劳动密集型技术与资本密集型技术的路子，以提高乡镇企业吸收劳动力就业的能力。

（4）阳光工程。阳光工程是由政府公共财政支持，主要在粮食主产区、劳动力主要输出地区、贫困地区和革命老区开展的农村劳动力转移到非农领域就业前的职业技能培训示范项目，按照“政府推动、学校主办、部门监管、农民受益”的原则组织实施。

复习思考题

1. 农民土地权利的保护方面有哪些法律？
2. 如何解决农民工工资拖欠问题？
3. 工伤认定情况有哪些？
4.《劳动合同法》对劳动合同期限有什么规定？

参考文献

[1] 何忠伟 . 中国农业政策与法规 [M]. 北京：中国农业出版社，2009.

[2] 高强 . 家庭农场的制度解析：特征、发生机制与效应 [J]. 经济学家，2013(6):48–49.

[3] 刘德周，李岚 . 专业大户：现代农业生力军 [N]. 赣南日报，2013(6):1–3.

[4] 邹志强 . 我国农业产业化经营现状及发展策略 [J]. 产业经济，2007(3):60–62.

[5] 丛云茹 . 我国农村专业合作经济组织发展现状分析 [J]. 承德职业学院学报，2006(8):53–56.

[6]《中华人民共和国种子法》.

[7] 袭先友 . 我国现行种子法律制度问题剖析 [J]. 北京农业，2009(10).

[8] 胡瑞法，宋军 . 农业技术从产生到采用 : 政府、科研人员、技术推广人员与农民行为的比较 [D]. CCAP 论文系列 . 北京：中国农业科学院农业政策研究中心 .

[9] 侯军岐，王卫中 . 我国种业整合研究 [J]. 西北农林科技大学学报 (社会科学版)，2007(11).

[10] 蒋军 . 对当前种子安全问题的思考 [J]. 种子科技，2007(2).

[11] 靖飞，李成贵 . 威胁尚未构成 : 外资进入中国种业分析 [J]. 农业经济问题，2011(11).

[12] 杜仪方 . 美国种子法对种业市场和广告的影响 [J]. 中国种业，2012(6).

[13]《中华人民共和国肥料管理条例》.

[14] 王慧 . 化肥产业进退失据, 政策推手难辞其咎 [N] . 科学时报, 2010 – 06 – 27.

[15] 马文奇，张福锁，张卫锋 . 关于我国资源、环境、粮食安全和可持续发展的化肥产业 [J] . 资源科学, 2011，27(3) :33 – 40.

[16] 中国市场学会, 中国商业联合会课题组 . 中国化肥市场 : 改革发展思路与政策支持体系研究 (下) [J] . 经济研究参考, 2011(6) : 2 – 48.

[17] 马 骥 . 我国农户化肥需求行为研究 [D] . 中国农业大学, 2009.

[18]《中华人民共和国农药管理条例》.

[19] 韩永奇 . 农药工业发展五年回顾与未来五年展望 [J]. 农药市场信息，2011. (2):23–27.

[20] 何丽华 . 农药行业分析及其发展对策研究 [D]. 南京 : 东南人学，2005.

[21] 华小梅，江希流 . 我国农药的生产使用状况及其对环境的影响 [J]. 环境保护，1999(9):23–25.

[22] 李宗成 . 我国农药产业技术创新发展的现状和展望 [J]. 现代农药，2008 (6).

[23] 王卓 . 中国农药出口环境分析与对策研究 [D]. 北京 : 中国科学技术信息研究所，2008.

[24]《中华人民共和国兽药管理条例》.

[25] 杨晓洁，史研，战铁楠，史世辉 . 兽药管理与使用基本原则，1999(20):6.

[26] 游锡火 . 我国兽药产业发展十大趋势 [J]. 中国动物保健，2006(2) .

[27] 张许科 . 兽药产业发展趋势与对策 [J]. 中国禽业导刊，2005(24) .

[28] 吴荣富 . 对我国兽医管理体制改革的探讨 [D]. 南京：南京农业大学，2006.

[29] 高艳春 . 我国兽用生物制品质量监管现状分析及建议 [D]. 北京：中国农业大学，2005.

[30]《中华人民共和国饲料和饲料添加剂管理条例》.

[31] 刘同占 . 我国饲料工业当前状态和发展趋势 [J] . 中国饲料，2001(14).

[32] 乔玉锋 . 中国饲料工业发展回顾及展望 [J] . 中国禽业导刊，2000.

[33] 秦富 . 对我国饲料市场需求的探讨 [J] . 农业技术经济，1997(4).

[34] 吴正奇 . 提高饲料卫生安全性的途径 [J] . 粮食与饲料工业，2001(5).

[35] 杨振海 . 我国饲料管理法律制度和饲料安全工作实践 [J] . 畜牧与兽医，2002(34).

[36]《中华人民共和国农业机械化促进法》.

[37] 张宗毅，周曙东，曹光乔，王家忠 . 我国中长期农机购置补贴需求研究 [J]. 农业经济问题，2009(12).

[38] 宗锦耀 . 坚持走中国特色的农业机械化发展道路——在中国农业机械学会 2008 年学术年会上的演讲 [J]. 农业机械，2008(29).

[39] 晓琳 . 与中国农机行业同行——从 50 年的《农业机械》看中国农机行业的发展 [J]. 农业机械，2008(18).

[40] 顾和军 . 农机具购置补贴的经济效应分析——基于江苏地区的实证研究 [J]. 农业经济，2008(9).

[41]《中华人民共和国主要农作物品种审定办法》.

[42] 曾建飞 . 植物中文命名应有法规 [J]. 科技术语研究，2004(4).

[43] 王锦秀，汤彦承 . 中国种子植物中文名命名法规刍议 [J]. 科技术语研究，2005(3).

[44] 钟甫宁 . 农业政策学 [M]. 北京：中国农业出版社，2003.

[45] 孔祥智 . 崛起与超越——中国农村改革的过程及机理分析 [M]. 北京：中国人民

大学出版社，2008 .
［46］祁春节，蔡荣 . 我国农产品流通体制演进回顾及思考 [J]，经济纵横，2008（10）：45- 48.
［47］姜长云，赵佳 . 我国农产品流通政策的回顾与评论 [J]. 经济研究参考，2012（33）：18–29.
［48］马述忠，曹瑛杰 . 我国农产品对外贸易政策变迁及成长环境研究 . 国际经贸探索，2008（1）：21–22.
［49］《全国农业可持续发展规划（2015—2030 年）》.
［50］张军驰，樊志民，王倩 . 我国农村环境治理的对策研究——基于环境法律分析的视角 [J]. 理论月刊，2011(9) .
［51］赵晴，郝邵菊 . 关于“十二五”环境保护规划中农村环境保护的思考 [J]. 安徽农业科学，2010(31) .
［52］席北斗 . 新农村建设城乡环保统筹技术与对策 [J]. 环境保护，2010(19) .
［53］李远，王晓霞 . 我国农业面源污染环境管理 : 公共政策展望 [J]. 环境保护，2005(11).
［54］赵煜翔 . 农村环境保护应建构长效战略机制 [J]. 山西农经，2015(3).
［55］石文香，李业荣，樊煜 . 新形势下需进一步加大农村环境保护工作 [J]. 中国集体经济，2011(3).
［56］马立人 . 农村环境保护宣传工作浅探 [J]. 兰州学刊，2008(12).
［57］张志勇 . 基于农村环境保护的调研分析 [J]. 价值工程，2011(7).
［58］张乐天 . 我国农村教育政策 30 年的演进与变迁 [J]. 南京师范大学学报（社会科学版），2008（6）：80–85.
［59］杨润勇 . 我国十年农村教育政策进展与分析 [J]. 国家教育行政学院学报，2013（12）：3–9.
［60］王盛开，孙华雨 . 改革开放以来中国共产党农村文化政策的历史考察 [J]. 新视野，2012（4）：35–39.
［61］肖海峰 . 农业政策学教程 [M]. 北京：中共中央党校出版社，2005.
［62］史建平 . 完善政策性金融功能，改善农村金融服务 [J]. 中国农村金融，2012（3）.
［63］刘馨阳 . 中国农村金融机构发展研究——激励理论视角下的分析 [D]. 长春：吉林大学，2015.
［64］新中国农业税收制度的发展 .http://www.canet.com.cn/wenyuan/swlw/szgg/200904/17–98150.html.
［65］侯石安 . 中国财政农业投入政策研究 [D]. 武汉：华中农业大学，2004.

[66] 庹国柱 .2014 中国农业保险研究 [M]. 北京：中国农业出版社，2014 .
[67] 王文珠 . 新型农业经营主体的掘金之道 [J]. 中国农村金融，2013(19) .
[68] 张因，唐贤健 . 加快土地确权　促进三农发展 [J]. 中国粮食经济，2013(4) .
[69] 薛蒙林 . 剖析"三农"问题的历史逻辑 [J]. 社会科学研究，2013(2) .
[70] 唐贤健，张因 . 加快土地确权　推动土地流转　促进三农发展 [J]. 湖北省社会主义学院学报，2012(6) .
[71] 牛素珍 . 河北农民收入增长的阶段性分析 [J]. 河北金融，2011(7) .
[72] 李清亮 . 对农民增收问题的理论分析及政策建议 [J]. 宏观经济管理，2009(3) .
[73] 贺景霖 . 农业税费减免对周口地区农民收入影响的实证分析 [J]. 周口师范学院学报，2008(6) .
[74] 戴天放，罗莹 . 取消农业税政策对农民收入影响的实证分析 [J]. 江西农业学报，2008(11) .
[75] 马素琴 . 制约农民收入增加的因素分析 [J]. 科学时代，2008(5) .
[76] 赵乐俊 . 农民收入增长缓慢原因分析及改进措施 [J]. 中国集体经济，2008(6) .
[77] [韩] 吴锡泓，金荣枰编著，金东日译 . 政策学的主要理论 [M]. 上海：复旦大学出版社，2005 .
[78] [美] 帕・平斯拉普・安德森等编著，孙良媛等译 . 未完成的议程 [M]. 北京：中国农业出版社，2003 .
[79] [日] 速水佑次郎，[美] 弗农・拉坦 (Vernon W. Ruttan) 著，郭熙保，张进铭等译 . 农业发展的国际分析 [M]. 北京：中国社会科学出版社，2000 .
[80] [美] 西奥多・W. 舒尔茨 (Theodore W. Schultz) 著，梁小民译 . 改造传统农业 [M]. 北京：商务印书馆，1987 .